Kohlhammer

Werkzeuge der Historiker:innen

Bd. 1: Antike
Bd. 2: Mittelalter
Bd. 3: Neuzeit
Bd. 4: Zeitgeschichte

Eine Übersicht aller lieferbaren und im Buchhandel angekündigten Bände der Reihe finden Sie auch unter:

 https://shop.kohlhammer.de/werkzeuge

Jan Simon Karstens (Hrsg.)

Werkzeuge der Historiker:innen

Neuzeit

Verlag W. Kohlhammer

Dieses Werk einschließlich aller seiner Teile ist urheberrechtlich geschützt. Jede Verwendung außerhalb der engen Grenzen des Urheberrechts ist ohne Zustimmung des Verlags unzulässig und strafbar. Das gilt insbesondere für Vervielfältigungen, Übersetzungen, Mikroverfilmungen und für die Einspeicherung und Verarbeitung in elektronischen Systemen.

Die Wiedergabe von Warenbezeichnungen, Handelsnamen und sonstigen Kennzeichen in diesem Buch berechtigt nicht zu der Annahme, dass diese von jedermann frei benutzt werden dürfen. Vielmehr kann es sich auch dann um eingetragene Warenzeichen oder sonstige geschützte Kennzeichen handeln, wenn sie nicht eigens als solche gekennzeichnet sind.

Es konnten nicht alle Rechtsinhaber von Abbildungen ermittelt werden. Sollte dem Verlag gegenüber der Nachweis der Rechtsinhaberschaft geführt werden, wird das branchenübliche Honorar nachträglich gezahlt.

Dieses Werk enthält Hinweise/Links zu externen Websites Dritter, auf deren Inhalt der Verlag keinen Einfluss hat und die der Haftung der jeweiligen Seitenanbieter oder -betreiber unterliegen. Zum Zeitpunkt der Verlinkung wurden die externen Websites auf mögliche Rechtsverstöße überprüft und dabei keine Rechtsverletzung festgestellt. Ohne konkrete Hinweise auf eine solche Rechtsverletzung ist eine permanente inhaltliche Kontrolle der verlinkten Seiten nicht zumutbar. Sollten jedoch Rechtsverletzungen bekannt werden, werden die betroffenen externen Links soweit möglich unverzüglich entfernt.

Umschlagabbildung: Letterpress Manufaktur Hamburg, https://www.letterpress-manufaktur-hamburg.de

1. Auflage 2025

Alle Rechte vorbehalten
© W. Kohlhammer GmbH, Stuttgart
Gesamtherstellung: W. Kohlhammer GmbH, Heßbrühlstr. 69, 70565 Stuttgart
produktsicherheit@kohlhammer.de

Print:
ISBN 978-3-17-043420-2

E-Book-Formate:
pdf: ISBN 978-3-17-043421-9
epub: ISBN 978-3-17-043422-6

Inhalt

Vorwort 7

I.   Methoden und Hilfswissenschaften

1   Die Werkzeuge der Neueren Geschichte 13
Jan Simon Karstens

2   Paläographie 29
Florian Lehrmann und Robert Meier

3   Aktenkunde 44
Karsten Uhde

4   Kartographie 68
Thomas Horst

5   Chronologie 84
Jan Simon Karstens

6   Metrologie 96
Werner Scheltjens

7   Uniformenkunde 107
Matthias Rogg

8   Numismatik 125
Sebastian Steinbach

9   Netzwerkanalyse 141
Martin Grandjean

| 10 | Genealogie | 158 |

Anett Müller und Katrin Heil

| 11 | Digital Humanities (Stilometrie) | 174 |

Simon Dagenais

II. Quellen

| 12 | Briefe | 195 |

Ursula Lehmkuhl

| 13 | Rechnungsbücher, Zollregister und Notariatsakten – Massendokumente der Wirtschaftsgeschichte | 209 |

Heinrich Lang und Magnus Ressel

| 14 | Kriminal- und Strafgerichtsakten | 221 |

Rita Voltmer

| 15 | Periodika (Zeitungen und Journale) | 238 |

Christian Meierhofer

| 16 | Lexika und Enzyklopädien | 255 |

Jan Simon Karstens

| 17 | Flugpublizistik | 271 |

Daniel Bellingradt

III. Anhang

Verzeichnis der Autorinnen und Autoren 291

Abbildungsverzeichnis 296

Index 298

Vorwort

Als im Jahr 1958 Ahasver von Brandt (1909–1977) seine Einführung in die historischen Hilfswissenschaften, Werkzeug des Historikers, als 33. Band der Urban Taschenbücher vorlegte, rechnete wohl niemand damit, dass dieses Buch zu einem der meistverkauften Lehrbücher der Geschichtswissenschaft werden würde. Noch immer findet das Werk in seiner mittlerweile 18. Auflage nicht nur in der universitären Lehre reiche Anwendung, sondern gibt die Standards in der Quellenkunde vor.

Obwohl es für jeden Wissenschaftsverlag eine große Freude und Genugtuung ist, einen so erfolgreichen Titel im Programm zu wissen, haben wir uns entschieden, das Werk durch eine Neufassung zu ersetzen. Notwendig wurde dies vor allem aus zwei Gründen: Zum einen haben sich von Brandts Ausführungen sehr stark auf die Hilfs-/Grundwissenschaften der mittelalterlichen Geschichte konzentriert. Zum anderen haben sich die Hilfs-/Grundwissenschaften in den letzten Jahren nicht nur emanzipiert, sondern merklich weiterentwickelt – nicht zuletzt deshalb, weil sich die klassische Geschichtswissenschaft ausgehend von ihren politik- und rechtsgeschichtlichen Traditionen in einem früher ungeahnten Maße geöffnet hat. Mit der Einbeziehung zahlreicher neuer Forschungsfelder ging auch die Zuwendung zu neuen Quellengruppen einher. Diese Entwicklung ist noch lange nicht abgeschlossen.

Eine breite Auseinandersetzung mit neuen Quellen setzt deren ubiquitäre Zugänglichkeit voraus, die erst mit der allgemeinen Verbreitung von Digitalisaten durch das Internet sowie neue elektronische Erschließungsverfahren möglich geworden ist. So sind nicht nur neue Hilfsmittel und Methoden für alle historischen Teilfächer selbstverständlich geworden, sondern es werden auch gänzlich neue Quellengattungen – nicht nur, aber vor allem in der Zeitgeschichte – erschlossen und erforscht. Die damit einhergehenden Herausforderungen bergen gleichzeitig auch ganz neue Erkenntnispotentiale. Die nächsten Generationen von Wissenschaftler:innen benötigen daher dringend Orientierungspunkte in diesem Dickicht digitalisierter Quellenmassen. Sie benötigen Werkzeuge, um für künftige Fragestellungen mit den Quellen und ihren Digitalisaten auf allen Ebenen umgehen zu können. Zugleich ist auch die konkrete Arbeit an und mit den historischen Quellen stärker an Methoden orientiert und damit herausfordernder geworden. Durch die konsequente Einbeziehung früher als randständig betrachteter Quellengruppen können heute gänzlich neue Fragestellungen bearbeitet werden. Gleichzeitig steigt aber auch der Aufwand, um diese Quellen in ihrer ganzen Breite nutzen zu können.

Vor diesem Hintergrund war es dem Verlag sowie den Herausgeber:innen ein Anliegen, für die historischen Hilfs-/Grundwissenschaften eine moderne, zeitgemäße und alle Epochen berücksichtigende Einführung zu bieten: die Werkzeuge der Historiker:innen in vier Einzelbänden (Antike, Mittelalter, Neuzeit, Zeitgeschichte) mit jeweils rund zehn bis zwanzig Beiträgen. Gegenüber den neun behandelten Disziplinen bei Ahasver von Brandt können so die inhaltlichen und methodischen Entwicklungen der vergangenen Jahrzehnte deutlich umfassender behandelt werden. Die Bände streben trotz gebotener Kürze an, möglichst viele Teildisziplinen entsprechend der verschiedenen Quellengattungen sowie der besonderen hilfs-/grundwissenschaftlichen Arbeitstechniken einführend zu präsentieren. Um Redundanzen zu vermeiden, wurden die Inhalte der einzelnen Bände aufeinander abgestimmt. Dennoch bleibt jeder Band für sich alleinstehend verständlich und nutzbar und berücksichtigt umsichtig die Spezifika der einzelnen Epochen.

Je nach behandelter Epoche zwingt die Erweiterung und Heterogenität der Quellenbasis zu unterschiedlichen Herangehensweisen. So ist die Alte Geschichte trotz einer ursprünglichen Dominanz der literarischen Überlieferung seit jeher gezwungen, die ohnehin geringe Quellenbasis voll auszunutzen, während die Mediävistik stärker alltagsbezogene Quellengruppen wie Inschriften, Graffiti oder serielle Quellen lange Zeit zugunsten herrschaftsnaher Quellen wie Urkunden und Historiographie systematisch vernachlässigte. Mit dem erheblichen Anwachsen der Überlieferung in der Neuzeit und Zeitgeschichte strukturiert in diesen Epochen die gezielte Auswahl der in vertretbarer Zeit bearbeitbaren Quellen den Forschungsprozess. Hinzu kommen gänzlich neue Quellen wie Ton- und audiovisuelle Aufzeichnungen oder gespeicherte digitale Kommunikation.

Genau hier setzen die Bände der Werkzeuge der Historiker:innen an und zeigen, welche Entwicklungen die Disziplin in den jeweiligen Fachbereichen genommen hat und welche Veränderungen sich gerade auch durch die Digitalisierung ergeben haben. Zielgruppe bleiben Studierende, die eine sichere Basis brauchen, von der aus erste Schritte zum eigenen Forschen möglich werden. Im Vorwort zur 7. Auflage seines Werkes schrieb von Brandt: »Das vorliegende Buch ist aus der Praxis des akademischen Unterrichts entstanden«. Dies gilt auch für die neuen Werkzeuge, die auf Lehrerfahrung nicht nur aus dem ganzen deutschsprachigen Raum, sondern auch weit darüber hinaus gestützt sind.

Wir haben uns entschlossen, den traditionsreichen Titel in eine gendergerechte Sprache zu überführen. Ob die einzelnen Kapitel diese verwenden, blieb jedoch im Ermessen der Autor:innen.

Wir sind zuversichtlich, dass diese zeitgemäßen Werkzeuge der Historiker:innen es schaffen werden, die Tradition des Klassikers aus der Feder Ahasver von Brandts fortzuführen.

Der Verlag und die Herausgeber:innen

I. Methoden und Hilfswissenschaften

1 Die Werkzeuge der Neueren Geschichte

Jan Simon Karstens

Wie unsere Gesellschaft insgesamt, steht auch die Geschichtswissenschaft vor weitreichenden Veränderungen. Neue digitale Methoden zur Wissensgenerierung, Archivierung und Vermittlung treffen auf eine zunehmende Polarisierung und in vielen Ländern sogar (Re-)politisierung der Diskurse über Vergangenheiten. Gerade angesichts solcher Entwicklungen, ist es wichtig festzuhalten, dass die Worte des Historikers Gustav Droysen aus seinem *Grundriss der Historik* von 1882 nach wie vor Gültigkeit beanspruchen können:

> »Man wird den historischen Studien die Anerkennung nicht versagen, dass auch sie in der lebhaften wissenschaftlichen Bewegung unseres Zeitalters ihre Stelle haben, dass sie thätig sind Neues zu entdecken, das Alte neu zu durchforschen, das Gefundene in angemessener Weise darzustellen.« (Droysen 1882, 3)

Das vorliegende Handbuch ist eine Einladung, sich auf den Spuren der Begründerinnen und Begründer der Geschichtswissenschaft von aktuellen Veränderungen und Herausforderungen nicht abschrecken, sondern inspirieren zu lassen. Es unterstützt fortgeschrittene Studierende und junge Forscherinnen und Forscher dabei, sich für Abschluss- und Qualifikationsarbeiten oder schon für ihre Seminararbeiten dem Spannendsten zu widmen, was das Geschichtsstudium zu bieten hat: die unmittelbare Auseinandersetzung mit Zeugnissen der Vergangenheit.

Hunderttausende bisher nicht oder nur kaum untersuchter Druckschriften, Flugblätter, Briefe und persönliche Aufzeichnungen von bekannten Persönlichkeiten aber auch sogenannten einfachen Leute aus der Neuzeit warten auf ihre Erforschung. Hinzu kommen Regalkilometer von Gerichtsakten, Verwaltungsschriftgut sowie Aufzeichnungen von lokalen Unternehmen und globalen Konzernen, aber auch von politischen und sozialen Institutionen, seien es regionale Ständeversammlungen oder Geheimgesellschaften.

Mit diesen Quellen lassen sich unzählige neue Fragen an die Vergangenheit richten. Fragen, die vor dem Hintergrund aktueller sozialer, technologischer, wirtschaftlicher und politischer Entwicklungen gestellt werden können und deren Untersuchung unser Verständnis von vergangenen Gesellschaften aber auch von der Genese unserer Gegenwart erweitert. Jedes Jahr werden mehr dieser Quellen erfasst und digitalisiert, was es möglich macht, auch ohne Archivreisen eigenständige Forschungen durchzuführen. Es ist einfacher denn je, historisches Material für Analysen zu finden. Doch diese noch vor einigen Jahrzehnten unvorstellbare Zugänglichkeit ändert nichts daran, dass klassische Herausforderungen weiter bestehen: Die Auswahl des Materials im Hinblick auf die Untersuchungsziele, die Prüfung auf Echtheit und Aussagekraft, die sprachliche und inhaltliche Erschließung, die Einordnung in den ereignis- und überlieferungsgeschichtlichen Kontext sowie schließlich die Analyse.

Um diese Herausforderungen zu meistern, kann die Geschichtswissenschaft auf ein Set von »Werkzeugen« zurückgreifen, wie Ahasver von Brandt es nannte. Mit dieser Metapher umschrieb Brandt eine Auswahl der sogenannten Hilfs- oder Grundwissenschaften. Dadurch umging er geschickt eine damals geführte Debatte über den Stellenwert von Disziplinen wie der Handschriften-, Siegel- oder Wappenkunde, die entweder als unumgängliches Fundament oder als eher dem eigentlichen Fach Geschichte nachgeordnet gesehen werden konnten.

Der vorliegende Band ist nicht nur durch seinen Titel dem Vorbild Brandts verpflichtet. Er bietet eine Einführung in klassische und neue Werkzeuge der Historikerinnen und Historiker, die von einer fundamentalen Bedeutung der Grundwissenschaften für die Analyse der Vergangenheit ausgeht.

Den ersten Teil dieser Einführung bilden zehn Kapitel, die jeweils ein Werkzeug näher vorstellen. Dies umfasst Methoden für die detailgenaue Erschließung einzelner Quellen aber auch zur Handhabung von heterogenen Informationen aus einer breiten Materialbasis. Die Kapitel sind strukturell ähnlich aufgebaut und bieten eine Vorstellung ihres Gegenstandes, einen Einblick in die Forschungsgeschichte sowie beispielorientierte Handreichungen für eigene Projekte.

Die engen Grenzen, welche das Konzept dieses Bandes vorgibt, bringen es mit sich, dass hier nur eine Auswahl vorgestellt werden kann. Daher wurden klassische und neue Werkzeuge kombiniert und vor allem Themen fokussiert, die für die Neuere Geschichte zwischen 1500 und 1900 besonders relevant sind.

Selbstverständlich kann jede Auswahl leicht kritisiert werden, insbesondere da Quellen aus dem Europa des Jahres 1500 eher mittelalterlichen Traditionen verhaftet sind, während Quellen der Zeit um 1900 tendenziell der Zeitgeschichte näher stehen. Dieser Tatsache trägt der vorliegende Band dadurch Rechnung, dass er zwar eigenständig konzipiert, aber zugleich mit den benachbarten Bänden der Reihe abgestimmt ist. Zentrale Werkzeuge der Mediävistik wie die Urkundenlehre (Diplomatik), Siegel- oder Wappenkunde (Sphragistik und Heraldik) werden daher im vorliegenden Band nicht erneut in eigenen Kapiteln behandelt. Entsprechendes gilt für die Analyse von Tondokumenten oder Fotografien in Bezug auf den Band zur Zeitgeschichte. Dies soll nicht unterstellen, dass diese Werkzeuge für die Neuzeit irrelevant wären, sondern unterstreicht den Charakter dieser Epoche als Transformationsphase, deren Erforschung je nach Thema und Material auch Einblicke in die benachbarten Teilfächer der Geschichtswissenschaft erfordert.

Im zweiten Teil dieses Buches folgen sechs Kapitel, die einzelne Quellentypen ins Zentrum rücken. Sie sind Quellen wie Briefen, Gerichtsakten, Periodika oder Flugschriften gewidmet, die es entweder vorher in dieser Form nicht gab oder die aus der Neuzeit in großer Zahl überliefert sind und als typisch für diese Epoche gelten können. Bei der Auswahl lag außerdem besonderes Augenmerk auf Quellen, die in großer Zahl online zugänglich sind. Gerade letzteres ermöglicht einen zielgerichteten Einstieg in die eigene Arbeit mit historischem Material. Die Quellenkapitel korrespondieren mit unterschiedlichen, im ersten Teil präsentierten Werkzeugen und veranschaulichen so die zuvor beschriebenen Zusammenhänge.

Jedes der 16 Kapitel dieses Bandes ist wie der Band als Ganzes nicht nur als eine Einführung, sondern auch als Einladung konzipiert. Sie alle präsentieren die Potentiale historischer Quellenarbeit, führen als Wegweiser zu interessanten Beständen und stellen die Mittel zu deren Bearbeitung bereit.

1.1 Die Grenzen der Neuzeit (und dieses Bandes)

In der Geschichtswissenschaft ist es selbstverständlich, von fließenden Grenzen zwischen historischen Epochen und damit den Teilfächern der Disziplin auszugehen. Forscherinnen und Forscher können durch die Wahl ihres Untersuchungsraumes und Gegenstandes Brüche oder Kontinuitäten hervorheben und so die Neuzeit aus ihrer spezifischen Perspektive heraus als Epoche verkürzen, verlängern oder sogar als Kategorie in Frage stellen.

Dennoch müssen sich alle Interpretationen von Epochengrenzen mit einem grundlegenden Ordnungsmodell auseinandersetzen, das in breiter Perspektive Gültigkeit beansprucht und allgemeine Orientierung bietet. Der Beginn der Frühen Neuzeit in Europa wird um 1500 veranschlagt, markiert durch technische Innovationen, globale Verflechtungen, politische Umwälzungen und eine zeitgenössische Wahrnehmung der eigenen Gegenwart als Umbruchszeit. Eine ähnliche Verdichtung von Ereignissen und Prozessen ist um 1800 zu beobachten, sodass hier häufig ein Ende der Frühen Neuzeit verortet wird. Es sind aber auch alternative oder ergänzende Konzepte zu dieser Einteilung im Fach verbreitet, sei es eine Alteuropa umfassenden Kontinuitätslinie vom späten Mittelalter bis zur Industriellen Revolution oder die prominent von Reinhart Kosellek benannte »Sattelzeit« zwischen 1750 und 1850 als eigene Umbruchsperiode.

Dieser Band orientiert sich am klassischen Beginn der Neuzeit und setzt um 1500 ein. In einigen Fällen wird aber auch weiter zurückgegriffen, um Kontinuitäten und langfristige Entwicklungen herauszustellen. Dies geschieht komplementär zum Vorgängerband, der die Mittelalterliche Geschichte zwar generell um 1500 enden lässt, aber auch darüber hinausweist. Das zeitliche Ende dieses Bandes ist hingegen relativ spät um 1900 angesiedelt. Dies bedeutet, dass erhebliche Umbrüche und Veränderungen bezüglich der Überlieferung berücksichtigt werden müssen.

Zum einen wurde Kommunikation immer regelmäßiger und schneller, sei es durch die Professionalisierung des Postwesens, die Nutzung der Eisenbahn und gestiegene Sicherheit im Schiffsverkehr. Außerdem wurde es im 19. Jahrhundert durch die Einführung von Telegraphie erstmals möglich, dass Nachrichten schneller reisten als die Menschen, die sie überbrachten. Die Alphabetisierung der Bevölkerung nahm zu und ermöglichte eine massive Ausbreitung von Periodika. Tages- und Wochenzeitungen sowie Zeitschriften gab es zwar schon seit dem 17. Jahrhundert, aber jetzt erschienen sie in immer größerer Zahl für immer mehr Teile der Bevölkerung und bedienten ein breites Spektrum von Interessen. Auch Romane und Lexika erreichten im 19. Jahrhundert ein neues Massenpublikum.

Bedenkt man, dass außerdem Beschreibstoffe wie Papier und Tinte sowie Federn aus Metall immer günstiger zur Verfügung standen, so erklärt sich die immense Ausweitung von Schriftlichkeit in Form von Briefen oder Tagebüchern. Auch Verwaltungen setzten den Weg der Professionalisierung, Normierung und Verschriftlichung, der bereits im 16. Jahrhundert begonnen hatte, im 19. Jahrhundert mit neuer Intensität fort und produzierten mehr Material als jemals zuvor.

Die Frage nach den Grenzen der Neuzeit ist aber nicht nur eine zeitliche, sondern auch eine räumliche. Auch wenn die Geschichtswissenschaft schon seit längerem gezeigt hat, dass bereits die Antike und Mittelalterliche Geschichte nicht auf Akteure, Ereignisse und Prozesse in Europa begrenzt werden kann, so kam es doch erst in der Neuzeit zu einer globalen Verflechtung, welche die Küsten aller Ozeane umfasste.

Angesichts der neuen Kontakte der Europäer mit außereuropäischen Kulturen, die eigene Überlieferungstraditionen schriftlicher und nichtschriftlicher Quellen hervorgebracht haben, müsste eine umfassende Einführung in die Werkzeuge der Geschichtswissenschaft eigentlich den Blick über Europa hinauslenken. Knotenschnüre der Inka, Stockkarten von den Marshallinseln, Bilderkodizes der Azteken, indische Poesie, japanische Historienwerke oder sakrale Schrifttraditionen Äthiopiens – all dies und mehr hätte einen Platz verdient.

Ein Band von ca. 300 Seiten muss sich jedoch auf europäische Überlieferungstraditionen begrenzen, die mit hier in großer Menge verfügbaren Quellen korrespondieren. Allerdings schließt dies ausdrücklich die Möglichkeit ein, eine Vielzahl von Quellen zur Geschichte der Verflechtung der Welt zu nutzen. Eine kritische Aufarbeitung des spezifischen Blickwinkels vorausgesetzt, erlaubt die nach europäischen Konventionen erstellte Überlieferung faszinierende, wenn auch begrenzte Einblicke in die Verflechtung der Welt. Nicht zuletzt, weil an deren Entstehung Nichteuropäerinnen und -europäer und auch interkulturelle Grenzgänger erheblichen Anteil hatten. Die Kapitel dieses Buches laden daher dazu ein, sich mit Berichten von Reisenden in gedruckter und handschriftlicher Form, Büchern über verschiedene Kulturen und interkulturelle Begegnungen, Briefwechseln zwischen Kontinenten, den juristischen und administrativen Strukturen von Imperien, in denen auch außereuropäische Akteurinnen und Akteure einen Platz beanspruchten, und mit Zeugnissen der wirtschaftlichen Verflechtung von Kontinenten sowie der Vermessung der Welt zu beschäftigen.

1.2 Die Quellen der Neuzeit

Für die Neuzeit gilt wie für jede Epoche der Geschichte, dass potentiell alles eine Quelle ist, was Informationen über eine vergangene Zeit liefern kann. Es braucht dafür nur Menschen, die Fragen an das Material stellen. Diese Definition von Quellen bezieht ausdrücklich nichttextliche Überlieferung wie Bilder, Gebäude, Alltagsgegenstände oder Erzählungen und Lieder ein. Auch Spuren von Naturereignissen, klimatischen Entwicklungen oder menschlicher Einflussnahme auf die Natur können Quellen sein.

Trotz der potentiellen Grenzenlosigkeit des Quellenbegriffs hat die klassische Geschichtswissenschaft seit dem 19. Jahrhundert einen deutlichen Fokus auf Texte gelegt. Das ist wenig überraschend, da auch die Ergebnisse historischer Forschung in Texten ausgearbeitet werden und Texte traditionell zentrale Medien historischen Erzählens sind. Der vorliegende Band folgt einerseits der textorientierten Tradition der Geschichtswissenschaft, da er zahlreiche Textquellen und Werkzeuge zu ihrer Erforschung präsentiert, geht aber andererseits auch darüber hinaus. Hierfür kann er einer langen Tradition der Arbeit mit Bild- und Sachquellen folgen. In diesem Band verweisen daher mehrere Kapitel auf nichttextliche Quellen wie Münzen, historische Karten oder militärische Sachquellen. Für die Erschließung und Nutzung weiterer Quellentypen sind in teilweise eigenständigen wissenschaftlichen Disziplinen wie der Kunstgeschichte und Archäologie spezifische Methoden entwickelt worden, für die es eigene, spezialisierte Einführungsliteratur gibt.

Um die Vielfalt der Quellen in Gattungen oder Typen einzuteilen, diskutiert die Geschichtswissenschaft seit ihren Anfängen unterschiedliche Ansätze. Sie alle sollen den Blick für Gemeinsamkeiten und Unterschiede schärfen, um das Typische und Besondere an einer Quelle zu verstehen. Außerdem lenken solche Einteilungen den Blick auf vergleichende Fragen wie jene nach Herkunft, Materialität oder Überlieferungsabsicht. Im Folgenden werden drei weit verbreitete Einteilungen näher beschrieben, die sowohl Text-, Bild- wie auch Sachquellen umfassen können.

Eine der bekanntesten Typologien ist die auf Gustav Droysen zurückgehende und insbesondere in der Alten und Mittelalterlichen Geschichte relevante Unterscheidung von Tradition und Überrest. Zur Kategorisierung steht bei Droysen die Frage nach der Absicht des Autors im Zentrum. Wollte jener sich mit einem unmittelbaren Anliegen an seine Zeitgenossen wenden oder mit dem Wunsch, eine Erinnerung zu prägen, an nachfolgende Generationen? Demnach wären Heiligen- und Herrscherviten, Chroniken oder andere Historienwerke Traditionsquellen. Hingegen wären Verwaltungsschriftgut, Briefe oder Rechnungen Überreste.

Schon Droysen hat diese beiden Kategorien nicht als starr und unveränderlich verstanden, sondern ging davon aus, dass die Zuordnung von der Fragestellung der Forschenden abhängig ist. Daher ist auch die Anwendung dieser Zweiteilung letztlich nicht so relevant für die aktuelle Forschung

1 Die Werkzeuge der Neueren Geschichte

wie die Fragen an die Quellen, die ihr zugrunde liegen: nach der Intention des Verfassers, den Adressatinnen und Adressaten und nach dem Weg der Überlieferung.

Außerhalb der deutschsprachigen Geschichtswissenschaft hat diese Einteilung allerdings keine vergleichbare Bedeutung. Im angloamerikanischen Sprachraum dominiert traditionell eine Differenzierung nach der Nähe des Autors, Zeichners oder Graveurs zum Gegenstand, über den die Quelle berichtet. Quellen, deren Autorinnen und Autoren unmittelbare Augenzeugen oder Augenzeuginnen, Vertraute oder Beteiligte waren, gelten als Primärquellen und als besonders aussagekräftig. Historienwerke oder Berichte aus zweiter Hand sind dagegen lediglich *secondary sources*. Solche und ähnliche Einteilungen bringen zwei Probleme mit sich. Zum einen ist die Grenze zwischen Sekundärquellen und Literatur teilweise schwer zu ziehen, sofern nicht ein bestimmtes Entstehungsjahr die Grenze markieren soll. Zum anderen legt diese Einteilung nahe, Primärquellen besäßen aufgrund räumlicher, zeitlicher oder persönlicher Nähe der Verfasserinnen oder Verfasser zum Gegenstand höhere Glaubwürdigkeit oder Relevanz. Eine quellenkritische Untersuchung dürfte aber in vielen Fällen zu dem Ergebnis kommen, dass Augenzeugen absichtlich oder unabsichtlich verzerrte Berichte abgegeben haben. Daher ist auch hier die kategorische Einteilung weniger von Nutzen als die ihr zugrundeliegenden Fragen an die Quellen: nach dem Entstehungskontext, dem Wissensstand der Verfasserin oder des Verfassers über die beschriebenen Aspekte sowie nach dem Ursprung seiner oder ihrer Informationen.

Weitaus eindeutiger als die vorhergehenden beiden Einteilungen ist eine Unterscheidung anhand der Materialität der Quellen. Text-, Bild und unterschiedliche Sachquellen können differenziert und mit spezifischen Fragen nach der Bedeutung ihrer materiellen Eigenschaften, wie Gewicht, Haptik oder Ausmaße untersucht werden. Selbstverständlich gibt es dabei auch Grauzonen, gerade wenn es um beschriebene Sachquellen wie Münzen geht oder um Quellen, die wie historische Karten Text und Bild kombinieren. Bei einer Karte kann es beispielsweise erheblichen Einfluss auf die Detailmenge oder die Textgestaltung haben, ob sie auf Tierhäute gezeichnet ist und sich an bestimmte Maße und Formen halten musste, ob es sich um ein Großformat handelt oder ob sie für den Druck auf einen bestimmten Umfang reduziert oder in Teilkarten zerlegt mit Begleittexten erstellt wurde. Doch wie das Beispiel zeigt, ist auch bei dieser Einteilung weniger die scharfe Kategorisierung als vielmehr die Untersuchung der dafür grundlegenden Fragen von großer Relevanz.

Fokussiert man von der Vielfalt des möglichen Quellenmaterials ausgehend auf die in der Geschichtswissenschaft favorisierten Textquellen, so lassen sich in der Neueren Geschichte mehrere Binnenkategorien ausmachen. Solch eine genauere, orientierungsstiftende Typologie ist vor allem angesichts der drastischen Zunahme textlicher Überlieferung in der Neuzeit notwendig.

Eine offensichtliche Ursache hierfür war die Etablierung des expandierenden Buchdrucks und -marktes, der durch das Medienereignis der Reformation europaweit neue Textformen wie Flugschriften oder Flugblätter verfügbar machte. Eng damit verbunden war die Entstehung eines Nachrichtenwesens, das sich im Laufe der Neuzeit von den Fuggerzeitungen über die Zeitschriften des Aufklärungszeitalters bis hin zu einer ausdifferenzierten und politisierten Tagespresse entwickelte. Außerdem förderten Konfessionalisierung und Bildungspolitik die Alphabetisierung der Bevölkerung, was in Wechselwirkung mit dem neuartigen Postwesen einen Briefverkehr zwischen zunächst zehntausenden und schließlich Millionen Menschen ermöglichte. Weiterhin professionalisierten weltliche und geistliche Obrigkeiten im Laufe der Neuzeit ihre Methoden der Informationssammlung und Archivierung. Die Expansion und Normierung der Kirchenverwaltungen im Zuge der Konfessionsbildung und die Entstehung neuer Institutionen und Praktiken weltlicher Verwaltung in der frühmodernen Staatsbildung sind der Grund, warum die Neuzeit auch als »Aktenzeitalter« im Gegensatz zum mittelalterlichen »Urkundenzeitalter« bezeichnet wird. Dies gilt für die entstehende Zentralverwaltung großer Herrschaftsgebiete wie Brandenburg-Preußen, aber auch die lokalen Verwaltungen tausender adeliger Landgüter in ganz Europa. Auch Assoziationen und politische Organisationen wie Bündnisse oder ständische Korporationen in einzelnen Territorien oder im Heiligen Römischen Reich produzierten eigene Schriftlichkeit. Hinzu kommen gewaltige Bestände wirtschaftlicher Akteure, seien es Familienunternehmen, die zu Konzernen anwuchsen wie die Fugger oder Welser-Vöhlin, oder börsennotierte und global agierende Handelsgesellschaften wie die englische *East India Trading Company*.

Als Folge dieser Entwicklungen stehen für die Erforschung der Neuzeit gewaltige Mengen historischen Materials zur Verfügung, die aber bisher nur bedingt erschlossen, erfasst und für Analysen aufbereitet worden sind. Spektakuläre neue Funde sind weiterhin möglich und die Suche nach neuen Quellen in Archiven eine Herausforderung für die meisten Forschenden.

Um die Menge an Textquellen zu strukturieren, lassen sich einerseits die oben genannten Kategorien und daraus abgeleitete Fragen nutzen. Darüber hinaus hat die Neuere Geschichte als Teilfach aber auch eigene Einteilungen vorgelegt, so beispielsweise von Birgit Emich oder Harriet Rudolph und Gabriele Lingelbach. In ihren Einführungswerken unterscheiden sie unter Verknüpfung von Inhalt, Absicht der Verfasserinnen und Verfasser sowie Materialität der Quellen bis zu vier Großkategorien: 1) Geschäftsquellen (Akten, Urkunden, Belege von Verwaltungshandeln jeglicher Art); 2) Publizistik (alle veröffentlichten oder zur Veröffentlichung bestimmten Quellen, vom einzelnen Flugblatt über Periodika bis zu Enzyklopädien); 3) Selbstzeugnisse oder Ego-Dokumente (Quellen, in denen historische Akteure Auskunft über sich selbst geben, wie Briefe oder Tagebücher). Einen Grenzfall zum Verwaltungsschriftgut stellen dabei Anträge, Zeugenaussagen oder ähnliches dar, einen Grenzfall zur Publizistik hingegen das in der Neuzeit beliebte Genre der Memoiren. Emich verweist außerdem ausdrücklich auf 4) serielle Quellen der Wirtschaftsgeschichte, wie sie beispielsweise Geschäftsbücher bieten. Ergänzend ist noch anzumerken, dass für die Geschichte der Neuzeit auch Teile der älteren Forschungsliteratur Quellen sein können, denn jede historische Darstellung ist auch ein Quellendokument für ihre Entstehungszeit.

Diese Quellentypen und die für ihre Analyse notwendigen Methoden werden in diesem Band mit ihrer Bedeutung für die Bearbeitung unterschiedlicher Fragestellungen näher vorgestellt.

1.3 Die Neuzeit erforschen I: Der Kreislauf von Thema, Fragestellung und Material

Bereits im Zuge der Professionalisierung der Geschichtswissenschaft im 19. Jahrhundert hat sich ein grundlegendes Konzept historischen Arbeitens etabliert, um Fragestellungen an die Vergangenheit zu entwickeln, sie mittels überlieferter Zeugnisse zu prüfen und als nachvollziehbare Ergebnisse in akademische oder breitere Diskurse über Vergangenheit einzubringen.

Das klassische Modell der sogenannten ›historischen Methode‹ sieht vor, dass Forschende sich zunächst in ihr Thema einlesen und dann eine Fragestellung entwickeln. Es folgt die Suche nach Quellen, um dieser Frage nachzugehen und schließlich die Analyse des Materials. Am Ende entsteht eine Darstellung, welche nicht nur das Ergebnis präsentiert und in der bisherigen Forschung verortet, sondern auch die Untersuchungsschritte und speziell die Quellenarbeit durch Belege nachvollziehbar macht.

Schon im 19. Jahrhundert räumten Historiker allerdings ein, dass dieses Modell kein festes Arbeitsprogramm darstellt, sondern vielmehr Stationen in einem dynamischen Prozess beschreibt, der mehrmals durchlaufen werden kann. So kann die Quellenrecherche, im Erfolgsfall oder wenn Funde ausbleiben, zu einer Neuausrichtung der Fragestellung führen, was wiederum die Recherche verändert. Auch die Analyse der Quellen kann Befunde hervorbringen, die neue Wege für weitere Quellensuche oder für eine Nuancierung der Fragestellung aufzeigen. Grundlegend muss die Entwicklung einer Fragestellung auch nicht zwingend vor der Quellenrecherche stehen. Viele Projekte sind von vornherein einem bestimmten Quellenbestand gewidmet oder beginnen mit einem besonderen Quellenfund und stellen dazu ihre Fragen.

Die oben genannten Arbeitsschritte sind somit keine Reihenfolge, sondern eher ein Kreislauf, weswegen auch vom *hermeneutischen Zirkel* gesprochen wird. Damit der Zirkel nicht zum Teufelskreis wird, ist es wichtig die drei zentralen Aspekte: *Thema, Material* und *Fragestellung* nach wechselseitiger Prüfung und der Auswertung von Quellenstichproben schließlich festzulegen und das Forschungsvorhaben abzuschließen.

Das *Thema* ist der größere Zusammenhang oder der allgemeine Gegenstand, der behandelt wird. Es kann sich beispielsweise um Personen, Ereignisse und Prozesse handeln, die in Raum und Zeit historisch konkretisiert werden. Den Forschungsstand zum eigenen Thema zu erfassen, seien es Piraten und Freibeuter in Jamaica 1650–1700 oder die Folgen der Klosteraufhebungen Josephs II. in der Steiermark nach 1781, ist stets der erste Schritt für ein Forschungsprojekt. Der Forschungsstand zum Thema bereitet den Weg zu den nächsten beiden Aspekten, deren Reihenfolge nicht festgelegt ist.

Es handelt sich um die Auswahl des *Untersuchungsmaterials*, also der Quellen, die bearbeitet werden sollen. Deren Auswahl kann sich direkt aus dem Forschungsstand ergeben, wenn darin auf interessante oder unbearbeitete Bestände verwiesen wird. Es ist auch möglich, während der Einarbeitung bereits erste Quellenrecherchen durchzuführen und so zu Funden zu gelangen, die dann die weitere Recherche prägen. Die Auswahl des Materials kann aber auch klassisch von der Fragestellung der Arbeit abhängig gemacht werden, zu der dann das passende Material gesucht wird. Hierbei ist aber zu beachten, dass letztlich die Quellen die Grenzen des Erforschbaren vorgeben.

Die *Fragestellung* steht in Bezug zu den beiden anderen Aspekten. Sie muss einerseits aus dem Forschungsstand zum Thema begründet sein und offene Fragen untersuchen, Varianten aufzeigen oder scheinbar gesicherten Erkenntnissen widersprechen. Zugleich aber muss die Fragestellung direkt auf das konkrete Material bezogen sein und die verfügbaren und ausgewählten Quellengattungen und einzelnen Quellen mit ihrem jeweiligen analytischen Potential und dessen Grenzen einbeziehen. Daher ist es wichtig, eine vorher festgelegte Fragestellung vor dem Hintergrund der Quellen noch einmal kritisch zu prüfen, um nicht eine Frage zu stellen, die sich gar nicht untersuchen lässt. Dies kann natürlich auch eine Zuspitzung der Fragestellung bedeuten, wenn die verfügbare Quellenbasis sich als zu umfangreich erweist.

1.4 Die Neuzeit erforschen II: Quellenrecherche und Quellenanalyse

Auch wenn Thema, Fragestellung und Material bei der Konzeptionalisierung eines Forschungsvorhabens zusammenwirken, bleibt bei der Umsetzung die Quellenanalyse der wichtigste Schritt. Sie ist der Kern historischer Forschung und steht daher im Zentrum dieser Einführung. Die folgenden Kapitel stellen Methoden zur Erschließung von Quellen ebenso wie zentrale Quellengattungen vor, verweisen auf Editionen, Digitalisierungen und bieten Anregungen für eigene Projekte von der Hausarbeit bis zur Promotion. Dem entsprechend endet auch diese Einleitung mit Ausführungen zur Suche nach Quellen und den allgemeinen Grundlagen für ihre Erschließung.

Die Suche nach dem Untersuchungsmaterial wird in der Fachsprache als *Heuristik* bezeichnet, wörtlich übersetzt die ›Findekunst‹. Gustav Droysen nutzte hierfür die Metapher der»Bergmannskunst«, da die Historikerinnen und Historiker in der Tiefe der Archive wie Bergleute nach Rohmaterial schürfen, das sie zur Bearbeitung ans Tageslicht bringen. Hierfür empfiehlt sich generell, drei Hilfsmittel (online) bereit zu haben: Erstens für das Thema einschlägige historische oder geschichtswissenschaftliche Wörterbücher; zweitens Personenlexika wie Nationalbiographien; und drittens Sachlexika, wie die stetig aktualisierte *Enzyklopädie der Neuzeit*.

Für die Quellenrecherche lassen sich ähnlich wie bei der Literaturrecherche in der Theorie zwei Ansätze unterscheiden, die in der Praxis meist kombiniert werden: Erstens ein unsystematisches, eher intuitives Vorgehen. Hier werden Anregungen aus der Literatur aufgegriffen, um in verschiedenen Editionen und Beständen nach Quellen zu stöbern. Die Suchbegriffe sind relativ weit gefasst und die Recherche kann auch die oberflächliche Durchsicht verschiedener Bestände umfassen. So sind Zufallsfunde möglich, aber auch eine Eingrenzung der Überlieferung oder Anregungen für eine Präzisierung der Fragestellung. Meist laufen unsystematische Quellenrecherchen bereits parallel zur Einarbeitung ins Thema, wenn beispielsweise in Auszügen zitierte Quellen vollständig gesichtet werden. Davon ausgehend lassen sich dann nach dem Schneeballprinzip weitere Hinweise verfolgen.

Dieses eher intuitive Vorgehen stellt meist die Vorstufe für eine systematische Recherche dar. Hier werden ausgehend vom Forschungsstand zuerst alle für das Thema einschlägigen Editionen, Quellensammlungen, Digitalisierungsprojekte, Bestandsübersichten und Findbücher von Archiven ermittelt. Dabei können sogenannte *Quellenkunden* helfen, die zentrale Bestände und Archive vorstellen. Anschließend werden diese Sammlungen und Hilfsmittel mit einheitlichen Suchbegriffen ausgewertet, die auch unterschiedliche historische Schreibweisen oder Synonyme berücksichtigen. So werden die Bestände eingekreist, die im Archiv zunächst stichprobenartig geprüft und bei ihrer Eignung für die Fragestellung später genauer analysiert werden. Es empfiehlt sich, zu verzeichnen, wann mit welchen Suchbegriffen wo gesucht wurde, um Dopplungen zu vermeiden und zielgerichtet nachrecherchieren zu können.

Quelleneditionen und Digitalisierungsprojekte sind generell ein guter Startpunkt für Recherchen, zumal sie oft nur zu einem kleinen Teil ausgewertet worden sind. Nimmt man digitalisierte und in Verzeichnissen erschlossene neuzeitliche Publikationen hinzu, genügt ein Menschenleben schon lange nicht mehr, um das verfügbare Material zu sichten. Daher sind Übersichtsartikel und Einführungen von großer Bedeutung, wie sie beispielsweise CLIO-Online bietet. Auch die folgenden Kapitel stellen qualitativ hochwertige und für bestimmte Quellengattungen zentrale Sammlungen und Editionen vor. Allerdings decken Editionen und Digitalisierungen lediglich einen kleinen Teil des verfügbaren Materials ab. Die Suche nach bisher unerschlossenen Quellen in Archiven ist daher für viele größere Projekte unerlässlich.

Für Archivrecherchen ist die grundlegende Unterscheidung zwischen zwei Ordnungsprinzipien wichtig: Provenienz und Pertinenz. Im Provenienzverfahren werden Überlieferungen nach dem Urheber oder der Urheberin geordnet, also beispielsweise Akten nach der ausstellenden Behörde. Briefe hingegen können unter dem Namen der Verfasserinnen und Verfasser oder der Empfängerinnen und Empfänger erfasst sein, je nachdem wer die Briefsammlung dem Archiv zur Aufbewahrung übereignet hat. Entscheidend ist jeweils der Ursprung der Überlieferung. Nahezu alle größeren Archive in Mitteleuropa sind nach diesem Muster organisiert.

Innerhalb der Bestände einer Provenienz können Findbücher den Zugriff auf die einzelnen Akten erleichtern. Dies umfasst in der Regel zumindest eine chronologische Einteilung der Aktenkartons (von–bis), idealerweise auch ein Personen- und Sachregister zum Inhalt. Letzteres ist aber keineswegs üblich. Bei der Planung eines Rechercheprojektes und für die Erstellung glaubwürdiger Finanzierungsanträge ist daher zur Abschätzung der Bearbeitungszeit nötig zu wissen, in welchem Maß die Bestände erschlossen sind.

Das zweite Ordnungsschema ist das Pertinenzprinzip. Es beschreibt eine Sortierung nach Themen und findet sich meistens bei kleineren oder privaten Archiven. Diese Ordnungsform ist zwar zum Verständnis der in der Systematik vorgegebenen Themen sehr nützlich, erschwert es aber, Zusammenhänge zu verstehen und neue Themen zu untersuchen.

Da das Provenienzprinzip in Mitteleuropa deutlich überwiegt, ist es für Recherchen zentral, die Urheber potentieller Quellen, egal ob Institutionen oder Personen, zu kennen und die Suche chronologisch einzugrenzen.

Ist die Recherche abgeschlossen und das Material ausgewählt, folgen Quellenkritik und Analyse. Hierfür empfiehlt die gängige Einführungsliteratur verschiedene Vorgehensweisen. Relativ üblich ist eine Unterscheidung zwischen innerer und äußerer Quellenkritik, die aber unterschiedlich definiert und abgegrenzt werden. Tendenziell lässt sich erkennen, dass die äußere Quellenkritik zunächst Fragen nach Materialität, Quellengattung, Überlieferungszustand, Sprache, Schriftart und Bezug zu anderen Quellen untersucht sowie ob es sich um eine Edition oder ein Original handelt und inwiefern die Quelle vollständig ist. Dies ermöglicht, den Text später als typisch oder untypisch und im Kontext der Überlieferung beispielsweise einer Behörde oder eines Briefwechsels zu analysieren.

Den Abschluss der äußeren Quellenkritik bilden Angaben zum Verfasser und ggf. Auftraggeber, zu den Rezipienten und zum Entstehungszeitpunkt. Diese Informationen können – sofern das gewünscht ist – genutzt werden, um die Quelle in die oben genannten Kategorien Tradition und Überrest oder Primär- und Sekundärquellen einzuteilen, ermöglichen aber noch viel mehr. Gerne werden für die äußere Quellenkritik sogenannte W-Fragen vorgeschlagen, wie: *Wer* hat in *wessen* Auftrag *wann* und *wo* für *wen* welche Art von Quelle verfasst, und *wie* liegt die Quelle heute vor?

Die innere Quellenkritik thematisiert den Inhalt und seine Ausgestaltung. Dazu gehört auch die Erschließung der Quelle durch Transkription oder Klärung unbekannter Begriffe sowie Personen- und Ortsnamen. Hierfür finden sich den folgenden Kapiteln nützliche Hilfestellungen. In Form von W-Fragen bedeutet dies: *Was* berichtet der Verfasser in *welcher Reihenfolge*, aus *welchen* angegebenen *Gründen*, mit *welcher Wortwahl* und *welchen Stilmitteln*?

Klassisch dient die Quellenkritik dazu, zwei Dinge zu bestimmen. Zunächst die Echtheit. Existierte der angebliche Verfasser oder die Verfasserin? Konnte er oder sie am angegebenen Ort zu dieser Zeit die Quelle verfassen? Passen Sprache und Gestaltung zum Quellentyp und zum Autor oder der Autorin? Konnte er oder sie über die Informationen verfügen? Ist es glaubwürdig, dass er oder sie sich auf diese Weise an die Zielgruppe wendet? Zu beachten ist, dass die Prüfung der Echtheit einer Quelle nichts über den Wahrheitsgehalt des Inhalts aussagt, sondern nur Fälschungen und Fehldatierungen entlarven soll. Auch Lügen, Irrtümer und Fehlinformationen können bedeutsam sein.

Wenn die Echtheit der Quelle geprüft ist, bleibt die Frage nach ihrer Aussagekraft. Deren Einschätzung hängt von Thema und Fragestellung ab. Pauschale Regeln sind hier wenig hilfreich, wohl aber der Hinweis, sich die Möglichkeiten und Grenzen der Quelle anhand der Ergebnisse der Quellenkritik bewusst zu machen.

Nach Abschluss der Quellenkritik folgt die Analyse des Materials in Bezug auf die Fragestellung. Hierzu gehören der Vergleich und die Einordnung der Quelle in die bisherigen Rechercheergebnisse, sowohl bezüglich der Überlieferungssituation als auch des Forschungsstandes. Vorgaben lassen sich dafür nicht machen, da die Analyse von der gewählten Fragestellung und Untersuchungsmethode abhängt. Eine sozialgeschichtliche Netzwerkanalyse unterscheidet sich sehr von einer Kulturgeschichte des Politischen oder von einer diskursgeschichtlichen oder biographischen Arbeit.

Ist das Ziel ein möglichst umfassendes Verständnis der Quelle, so ist es hilfreich während der Analyse nach Aspekten zu fragen, die nicht explizit benannt sind, sich aber aus dem Kontext ergeben: Gibt es unausgesprochene Motive der Verfasserin und des Verfassers oder derjenigen, welche die Quelle in Auftrag gaben? Wie ist das Verhältnis zu den Rezipienten? Lassen sich Auslassungen nachweisen? Gibt es Bezüge zu Vorläufertexten oder Übernahmen aus anderen Quellen, die nicht explizit als Zitate markiert sind? Gibt es weitere Quellen, die Aussagen über die Wirkung und Rezeption der Quelle ermöglichen? Welche Bedeutung haben Widersprüche, die in der Quellenkritik auffielen und wie passt die Quelle zu ihrem Typus? Für die Beantwortung gerade der letzten Frage finden sich in den Quellenkapiteln dieses Bandes zahlreiche Anregungen.

1.5 Literatur

1.5.1 Einführungen und Überblickswerke

Baumgart, Winfried (Hg): Quellenkunde zur deutschen Geschichte der Neuzeit von 1500 bis zur Gegenwart, Bd. 1 (1500–1815), 3. Aufl., Paderborn 2018.
Baumgart, Winfried: Bücherverzeichnis zur deutschen Geschichte, 18. Aufl., München 2014.
Benjamin, Jules R.: A Student's Guide to History, 10. Aufl., Boston 2007.
Brandt, Ahasver von: Werkzeug des Historikers. Eine Einführung in die Historischen Hilfswissenschaften, 18. Aufl., Stuttgart 2012.
Droysen, Gustav: Grundriss der Historik, 3. Aufl., Leipzig 1882.
Eckert, Georg/Beigel, Thorsten: Historisch Arbeiten, Göttingen 2019.
Emich, Birgit: Geschichte der Frühen Neuzeit studieren, 2. Aufl., München 2019.
Jordan, Stefan: Theorien und Methoden der Geschichtswissenschaft, 4. Aufl., Stuttgart 2018.
Kirn, Paul: Einführung in die Geschichtswissenschaft, hrsg. von Joachim Leuschner, 6. Aufl., Berlin 1972.
Opgenoorth, Ernst/Schulz, Günther: Einführung in das Studium der neueren Geschichte, 6. Aufl., Paderborn 2001.
Pandel, Hans-Jürgen: Quelleninterpretation. Die schriftliche Quelle im Geschichtsunterricht, 3. Aufl., Schwalbach/Ts. 2006.
Paul, Gerhard: Von der Historischen Bildkunde zur Visual History. Eine Einführung, in: Paul, Gerhard (Hrsg.), Visual History. Ein Studienbuch, Göttingen 2006, 7–36.
Pauser, Josef: Quellenkunde der Habsburgermonarchie (16.–18. Jahrhundert). Ein exemplarisches Handbuch, München 2014.
Rudolph, Harriet/Lingelbach, Gabriele: Geschichte Studieren. Eine praxisorientierte Einführung für Historiker von der Immatrikulation bis zum Berufseinstieg, Wiesbaden 2005.
Rüsen, Jörn: Historische Vernunft. Die Grundlagen der Geschichtswissenschaft. Grundzüge einer Historik, Bd. 1, Göttingen 1983.
Wohlfeil, Rainer: Methodische Reflexionen zur Historischen Bildkunde, in: Tolkemitt, Brigitte/Wohlfeil, Rainer (Hrsg.), Historische Bildkunde. Probleme, Wege, Beispiele (Beihefte der Zeitschrift für Historische Forschung 12), Berlin 1991.
Wurthmann, Nicola/Schmidt, Christoph: Digitale Quellenkunde. Zukunftsaufgaben der Historischen Grundwissenschaften, in: Zeithistorische Forschungen/Studies in Contemporary History 17 (2020), 169–178.

1.5.2 Digitale Hilfsmittel

CLIO – Online – https://guides.clio-online.de [1.1.2024].
Einführungen mit thematischer oder epochaler Sortierung und zu geschichtswissenschaftlichen Arbeitstechniken.
Historicum – https://historicum-estudies.uni-koeln.de/wissenschaftliches-arbeiten-i/tutorium-quellenarbeit [1.1.2024].
Einführung in die geschichtswissenschaftliche Quellenarbeit der Universität zu Köln.
Ad fontes – https://www.adfontes.uzh.ch [1.1.2024].
Einführung in die Quellenarbeit im Archiv der Universität Zürich, u. a. mit alten Handschriften, Leseübungen, Beispiele aus verschiedenen Archiven und einer Einführung in die Archivrecherche.
Universität Wien – https://gonline.univie.ac.at/methoden-quellen [1.1.2024].
Einführung in das historische Arbeiten der Universität Wien.
Universität Duisburg-Essen – https://www.uni-due.de/imperia/md/content/geschichte/wirtschaftsgeschichte/reader_propaedeutikum_2018.pdf [1.1.2024].
Bausteine für das Geschichtsstudium – Leitfaden der Geschichtswissenschaft der Universität Duisburg-Essen.

2 Paläographie

Florian Lehrmann und Robert Meier

2.1 Einführung

Kenntnisse der Paläographie (Schriftkunde) haben für Historikerinnen und Historiker, die mit unedierten Quellen des 16. bis 19. Jahrhunderts arbeiten, eine hohe praktische Bedeutung. Denn sie ermöglichen, in heute ungebräuchlichen Schriften geschriebene Texte zu lesen, was gerade für den deutschsprachigen Raum wichtig ist – Verwaltungsschriftgut ebenso wie Ego-Dokumente.

Der Beitrag behandelt diejenigen Ausprägungen der lateinischen Schrift, die zwischen 1500 und 1900 im deutschen Sprachraum geschrieben wurden: die neugotisch-deutschen Schriften – die auch in einigen anderen Regionen, vor allem Böhmen und Skandinavien, verwendet wurden – und die im ganzen lateinischschriftigen Europa geläufigen Antiqua-Schriften. Andere Schriften sind mit Schreiben auswärtiger Aussteller in die Archive gelangt, werden aber hier nicht betrachtet. Es geht zudem um handgeschriebene Schriften; auf den Druck wird nur am Rande eingegangen. Im Zentrum steht eine der neugotisch-deutschen Schriften, nämlich die Kurrentschrift, da sie die häufigste Schreibschrift der Zeit war und für heutige Leserinnen und Leser besonders schwer zu lesen ist.

2.2 Methodik

2.2.1 Grundzüge der Schriftentwicklung

Eine grundlegende Bedingung für die neuzeitliche Schriftentwicklung war eine ständige Zunahme der Schriftlichkeit, zunächst in Verwaltungen, später auch im privaten Leben der Menschen. Für den deutschsprachigen Raum war überdies charakteristisch, dass es nicht nur eine, sondern zwei Arten von Handschriften gab: zum einen die neugotisch-deutschen Schriften, die auf den spätmittelalterlichen gotischen Schriften basierten, zum anderen die Antiqua-Schriften, die ab etwa 1400 von den Humanisten entwickelt worden waren. Dieser Sachverhalt wird als »Zweischriftigkeit« bezeichnet. Solch ein gleichzeitiges Bestehen von Schriften in der gotischen und in der humanistischen Tradition gab es zwar vorübergehend im ganzen lateinischschriftigen Europa, aber im deutschen Sprachraum etablierte sich ein stabiles und besonders langlebiges Nebeneinander der Schriftgruppen, das bis in die Mitte des 20. Jahrhunderts währte.

Auch der Gebrauch der Schriften unterschied sich von anderen Regionen: Während es anderswo überwiegend vom Textgegenstand abhing, ob Schriften gotischer oder humanistischer Herkunft verwendet wurden, unterschied man im deutschen Sprachraum meist nach der Sprache. Man nutzte für Deutsch typischerweise neugotisch-deutsche Schriften und für andere Sprachen, in erster Linie Latein, Antiqua-Schriften. Diese Unterscheidung beachtete man so streng, dass man in deutschen, insgesamt neugotisch-deutsch geschriebenen Texten Fremdwörter regelmäßig in Antiqua-Schriften und deutsche Endungen von ihnen oft wieder neugotisch-deutsch schrieb.

Einfluss auf die Entwicklung der Handschriften hatten die zahlreichen Schreibmeister, professionelle Schreiblehrer, die ihre Hochzeit vom 16. bis zum 18. Jahrhundert hatten. Sie brachten als Lehrwerke die meist gedruckten *Schreibmeisterbücher* heraus. Trotz diesen Vorbildern sind die Handschriften der zahlreicher werdenden Schreiber der Frühen Neuzeit aber individueller, als es vom Mittelalter her bekannt ist. Erst im 19. Jahrhundert werden die Schriften wieder gleichförmiger, was mit der Durchsetzung der Schulpflicht zu tun hat. Schließlich hatten die benutzten Schreibgeräte Einfluss auf das Aussehen der Schriften: So hatten die oft feinen Striche in Schriften des 19. Jahrhunderts Stahlfedern mit dünn geschnittenen Spitzen zur Voraussetzung.

2.2.2 Neugotisch-deutsche Schriften: Fraktur, Kanzlei, Kurrent

Mit dem Begriff ›neugotisch-deutsche Schriften‹ früher ›deutsche Schrift‹ werden neuzeitliche Schriften bezeichnet, die sich aus den spätmittelalterlichen gotischen Schriften entwickelt haben, und zwar diejenigen die im deutschen Sprachraum sowie in manchen benachbarten Regionen verwendet wurden. Die Entstehung dieser Schriften fällt ins späte 15. und ins

16. Jahrhundert. Nach einer Übergangszeit, etwa bis in die Mitte des 16. Jahrhunderts, kristallisierte sich im Laufe des 16. Jahrhunderts im Wesentlichen ein System von drei Unterarten der neugotisch-deutschen Schrift heraus: Fraktur, Kanzlei und Kurrent.

Die *Fraktur* (von lat. *fractura*, ›Bruch‹) ist eine auf den spätmittelalterlichen Bastardschriften, speziell der französisch-burgundischen *lettre bâtarde* (auch *Bourguignonne*) basierende, ab der Mitte des 15. Jahrhunderts und im frühen 16. Jahrhundert entstandene Schrift, die besonders am Hof Kaiser Maximilians I. gepflegt wurde. Ihre klassisch gewordenen Detailformen erhielt sie in den ersten Jahrzehnten des 16. Jahrhunderts. Die Schrift hat unverbundene und gewöhnlich aufrechtstehende Buchstaben, die teils gebrochene, teils runde Formen haben und durch den Wechsel von dünnen Haar- und dicken Schattenstrichen gestaltet sind.

Im Verhältnis zu ihrem ausgedehnten Mittelband haben die Buchstaben nur gering ausgebildete Ober- und Unterlängen. Langes »s« und »f« haben spindelförmige Schwellschäfte, die sich nach oben verdicken. Die Großbuchstaben sind oft aufwendig verziert, vor allem mit dem typischen »Elefantenrüssel«, einem »s«-förmigen Anschwung (z. B. beim »A«). Im handschriftlichen Bereich wurde die Fraktur vor allem als Auszeichnungsschrift (hervorgehobene Schrift) verwendet. Ihre eigentliche Bedeutung liegt jedoch im Druckbereich: Hier setzte sie sich in der zweiten Hälfte des 16. Jahrhunderts als übliche Schrift für deutschsprachige Texte durch.

Die *Kurrentschrift* (Kurrent, Kurrente, von lat. *currere*, ›laufen‹; auch Geschäftsschrift) ist in einer Übergangsphase in der zweiten Hälfte des 15. Jahrhunderts und der ersten Hälfte des 16. Jahrhunderts aus der Bastarda beziehungsweise gotischen Kursive entstanden. Sie ist mit großem Abstand die häufigste handgeschriebene Schrift der neugotisch-deutschen Schriften. Nicht verwechselt werden sollte sie mit der Sütterlin-Schrift, einer im 20. Jahrhundert geschaffenen Variante der Kurrentschrift.

Die Buchstaben sind regelmäßig miteinander verbunden, was unter anderem durch Schlingen in Ober- und Unterlängen geschieht (so etwa bei »l«, »d« beziehungsweise »g«, »z«). Parallele Schäfte sind zwischen verschiedenen Buchstaben (unter anderem bei »i« und »c«), aber auch innerhalb bestimmter Buchstaben (so bei »m«, »n«, »u«; ähnlich auch bei »e«) durch diagonale Striche verbunden. Dies erzeugt zickzackförmige Muster und erschwert die Lesbarkeit, da auf diese Weise die Buchstabengrenzen nicht immer eindeutig sind. Die ausgebildete Form der Kurrentschrift ist meist nach rechts geneigt und hat, anders als die Fraktur, im Verhältnis zum Mittelband ausgeprägte Ober- und Unterlängen. Der Gesamteindruck der Schrift unterliegt auch zeitlichen Veränderungen, die wohl mit sich wandelndem Zeitgeschmack zu tun haben.

Die »Leitbuchstaben« der Kurrentschrift, also die Buchstaben, an denen man diese Schrift erkennen kann, sind »e«, »h« und »r« (Bošnjak 2013, 370). Das »e« entwickelt im Laufe des 16. Jahrhunderts eine »n«-ähnliche Form, die aus zwei parallelen, oft eng nebeneinander stehenden Schäften besteht, die mit einem kleinen Schrägstrich verbunden sind. Die Kurrentform des »h« besteht aus nur einem Schaft und hat sowohl in der Ober- als auch in der Unterlänge Schlingen. Das »r« weist, ähnlich wie in der nachfolgend erklärten Kanzlei, einen gespaltenen Schaft auf, der unten mit einem Häkchen oder mit Schlingen verbunden ist. Die Schaftspaltung tritt auch bei anderen Buchstaben auf (so etwa bei »a«, »v«, »w«).

Ein weiterer charakteristischer Buchstabe ist das »c«, bei dem sich im 16. Jahrhundert eine Form mit einem Schaft und zwei diagonalen Verbindungsstrichen links und rechts ausbildet. Diese »c«-Form kann mit einem »i«, aber auch mit einem »t« verwechselt werden.

Der Buchstabe »s« tritt in der Kurrentschrift in zwei unterschiedlichen Gestalten auf, dem langen und dem runden »s«. Welche Form geschrieben wird, richtet sich nach der Stellung im Wort: Am Beginn und im Inneren eines Wortes steht in der Regel das lange »s«, am Wort- (und oft Silben-)Ende das runde »s« (»Schluss-s«).

Bei »u« und »v« ist zu beachten, dass sich die Verwendung lange Zeit nicht nach dem Lautwert richtet, sondern nach der Stellung im Wort: Zu Beginn eines Wortes wird stets »v«, in der Mitte und am Ende stets »u« geschrieben (so steht im Schriftbild z. B. »vngeuerlich«, wenn »ungeverlich« gemeint ist). Erst ab dem 17./18. Jahrhundert werden »u« und »v« nach dem Lautwert gebraucht.

Die Umlaute »ä«, »ö« und »ü« können schon im 16. Jahrhundert durch zwei Punkte oder Striche gekennzeichnet sein. Diese diakritischen Zeichen, die ursprünglich auf ein übergeschriebenes »e« zurückgehen, können auch kursiv zu einem geschwungenen Strich verbunden sein, was die Abgrenzung von einem »u«-Haken (einem Zeichen zur Kennzeichnung des »u«) nicht in jedem Fall möglich macht.

Die Großbuchstaben können in zahlreichen Varianten auftreten, entweder als vergrößerte Kleinbuchstaben oder in eigenen Formen. Wegen ihrer Varianz, ihrer oft stärkeren Verzierung und ihres selteneren Vorkommens können sie Leseschwierigkeiten bereiten.

Ein prägendes Merkmal der Kurrentschrift sind ihre Ligaturen (Verschmelzungen zweier oder mehrerer Buchstaben zu einem neuen Zeichen).

Sie treten in erster Linie beim langen »s« auf. Hier ist zunächst »sz« zu erwähnen, das in der Regel schon im frühen 16. Jahrhundert in der Form des ›scharfen s‹ (»ß«) geschrieben wird, bei der das »z« in einem Zug an den Bogen des langen »s« angehängt wird und zum Teil in einer Schlinge ausläuft. Da aber auch das ›normale‹ lange »s« teils einen größeren Bogen haben kann, kann die Unterscheidung im Einzelfall schwierig sein. Ebenso kann die Abgrenzung von »ß« zur »ss«-Ligatur schwierig sein, da diese nicht nur aus zwei verbundenen langen »s«, sondern auch aus einem langen »s« mit angehängtem rundem »s« bestehen kann. In solchen Fällen muss die Buchstabengestaltung des Schreibers verglichen werden. Bei der »st«-Ligatur wird das »t« im spitzen Winkel oder in einem Bogen an das obere Schaftende des »s« angehängt. Dabei ist zu beachten, dass der Balken des »t« auch nur schwach am unteren Ende des Schaftes angedeutet sein kann oder sich mit dem Verbindungsstrich zum nächsten Buchstaben decken kann. Die »sch«-Ligatur kann verschiedene Formen annehmen, das »sc« kann dabei einem »st« ähneln, und das »s« kann auch ohne Oberlänge und ohne ausgeschriebenes »c« unmittelbar in das »h« übergehen. Das »z« geht in der früheren Frühen Neuzeit oft Verbindungen mit einem voranstehenden »c« oder »t« ein, wobei zum Teil nicht sicher ist, um welchen Buchstaben es sich handelt. Hier kann auf verallgemeinernde Festlegungen in Transkriptionsregeln zurückgegriffen werden. Außerdem kann es Ligaturen unter anderem bei »ff« geben.

Die Kurrentschrift weist, je nach Verwendungszweck, unterschiedlich sorgfältige Ausführungsgrade auf. Gerade bei Konzepten kann es Zerschreibungen geben, was bedeutet, dass Buchstaben aus Flüchtigkeit nicht ausgeführt werden.

Als Mischform zwischen Fraktur und Kurrent bildete sich im 16. Jahrhundert die *Kanzlei* heraus, die ihren Namen von ihrer vornehmlichen Verwendung in Kanzleien hat. Diese Schrift ist oft nur schwer von der Fraktur abzugrenzen. Die Großbuchstaben sind meist die der Fraktur, wie diese steht sie in der Regel gerade und hat ein relativ ausgedehntes Mittelband, die Buchstaben können aber Verbindungen aufweisen. Ein häufiges Merkmal ist, dass vor dem letzten Schaft von »m«, »n« und »u« ein Häkchen dazwischengeschaltet ist. Dieses Stilelement, das auch bei anderen Buchstaben auftreten kann – so beim »r«, wo ein gespaltener Schaft unten mit einem Häkchen verbunden ist –, geht letztlich auf Schaftbrechungen der gotischen Schrift zurück. Die Kanzlei tritt als Textschrift wie auch als Auszeichnungsschrift in Erscheinung. Etwa ab dem 18. Jahrhundert wurde sie seltener verwendet und verschmolz mit der handgeschriebenen Fraktur zur Kanzleifraktur (oder Frakturkanzlei).

Fraktur, Kanzlei und Kurrent standen in einem hierarchischen Verhältnis zueinander. Treten sie zusammen auf, etwa in einer feierlichen Urkunde, fungieren Fraktur und Kanzlei in dieser Reihenfolge als Auszeichnungsschriften, während die Kurrent als Textschrift dient.

2.2.3 Antiqua-Schriften: Antiqua-Minuskel, Antiqua-Kursive

Als Antiqua-Schriften (von lat. *antiquus, -a, -um*, ›alt‹) oder humanistische Schrift (auch Humanistenschrift) werden die Schriften bezeichnet, die im 15. Jahrhundert in Italien entwickelt wurden oder sich von ihnen ableiten. Der früher gebrauchte Begriff ›Lateinschrift‹ als Bezeichnung für die Antiqua-Schriften geht auf die Situation der deutschen Zweischriftigkeit zurück, in der die Antiqua-Schriften eben vorrangig eine Schrift für Latein waren. Italienische Humanisten begannen – ältere Anregungen aufgreifend – ab etwa 1400, die karolingische Minuskel des 9. bis 12. Jahrhunderts nachzuahmen. Dabei bezogen sie einzelne Merkmale der Gotik ein und schufen so die humanistische Minuskel oder Buchschrift. Um diese neue ›alte‹ Schrift um Großbuchstaben zu ergänzen, wurde die Capitalis der antiken Inschriften in sie integriert (die in etwa den Großbuchstaben unserer Druckschrift entspricht). Daneben entstand, vor allem durch die Übernahme humanistischer Merkmale in die gotische Kursive beziehungsweise Bastarda, die *Cancelleresca italica*, eine in Kanzleien verwendete, humanistisch überformte Kursivschrift. Schon ab dem 15. Jahrhundert wurde die humanistische Schrift im übrigen Europa rezipiert.

Für den deutschsprachigen Raum der Neuzeit sind grundsätzlich zwei Schriften zu unterscheiden: die Antiqua-Minuskel (die Vorform unserer heutigen Druckschrift) und die Antiqua-Kursive (die Vorform unserer Schreibschrift). Dabei gibt es Übergangsformen zwischen den beiden Schriften und verschiedene Ausprägungsformen der Kursive.

Die *Antiqua-Minuskel* besteht – wie ihr Vorbild, die karolingische Minuskel – aus geraden und meist einzeln stehenden Buchstaben. Das »a« ist meist doppelstöckig. Zu den gotischen Restmerkmalen gehört – wie auch bei der Antiqua-Kursive –, dass das »i« einen Punkt hat und beim »t« der Schaft den Balken durchstößt. Was die Verwendung der Antiqua-Minuskel anbelangt, finden sich zwar auch handgeschriebene neuzeitliche Texte in dieser Schrift, vor allem wurde sie aber für den Druck gebraucht, wo sie für Latein dominierte. Ab der Mitte des 18. Jahrhunderts begann die Antiqua-

Minuskel, auch als Druckschrift für deutschsprachige Texte, der Fraktur Konkurrenz zu machen.

Die *Antiqua-Kursive* ist eine gewöhnlich rechtsgeneigte Schrift, und im handschriftlichen Bereich sind ihre Buchstaben tendenziell miteinander verbunden. Das »a« ist meist einstöckig. Im Gegensatz zur Antiqua-Minuskel haben »f« und langes »s« Unterlängen, und das lange »s« kann in der Ober- und der Unterlänge Schlingen ausbilden, wodurch es dieselbe Form wie das »h« der neugotisch-deutschen Kurrentschrift erlangt. An den Ober- und Unterlängen bestimmter Buchstaben können auch – teils verdickte Anstriche – oder Umbiegungen auftreten.

Die Antiqua-Kursive durchlief im deutschen Sprachraum in der Frühen Neuzeit eine Entwicklung, unterlag dabei Einflüssen aus anderen Regionen und wurde letztlich der heutigen Schreibschrift immer ähnlicher. So setzte sie sich in der Frühen Neuzeit im deutschen Sprachraum als übliche Handschrift für Latein (und andere Fremdsprachen) durch und wurde für Deutsch ab der zweiten Hälfte des 18. Jahrhunderts langsam häufiger. Darüber hinaus sind manchmal Eigennamen und andere Wörter zur Hervorhebung in Antiqua-Kursive geschrieben. Auch im Druck für Latein diente sie oft als Auszeichnungsschrift.

In der Forschungsliteratur werden zum Teil noch weitere Unterarten der Antiqua-Schriften unterschieden (Gutzwiller 1992, 417–421; Beck/Beck 2007, 94–107). Eine einheitliche Unterteilung und Terminologie haben sich so für die neuzeitlichen Antiqua-Schriften im deutschsprachigen Raum noch nicht herausgebildet.

2.2.4 Abkürzungen in neugotisch-deutschen und Antiqua-Schriften

Abkürzungen spielen im Schriftwesen der Neuzeit zwar eine geringere Rolle als in dem des Spätmittelalters, dennoch kommen Kürzungen vor, vor allem in Konzepten oder Amtsbüchern, und es gibt Abkürzungen für Fachbegriffe, Anreden und bestimmte Formeln (z. B. beim behördlichen Geschäftsgang). Im Folgenden werden deshalb die vier wichtigsten Typen von Kürzungen vorgestellt: die *Suspension*, die *Kontraktion*, die Kürzung durch *hochgestellte Buchstaben* und die Kürzung durch *besondere Zeichen und Buchstabenformen*.

Bei der *Suspension* sind der Anfangsbuchstabe oder die ersten Buchstaben geschrieben, während der Rest des Wortes weggelassen ist. Diese Kür-

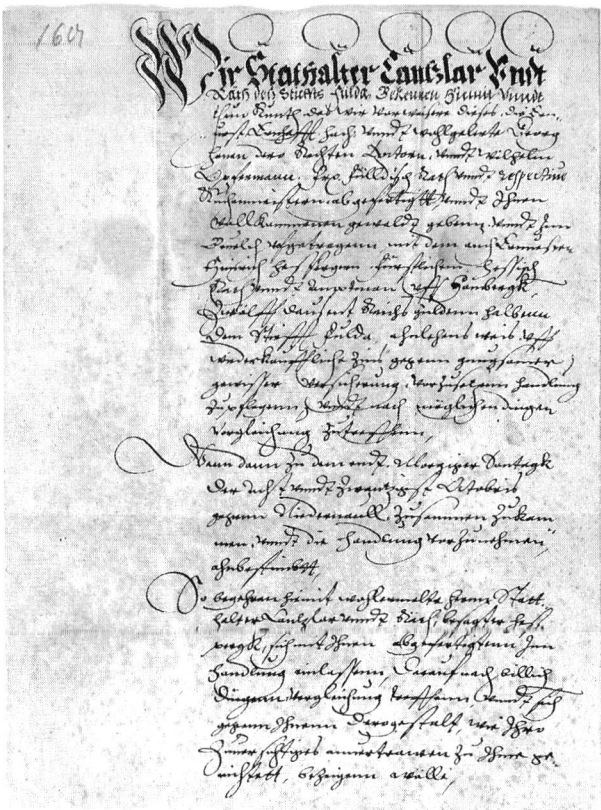

Abb. 2.1: Das Schriftstück von 1601 weist mehrere Schriften auf: Der Text ist in der ersten Zeile in Fraktur, in der zweiten in Kanzlei und ab der dritten Zeile in Kurrent geschrieben. Das Fremdwort am Ende von Zeile 6 (»respective«) ist wiederum in Antiqua-Kursive geschrieben. Hessisches Staatsarchiv Marburg, Urk. 75, Nr. 1700 (Bildausschnitt).

zungsart ist bei den neugotisch-deutschen Schriften am häufigsten. Oft sind Anreden auf diese Weise gekürzt, z. B. »e. f. g.« (»ewer furstlichen gnaden«). Sonderformen dieser Kürzungstechnik sind die syllabare Suspension, bei der die Anfangsbuchstaben der Silben eines Wortes wiedergegeben sind (»gstr.« für »gestrenger«), und die Iteration, bei der die Buchstaben zur Angabe des Plurals verdoppelt werden (»e. e. l. l.« für »ewer liebden« bei mehreren Personen). Als allgemeine Abkürzungszeichen – die lediglich die Tatsache der Kürzung anzeigen – dienen hier vor allem einfache Punkte, Doppelpunkte und Abbrechungshaken (Suspensionskürzel), die unter anderem die Form eines »l« mit einem großen, in den Unterlängenbereich gehenden Abschwung annehmen können.

Bei der *Kontraktion* sind Anfang und Ende des Wortes angegeben, während in der Mitte Auslassungen stattfinden. Ein Beispiel ist »gdgst.« (»gnädigst«). Als Abkürzungszeichen können hier einfache Punkte, Doppelpunkte sowie waagrechte Kürzungsstriche über dem Wort dienen.

Die Kürzungsart, bei der im Inneren oder am Ende eines Wortes einzelne *Buchstaben hochgestellt* sind, zeigt die Weglassung eines anderen Buchstabens, meist eines »r«, in der Wortmitte an. Kürzungen dieses Typs sind in der Neuzeit nur sehr selten. Verbreitet ist dagegen eine – als Kontraktion zu betrachtende – Kürzung, bei welcher der Endbuchstabe hochgestellt (und oft doppelt unterstrichen) wird.

Bei den Kürzungen durch *besondere Zeichen und Buchstabenformen* stehen die Zeichen mehr oder minder für bestimmte weggelassene Buchstaben. Eine der häufigsten Kürzungen dieses Typs ist in neugotisch-deutschen Schriften der »r«-Haken, der aus dem Endbuchstaben heraus geschrieben wird und meist die Form eines in den Oberlängenbereich gehenden, nach links offenen Bogens hat. Die Kürzung, die meist am Wortende steht, steht in der Regel für »er« (z. B. bei »d« [»der«]), kann aber auch ähnliche Buchstabenfolgen, auch ein bloßes »r«, wiedergeben. Häufig ist auch die »en«-Kürzung, die ebenfalls am Wortende steht. Sie besteht aus einem in den Unterlängenbereich gehenden, meist nach rechts, aber auch nach links führenden Abschwung. Der waagrechte Strich über dem Wort, der als allgemeines Abkürzungszeichen bereits erwähnt wurde, kann auch die Weglassung bestimmter Buchstaben anzeigen: Er kann etwa ein »m«, ein »n« (deshalb auch »Nasalstrich«) oder auch ein »e« vertreten; zur »m«- und »n«-Verdoppelung hält er sich noch über das 19. Jahrhundert hinaus. Nicht immer ist eindeutig, wie eine Abkürzung aufzulösen ist. So kann etwa die auf Unterschriften folgende, oft rost- oder gitterartig aussehende Abkürzung für *manu propria* (lat. ›eigenhändig‹) nicht immer eindeutig von dem ebenfalls nach Unterschriften stehenden und abgekürzten *subscripsi(t)* (lat. ›ich habe unterschrieben‹ oder ›er/sie hat unterschrieben‹) unterschieden werden.

2.2.5 Übungsmöglichkeiten und Transkriptionsregeln

Alte Schriften lesen zu lernen, ist – auch mit einem Musteralphabet – vor allem Übungssache. Nur so lernt man nicht nur Buchstabenformen kennen, sondern auch typische Wörter, Wortverbindungen und Inhalte und erwirbt ein Vorverständnis für bestimmte Quellen. Dazu dienen Übungsbücher sowie Online-Angebote, von denen zwei hervorzuheben sind: das Portal *Ad fontes* der Universität Zürich, ein umfangreiches hilfswissenschaftliches Lernangebot, das Musteralphabete sowie Leseübungen mit Hilfestellungen und einer Korrekturfunktion umfasst, und die von der Generaldirektion der Staatlichen Archive Bayerns bereitgestellte *Digitale Schriftkunde*, die Archivalien mit »Entzifferungen« (mit Text-Bild-Verknüpfung) und weiteren zuschaltbaren Funktionen präsentiert.

Wenn man einen Text nicht nur für die Bearbeitung einer Fragestellung verstehen, sondern ihn auch transkribieren (in eine andere Schriftform übertragen) will, muss man sich bewusst sein, dass damit eine Interpretation der Vorlage verbunden ist. Denn obwohl sowohl ein in Kurrent geschriebenes Aktenstück der Frühen Neuzeit als auch dessen am Computer angefertigte Transkription in Varianten der lateinischen Schrift geschrieben sind, entsprechen sich die verwendeten Zeichensysteme nicht vollständig. Es sind deshalb Entscheidungen zu treffen, wie mit Befunden umgegangen wird, die mit dem Zeichensystem des Zieltextes nicht unmittelbar wiedergegeben werden können (etwa verschiedenen Formen derselben Buchstaben oder nicht klar voneinander unterscheidbaren Formen verschiedener Buchstaben).

Über diese Fälle, die ohnehin nicht eins zu eins wiedergegeben werden können, hinaus, ist es in Transkriptionen von Historikern und Archivarinnen traditionell üblich, gewisse Normalisierungen und Modernisierungen vorzunehmen, um einen »gut lesbaren« Text zu erstellen – wobei dieses Kriterium umstritten ist.

Anregungen, wie man mit Transkriptionsproblemen umgehen und einen benutzerfreundlichen Text erreichen kann, bieten Transkriptionsrichtlinien oder -empfehlungen. Diese von Historikerinnen oder Archivaren erarbeiteten Regelwerke stellen gewisse Standards dar. Sie sind epochenübergreifend oder beziehen sich auf bestimmte Epochen und decken teils mehrere Sprachen ab. Für die Frühe Neuzeit und das 19. Jahrhundert sind insbesondere die Richtlinien von Schultze/Heinemeyer, die des Arbeitskreises »Editionsprobleme der frühen Neuzeit«, die der Archivschulen in Marburg und München und die von Eckardt/Stüber/Trumpp zu nennen.

Bei eigenen Transkriptionen empfiehlt es sich, auf der Basis der bestehenden Empfehlungen eigene, für die jeweiligen Quellen geeignete Regeln festzulegen; die Regeln müssen dann nicht nur gewissenhaft angewandt, sondern auch der Leserin beziehungsweise dem Leser offengelegt werden.

Tipps für das Entziffern handschriftlicher Quellen:
- Musteralphabet der Schrift ansehen.
- Mit leicht lesbaren Wörtern beginnen und sich die Buchstabenformen gelesener Wörter einprägen (evtl. auf eigenem Blatt nachzeichnen).
- Sich zunutze machen, wenn Wörter an bestimmten Stellen erwartet werden können (z. B. Titel von Fürsten).
- Buchstaben schwer lesbarer Wörter anderswo im Text suchen und das Schriftbild vergleichen.
- Bei Schwierigkeiten variieren, welche Buchstabenbestandteile man einem Buchstaben zuordnet.
- Nach einer Pause einen neuen Blick auf das Stück werfen.
- Unsichere Lesarten auch auf Plausibilität prüfen (mit Nachschlagewerken wie www.woerterbuchnetz.de oder in Wortverbindungen mit Google).

2.2.6 Maschinen lesen – Paläographie im digitalen Zeitalter

Mit der beginnenden Digitalisierung entstand ein neues Anwendungsgebiet für die Paläographie: automatisiertes Lesen. Dabei geht es darum, Text in Bildern oder Grafikdateien zu erkennen und diesen so in Buchstaben umzuwandeln, dass er für Mensch und Maschine lesbar wird und von Textverarbeitungsprogrammen verarbeitet werden kann. Hier entstand auch ein großer kommerzieller Markt, denn analoge in digitale Daten umzuwandeln bietet enorme Rationalisierungspotenziale. Seit den 1990er Jahren gehören Scanner mit Texterkennungsprogrammen zu jedem Heimbüro. Sie verwenden OCR (*optical character recognition*) genannte Programme, die in gedruckten Texten einzelne Buchstaben erkennen. Die Arbeit an diesen Tools machte allerdings auch deutlich, wie enorm komplex die menschliche Fähigkeit des Lesens ist. Die Schwierigkeiten für die Programmierer lagen dabei mehr in der Umsetzung komplexer Layouts, Strukturen und Gliederungen auf den Druckseiten als im Erkennen einzelner Buchstaben. Heute sind diese Probleme weitgehend gelöst. Die Entwicklung auf diesem Gebiet wurde angetrieben durch die immer weitergehende Digitalisierung alter

Buchbestände durch die Bibliotheken und Vorhaben wie das 2004 gestartete Projekt google books. Heute gibt es Angebote von *open source* bis zu spezialisierter Software für besondere Bedürfnisse, die gedruckte Texte automatisiert lesbar machen. Maschinenlesbarkeit bedeutet dabei, nach einzelnen Zeichenketten suchen zu können, und nicht Erkennen eines Sinns wie bei einem hermeneutischen Verfahren. Auch für alte Druckschriften wie Fraktur und Schwabacher gibt es mittlerweile funktionierende OCR-Programme (wenn auch z. B. Ligaturen problematisch bleiben).

Doch die vornehmste Aufgabe der Paläographie – das Lesen von Handschriften, stellt für automatisierte Texterkennung große Hürden auf: Variierende Deckkraft der Tinten, Ausbleichungen, Textverluste, von der Kehrseite durchscheinende Schriften, individuelle Abkürzungen und Sonderzeichen, fehlende Rechtschreibnormen, verschiedene Schreiberhände und verschiedene Textschichten etwa in Amtsbüchern.

Aber auch, bei der HTR (Handwritten Text Recognition), also dem Erkennen oder Lesen handschriftlicher Texte, gab es in den letzten Jahren erhebliche Fortschritte. Sie sind maßgeblich verbunden mit dem 2016 als Projekt der Europäischen Union gestarteten READ-Programm, aus dem 2019 das als Genossenschaft funktionierende *Transkribus* hervorgegangen ist. Ziel war und ist, handschriftliche archivalische Quellen leicht lesbar zu machen. Aktuelle Alternativen sind das an Universitäten in London und Paris entwickelte eScriptorium sowie OCR4All der Universität Würzburg (siehe Links).

Die von *Transkribus* benutzte Methode besteht in der Verbindung des Einsatzes von Künstlicher Intelligenz (Computer werden im Lesen der Dokumente einer bestimmten Schrift trainiert) mit der neuen Zugänglichkeit für jedermann durch Crowdsourcing. Nutzer können selbst ein Modell anlegen und *Transkribus* für eine von ihnen benötigte Handschrift trainieren. Nach eigenen Angaben erreicht *Transkribus* in der Regel eine Zeichenfehlerquote von 5 Prozent. Texte werden also verständlich, können aber noch nicht vollständig exakt transkribiert werden. Außerdem werden als Voraussetzung, um ein Modell auf eine bestimmte Handschrift trainieren zu können, immer einige bereits erstellte, möglichst gute Transkriptionen gebraucht. *Transkribus* ermöglicht mit Keyword Spotting (KWS) auch eine neue Form der Suche nach bestimmten Worten oder Zeichenketten, die mit Wahrscheinlichkeiten arbeitet und in den letzten Jahren erstaunliche Ergebnisse geliefert hat. Solche Techniken haben in Verbindung mit immer mehr maschinenlesbar vorliegenden Quellen das Potenzial, die Arbeit der Historiker bei der Suche nach bestimmten Quellenbegriffen zu revolutionieren. Der Einsatz der Paläographie beim automatisierten Lesen mittels

Künstlicher Intelligenz kann so Quellenbestände nutz- und auswertbar machen, ohne dass die Nutzer sie selbst im Original lesen können müssen – ein neuer Schritt hin zur Demokratisierung der Beschäftigung mit Geschichte und Nutzung von Archiven.
(Die Unterkapitel 2.1 bis 2.2.5 wurden von Florian Lehrmann, das Unterkapitel 2.2.6 wurde von Robert Meier verfasst.)

2.3 Literatur und Hilfsmittel

2.3.1 Einführungen

Beck, Friedrich: Schrift, in: Ders./Henning, Eckart (Hrsg.), Die archivalischen Quellen. Mit einer Einführung in die Historischen Hilfswissenschaften, 5., erw. und aktualis. Aufl. Köln/Weimar/Wien 2012, 179–230.
Foerster, Hans/Frenz, Thomas: Abriß der lateinischen Paläographie, 3., überarb. und um ein Zusatzkapitel »Die Schriften der Neuzeit« erw. Aufl. Stuttgart 2004.
Frenz, Thomas: Abkürzungen. Die Abbreviaturen der Lateinischen Schrift von der Antike bis zur Gegenwart, Stuttgart 2010.
Auch zu Zahlzeichen, Bruchschreibungen und Symbolen.
Grun, Paul Arnold: Leseschlüssel zu unserer alten Schrift. Taschenbuch der deutschen (wie auch der humanistischen) Schriftkunde für Archivbenutzer, insbesondere Sippen- und Heimatforscher, Studierende, Geistliche und Kirchenbuchführer, ND Limburg an der Lahn 1984.
Grun, Paul Arnold: Schlüssel zu alten und neuen Abkürzungen. Wörterbuch lateinischer und deutscher Abkürzungen des späten Mittelalters und der Neuzeit mit historischer und systematischer Einführung für Archivbenutzer, Studierende, Heimat- und Familienforscher u. a. Nachbildungen der Originale, ND Limburg 1966.

2.3.2 Spezialliteratur

Arbeitskreis »Editionsprobleme der frühen Neuzeit«: Empfehlungen zur Edition frühneuzeitlicher Texte, in: Jahrbuch der Historischen Forschung in der Bundesrepublik Deutschland, Berichtsjahr 1980 (1981), 85–96.
Bošnjak, Ellen: Der Übergang zur Kurrentschrift in süddeutschen Privaturkundenschriften. Untersucht am Beispiel des Bestandes Stadtarchiv Bregenz, in: Golob, Nataša (Hrsg.), Medieval Autograph Manuscripts. Proceedings of the XVIIth Colloquium of the Comité International de Paléographie Latine, held in Ljubljana, 7–10 September 2010, Turnhout 2013, 363–380.
Frenz, Thomas: Littera Sancti Petri. Zur Schrift der neuzeitlichen Papsturkunden 1550–1878, in: Archiv für Diplomatik, Schriftgeschichte, Siegel- und Wappenkunde

24 (1978), 443–515.
Zur Schrift der päpstlichen Bleisiegelurkunden.

Gatos, Basilis/Louloudis, Georgios/Stamatopoulos, Nikolaos/Sfikas, Giorgos: Historical Document Processing, in: Bezerra, Byron Leite Dantas/Zanchettin, Cleber/Toselli, Alejandro H./Pirlo, Giuseppe (Hrsg.), Handwriting. Recognition, Development and Analysis, New York 2017, 57–93.
Als Einführung in Geschichte und Probleme der automatisierten Handschriftenerkennung.

Gutzwiller, Hellmut: Die Entwicklung der Schrift in der Neuzeit, in: Archiv für Diplomatik, Schriftgeschichte, Siegel- und Wappenkunde 38 (1992), 381–488, Abbildungen nach 488.
Zu neugotisch-deutschen, Antiqua- und französischen Schriften, mit Schrifttafeln.

Paillasson, Charles: Écritures, contenant seize planches, in: Recueil de planches, sur les sciences, les arts liberaux, et les arts méchaniques, avec leur explication, Bd. 2, Paris 1763, online: http://enccre.academie-sciences.fr/encyclopedie/volume/23?n=332.
Artikel in der Encyclopédie zu den französischen Schriften, mit Schrifttafeln.

Schultze, Johannes: Richtlinien für die Edition von Quellen zur neueren deutschen Geschichte, in: Heinemeyer, Walter (Hrsg.), Richtlinien für die Edition landesgeschichtlicher Quellen, 2. Aufl. Marburg/Hannover 2000, 27–39.

Wührer, Jakob: Wie ediert man archivalische Quellen? Editionsstandards und ihre Bedeutung für das editorische Arbeiten, in: Schlemmer, Martin (Hrsg.), Digitales Edieren im 21. Jahrhundert, Essen 2017, 111–141.

2.3.3 Abbildungswerke und Übungsbücher

Beck, Friedrich/Beck, Lorenz Friedrich: Die Lateinische Schrift. Schriftzeugnisse aus dem deutschen Sprachgebiet vom Mittelalter bis zur Gegenwart, Köln/Weimar/Wien 2007.
Handbuch mit umfangreichen Abbildungen und ausführlicher Bibliographie.

Dülfer, Kurt/Korn, Hans-Enno: Schrifttafeln zur deutschen Paläographie des 16.–20. Jahrhunderts, bearb. von Karsten Uhde, 13. Aufl. Marburg 2013.

Eckardt, Hans Wilhelm/Stüber, Gabriele/Trumpp, Thomas: »Thun kund und zu wissen jedermänniglich«. Paläographie – Aktenkunde – Archivalische Textsorten, Neustadt an der Aisch 2005, Auflage 1999 online: https://afz.lvr.de/de/publikationen_3/archivhefte/archivhefte_1.html.
Mit Transkriptionsempfehlungen und Abdruck anderer Regelwerke; auch mit Beispieltexten und Transkriptionen.

Stüber, Gabriele/Trumpp, Thomas: Französisch im Archiv. Ein Leitfaden für Archivare und Historiker, Köln 1992, online: https://afz.lvr.de/de/publikationen_3/archivhefte/archivhefte_1.html.
Auch zu französischen Schriften.

Übungsbuch Deutsche Schriftkunde. Schriftbeispiele des 12. bis 20. Jahrhunderts aus bayerischen staatlichen Archiven, bearb. von Ellen Bošnjak/Magdalena Weileder/

Susanne Wolf/Sabine Frauenreuther mit einem Beitrag von Elisabeth Noichl und Christa Schmeißer, München 2015.

2.3.4 Digitale Hilfsmittel

Ad fontes – https://www.adfontes.uzh.ch [27.5.2024].
Einführung der Universität Zürich in den Umgang mit Quellen im Archiv mit umfangreichem hilfswissenschaftlichem Einführungs- und Übungsangebot, u. a. mit Musteralphabeten sowie mit Transkriptionsübungen mit Hilfestellungen und Korrekturfunktion, auch als Smartphone-Version »App fontes«: https://www.adfontes.uzh.ch/mobile [27.5.2024].
Archivschule Marburg – https://www.archivschule.de/uploads/Ausbildung/Grundsaetze_fuer_die_Textbearbeitung_2009.pdf [27.5.2024].
Transkriptionsrichtlinie der Archivschule Marburg.
Bayerische Archivschule – https://www.gda.bayern.de/ausbildung/bayerische-archivschule [27.5.2024].
Transkriptionsregeln für deutsche, französische und lateinische Texte (rechte Kolumne).
Blog des Sächsischen Staatsarchivs – https://saxarchiv.hypotheses.org/17091 [27.5.2024].
Beitrag von Thekla Kluttig zum automatisierten Lesen und den Einsatz von Künstlicher Intelligenz vom 1.3.2023.
Digitale Schriftkunde – https://www.gda.bayern.de/DigitaleSchriftkunde [13.7.2024].
Angebot der Generaldirektion der Staatlichen Archive Bayerns, Onlinepräsentation von Quellen mit zuschaltbaren »Entzifferungen« und Transkriptionen, auch mit fakultativer Text-Bild-Verknüpfung.
OCR4All – https://www.ocr4all.org [27.5.2024].
Open source-Alternative zu Transkribus.
Transkribus – https://readcoop.eu und https://transkribus.eu [27.5.2024].
eScriptorium – https://scripta.psl.eu/en/digital-component-of-scripta [27.5.2024].
PERO OCR – https://pero-ocr.fit.vutbr.cz/ [27.11.2024]
Zwei Open source-Alternativen zu Transkribus.

3 Aktenkunde

Karsten Uhde

Die Aktenkunde ist eine der jüngeren Historischen Grundwissenschaften, deren Wurzeln einerseits in der klassischen Diplomatik, andererseits in der Staatswissenschaft des 18. und 19. Jahrhunderts begründet liegen. Sie beschäftigt sich mit den Verwaltungsunterlagen, wie sie in den meisten Teilen des deutschsprachigen Raums seit dem Ende des 15. Jahrhunderts entstanden sind und fokussiert sich dabei vorwiegend auf die Überlieferung jenseits der Urkunden und der Amtsbücher.
Deshalb ist sie ist für die Zeit seit dem 16. Jahrhundert die zentrale quellenkundliche Wissenschaft. Sie liefert den Forschenden die Möglichkeit, über den eigentlichen Inhalt der Schreiben hinaus Einblick in die Entscheidungsprozesse der Verwaltung zu nehmen und nachzuvollziehen, welche Akteure zu welchem Zeitpunkt Einfluss genommen haben. Sie ist zugleich die Basis für weitergehende verfassungs- und verwaltungsgeschichtliche Fragestellungen, da sie die Kommunikationsprozesse und die Binnenstruktur der Behördenlandschaft erschließt.

3.1 Entwicklung und Stand der Aktenkunde

Wissenschaftsgeschichtlich ist die Aktenkunde um 1900 im Umfeld des Editionsprojektes der *Acta Borussica* entstanden, deren Mitarbeiter schnell die Grenzen der Werkzeuge und Begrifflichkeiten der auf das Mittelalter bezogenen Diplomatik bei der Bearbeitung und Interpretation neuzeitlichen Verwaltungsschriftguts erkannten. Sie schufen daher für ihr Projekt neue Untersuchungsmethoden, neue Klassifikationssysteme und neue Begrifflichkeiten. Die von Martin Hass 1905 veröffentlichte erste Überblicksdarstellung *Über das Aktenwesen und den Kanzleistil im alten Preußen* repräsentiert diese Phase der aktenkundlichen Beschäftigung sehr gut.

Schon zuvor hatten sich verschiedene Autoren zur Überlieferung einzelner frühneuzeitlicher Kanzleien geäußert. Viele dieser Arbeiten wurden von den Archivaren, später auch Archivarinnen, im Zusammenhang mit der Erschließung frühneuzeitlicher Bestände erarbeitet.

Aus diesen und vielen weiteren Beispielen formte sich im ersten Viertel des 20. Jahrhunderts allmählich ein Bild, das schließlich Ende der 1920er Jahre innerhalb der Archivarsausbildung unter dem Begriff »Moderne Diplomatik« in einem eigenen Lehrfach zusammengefasst wurde. Der damit am Institut für Archivwissenschaft in Berlin beauftragte Heinrich Otto Meissner fasste die bis dahin gefundenen Erkenntnisse dann 1935 in einem ersten Handbuch zusammen, das bis auf den heutigen Tag als eine der zentralen Veröffentlichungen anzusehen ist.

Seine Monographie mit dem Titel *Aktenkunde. Ein Handbuch für Archivalienbenutzer mit besonderer Berücksichtigung Brandenburg-Preußens* zeigt aber schon in ihrem Titel die Probleme der Aktenkunde. So sind bis zum Ende des 20. Jahrhunderts fast nur aktenkundliche Untersuchungen zu preußischem Verwaltungsschriftgut erschienen und die meisten Arbeiten beschäftigten sich schwerpunktmäßig, wenn nicht sogar ausschließlich mit der Zeit vor 1918. Schließlich deutet sich im Titel schon an, dass die Aktenkunde eine überwiegend von Archivarinnen und Archivaren betriebene Grundwissenschaft ist, die bis heute an den Universitäten ein Schattendasein führt, obwohl der Großteil der Geschichtswissenschaft sich ganz überwiegend mit genau diesen Unterlagen beschäftigt.

Nach dem Ende des Zweiten Weltkriegs wurde das Fach maßgeblich von den Vertretern des Faches an den beiden Ausbildungseinrichtungen für Archivarinnen und Archivare in Berlin/Potsdam einerseits und Marburg andererseits vorangetrieben. Die Werke von Heinrich Otto Meissner und Gerhard Schmid im Osten und Kurt Dülfer und Jürgen Kloosterhuis im Westen Deutschlands sind aus ihrer Lehre an den jeweiligen Archivschulen entstanden. Während sich die Marburger Schule auf die klassischen Unterlagen konzentrierte, wurden in der DDR im Auftrag der Staatlichen Archivverwaltung auch einige sogenannte Sonderaktenkunden erstellt, wie z. B. die Aktenkunde der Wirtschaft oder die Aktenkunde des Sozialismus.

Eine geographische Ausdehnung des Faches ergab sich später durch die Monographie von Wolfgang Hans Stein zur französischen Aktenkunde 1998, vor allem aber durch die umfassende Aktenkunde von Michael Hochedlinger aus dem Jahr 2009, die aus Habsburgisch-Österreichischer Sicht geschrieben wurde und damit vor allem für das 18. und 19. Jahrhundert die zweite große Verwaltungstradition im deutschsprachigen Raum zeigt.

Die Überwindung der bis dahin weitgehend bei 1918 angesiedelten Grenze der Betrachtungen gelang schließlich neben den schon genannten

Sonderaktenkunden vor allem durch die Veröffentlichung *Moderne Aktenkunde* 2016. In den vergangenen zwei Jahrzehnten hat sich zudem eine neue Richtung innerhalb der Aktenkunde etabliert, die weniger das einzelne Schriftstück, sondern mehr ganze Vorgänge und Akten untersucht und daraus Erkenntnisse über die Arbeitsweise der Behörden im Allgemeinen wie im Einzelfall gewinnen kann. Der von Holger Berwinkel betriebene Aktenkundeblog bietet ein Forum für zahlreiche solcher Beiträge und zeigt die aktuelle Breite der Untersuchungsmöglichkeiten.

3.2 Gegenstand der Aktenkunde

Die Aktenkunde beschäftigt sich mit dem Verwaltungsschriftgut seit dem ausgehenden Mittelalter, nicht jedoch mit privaten Unterlagen. Diese finden nur insofern Eingang in die Betrachtungen, als sie an die Verwaltung gerichtet und in ihrer Überlieferung erhalten sind. Ebenso wenig beschäftigt sich die Aktenkunde mit den Urkunden, wie bereits im entsprechenden Kapitel des Mittelalter-Bandes ausgeführt, oder den Amtsbüchern, auch wenn sie in denselben Kanzleien entstanden und gemeinsam in die Archive gelangt sind.

Anders als der Name es vermuten lässt, liegt das Hauptaugenmerk der Aktenkunde auch nicht auf den Akten selbst, sondern sehr viel stärker auf der Betrachtung einzelner Schriftstücke, die gemeinsam eine Akte bilden. Die verschiedenen Arten von Akten behandelt die Archivwissenschaft.

Im Mittelpunkt der Aktenkunde stehen zunächst die einzelnen *Schreiben*, die sich in den Akten finden. Ein Schreiben dient zur Weisung, Mitteilung oder Berichterstattung, ohne dafür eine Beglaubigung in Anspruch nehmen zu müssen, die über die einfache Unterschrift hinausgeht. Die Schreiben folgen in ihrem inneren Aufbau und ihrer äußeren Gestaltung einer bestimmten Form und variieren je nach Zweck, Epoche und Stil.

Umgangssprachlich wird ein Schreiben oft und gern als Brief bezeichnet. In der aktenkundlichen Terminologie wird Brief aber nur als Begriff für ein Schreiben verwendet, das zur Postbeförderung gefaltet und verschlossen oder kuvertiert versandt wurde. Das Wort »Brief« dient also lediglich als versendungstechnischer Begriff.

Die Gesamtheit aller Schreiben kann einerseits in die offenen und geschlossenen Schriftstücke unterteilt werden, andererseits in die externen und internen.

Offene Schreiben (*litterae patentes*) werden durch den Publikationswillen des Absenders fixiert, der hiermit die Öffentlichkeit erreichen will. Das

Schreiben kann gleichwohl an einen einzelnen Adressaten gerichtet sein, der es dann veröffentlichen soll. Tritt zum Publikationswillen ein weiteres Beglaubigungsmerkmal, wie ein Siegel, so wandelt sich das offene Schreiben zur Urkunde.

Geschlossene Schreiben (*litterae clausae*) richten sich nach dem Willen des Absenders nicht an die Öffentlichkeit, sondern an eine bestimmte Person oder Personengruppe, ohne dass ein Publizitätswille erkennbar ist. Der (zeitweilige) Verschluss eines Schriftstücks (z. B. durch ein briefverschließendes Siegel) berührt hingegen nicht den Charakter als offenes oder geschlossenes Schreiben.

Externe Schriftstücke werden durch eine Absender-Empfänger-Beziehung charakterisiert. Das Schriftstück kann dabei an eine bestimmte Person, aber auch an die Öffentlichkeit adressiert sein.

Interne Schriftstücke gehören zum Memorienschreibwerk und sind durch die Beschränkung auf den Innenlauf in der Behörde charakterisiert. Eine Absender-Empfänger-Beziehung fehlt also. Interne Schriftstücke erscheinen als Vermerke, Notizen und Berechnungen, die als eigene Schriftstücke niedergeschrieben wurden. In großen Behörden, zumal wenn sie über mehrere Standorte verteilt sind, können diese innerdienstlichen Unterlagen Merkmale einer Absender-Empfänger-Beziehung (z. B. Referent II D 7 an Abteilungsleiter I) annehmen. Sie entwickeln sich dadurch zu geschlossenen Schreiben.

Die Schreiben des Ein- und Auslaufs der Behörden bilden in ihrem Wechsel von eingehendem Schreiben und daraufhin ausgehenden Schriftstücken zunächst einzelne Vorgänge und damit das Rückgrat der Akten. Sie werden oft durch Memorialschriftgut ergänzt, das weitere Einblicke in die internen Abläufe der Behörde gibt. Erst durch das Zusammenspiel der eingehenden, der ausgehenden und der internen Schriftstücke können umfassend und bis ins Detail die Entscheidungsprozesse der Verwaltung nachvollzogen und erklärt werden. Eine aktenkundliche Untersuchung bietet dadurch das Rüstzeug für eine Interpretation der Quelle über ihren eigentlichen Text hinaus.

3.3 Methoden der Aktenkunde

Die *analytische Aktenkunde* untersucht die inneren und äußeren Merkmale der Schriftstücke sowie ihre innere Gliederung. Die dabei gefundenen Elemente und ihre Position innerhalb des Schriftstücks bzw. auf dem Papier dienen vor allem der systematischen und der genetischen Aktenkunde als Grundlage weiterer Untersuchungen.

Die *systematische oder klassifizierende Aktenkunde* versucht, die einzelnen Schriftstücke in ein bestehendes Klassifikationsschema einzuordnen. Dieses Schema orientiert sich weitgehend an den zeitgenössischen Vorstellungen des Kanzleistils und der Staatswissenschaft, nach der bestimmte Inhalte und das Verhältnis von Absender zu Empfänger die Gestaltung und den inneren Aufbau eines Schriftstücks bestimmte.

Die *genetische Aktenkunde* untersucht, in welchen Schritten Schriftstücke entstehen, vom Entwurf über die Reinschrift bis hin zur Ausfertigung, die beim Empfänger ankommt. Dabei werden die äußere Gestalt, aber auch die auf den Schriftstücken befindlichen Vermerke und Verfügungen als Indizien herangezogen.

Als weiteres Teilgebiet der Aktenkunde hat sich zuletzt die *rekonstruierende Aktenkunde* etabliert, die sich, vor allem auf der Grundlage der Ergebnisse der analytischen und genetischen Aktenkunde zum Ziel setzt, das Verwaltungshandeln einer Behörde oder Kanzlei zu rekonstruieren und damit eine Verbindung zur Verwaltungswissenschaft herzustellen.

3.3.1 Die analytische Aktenkunde

Die analytische Aktenkunde bedient sich weitgehend der schon aus der Diplomatik (s. Diplomatik-Kapitel im Mittelalter-Band) bekannten Terminologie für die einzelnen Elemente eines Schreibens. Allerdings sind einige Elemente, wie die *Invocatio* oder die *Arenga* in aller Regel nicht vorhanden, andere, wie die *Publicatio* und die *Corroboratio* vergleichsweise selten. Andere Elemente kommen an ihrer Stelle neu hinzu, wie die Schlusscourtoisie. Zu den regelmäßig auftretenden Elementen zählen die folgenden:

- *Intitulatio*: Titel oder Bezeichnung der Behörden (Behördenfirma)
- *Inscriptio*: Anrede mit Würdeprädikaten und evtl. einer Adresse
- *Salutatio*: Gruß und Dienstanweisung
- *Narratio*: Angaben zum Kontext bzw. zur Vorgeschichte
- *Dispositio*: der eigentliche Rechtsinhalt oder Grund des Schreibens
- *Sanctio*: Befehlseinschärfung, Strafandrohung
- *Datum*: Ort und Tag
- *Courtoisie*: Höflichkeits- und Ehrerbietungsfloskeln
- *Subscriptio*: Unterschrift(en)

Ähnlich wie bei den Urkunden haben auch bei den Schreiben die einzelnen Teile ihren festen Platz innerhalb eines Schriftstücks. Allerdings variiert dieser je nach Typus sehr stark. Zum Teil werden mit der unterschiedlichen Stellung der einzelnen Elemente sogar bestimmte Aussagen gegenüber dem Empfänger verbunden. So drückt die Stellung der *Intitulatio* am Anfang beispielsweise eine Überordnung des Absenders gegenüber dem Empfänger aus, während ihre Platzierung am Ende als Unterordnung und Ehrerbietung verstanden wurde.

Auch die äußere Gestaltung des Schreibens, die Verwendung verschiedener Schriften, das Herausrücken oder Absetzen einzelner Textteile usw., werden bei der Analyse festgestellt und dienen zusammen mit der inneren Gliederung vor allem der systematischen Aktenkunde als Hinweise für die Klassifikation.

3.3.2 Die systematische Aktenkunde

Die systematische Aktenkunde dient der Klassifikation einzelner Schreiben. Dabei behandelt sie ausschließlich die Schreiben des Ein- und Auslaufs, also die Schreiben, die von Verwaltungen ausgingen oder von ihnen empfangen wurden. Das schließt die Schreiben an und von Fürsten mit ein, da sie die Spitze der Verwaltung darstellten. Schreiben von und an Untertanen hingegen werden nur insoweit klassifiziert, als sie von der Verwaltung stammten oder an sie gerichtet waren. Schriftstücke zwischen Privatpersonen werden hingegen ebenso wenig in die aktenkundliche Klassifikation einbezogen wie literarische oder wissenschaftliche Texte. Und obwohl es Ansätze einer Aktenkunde der Wirtschaft gibt, werden auch diese von der systematischen Aktenkunde nicht behandelt.

Die Klassifikation ist im Grunde der Versuch, die zeitgenössisch nach bestimmten Regeln produzierten und benannten Schreiben in ein modernes Schema zu integrieren. Die Grundannahme der Klassifikation ist, dass ein Schreiben mit einem bestimmten Inhalt, das zwischen Personen mit einem bestimmten Verhältnis zueinander versandt wurde, auch eine festgelegte und von allen akzeptierte Form hatte. Diese wurde in zeitgenössischen Briefstellern und Lehrwerken für das Verwaltungs- und Kanzleipersonal vermittelt, die – neben der Autopsie der in den Archiven überlieferten Akten – auch als Grundlage für das heute gebräuchliche Klassifikationsschema dienen.

Und ähnlich wie bei der Klassifikation von Urkunden ist auch für die einzelnen Arten der Aktenschriftstücke festzuhalten, dass sie sich im Laufe der Jahrhunderte veränderten. Es muss aber auch festgestellt werden, dass man anders als bei Urkunden, die bei festgestellten Regelverstößen schnell zur Fälschung erklärt und im Zweifel als ungültig angesehen wurden, bei der Produktion in den Kanzleien nicht so penibel auf die Einhaltung der Normen achtete. Mitunter wurde in den Verwaltungen und Schreibstuben bei der Erstellung von Schriftstücken unter Umständen sogar ganz bewusst ein Regelverstoß regelrecht provoziert, um ein bestimmtes Ziel zu erreichen. So wurden beispielsweise untergeordnete oder rangniedere Empfänger mit ihnen an sich nicht zustehenden, besonders ehrenvollen Titeln und Würdeprädikaten angesprochen, wenn man von ihnen eine nicht alltäglich Leistung erwartete. Dem entgegen wurde in Zeiten politischer Auseinandersetzungen dem Kontrahenten gern die ein oder andere Titulatur vorenthalten oder die eigene aufgebauscht. Deshalb kann man umgekehrt auch aus abweichenden Formen Rückschlüsse auf die damalige Beziehung zwischen den Korrespondenzpartnern ziehen. Um solche Abweichungen überhaupt bemerken und interpretieren zu können, ist aber zunächst eine solide Kenntnis der regelhaften Formen nötig.

Wie bereits geschildert, unterliegen die Schriftstücke im Laufe der Zeit einem gewissen Wandel, der sich meist eher schleichend vollzieht und stark vom Zeitgeschmack beeinflusst wird. So setzen sich beispielsweise bei den Aktenschriftstücken schnell barocke Formen durch und der zunehmende Prunk in den fürstlichen Hofhaltungen findet seine Entsprechung in einer immer höflich-höfischeren äußeren Gestaltung der Schriftstücke, wie auch einer immer komplexeren, ›gedrechselten‹ Sprache.

Zu Beginn des 19. Jahrhunderts gab es jedoch einen deutlichen Stilbruch. Es entwickelten sich innerhalb kürzester Zeit vollkommen neue Formen von Schriftstücken, die sich durch eine allgemeine Vereinfachung der Formen und eine Reduzierung der Varianten auf wenige Möglichkeiten auszeichneten. Sie entwickelten sich überwiegend aus Formen französischen Verwaltungsschriftguts, die sich nach der Französischen Revolution entwickelt hatten und im Zeitalter Napoleons auch in weiten Teilen des Alten Reichs Verwendung fanden. Ihre Produktion war erheblich einfacher und verbrauchte deutlich weniger finanzielle und personelle Ressourcen.

Schriftstücke des »Neuen Stils« sind vor allem an der Verwendung von Kopfbögen, dem Verzicht auf jede Form der *Courtoisie* und schließlich durch eine insgesamt einfachere, unserem heutigen Textverständnis viel nähere Sprache gekennzeichnet. Da mit der Einführung der neuen Typen fast immer auch eine Verwaltungsreform einherging und zugleich die Behörden immer größer wurden und arbeitsteiliger strukturiert waren, ist zudem zu beobachten, dass es zu einer deutlichen Vermehrung der auf den Schriftstücken befindlichen Verfügungen und Vermerke kam.

Der »Neue Stil« bot die Möglichkeit, die zu Beginn des 19. Jahrhunderts einsetzenden Versuche der Verwaltungsrationalisierung zu unterstützen und die Kommunikation der Verwaltung zu beschleunigen.

Dabei ist die Entwicklung jedoch in den einzelnen Bereichen und Territorien unterschiedlich verlaufen. So sind beispielsweise die Schreiben der fürstlichen Sphäre gegenüber den Stiländerungen wesentlich resistenter gewesen als Schreiben der Behörden. Einige Formen diplomatischer Schriftstücke sind sogar seit der Frühen Neuzeit bis heute in Verwendung, wie diplomatische Noten.

Hinsichtlich der territorialen Ausdehnung des sogenannten »Neuen Stils« ist ein klares Südwest-Nordost-Gefälle zu erkennen. Während die Rheinbundstaaten die französischen Vorbilder recht schnell rezipierten (1805–1830) und in ihren eigenen Verwaltungstraditionen verankerten, sind Mecklenburg und Preußen erst in den 1870er Jahren endgültig zum »Neuen Stil« übergegangen.

Zudem zeigen die Akten, dass auch innerhalb eines Staates der »Neue Stil« nicht überall zugleich eingeführt wird. So finden sich auch ein oder zwei Jahre nach den in der Regel von den Fürsten oder Zentralbehörden verordneten Reformen noch Schreiben, die keinerlei Merkmale des »Neuen Stils« aufweisen.

Das hat mit dem nicht zu unterschätzenden Beharrungsvermögen der Behördenmitarbeiter zu tun, aber auch damit, dass es eine Zeit braucht, die neuen Regeln bis in die letzten Verästelungen der Verwaltung und hier vor allem auf der lokalen Ebene durchsetzen zu können.

3.3.3 Die Klassifikation nach dem »Alten Stil« (16.–18. Jahrhundert)

Bei der Klassifikation nach dem »Alten Stil« wird bei den Schriftstücken zunächst einmal festgestellt, in welchem grammatischen Stil das Schreiben formuliert ist. Die mit Abstand häufigste Variante ist der Wir-Stil. Das liegt zum einen daran, dass die weitaus meisten frühneuzeitlichen Behörden kollegial organisiert waren, also gemeinsam entschieden und folglich auch ihre Schreiben als gemeinsame Texte formulierten. Zum anderen haben die Fürsten ganz überwiegend in den Schreiben den Pluralis Majestatis benutzt und ihre Schreiben mit einem »Wir von Gottes Gnaden ...« eingeleitet.

Die zweite Variante ist der Ich-Stil, der zunächst vor allem auf der lokalen Verwaltungsebene bei den sogenannten Ein-Mann-Behörden vorkam, später aber auch in Fürstenschreiben auftrat. Schließlich gab es noch den sogenannten »Objektiven Stil«, d. h. es findet sich weder ein »Ich« noch ein »Wir«. Stattdessen wird vom Fürsten in der Dritten Person gesprochen: »Seine fürstlich Gnaden befiehlt ...« oder »Die Regierung hat die Ehre ...«.
Neben dem grammatischen Stil ist zu untersuchen, wer an wen schreibt, um daraus das Verhältnis zueinander festzustellen. Dabei geht es zunächst nicht um den Rang in der ständischen Gesellschaft selbst, sondern um die Frage, ob zwischen den beiden Korrespondenzpartnern ein Über- oder Unterordnungsverhältnis bestand oder nicht. Dem Verhältnis entsprechend sind die Schreiben in Schreiben der Überordnung, der Unterordnung und der Gleichordnung einzuteilen. Aus der Kombination von grammatischem Stil und dieser Einteilung entsteht das nachfolgende Raster, das nach seinem Erfinder als »Kornsches Gatter« bezeichnet wird.

Tab. 3.1: »Kornsches Gatter« – Klassifikationsschema »Alter Stil«. Eigene Aufstellung (vgl. Kloosterhuis 1999).

	Schreiben von Vorgesetzten an Nachgeordnete	Schreiben zwischen einander nicht Unterstellten	Schreiben von Nachgeordneten an Vorgesetzte
Ich	Kabinettsorder Kuriale Kabinettsorder Kabinettsorder i. frz. Sprache Geistliche Kabinettsorder Militärische Kabinettsorder Handbillet Allerhöchster Erlass **Beamtenbefehl**	Handschreiben Handschreiben i. frz. Sprache Eigenhändiges Handschreiben **Beamtenschreiben**	
Wir	**Reskript** Landesherrliches Reskript Behördenreskript Behörden Reskript im Auftrag des Landesherrn Marginalreskript Dorsualreskript Zirkularreskript Generalreskript	**Kanzleischreiben** Landesherrliches Kanzleischreiben • an Ranghöhere • an Ranggleiche • an Rangniedere Kuriales Kanzleischreiben Vereinfachtes Kanzleischreiben	**Bericht**

3 Aktenkunde

	Schreiben von Vorgesetzten an Nachgeordnete	Schreiben zwischen einander nicht Unterstellten	Schreiben von Nachgeordneten an Vorgesetzte
Obj.	Dekretschreiben Landesherrliches Dekretschreiben Kabinettsdekretschreiben Behördendekretschreiben Behördendekretschreiben im Auftrag des Landesherrn Marginaldekretschreiben Dorsualdekretschreiben Zirkulardekretschreiben Generaldekretschreiben	Kommunikationsschreiben • in der Art eines Schreibens • in der Art eines Protokolls • in der Art einer Notiz	

Das System umfasst sieben Großgruppen. Die häufigste Art sind die Reskripte, da sowohl die Fürsten als auch die kollegialen Behörden ihre Weisungen meist im Wir-Stil schrieben. Seltener sind die Dekretschreiben, die erst im 18. Jahrhundert häufiger vorkamen, weil sie schneller und kostengünstiger zu erstellen waren. Ebenfalls im 18. Jahrhundert trat die Kabinettsorder auf, die durch das verwendete »Ich« persönlicher wirkte und eine besondere Direktheit entfaltete. Innerhalb der Schreiben der Mitteilung ist vor allem zwischen den formvollendeten, aber auch distanzierten Kanzleischreiben und den weit persönlicheren und einfacheren Handschreiben zu unterscheiden. Auch hier spielen die im objektiven Stil gehaltenen Kommunikationsschreiben quantitativ eher eine untergeordnete Rolle, sind allerdings aber im Bereich der Diplomatie die zentrale Form der Schreiben. Bei den Schriftstücken an Vorgesetzte ist nur zu unterscheiden, ob die Absender als Privatpersonen schreiben (Supplik) oder als Angehörige der Verwaltung (Bericht).

Grundsätzlich ist eine Klassifikation natürlich auch über die für die jeweilige Art typische Form möglich, doch besteht hier leicht die Gefahr falsch zu klassifizieren, wenn bei der Produktion des Schriftstücks bewusst oder unbewusst gegen die Regeln verstoßen wurde.

3.3.4 Die Klassifikation nach dem »Neuen Stil« (19. Jahrhundert)

Bei der Klassifikation nach dem »Neuen Stil«, der den Zeitraum vom Ende des »Alten Stils« bis etwa in die 1930er Jahre umfasst, muss nicht mehr auf den grammatischen Stil geachtet werden. Die Frage, ob die Behördenmitarbeiterinnen und -mitarbeiter im Singular oder Plural schreiben, hat keinen Einfluss mehr auf die Gestaltung, innere Gliederung oder gar auf den Inhalt der Schreiben. Überhaupt ist die äußere Gestaltung durch die Verwendung von Kopfbögen weitestgehend normiert und damit für eine Klassifikation irrelevant geworden. Lediglich die inhaltliche Ausrichtung der Schreiben spielt noch eine Rolle.

Im »Neuen Stil« muss hingegen unterschieden werden zwischen den Schreiben innerhalb der Behördensphäre und denen zwischen den Behörden und der Bevölkerung. Der Bürger wird im Gegensatz zum Untertan des Ancien Régime nicht mehr als reiner Befehlsempfänger angesehen, sondern – zumal in demokratischen Zeiten – als sich seiner Rechte bewusster Korrespondenzpartner, wodurch sich das Verhältnis zu ihm der klassischen Hierarchie entzieht.

Innerhalb der Behördensphäre werden nun nur noch wenige verschiedene Bezeichnungen (Erlass, Verfügung, Bericht und Behördenschreiben) verwendet, die in erster Linie einfach das Über-, Unter- oder Gleichordnungsverhältnis berücksichtigen. Hinzu kommen die international normierten Schreiben der Diplomatie und bis 1918 die weitgehend den »Alten Stil« weiterführenden Fürstenschreiben.

Im Schriftverkehr mit den Bürgern ist vor allem zwischen reinen Schreiben der Mitteilung und den entsprechenden Antworten auf der einen Seite und den immer häufigeren und zudem massenhaft auftretenden Anträgen und den entsprechenden Bescheiden zu differenzieren. Letztere sind in zunehmendem Maße formularbasiert und vor allem in den Bereichen der Leistungsverwaltung anzutreffen.

3 Aktenkunde

Tab. 3.2: Klassifikationsschemata »Neuer Stil«: Schreiben innerhalb der Behördensphäre (ohne Stilunterscheidung).

Schreiben der Überordnung (Weisungen)	Schreiben der Gleichordnung (Mitteilungen)	Schreiben der Unterordnung (Berichte)
Allerhöchster Erlass	Behördenschreiben	Bericht
Erlass	Behördenrundschreiben	Meldung
Gemeinsamer Erlass	Schreiben	Gesuch
Runderlass	Noten	
Verfügung	Verbalnote	
Rundverfügung	Rundnote	
Befehl	Memorandum	
	Aide-memoire	
	Non-Paper	

Tab. 3.3: Klassifikationsschemata »Neuer Stil«: Schreiben zwischen öffentlichen Stellen und Privaten.

Schreiben von öffentlichen Stellen an Privatpersonen	Schreiben von Privatpersonen an öffentliche Stellen
Bescheid (Mitteilungs-)Schreiben	Eingabe Antrag Petition Zuschrift

3.3.5 Die genetische Aktenkunde

Die genetische Aktenkunde betrachtet den Weg eines Schriftstückes vom Entstehungsgedanken bis zum Moment, in dem es seinen Empfänger erreicht. Dabei ist grob zwischen den Stufen zu unterscheiden, die bis zur Genehmigung des Konzeptes durchlaufen werden und jenen, die den Weg der Reinschrift dokumentieren.

Ausgangspunkt ist in der Regel eine kurze schriftliche *Angabe*, mit der meist ein Vorgesetzter inhaltliche, seltener auch formale Vorgaben für das zu erstellende Schriftstück macht. Aufgrund einer solchen Angabe und nach der Auseinandersetzung mit dem zu behandelnden Fall, sowie den einschlägigen Verwaltungsvorschriften wird dann von einem Verwaltungsmitarbeiter ein *Konzept* erstellt. Das Konzept kann überarbeitet werden (*korrigiertes Konzept*). In der Regel wird ein Konzept von zumindest einer

Person überprüft (*revidiertes Konzept*). Bei einem mehrstufigen Behördenaufbau kann nach der Revision auch noch eine Superrevision erfolgen (*superrevidiertes Konzept*). Sollte durch mehrfache Korrekturen das Konzept so chaotisch werden, dass der schließlich genehmigte Textbestand nicht mehr sicher und eindeutig zu erkennen ist, wird unter Umständen ein *Reinkonzept* erstellt, um die Eindeutigkeit wieder herzustellen. Wenn die dafür vorgesehene Person den Text endgültig genehmigt, spricht man von einem *genehmigten Konzept*. Dieses verbleibt in der Regel beim Absender und ist dort die mit Abstand häufigste Entstehungsstufe.

Konzepte haben zunächst die Funktion, dass sich der Text des späteren Schriftstücks entwickeln kann. Zugleich dienen sie als physische Grundlage für die schriftliche Fixierung aller Vermerke und Verfügungen, mit denen die Entwicklung des Schriftstücks vorangetrieben und der weitere Verlauf des Verwaltungshandelns dokumentiert werden kann. Schließlich dient ein Konzept später dem Absender zur Erinnerung an den abgesandten Text und das eigene Verwaltungshandeln. Alle drei Funktionen zusammen erklären, warum Verwaltungen darauf Wert gelegt haben, ihre Konzepte aufzubewahren.

Nach der Genehmigung des Konzeptes wird eine Reinschrift erstellt. Da sich bei deren Produktion Fehler einschleichen können, wird sie anschließend mit dem Konzept verglichen (Kollationierung). Die verglichene, also *kollationierte Reinschrift* wird anschließend durch die dafür vorgesehene Person durch Unterschrift beglaubigt. Damit ist die Produktion des ausgehenden Schriftstücks abgeschlossen. Da diese Beglaubigung aber nicht nur den Schlusspunkt der Bearbeitung setzt, sondern dem Schriftstück zugleich eine neue rechtliche Qualität gibt, wird die *vollzogene Reinschrift* auch als *Ausfertigung* bezeichnet.

Gelangt die Ausfertigung später zum vorgesehenen Empfänger, dann spricht man von einer *behändigten Ausfertigung*, wird sie hingegen von einer dritten Person abgefangen, von einem *Interzept*. Eine Behändigung liegt dann vor, wenn das Schreiben bei der als Adressat angegebenen Behörde ankommt.

Während die Konzepte das Rückgrat der Überlieferung des Absenders darstellen, übernehmen diese Rolle in der Überlieferung des Empfängers die behändigten Ausfertigungen. Da die meisten Akten überwiegend aus dem Schriftwechsel zwischen zwei Behörden oder Personen bestehen, bilden die auf der einen Seite eingehenden behändigten Ausfertigungen zusammen mit den genehmigten Konzepten der daraufhin herausgehenden Schreiben den Großteil der in den Akten vorhandenen Unterlagen.

Von den Entstehungsstufen sind die Überlieferungsformen zu unterscheiden, die in der Regel von den Ausfertigungen, seltener auch von den genehmigten Konzepten erstellt werden, denn hierbei geht es nicht um eine Weiterentwicklung eines Schriftstücks, sondern um die Erstellung einer Vervielfältigung. Unterschieden werden hierbei vor allem die handschriftlichen Abschriften von den mit verschiedenen Techniken hergestellten Abdrucken und Vervielfältigungen.

Die Feststellung der Entstehungsstufe kann für die Auswertung einer Quelle bedeutsam sein. So zeigen die Konzepte meist, ob, wie und von wem der Text verändert wurde. Einflussnahmen von Seiten des Herrschers oder eines Behördenleiters in das Tagesgeschäft einer Behörde können so nachgewiesen werden. Der von Kloosterhuis näher betrachtete Fall Katte zeigt dies exemplarisch (Kloosterhuis 2006). Angeklagter in diesem Prozess war Hans Herrmann von Katte, ein enger Vertrauter des preußischen Kronprinzen Friedrich, dem die Verantwortung für einen Versuch des Thronerben gegeben wurde, vor seinem strengen Vater ins Ausland zu fliehen. Ein Wechsel im grammatischen Stil mitten im Urteilstext vom kollegialen »Wir« des Gerichts zum »Ich« des Königs zeigt, dass Friedrich Wilhelm I. persönlich das ihm zu mild erscheinende Urteil in ein Todesurteil verschärft hatte. Zudem ist nur bei einer eindeutig behändigten Ausfertigung sicher, dass das Schreiben vom Empfänger zur Kenntnis genommen wurde. Bei einer nur bruchstückhaft erhaltenen Überlieferung und vor allem bei einer nicht nach der Provenienz, sondern nach Sachbetreffen gegliederten Überlieferung erlaubt nur die Feststellung der Entstehungsstufe eine sichere Zuordnung der Quelle zur Überlieferung des Absenders bzw. des Empfängers und damit eine umfassende Interpretation.

Berücksichtigt man darüber hinaus noch genauer die auf den Stücken vorhandenen Vermerke und Verfügungen, wie es die rekonstruierende Aktenkunde tut, lassen sich Verwaltungsabläufe oft sogar bis ins Detail nachweisen.

3.3.6 Die rekonstruierende Aktenkunde

Schon die genetische Aktenkunde berücksichtigt die auf den Schreiben befindlichen Vermerke und Verfügungen, um die Entstehungsstufe festzustellen. Darüber hinaus können diese aber auch helfen, die Arbeitsweise der Behörden zu rekonstruieren. Um dies zu tun, ist es zunächst wichtig, sich die Aufgaben von Vermerken und Verfügungen zu vergegenwärtigen.

Verfügungen sind die Planung eines zukünftigen Bearbeitungsschrittes. Mit ihnen steuert die Behörde die Be und Verarbeitung aller Schriftstücke. Wichtig ist in diesem Zusammenhang sich klarzumachen, dass es sich nur um eine Planung handelt, deren Umsetzung damit noch nicht gesichert ist. Nur weil z. B. eine Zuschreibung auf einen bestimmten Mitarbeiter verfügt, also geplant wird, heißt es noch lange nicht, dass das Schreiben auch wirklich von diesem bearbeitet wird. Ist er beispielsweise länger erkrankt, wird sich sicherlich ein Vertreter der Sache annehmen. Deshalb sind die Vermerke ebenso wichtig, wie die Verfügungen. Denn *Vermerke* sind die schriftliche Fixierung von bereits erfolgten Bearbeitungsschritten. Im Idealfall bestätigt also ein Vermerk, dass eine Verfügung wirklich umgesetzt wurde bzw. was stattdessen geschah.

Unter den Vermerken und Verfügungen gibt es einige, die sowohl in der Frühen Neuzeit als auch im 19. Jahrhundert sehr regelmäßig eingesetzt werden. Es handelt sich dabei um:

1. Präsentatum/Eingangsvermerk
   Datum der Behändigung der Ausfertigung beim Empfänger, meist mit vorgesetztem »praesentatum ...«, »präsentiert den ...« usw., evtl. mit Bezeichnung der Anlagen. Er erscheint im 17. Jahrhundert auf dem Schreiben selbst, zuvor meist auf der Außenseite bei der Empfängerbezeichnung.
2. Protokoll- oder Journalnummer
   Eindeutige Identifikationsnummer des Schreibens, die entweder durch den Eintrag des eingegangenen Schreibens in das Sitzungsprotokoll oder durch dessen Eintrag ins Brieftagebuch vergeben wurde.
3. Zuschreibungen auf Mitarbeitende
   Die Zuschreibung ist eine Verfügung zur eindeutigen Festlegung der mit einem bestimmten Arbeitsschritt beauftragten Person und vor allem in größeren Behörden notwendig.
4. Beschleunigungsverfügungen
   Verfügungen wie »Eilt«, »Cito« usw. dienen der Beschleunigung der Bearbeitung innerhalb der Behörde.
5. Erledigungsvermerke
   Vor allem in arbeitsteilig arbeitenden, größeren Behörden wichtiges Instrument, um eindeutig und für alle nachvollziehbar die Erledigung eines Bearbeitungsschrittes nachzuweisen. Sie werden oft mit Datum und Paraphe (Namenszeichen) des Handelnden versehen.

6. Abgangsvermerke
   Als Gegenstück zum Eingangsvermerk gibt dieser an, wann ein Schreiben die Behörde verlassen hat.

Der Umfang, in dem Vermerke und Verfügungen eingesetzt werden, hängt maßgeblich von der Größe und Komplexität der Behörde ab. Je kleiner diese ist, desto weniger ist es notwendig, das Verwaltungshandeln schriftlich zu fixieren. Je größer aber die Arbeitsteilung ist und je mehr Personen für die Erledigung ein und derselben Aufgabe zur Verfügung stehen, desto häufiger werden die Handlungen schriftlich festgehalten. Wenn beispielsweise in einem Amt nur ein Kanzlist arbeitet, muss diesem die Erstellung einer Reinschrift nicht schriftlich zugewiesen werden, denn es gibt keine Alternative. In einer großen Behörde aber, die über mehrere Kanzlisten verfügt, ist die Zuordnung der einzelnen Konzepte zu den jeweiligen Kanzlisten unumgänglich.

Werden nun die einzelnen Verfügungen und Vermerke in eine chronologisch-logische Reihenfolge gebracht, so entsteht ein Bild von den konkreten einzelnen Schritten innerhalb der Behörde, vom Öffnen und Präsentieren des eingehenden Schreibens bis zur Versendung eines Antwortschreibens, wobei auch die innerbehördlichen Prozesse deutlich werden. Ein so analysiertes Schreiben bietet mehr Informationen über das Verwaltungshandeln als der eigentliche Text und ermöglicht damit Antworten auf weitergehende Fragestellungen.

Durch die Rekonstruktion und Auswertung einer größeren Anzahl von Einzelfällen lassen sich zudem idealtypische Geschäftsgänge einzelner Behörden erstellen, die wiederum als Interpretationshilfe für weitere Einzelfälle dienen können, u. U. sogar Rückschlüsse auf nicht überlieferte Geschäftsordnungen ermöglichen.

3.4 Ein Fallbeispiel

Die abgebildeten Seiten entstammen einer Akte der Oberrentkammer in Kassel, der zentralen Finanzbehörde der Landgrafschaft Hessen-Kassel. In ihr wurden alle Bittschreiben zur Erteilung einer Brandweinschenkkonzession gesammelt.

Die beiden abgebildeten Schreiben zeigen nicht nur exemplarisch, wie die Oberrentkammer arbeitete, sondern auch, wie wichtig es ist, nicht nur die endgültige Entscheidung zu lesen, sondern auch alle Zwischenschritte nachzuvollziehen. Der Einzelfall Ommel wurde nämlich von der Oberrentkammer in Zusammenhang mit einer zeitgleich eingehenden Supplik aller Wirte auf Änderung der Schankordnung behandelt. Der Beschluss des Geheimen Rates bezog sich dann zwar nur auf diesen allgemeinen Punkt. Allerdings hatte der Beschluss Auswirkungen auf die Supplik Ommels und erklärt die inhaltlich ungewöhnliche Reaktion der Oberrentkammer, die sonst nahezu alle entsprechenden Suppliken direkt ablehnte.

Formalbeschreibung
Hessisches Staatsarchiv Marburg, HStAM Bestand 40a Rubr. 2, Nr. 3776, fol. 13r–14r.

Klassifikation und Entstehungsstufen

Fol. 13r:

- Behördendekretschreiben in Form eines Protokollauszugs [Geheimer Rat an die Oberrentkammer im Objektiven Stil]
- Behändigte Ausfertigung [Präsentatum vom 4.2.1794]

Fol. 14r:

- Behördenreskript [Oberrentkammer an die Licent- und Acciseadministration in Kassel im Wir-Stil]
- Genehmigtes Konzept [vom Präsidenten der Oberrentkammer unterschrieben und damit genehmigt]

Aufbau und formale Gestaltung des Protokollauszugs

- Die Nennung des verhandelnden Gremiums (~ Intitulation), das Datum und der Ort (~ Datum) werden abgesetzt und sozusagen als Überschrift gestaltet.
- Es folgt der eigentliche Auszug aus dem Protokoll, der die drei Teile des hier relevanten Protokolleintrags wiedergibt:
  - Die Protokollnummer, wie im Protokoll mittig über den Eintrag gesetzt.
  - Das im Original links stehende Rubrum (~*Narratio*).

3 Aktenkunde

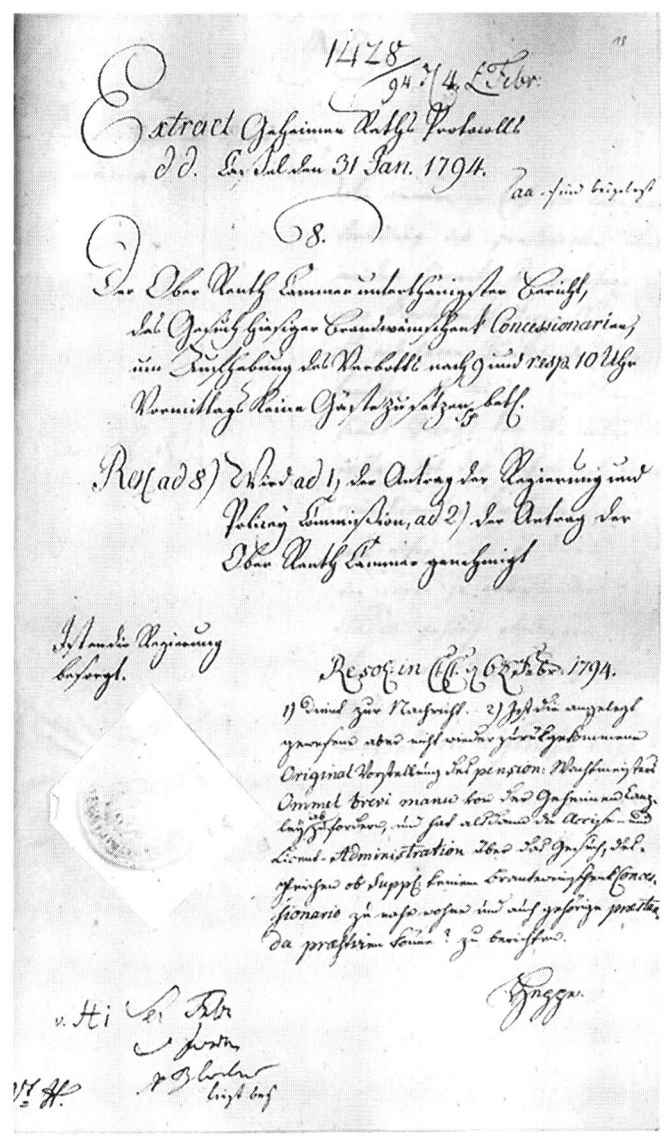

Abb. 3.1a: Hessisches Staatsarchiv Marburg, 40a Rubr. 2, Nr. 3776, fol. 13r und 14r.

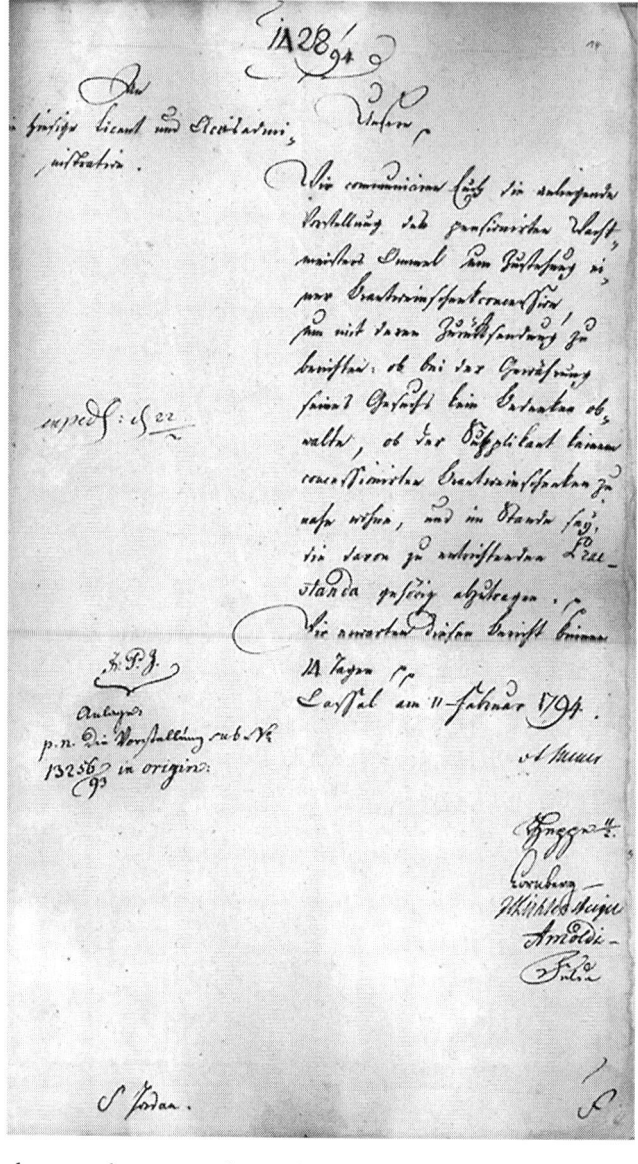

Abb. 3.1b: Hessisches Staatsarchiv Marburg, 40a Rubr. 2, Nr. 3776, fol. 13r und 14r.

3 Aktenkunde

- Der im Original rechts stehende Beschluss (~ *Dispositio*), jeweils optisch voneinander abgesetzt.
- Das aufgedrückte Siegel (~*Subscriptio*).

Aufbau und formale Gestaltung des Behördenreskripts
- Die links rausgerückte Nennung des Empfängers (~ *Inscriptio*).
- Der abgesetzte Gruß »Unsern et cetera« (~ *Salutatio*).
- Der Bezug »Wir communiciren ... Brantweinschenkconcession« (~ *Narratio*).
- Der eigentliche Auftrag an den Empfänger ab: »um ...« (~ *Dispositio*).
- Ort und Datum (~ Datum).
- Unterschriften (~ *Subscriptio*).

Vermerke und Verfügungen

1. Präsentationsvermerk: »den 4ten Februarii« [Das Datum, an dem das Schreiben bei der Oberrentkammer empfangen wurde.]
2. Protokollnummern:
   - »1428/94« [Das ist das 1428. Stück, dass im Jahr 1794 ins Protokollbuch der Oberrentkammer eingetragen wurde.]
   - »1« (als Ergänzung zur Zuschreibung auf Herrn von Heppe) [Das ist der Vermerk, dass dieses Schreiben in der nächsten Sitzung als erstes der von Herrn von Heppe vorbereiteten Stücke vorgetragen werden soll.]
3. Zuschreibungen:
   - auf den Kammerrat: »von Heppe« [Das ist der sogen. vortragende Kammerrat, der dieses Schreiben federführend bearbeiten soll.]
   - auf den Konzipienten: »Secretär Fulda« [Das ist derjenige der Sekretäre, der später das Konzept formulieren soll.]
   - auf den Kanzlisten: »Scribent Jordan« [Das ist das Mitglied der Kanzlei, der am Ende die Reinschrift erstellen soll.]
   - auf den Registrator: »per Registrator Cornelius« [Das ist der Registrator, der später die Anlage besorgen und beifügen soll.]
4. Kollationierungsvermerk: »Vidit Hombergk« [Das ist der Sekretär in der Geheimen Landkanzlei, der beglaubigt, dass der Text des Protokollextraktes mit dem Eintrag im Protokollbuch des Geheimen Rates übereinstimmt.]
5. Expeditionsvermerk: »expediert den 22./2.« [Der vom Sekretär notierte Vermerk über die bereits zuvor erfolgte Absendung der Reinschrift.]

6. Erledigungsvermerke:
   - »Ist an die Regierung besorgt« [Vermerk der Geheimen Landkanzlei, dass der erste Beschluss des Geheimen Rates (mit einem anderen Schreiben an die Regierung) erledigt wurde.]
   - »anteacta apponenda sind beigelegt« [Das ist der Vermerk der Registratur, dass die Vorakte(n) beigefügt wurde(n).]
   - »liegt bey« [Das ist der Vermerk der Registratur über die Besorgung und Beifügung des Schreibens, dass als Anlage mit an die Licent- und Acciseadministration versandt werden soll.]

Geschäftsgang

I. Bei der Geheimen Landkanzlei

1. Auf der Grundlage des Eintrags im Protokoll des Geheimen Rates über dessen Sitzung vom 31.1.1794 wird von einem Schreiber der Geheimen Landkanzlei ein Protokollauszug erstellt, der aus drei Teilen besteht: Den Angaben des Protokolls mit Ort und Datum, dem unter der Nummer 8 eingetragenen Betreff sowie dem dazu gefassten Beschluss.
2. Vermutlich dieselbe Person vermerkt, dass die Regierung über den Beschluss (gesondert) informiert wurde.
3. Der Sekretär der Geheimen Landkanzlei vergleicht den Protokollauszug mit dem Protokolleintrag und vermerkt die Übereinstimmung durch das Setzen seiner Paraphe (Namenszeichen/Kürzel).
4. In der Geheimen Landkanzlei wird der Protokollauszug durch ein aufgedrücktes Siegel beglaubigt.

In der Kanzlei wurde auf diese sehr einfache Weise aus dem rechtlich maßgeblichen Sitzungsprotokoll eine beglaubigte und damit ebenfalls rechtlich wirksame Abschrift erstellt, die verschickt und vom Empfänger weiterbearbeitet werden konnte.

II. Bei der Oberrentkammer

1. Der Protokollauszug wird am 4.2.1794 bei der Oberrentkammer präsentiert, was ein Sekretär auf dem Schreiben vermerkt.
2. Das Schreiben wird von derselben Person auf den vortragenden Rat von Heppe zugeschrieben, der die Sache für die Sitzung vorbereiten soll.
3. Die Registratur vermerkt, dass die Vorakte(n) beigefügt wurden.
4. Nach der Vorbereitung durch Herrn von Heppe gibt dieser das Schreiben an den Sekretär, der die Sitzung vorbereitet, das Stück ins Protokoll einträgt und damit die Reihenfolge innerhalb der Sitzung festlegt. Der

Sekretär vermerkt die vergebene Protokollnummer auf dem Protokollextrakt neben dem Präsentatum und ergänzt die »1« hinter der Zuschreibung auf von Heppe.

Diese Schritte zeigen die sehr arbeitsteilige Vorbereitung der nun folgenden Sitzung des Kollegiums, auf der dann ein Beschluss gefasst werden soll.

5. Während der Sitzung vom 6.2.1794 vermerkt Herr von Heppe den Beschluss des Gremiums auf dem Protokollauszug und unterschreibt dies.
6. Der während der Sitzung das Protokollbuch führende Sekretär Wittich schreibt nach der Sitzung auf dem Protokollauszug die weitere Erledigung der Sache auf drei Personen zu: a) soll der Sekretär Fulda ein Konzept erstellen, b) soll der Scribent (Kanzlist) Jordan die Reinschrift erstellen und c) soll der Registrator Cornelius die vorgesehene Anlage von der Geheimen Landkanzlei besorgen.

Die Schritte 5 und 6 dienen der Fixierung des Beschlusses und der Planung der weiteren Schritte zur Produktion des ausgehenden Schreibens.

7. Der Sekretär Fulda erstellt das Konzept für das Schreiben an die Licent- und Acciseadministration und paraphiert es unten rechts unter einem Devotionshaken. Er wiederholt dabei die Protokollnummer und die Zuschreibung auf von Heppe.
8. Das Konzept wird am 11.2.1794 zunächst vom vortragenden Rat Herrn von Heppe unterschrieben.
9. Anschließend unterschreiben die weiteren Räte: Dörnberg, Lichtensteiger, Arnoldi und schließlich Fulda (nicht identisch mit dem Sekretär).
10. Zuletzt unterschreibt der Präsident der Oberrentkammer Herr von Meyer und genehmigt damit zugleich das Konzept.

Die Schritte 7–10 zeigen, wie das Konzept produziert und genehmigt wird.

11. Der Registrator Cornelius vermerkt auf dem Konzept, um welche Anlage es sich handelt und wozu sie gehört. Er vermerkt zudem unterhalb der Zuschreibung auf sich selbst, dass die Anlage beiliegt.
12. Ein Sekretär vermerkt am 22.2.1794 die Versendung der Ausfertigung an die Licent- und Acciseadministration.

Die letzten beiden Nummern zeigen einen Teil der Arbeiten, die bei der Umsetzung des Konzeptes in eine Ausfertigung und deren Absendung entstehen. Allerdings gibt es hier diverse Arbeiten, die keine Spuren hinterlassen haben, wie z. B. die Erstellung der Reinschrift und deren Beglaubigung. Über die Arbeitsweise kollegialer Behörden und die Rekonstruktion des Behördenhandelns im späten 18. Jahrhundert gibt es auch Lehrvideos der Archivschule Marburg.

3.5 Literatur

3.5.1 Einführungen und Überblickswerke

Berwinkel, Holger/Kretzschmar, Robert/Uhde, Karsten (Hrsg.): Moderne Aktenkunde, Marburg 2016 (Veröffentlichungen der Archivschule Marburg, Bd. 64).
Die zentrale Aufsatzsammlung zur Aktenkunde des 20. und 21. Jahrhunderts.
Berwinkel, Holger: Der diplomatische Schriftverkehr im 20. Jahrhundert, in: Archiv für Diplomatik 61 (2015), 343–390.
Hass, Martin: Über das Aktenwesen und den Kanzleistil im Alten Preußen, in: Forschungen zur Brandenburgischen und Preußischen Geschichte (FBPG) 22 (1909), 201–255.
Der erste Versuch einer umfassenden Darstellung der Aktenkunde.
Henning, Eckart: Wie die »Aktenkunde« entstand. Zur Disziplingenese der Aktenkunde als Historischer Hilfswissenschaft, in: Archivistica docet. Beiträge zur Archivwissenschaft und ihres interdisziplinären Umfeldes, hrsg. von Friedrich Beck u. a., Potsdam 1999, 439–461.
Hochedlinger, Michael: Aktenkunde. Urkunden- und Aktenlehre der Neuzeit, Wien 2009.
Ein Handbuch, das zugleich auf Österreichisch-Süddeutsche Besonderheiten eingeht.
Kloosterhuis, Jürgen: Amtliche Aktenkunde der Neuzeit. Ein hilfswissenschaftliches Kompendium, in: Archiv für Diplomatik 45 (1999), 465–563.
Ein kompaktes Nachschlagewerk für die schnelle Orientierung.
Kloosterhuis, Jürgen: Katte, Ordre und Kriegsartikel. Aktenanalytische und militärhistorische Aspekte einer »facheusen« Geschichte, Berlin 2006.
Ein gelungenes Beispiel für die Anwendung von aktenkundlichen Methoden zur besseren Interpretation von Quellen.
Küch, Friedrich: Politisches Archiv des Landgrafen Philipp des Großmütigen von Hessen, Inventar der Bestände, Bd. 1, Leipzig 1904.
Ein Beispiel für die frühen Untersuchungen zu einzelnen Kanzleien.
Meissner, Heinrich Otto: Aktenkunde. Ein Handbuch für Archivalienbenutzer mit besonderer Berücksichtigung Brandenburg-Preußens, Berlin 1935.
Zusammen mit den beiden nachfolgenden Werken Meissners das umfassende Handbuch zur Aktenkunde mit dem Schwerpunkt auf Preußen.
Meissner, Heinrich Otto: Archivalienkunde vom 16. Jahrhundert bis 1918, Leipzig/Göttingen 1969.
Meissner, Heinrich Otto: Urkunden- und Aktenkunde der Neuzeit, Leipzig 1950.

Neuß, Erich: Aktenkunde der Wirtschaft, Teil 1: Kapitalistische Wirtschaft; Teil 2: Sozialistische Wirtschaft, Berlin (Ost), 1954–56.
Ein Bespiel für die Sonderaktenkunden, die in der DDR vor allem in den 1950er Jahren entstanden.
Schmid, Gerhard: Aktenkunde des Staates, Teil 1/II, Potsdam 1959.
Eine nach wie vor gut lesbare und umfassende Überblicksdarstellung.
Stein, Wolfgang Hans: Die Klassifikation des französischen und französischsprachigen Schriftgutes der frühen Neuzeit in deutschen Archiven zwischen deutscher Aktenkunde und französischer diplomatique moderne, in: Archiv für Diplomatik 44 (1998), 211–274.
Das maßgebliche Werk für französischsprachige Schriftstücke.

3.5.2 Digitale Hilfsmitttel

Hypotheses – https://aktenkunde.hypotheses.org [1.12.2022].
Der Aktenkunde-Blog bietet zahlreiche moderne Einzelbeiträge.
Lehrvideos der Archivschule Marburg zur Aktenkunde
Die Arbeit einer kollegialen Verwaltung – https://www.youtube.com/watch?v=hQFYfJnfjHk [1.5.2023].
Der Fall Ommel – https://www.youtube.com/watch?v=F7bt_TWwPHs [1.5.2023].

4 Kartographie

Thomas Horst

4.1 Einführung

Die Kartographie ist nach der klassischen Definition der »International Cartographic Association« die Wissenschaft, Technik und Kunst der Herstellung und des Gebrauchs von Karten und kartenverwandten Darstellungsformen. Ausgehend von unmittelbaren Beobachtungen und der Auswertung von einschlägigem Quellenmaterial beschäftigt sich der Kartograph mit der strukturierten Wiedergabe georäumlicher Daten von Himmelskörpern in topographischen und thematischen Karten, indem er raumbezogene Informationen sammelt, verarbeitet, auswertet und in einem kartographischen Medium anschaulich zur Darstellung bringt. Einen breiten Raum dieses speziellen, zwischen den Geistes- und den Naturwissenschaften angesiedelten Fachgebiets, das eine Nachbarwissenschaft zur Geographie und Geschichtswissenschaft bildet, nimmt dabei die Fachgeschichte (Konzeption, Produktion, Verbreitung) und vor allem die vergleichende Analyse von (Alt-)Karten unter Anwendung von analogen und digitalen interdisziplinären Methoden ein. Als Altkarten werden grundsätzlich alle vor 1850 produzierten Karten bzw. kartenverwandten Darstellungen bezeichnet – wie etwa Reliefs, (Klapp-)Risse oder mit Ansichten (Veduten) im Aufriss kombinierte Stadtpläne, die heute in zahlreichen internationalen Archiven und Bibliotheken, aber auch in Privatsammlungen etwa des *David Rumsey Map Center* (s. Kap. 4.6.3) verwahrt werden. Diese sind nicht mit historischen Karten bzw. Geschichtskarten zu verwechseln, welche geschichtliche Sachverhalte als thematische Karten illustrieren.

4.2 Der interdisziplinäre Fachbereich ›Geschichte der Kartographie‹

Bereits in der ersten Ausgabe seines Einführungswerkes in die Historischen Hilfswissenschaften hob Ahasver von Brandt 1958 unter den ›Voraussetzungen historischen Geschehens‹ den geographischen Raum neben der Zeit (Chronologie) und den darin handelnden Personen (Genealogie) besonders hervor. Er betrachtete dabei das interdisziplinäre Fachgebiet der Kartographie ausschließlich unter dem Aspekt der Historischen Geographie – einer Teildisziplin der Geographie, die als historische Raumwissenschaft das Verhältnis von Mensch und natürlicher Umwelt in der historischen Zeit untersucht. Enge Bezüge zur Geschichtswissenschaft sind insbesondere im Bereich der Geographie des ländlichen Raumes (Kulturlandschaftsforschung) sowie der historischen Siedlungskunde (Erforschung von Flur- und Siedlungsnamen sowie Wüstungsforschung) und der historisch-politischen Geographie (Analyse von Grenzen und Grenzräumen) zu konstatieren. Das wichtigste Ausdrucksmittel hierfür sind kartographische Darstellungen, die von einer eigenständigen Disziplin, der Geschichte der Kartographie, interdisziplinär analysiert werden. Einen Überblick über digitale Quellen bietet die Webseite *maphistory* (s. Kap. 4.6.3).

4.3 Aufgabengebiete

Die Geschichte der Kartographie, die zugleich eine Historische Grundwissenschaft darstellt, hat sich seit dem 19. Jahrhundert zu einer eigenständigen Spezialwissenschaft entwickelt, die als Wissenschaft des Raumes zugleich einen Teilbereich der naturwissenschaftlich ausgerichteten Wissenschaftsgeschichte umfasst. Dabei wird die historische Entwicklung der Kartographie von ihren Anfängen bis in die Gegenwart international erforscht. Zu den Aufgabengebieten des Fachbereichs zählen:

- (vergleichende) Studien zur Gestaltung, Projektion und Nutzung von Altkarten sowie detaillierte Analyse der kartographischen Zeichensprache (Bezüge zur Semiotik),
- die Herausbildung von kartographischen Schulen, Produktionsstätten, Institutionen bzw. Organisationen (Verlagswesen, vgl. insbesondere die Atlantenkunde),
- Beiträge zur kartographiegeschichtlichen Quellenkunde und Typologie;

- biographische Aspekte zum Leben, der Ausbildung und dem Wirken von Kartographen,
- die Entwicklung der technischen Verfahren für die Herstellung von Karten und deren Reproduktion (Polygraphie: Entwicklung der graphischen Drucktechnik für Holzschnitt, Kupferstich, Lithographie),
- die sachgemäße Konservierung bzw. Restaurierung von Altkarten,
- die Erfassung und Dokumentation kartographiehistorischen Schrifttums (wie etwa die an der Staatsbibliothek zu Berlin Preußischer Kulturbesitz erstellte *Bibliographia Cartographica*, s. Kap. 4.6.3),
- das Entstehen und die Erschließung von Kartensammlungen.

Hierzu ist für den deutschsprachigen Bereich insbesondere die Altkartendatenbank IKAR mit Nachweisen für ca. 287 400 Kartendrucken bis 1850 sowie die Links zu 11 700 digitalisierten Altkarten im Fernzugriff besonders erwähnenswert (Kap. 4.6.3).

Aufgrund dieser vielseitigen Arbeitsfelder wird das interdisziplinäre Fachgebiet im Englischen auch treffender als *The History of Map and Mapping* bezeichnet (Delano-Smith/Kain/Parker 2020 und s. Kap. 4.6.3). Die eigenständige Disziplin weist zudem enge Bezüge zu anderen benachbarten Wissenschaften, wie dem Archiv- und Bibliothekswesen, der Globen- und Instrumentenkunde, der Buch-, Entdeckungs-, Klima-, Kunst- und Kulturgeschichte, der Flaggenkunde (Vexillologie) und Heraldik, aber auch zur Historischen Geographie sowie zur Geschichte der Geodäsie und zur Vermessungskunde auf.

4.4 Geschichte des Fachbereichs

Die historische Beschäftigung mit Karten kann in der westlichen Welt traditionell in drei Phasen eingeteilt werden:

1. Bis in das beginnende 19. Jahrhundert setzten sich vor allem Antiquare, Kartensammler sowie Kartographen mit der Geschichte des eigenen Fachbereichs auseinander.

Mit der Gründung von Gelehrtengesellschaften und den ersten Wissenschaftsakademien setzte in Europa im Zeitalter der Aufklärung allmählich eine wissenschaftliche Beschäftigung mit der Kartographie ein. Diese wurde besonders vom venezianischen Kosmographen und Globenhersteller Vincenzo Coronelli (1650–1718), vom französischen Geographen Didier Robert de Vagaundy (1723–1786) sowie vom englischen Antiquar Richard Gough (1735–1809) gefördert. In deutscher Sprache wurden ab Beginn des 18. Jahrhunderts einschlägige Einführungswerke wie jenes von Eberhard David von Hauber (1724, s. Kap. 4.6.3) erstellt, die neben den von Anton Friedrich Büsching (1773–1787, s. Kap. 4.6.3) herausgegeben *Wöchentlichen Nachrichten von neuen Landcharten* wichtiges Quellenmaterial zur Privatkartographie bereitstellen.

2. Im 19. Jahrhundert wurde die Kartographie institutionalisiert; im 20. Jahrhundert entfaltete sie sich.

An dieser Entwicklung hatten vor allem die Begründer einer wissenschaftlichen Geographie, Alexander von Humboldt (1769–1859, Forschungsreisender und Naturalist) und der Inhaber des ersten Lehrstuhls für Geographie an der Humboldt-Universität zu Berlin, Carl Ritter (1779–1859), einen wesentlichen Anteil. Nachdem sich der Neologismus ›Kartographie‹ bis in die 1840er Jahre etabliert hatte, entstanden international einschlägige geographische Gesellschaften mit eigenen Fachzeitschriften.

Zugleich wurden (inspiriert durch koloniale Raumfragen) ab 1840 erste großformatige Faksimilierungen von frühneuzeitlichen Altkarten lithographiert (vgl. dazu etwa Kunstmann/von Spruner/Thomas 1859).

Diese opulenten Reproduktionen ermöglichten gemeinsam mit den ersten Kartenbibliographien erst eine wissenschaftliche Beschäftigung mit Altkarten und bildeten den Hintergrund für die Arbeit der ersten spezialisierten Kartographiehistoriker.

Im 20. Jahrhundert profilierte sich der Fachbereich international mit der von Leo Bagrow (1881–1957) gegründeten Zeitschrift *Imago Mundi* (ab 1994 mit dem Untertitel *The International Journal for the History of Cartography*). Weitere einschlägige Fachzeitschriften wie *Cartographica Helvetica* oder *Der Globusfreund/Globe Studies* finden sich in Kap. 4.6.3 aufgelistet. Seit 1964 bietet die im zweijährigen Abstand an unterschiedlichen Orten stattfindenden *International Conference on the History of Cartography* zudem eine gute Möglichkeit für den weltweit fachlichen Austausch der Community.

Im deutschsprachigen Raum wurde bereits 1954 eine Kommission für Geschichte der Kartographie bei der Deutschen Gesellschaft für Kartographie e. V. (DGfK) ins Leben gerufen, die seit 1982 in Zusammenarbeit mit der staatenübergreifenden D-A-CH-Arbeitsgruppe für Kartographiegeschichte das *Kartographiehistorische Colloquium* (KHC) organisiert. Die Konzeption dieses Colloquiums, dessen Ergebnisse auch in Tagungsbänden publiziert werden (s. Kap. 4.6.3), vereint dabei Teilnehmende (Kartographen, Vermessungsfachleute, Geographen, Historiker, Archivare und Bibliothekare) des deutschsprachigen Raumes und benachbarter Länder.

3. Im Rahmen der post-strukturalistischen Bewegung und des *spatial* bzw. *visual/pictorial turn* wurden ab den 1980er Jahren theoretische Perspektiven entwickelt, die in den letzten beiden Jahrzehnten mit neuen, digitalen Methoden interdisziplinär ergänzt wurden.

Dieser neue theoretische Ansatz wurde von Schriften der französischen Philosophen Michel Foucault (1926–1984) und Jacques Derrida (1930–2004) beeinflusst und in einschlägigen Essays des in den USA wirkenden britischen Kartographiehistorikers John Brian Harley (1932–1991) propagiert. Gemeinsam mit David Woodward (1942–2004) legte Harley 1981 die Grundlage für eine enzyklopäische Reihe (*The History of Cartography*, s. Kap. 4.6.3), die neben dem deutschsprachigen *Lexikon zur Geschichte der Kartographie* (Kretschmer/Dörflinger/Wawrik 1986) bis heute das Standardwerk für die Geschichte der Kartographie darstellt.

In jüngster Zeit ist eine stärkere Verknüpfung des Faches mit der Wissenschaftsgeschichte erkennbar, was sich in einschlägigen Projekten zur Geschichte des Raumes (*spatial turn*) und zu kognitiven Karten (*mental maps*) niederschlug.

Altkarten vereinen sowohl auf phänomenologischer als auch auf funktionaler Ebene stets mehrere Dimensionen. Sie waren visuelle Medien der Kommunikation und sind zugleich eindrucksvolle Zeugen einer *material culture*. Dies führte zu interdisziplinären und transkulturellen Fragestellungen, die heute mit Hilfe von neuen, digitalen Methoden (wie etwa der Genauigkeitsanalyse von Altkarten und mit Hilfe der Software *MapAnalyst*, s. Kap. 4.6.3) beantwortet werden können.

4.5 Untersuchungsgegenstände: Frühneuzeitliche Kartentypen

Die Genese der frühneuzeitlichen Kartentypen begann bereits im Spätmittelalter mit den für nautische Zwecke erstellten See- bzw. Portolankarten und einer lokal einsetzenden Augenscheinkartographie, die auf juristische Anliegen zurückgeht. Diese neuen Kartentypen bildeten sich parallel zu den zumeist nach Osten ausgerichteten, kartographischen Darstellungen des Erdkreises in Form von mittelalterlichen Weltkarten mit enzyklopädischem Charakter heraus.

4.5.1 Portolankarten für nautische Zwecke

Spätestens im ausgehenden 13. Jahrhundert entstanden in den italienischen und katalanischen Küstenstädten erste, handgezeichnete Portolankarten des Mittelmeerraumes auf Pergament, deren Layout von einem System von Windrosen, einem speziellen Netz von Rumbenlinien (strahlenförmige Linien zum Zweck der Kursbestimmung) sowie besonderen graphischen Zeichen charakterisiert wird. Diese erstaunlich genauen visuellen Darstellungen fungierten im nautischen Bereich als kartographische Diagramme zur Kursbestimmung (Gaspar/Leitão 2019 und die Forschungen von Peter Mesenburg s. Kap. 4.6.3). Dabei beschränkt sich die frühen Portolankarten zunächst auf die Abbildung der Küstenlinien des Mittel- und Schwarzen Meeres.

Mit den iberischen Erkundungsreisen nach Asien und in die Neue Welt wurde der geographische Horizont jedoch erheblich erweitert. Dieses neue Wissen und die Teilung der Welt in eine spanische und portugiesische Hemisphäre schlug sich auch in planisphärischen Darstellungen nieder. Hierzu sind insbesondere die großformatigen, zwischen 1525 und 1531 in Sevilla im Umkreis der *Casa de la Contratación* angefertigten Weltkarten des portugiesische Kartographen Diogo Ribeiro († 1533) zu nennen, auf denen sich auch astronomische Instrumente abgebildet finden (s. Kap. 4.6.3).

In der Folge entstanden auch handgezeichnete Portolanatlanten wie etwa die zwischen 1534 und 1564 in Venedig erstellten Atlanten des Battista Agnese oder die in Goa angefertigten Manuskriptatlanten des portugiesischen Seefahrers Fernão Vaz Dourado [ca. 1520–1580], die zahlreiche Detailkarten enthalten (Digitalisate s. Kap. 4.6.3).

Die Portolankarten wurden im Rahmen eines zwischen 2017 und 2023 an der Universität Lissabon angesiedelten ERC-Projektes *MEDEA-Chart. The Medieval and Early Modern Nautical Chart: Birth, Evolution, and Use* grundlegend erforscht. Die dabei entwickelte Datenbank (s. Kap. 4.6.3) listet über 6150 Einträge zu Portolankarten auf, die sich in mehr als 400 unterschiedlichen Institutionen erhalten haben. Dabei betreffen mehr als 90 % zeitlich die Frühe Neuzeit, wobei sich das 16. Jahrhundert (mit rund 3200 Karten) besonders hervorhebt. Doch wurde dieser nautische Kartentyp noch bis in das ausgehende 18. Jahrhundert im traditionellen Layout hergestellt.

Eng mit den frühneuzeitlichen Portolankarten verbunden sind auch die nautischen Routenhandbücher (im Englischen: *rutter*), ohne welche die erste Globalisierung nicht möglich gewesen wäre. Diese bislang nur am Rande betrachtete Quellengruppe wird derzeit von einer internationalen Arbeitsgruppe im Rahmen des ERC-Projekts *Rutter. Making the Earth Global* an der Universität Lissabon erschlossen (s. Kap. 4.6.3).

4.5.2 Augenscheinkarten als Hilfsmittel für die Verwaltung

Mit der zunehmenden Verschriftlichung am Übergang vom Spätmittelalter zur Frühen Neuzeit war im Heiligen Römischen Reich Deutscher Nation im Jahre 1495 das Reichskammergericht entstanden, das als oberste Instanz bei Streitverfahren angerufen werden konnte. Im Rahmen einer großmaßstäbigen, lokal begrenzten Kartographie sind uns in diesem Zusammenhang zahlreiche, handgezeichnete Karten in den Archiven erhalten geblieben (Horst 2009). Diese Manuskriptkarten wurden aus konkretem Anlass für einen kleinen Kreis von Interessierten geschaffen. Sie dienten als pragmatische Visualisierung zu einem vor Gericht verhandelten Streitfall (meist Grenzstreitigkeiten, s. ein Beispiel aus dem Südtiroler Landesarchiv unter Kap. 4.6.3), weshalb im entsprechenden Territorium eine Grenzbegehung vorgenommen und von vereidigten Malern in einem *Augenschein* festgehalten wurde (Marx-Jaskulski/Wenz-Haubfleisch 2020).

Für Frankreich ist dieser Kartentyp, zu dessen Analyse stets die zeitgenössischen schriftlichen Quellen heranzuziehen sind, bereits ab 1312 nachweisbar. Die für die frühneuzeitliche Verwaltung angefertigten nach unterschiedlichen Richtungen orientierten Augenscheinkarten, deren Höhepunkt im 16. und 17. Jahrhundert zu konstatieren ist, bilden die räumliche Umwelt, die zur Erklärung des jeweiligen Prozessgegenstandes erforderlich war, eindrucksvoll und realitätsnah ab. Sie stellen eine hervorragende Quelle für den historischen Raum in der Landesgeschichte dar (Orts- und Flurnamenforschung, Grenzstein-, Siedlungs- und Landschafts- sowie Wüstungsforschung), liefern zugleich aber auch wertvolle Informationen über die Geschichte der Besitzverhältnisse in der Frühen Neuzeit (Horst 2014) und territoriale Grenzziehungen im Heiligen Römischen Reich (Rutz 2018). Außerdem können sie als Proxydaten für die Klimageschichte sowie für hydrologische Fragestellungen herangezogen werden.

Eine vergleichende internationale Erforschung dieser speziellen Manuskriptkarten wurde erst in jüngster Zeit begonnen (Dumasy-Rabineau/Serchuk/Vagnon 2022), was auch mit der immer noch unzureichenden Erschließung und vor allem der noch spärlichen Digitalisierung dieser Manuskriptkarten zusammenhängt (für die Kartensammlung der Bayerischen Staatsbibliothek und die Sammlung der Historischen Karten Tirols, s. Kap. 4.6.3).

Im montanistischen Bereich sind hier auch noch die von Markscheidern angefertigten Saiger- bzw. Grubenrisse bzw. Bergwerkskarten als interessanter Sonderfall von Manuskriptkarten erwähnenswert. Diese technisch versierten Risse, die in der zweiten und dritten Dekade des 16. Jahrhunderts an verschiedenen montanistischen Orten zeitgleich auftraten, illustrieren das Berg-, Hütten und Salinenwesen sowie die damit verbundenen Planungen. Sie stellen eine bedeutende Quelle für die Geschichte des Montanwesens dar.

4.5.3 Ptolemäus-Rezeption, erste Landesaufnahmen und Regionalkarten

Im Rahmen der Rezeption der antiken Geographie des alexandrinischen Gelehrten Claudius Ptolemäus aus dem zweiten nachchristlichen Jahrhundert ist im humanistischen Zeitalter von Italien ausgehend ein kartographischer Paradigmenwechsel entstanden, der sich nachhaltig vor allem auf die weitere Entwicklung gedruckter Karten auswirken sollte. Dieser setzt bereits mit der Übersetzung des griechischen Textes der *Geographike Hyphegesis* ins Lateinische im beginnenden 15. Jahrhundert ein. Im Zuge des Humanismus entstanden rund 40 Bearbeitungen dieses bedeutenden kosmographischen Meisterwerkes, das die Positionen von etwa 8100 Orten mit Längen- und Breitenangaben in Form eines Katalogs aufführt; ergänzt wurde die antike *Anleitung zur Erdbeschreibung* mit den für Ptolemäus typischen, nach Norden orientierten 26 Länderkarten (10 Tafeln für Europa, 4 für Afrika und 12 für Asien).

Eine weite Verbreitung der ptolemäischen Geographie wäre ohne die Erfindung des Buchdrucks nicht möglich gewesen. Diese bahnbrechende Neuerung ermöglichte die ersten deutschen Ptolemäus Ausgaben von Ulm (1482 und 1486) und Straßburg (1513 und 1520). Die Straßburger Ptolemäus-Drucke enthalten als ›Supplementum‹ sogenannte *Tabulae modernae* (neue, aktualisierte Detailkarten von Gebieten, die bei Ptolemäus in dieser Form noch nicht vorkamen). Diese wurden von dem in Saint-Dié (Herzogtum Lothringen) wirkenden Kartographen Martin Waldseemüller († 1520) erstellt, der mit seiner 1507 vollendeten, gedruckten Weltkarte (s. Kap. 4.6.3) zum Namensgeber Amerikas wurde (benannt nach dem florentinischen Seefahrer Amerigo Vespucci, 1451–1512). Doch es sollte noch rund ein Jahrhundert dauern, bis die antike Autorität des Ptolemäus allmählich auseinanderbrach. Auch die Kopernikanische Wende und die Erfindung des Teleskops (1608), welche die Kartographie des Mondes (Selenographie, s. Manasek 2023) ermöglichte, hatten einen indirekten Einfluss auf die Herstellung von Karten sowie Erd- und Himmelsgloben.

Als ›moderne‹ gedruckte Karten erschienen an der Wende zur Frühen Neuzeit neben ersten Straßenkarten (Romwegkarte des Erhard Etzlaub von 1500, s. Kap. 4.6.3) und Meilenscheiben (als Frühform der Entfernungstabellen) auch umfangreiche Werke mit (nicht immer authentischen) Stadtansichten aus der Vogelschau und erste Stadtgrundrisse (Schedel'sche Weltchronik 1493, *Civitates Orbis Terrarum* von Georg Braun (1541–1622) und Franz Hogenberg 1572–1618), *Cosmographia* des Sebastian Münster (1544–1628) sowie das in 21 Quartbänden erschienene *Theatrum Europaeum* und die 16-bändige *Topographia Germaniae* vom Basler Kartographen Matthäus Merian dem Älteren im 17. Jahrhundert). Diese sollten das gesteigerte Bedürfnis der Visualisierung des urbanen Raumes für eine interessierte Bürgerschaft und oberdeutsche Kaufleute befriedigen.

Eine weitere kartographische Innovation des 16. Jahrhunderts geht auf humanistisch gesinnte Landesfürsten zurück, die sich Regionalkarten ihres Territoriums anfertigen und als Holzschnitt bzw. Kupferstich vervielfältigen ließen. Dabei wurden die im Heiligen Römischen Reich Deutscher Nation vorhandenen Länder erstmals umfassend für administrative und militärische Zwecke vermessen (Meurer 2001). Dies fand Niederschlag in prunkvollen, großformatigen Kartendrucken, die auch repräsentativen Zwecken dienten.

Als handgezeichnetes Beispiel sei hier etwa auf die unter Pfalzgraf Philipp Ludwig (1547–1614) veranlasste pfalz-neuburgische Landesaufnahme im ausgehenden 16. Jahrhundert verwiesen. Dieser Corpus mit 1400 Seiten beschreibendem Text und rund 400 Manuskriptkarten im einheitlichen Layout und Maßstab (s. Kap. 4.6.3) übertrifft sogar die bekannten *Bairischen Landtaflen* des Philipp Apian (1531–1589), die 1568 gedruckt wurden (s. Kap. 4.6.3).

Als wegweisendes Traktat muss hier auch auf den *Methodvs Geometrica* (Nürnberg 1598, s. Kap. 4.6.3) des Nürnberger Rates Paul Pfinzing von Henfenfeld d. Ä. (1554–1599) hingewiesen werden. Eine grundlegende, vergleichende Aufarbeitung der Regionalkarten und Landesaufnahmen, zu denen vor allem auch die von der sächsischen Markscheiderfamilie Öder erstellte *Erste Kursächsische Landesaufnahme* (1586–1633) gezählt werden muss, ist immer noch ein Desiderat der kartographiehistorischen Forschung.

4.5.4 Gedruckte Welt- und Atlaskarten sowie topographische Landesaufnahmen

1569 entwickelte Gerhard Mercator (1512–1594) mit seiner epochalen Weltkarte mit wachsenden Breiten (*Nova et aucta orbis terrae descriptio*, s. Kap. 4.6.3) eine neue, nach ihn benannte, winkeltreue Kartenprojektion; 1595 wurde sein (nicht ganz vollendetes) Meisterwerk, der *Atlas sive cosmographicae meditationes de fabrica mundi et fabricati figura* (s. Kap. 4.6.3; zugleich die erste Bezeichnung ›Atlas‹ für ein Kartensammelwerk) posthum gedruckt. Doch erst unter der Herausgabe des flämischen Verlegers Jodocus Hondius (1563–1612) und dessen Nachkommen gelang es, das Mercator'sche kartographische Gesamtkonzept ab 1606 auf die gesamte Welt auszudehnen (sogenannter Mercator-Hondius-Atlas).

Während im 16. Jahrhundert die Kartenproduktion in Italien florierte (vgl. etwa die sogenannten *Lafreri-Atlanten*), wurde im 17. Jahrhunderts der Höhepunkt einer dekorativen, kommerziell ausgerichteten (Atlas-)Kartographie in den Niederlande erreicht (van der Krogt 1997–2012). Man denke insbesondere an die Amsterdamer Offizin des Willem Janszoon Blaeu (1571–1638) und die Herstellung großformatiger Wandkarten wie der *Americae tabula nova* von 1602, einer Karte des amerikanischen Kontinents, oder die kreisförmige Wandkarte des Ottavio Pisani (Antwerpen 1637) (s. Kap. 4.6.3). Karten waren neben Globen begehrte Objekte für Kunst- und Wunderkammern.

Anschließend verlagerte sich die Kartenproduktion nach Frankreich (Nicolas Sanson d'Abbeville, Jean-Baptiste Nolin, Guillaume Delisle und Jacques-Nicolas Bellin), wo im Zuge der Aufklärung die Kartographie nüchterner und rationaler wurde.

Zu den bedeutendsten Herausgebern von Landkarten in Deutschland zählen im 18. Jahrhundert in Deutschland die Kupferstecher Johann Baptist Homann (1664–1724) und seine Erben in Nürnberg sowie Matthäus Seutter (1678–1757) und seine Nachfolger in Augsburg. Doch konnten deren Kartendrucke, die über Jahrzehnte immer wieder abgekupfert wurden, langfristig nicht überzeugen. Denn der Zeitgeist erforderte (nicht nur für das Militär) die Herstellung einheitlicher, topographischer Landesaufnahmen des ›planvollen Staates‹ in größeren Maßstäben, wie etwa die mit Hilfe der Triangulation erstellte *Carte de Cassini* in Frankreich (s. Kap. 4.6.3) oder die erste innovative Landesvermessung Tirols, aus der der 1774 in Wien gedruckte *Atlas Tyrolensis* der ›Bauernkartographen‹ Peter Anich und Blasius Hueber (s. Kap. 4.6.3) hervorging. Mit den amtlichen topographischen Kartenwerken und der thematisch ausgerichteten Verlagskartographie des 19. Jahrhunderts (z. B. Sammlung Perthes der Uni Erfurt, s. Kap. 4.6.3) wurde eine neue Richtung in der Geschichte der Kartographie eingeschlagen, welche in unserem Zeitalter von digitalen, mit GIS erstellten Karten allmählich abgelöst wird. Zugleich sind Altkarten und deren Georeferenzierung erfreulicherweise vermehrt Bestandteil von Digitalisierungsprojekten (s. Kap. 4.6.3), womit die Zugänglichkeit und Erforschung erheblich erleichtert wird. Hier ist besonders auf das Kartenforum der Staats- und Universitätsbibliothek Dresden sowie den Fachinformationsdienst Kartographie und Geobasisdaten in der Kartenabteilung der Staatsbibliothek zu Berlin hinzuweisen.

4.5.5 Anwendungsbeispiele

Bei der Analyse und Interpretation von Altkarten ist es wichtig, sich zunächst mit dem jeweiligen Kartentyp und den unterschiedlichen Überlieferungsformen näher vertraut zu machen. Hierbei können folgende Fragestellungen hilfreich sein: Handelt es sich um ein Original oder um eine Kopie (wie etwa eine zeitgenössische Skizze, Rein- bzw. Nachzeichnung oder ein späteres Faksimile)? Liegt die Karte als Unikat in handgezeichneter oder vervielfältigt in gedruckter Form vor? Wie ist sie orientiert und welche Geometrie wird angewandt? Welches Material und welcher Maßstab werden verwendet? In welchem Kontext ist das kartographische Medium entstanden, was war der konkrete Zweck der Kartenherstellung und wer war daran alles beteiligt? Welche Region wird abgebildet und worauf wird der Fokus des Karteninhaltes gelegt? Werden der Auftraggeber, der ausführende Kartograph und das Erscheinungsdatum genannt oder sind diese Informationen (etwa aufgrund von abgebildeten Gebäuden, Wappen oder des historischen Zustandes der dargestellten Kulturlandschaft) indirekt ermittelbar? Wie wurden die kartographischen Signaturen ausgeführt und lässt sich aufgrund eines Vergleichs des Kartenlayouts eine Zuordnung zu einem bestimmten Kartographen/einer Kartographenschule konstatieren? Gibt es schriftliche Dokumente, wie es etwa bei Augenscheinkarten fast immer der Fall ist, auch wenn die dazugehörigen frühneuzeitlichen Akten in den Archiven oft getrennt von den großformatigen Altkarten verwahrt werden? Wie ist der Erhaltungszustand und lässt sich ggf. die Provenienz ermitteln (findet sich etwa eine gedruckte Karte bereits in alten Inventaren oder Kartenbibliographien erwähnt)?

Als Beispiel für die Erschließung von Altkarten sei auf die im Nachlass des Kartographiehistorikers Friedrich Kunstmann (1811–1867) in der Universitätsbibliothek der LMU München verwahrte Sammlung verwiesen, die unterschiedliche Kartentypen (Regional- und Länderkarten, Portolankarten und hemisphärische Weltkarten) umfasst. Darunter finden sich wertvolle Originaldrucke des 16. Jahrhunderts bis hin zu im 19. Jahrhundert angefertigte Faksimiles und handschriftliche Kartenkopien, die im Rahmen der vom Autor dieses Beitrags gemeinsam mit Studierenden gestalteten Ausstellung »Kunstmanns Kostbare Karten« erstmals 2022 vorgestellt wurden. Dabei sticht eine bislang unbekannte, portugiesische Manuskriptkarte des Atlantiks mit der Küste Brasiliens und von Westafrika (1764) besonders hervor. Diese auch als virtuelle Präsentation mitsamt Kurzbeschreibungen online zugänglich (s. Kap. 4.6.3).

4.6. Literatur

4.6.1 Überblickswerke

Acta cartographica. A series of monographs and studies on the history of cartography, Reproduced from Periodicals since 1800, 27 Bde., hrsg. von Werner Horn, Amsterdam 1967–1981.

Bönisch, Fritz/Brichzin, Hans/Schillinger, Klaus/Stams, Werner (Hrsg.): Kursächsische Kartographie bis zum Dreißigjährigen Krieg, Bd. 1: Die Anfänge des Kartenwesens, Berlin 1990, https://books.ub.uni-heidelberg.de/arthistoricum/catalog/book/76 [29.5.2024].

Brotton, Jerry: Trading Territories. Mapping the Early Modern World, London 2018.

Büsching, Anton Friedrich: Wöchentliche Nachrichten von neuen Landcharten, geographischen, statistischen und historischen Büchern und Sachen, 15 Bde., Berlin 1773–1787. Online: https://gdz.sub.uni-goettingen.de/id/PPN557325137 [29.5.2024].

Delano-Smith, Catherine/Kain, Roger J. P./Parker, Katherine: Maps and Mapping, in: Kobayashi, Audrey (Hrsg.), International Encyclopedia of Human Geography, Vol. 8, 2. Aufl., Amsterdam 2020, 353–365.

Dumasy-Rabineau, Juliette/Serchuk, Camille/Vagnon, Emmanuelle (Hrsg.): Pour une Histoire des Cartes Locales en Europe au Moyen Âge et à la Renaissance/Towards a History of Local Maps in Medieval and Early Modern Europe, Paris 2022.

Edney, Matthew H.: Cartography. The Ideal and Its History, London/Chicago 2019.

Frank, Günter/Paulus, Georg (Hrsg.): Die pfalz-neuburgische Landesaufnahme unter Pfalzgraf Philipp Ludwig, 2. Aufl., Kollersried 2020, https://www.heimatforschung-regensburg.de/3074 [29.5.2024].

Gaspar, Joaquim Alves/Leitão, Henrique: Early Modern Nautical Charts and Maps. Working Through Different Cartographic Paradigms, in: Journal of Early Modern History 23 (2019), 1–28.

Harvey, Paul D. A.: The History of Topographical Maps. Symbols, Pictures and Surveys, London 1980.

Hauber, M. Eberhard David: Versuch einer umständlichen Historie der Land-Charten [...] Und nebst einer Historischen Nachricht Von denen Land-Charten deß Schwäbischen Craißes, Ulm 1724, https://www.digitale-sammlungen.de/de/details/bsb11165070 [29.5.2024].

Horst, Thomas: Die älteren Manuskriptkarten Altbayerns. Eine kartographiehistorische Studie zum Augenscheinplan unter besonderer Berücksichtigung der Kultur- und Klimageschichte, 2 Bde., München 2009.

Horst, Thomas: Die Altkarte als Quelle für den Historiker. Die Geschichte der Kartographie als Historische Hilfswissenschaft, in: Archiv für Diplomatik 54 (2008), 309–377.

Horst, Thomas: Kartographie und Grundstückseigentum in der Frühen Neuzeit, in: zfv. Zeitschrift für Geodäsie, Geoinformation und Landmanagement 139/6 (2014), 369–376, https://geodaesie.info/zfv/zfv-archiv/zfv-139-jahrgang/zfv-2014-6/kartographie-und-grundstueckseigentum-in-der-fruehen-neuzeit [29.5.2024].

Inst. Cartogràfic de Catalunya (Hrsg.): Cicle de conferències sobre història de la cartografia. Cycle of lectures on history of cartography, 11 Bde., Barcelona 1990–2001.

Kretschmer, Ingrid/Dörflinger, Johannes/Wawrik, Franz Wawrik (Bearb.): Lexikon zur Geschichte der Kartographie. Von den Anfängen bis zum Ersten Weltkrieg, 2 Bde., Wien 1986.

Kupčík, Ivan: Alte Landkarten. Von der Antike bis zum Ende des 19. Jahrhunderts. Ein Handbuch zur Geschichte der Kartographie, Stuttgart 2011.

Manasek, Francis J.: A Treatise on Moon Maps. Visual Studies on Paper, 1610–1910, Hanover 2023.

Marx-Jaskulski, Katrin/Wenz-Haubfleisch, Annegret (Hrsg.): Pragmatische Visualisierung – Herrschaft, Recht und Alltag in Verwaltungskarten, Marburg 2020.

Randles, W. G. L.: Geography, Cartography and Nautical Science in the Renaissance. The Impact of the Great Discoveries, Aldershot 2000.

Rau, Susanne: Räume. Konzepte, Wahrnehmungen, Nutzen, Frankfurt a. M. 2013.

Rutz, Andreas: Die Beschreibung des Raums. Territoriale Grenzziehungen im Heiligen Römischen Reich, Köln/Weimar/Wien 2018.

Woodward, David/Harley, John Brian u. a. (Hrsg.): The History of Cartography – 6 Bde., Chicago und London 1987 ff.

4.6.2 Kartenbibliographien und Faksimiles

Bifolco, Stefano/Ronca, Fabrizio: Cartografia e Topografia Italiana del XVI Seculo. Catalogo Ragionato delle Opere a Stampa, 3 Bde., Rom 2018.

Campbell, Tony: The Earliest Printed Maps 1472–1500, London 1987.

Cortesão, Armando/Teixeira da Mota, Avelino: Portugaliae monumenta cartographica. Comemorações do V centenário da morte do infante D. Henrique, 6 Bde., Lissabon 1960.

Karrow, Robert W. Jr.: Mapmakers of the Sixteenth Century and Their Maps. Bio-Bibliographies of the Cartographers of Abraham Ortelius, 1570, based on Leo Bagrow's A. Ortelii Catalogus Cartographorum, Winnetka 1993.

Krogt, Peter C. J. van der (Hrsg.): Koeman's Atlantes Neerlandici. New edition, 4 Bde., 't Goy-Houten 1997–2013.

Kunstmann, Friedrich/von Spruner, Karl/Thomas, Georg Martin Thomas: Die Entdeckung Amerikas. Nach den ältesten Quellen geschichtlich dargestellt. Mit einem Atlas bisher ungedruckter Karten, 2 Bde., München 1859, https://www.digitale-sammlungen.de/de/details/bsb00107836 [29.5.2024].

Meurer, Peter H.: Corpus der älteren Germania-Karten. Ein annotierter Katalog der gedruckten Gesamtkarten des deutschen Raumes von den Anfängen bis um 1650, 2 Bde., Alphen aan den Rijn 2001.

Meurer, Peter H.: Fontes Cartographici Orteliani. Das »Theatrum Orbis Terrarum« von Abraham Ortelius und seine Kartenquellen, Weinheim 1991.

Schilder, Günter: Monumenta Cartographica Neerlandica, 9 Bde., Alphen aan den Rijn, 1986–2003.

Shirley, Rodney W.: The Mapping of the World: Early Printed World Maps 1472–1700, 4. Aufl., Riverside 2001.

4.6.3 Digitale Hilfsmittel

David Rumsey Map Collection (Stanford University) – https://www.davidrumsey.com [29.5.2024].

Map History – https://www.maphistory.info [29.5.2024].

IKAR Altkartendatenbank – https://ikar.staatsbibliothek-berlin.de [29.5.2024].

Bibliographia Cartographica – https://bc.staatsbibliothek-berlin.de [29.5.2024].
Datenbank mit mehr als 50 000 Fachartikeln sowie über 8000 monographischen Titel zur Kartographie.

Online Bibliography of the Literature of the History of Cartography – https://data.isiscb.org [29.5.2024].
Kumulativ, frei zugänglich, vom Autor dieses Beitrags und Robert W. Karrow Jr. erstellt, befindet sich derzeit in Vorbereitung und soll in enger Zusammenarbeit mit der Wissenschaftszeitschrift ISIS realisiert werden.

Mapping as Process (Blog von Matthew C. Edney) – https://www.mappingasprocess.net [29.5.2024].

Ancient World Mapping Center – http://awmc.unc.edu/wordpress/wp-content/up loads/2013/12/edney2013obg.pdf [29.5.2024].
Überblicksbibliographie von Matthew C. Edney im Rahmen der Oxford Bibliographies.
Explokart – https://explokart.eu/publicaties/tijdschriften [29.5.2024].
Kartographiehistorisches Colloquium (KHC) – https://www.kartengeschichte.ch/dach/coll-bisherige.html [29.5.2024].
The History of Cartography – https://press.uchicago.edu/books/HOC/index.html [29.5.2024].
MapAnalyst – https://mapanalyst.org. [29.5.2024].
Portolankarten – http://www.mesenburg.de/Seiten/Porolane/portolane_index.htm [29.5.2024].
Forschungen von Peter H. Mesenburg an der Universität Duisburg-Essen.
Weltkarten des portugiesische Kartographen Diogo Ribeiro (1527 und 1529, s. dazu auch das Faksimile von Kohl 1860), Herzogin Anna Amalia Bibliothek – https://haab-digital.klassik-stiftung.de/viewer/image/1664127518/2/LOG_0000; https://medea.fc.ul.pt/view/chart/38 [29.5.2024].
Atlas universalis von Battista Agnese (zwischen 1542 und 1552), UB der LMU München (Cim. 18) – https://epub.ub.uni-muenchen.de/10934 [29.5.2024].
Portolanatlas von Dourado von 1580 (Bayerische Staatsbibliothek München, Cod.icon.137) – https://www.digitale-sammlungen.de/de/details/bsb00003364 [29.5.2024].
Medea-Chart Database – https://medea.fc.ul.pt/main [29.5.2024].
Rutter Project – https://rutter-project.org [29.5.2024].
Besonders hilfreich sind die hier publizierten »technical notes«.
Augenscheinkarte von der Villanderer Alm (1733), Südtiroler Landesarchiv – https://www.provinz.bz.it/kunst-kultur/landesarchiv/archivale-des-monats.asp?news_action=4&news_Article_id=483943 [29.5.2024].
Plansammlung des Bayerische Hauptstaatsarchivs München – https://www.gda.bayern.de/service/findmitteldatenbank/Findbuch/abd89f54-f074-42cf-a814-66e932cd61f6 [29.5.2024].
Erst 2500 der in dieser Plansammlung verwahrten, mehr als 14 000 umfassenden Manuskriptkarten wurden bislang digitalisiert und online gestellt.
Historische Karten Tirols – https://hik.tirol.gv.at/?basemap=bm0 [29.5.2024].
Internetanwendung mit ca. 2600 bedeutenden Kartenblättern Tirols, aufgeteilt nach dem Maßstab in vier Kategorien und teilweise bereits georeferenziert.
Waldseemüller-Karte (1507), seit 2003 in der Library of Congress – https://www.loc.gov/classroom-materials/waldseemullers-map-world-1507 [29.5.2024].
Romwegkarte von Erhard Etzlaub (ca. 1500), Bayerische Staatsbibliothek München (Rar. 287#Beibd.4) – https://www.bavarikon.de/object/bav:BSB-MAP-0000RAR287BEIBD4?view=meta&lang=de [29.5.2024].
Pfalz-Neuburgische Landesaufnahme (1579/84–1604) – https://www.bavarikon.de/object/bav:BSB-CMS-0000000000004084?lang=de [29.5.2024].
Bayerische Landtaflen von Philipp Apian (1568) – https://www.bavarikon.de/object/bav:BSB-CMS-0000000000002404 [29.5.2024].

4 Kartographie

Methodvs Geometrica von Paul Pfinzing (1598), Staatsbibliothek Bamberg (JH.Ma.f.14) – https://www.digitale-sammlungen.de/de/details/bsb11712499 [29.5.2024].

Nova et aucta orbis terrae descriptio von Gerard Mercator (1569), Bibliothèque nationale de France, département Cartes et plans (GE A-1064 (RES)) – https://gallica.bnf.fr/ark:/12148/btv1b7200344k/f14.item.zoom# [29.5.2024].

Atlas Sive Cosmographicae, Bayerische Staatsbibliothek München (2 Mapp. 114) – https://www.digitale-sammlungen.de/de/details/bsb00103180 [29.5.2024].

America tabula nova (1602), Bayerische Staatsbibliothek München (Mapp. XXI,0 w) – https://www.digitale-sammlungen.de/de/details/bsb00130423 [29.5.2024].

Kreisförmige Wandkarte des Ottavio Pisani (Antwerpen 1637), Bayerische Staatsbibliothek München (Mapp. I,13 f.) – https://www.digitale-sammlungen.de/de/details/bsb00078373 [29.5.2024].

Carte de Cassini – https://gallica.bnf.fr/html/und/cartes/france-en-cartes/la-carte-de-cassini?mode=desktop [29.5.2024].

Atlas Tyrolensis (1774) von Anich und Blasius Hueber – https://hik.tirol.gv.at/?basemap=bm0&category=Uebersichtskarten_georef&map=100 [29.5.2024].

Sammlung Perthes der Uni Erfurt – https://www.perthes-digital.de [29.5.2024].

Kartenforum 2.0, SLUB Dresden – https://kartenforum.slub-dresden.de [29.5.2024].

Fachinformationsdienst Kartographie und Geobasisdaten, Staatsbibliothek Berlin – https://kartographie.staatsbibliothek-berlin.de [29.5.2024].

Portugiesische Manuskriptkarte des Atlantiks mit der Küste Brasiliens und Westafrikas (1764), UB der LMU München, Nachlass Friedrich Kunstmann (C.1.1) – https://www.hgw.geschichte.uni-muenchen.de/kunstmann-ausstellung/vitrine10/index.html [29.5.2024].

5 Chronologie

Jan Simon Karstens

5.1 Einführung

Chronologie bezeichnet »die Lehre von der Zeit« (griech. *chrónos*). Allerdings verbergen sich dahinter historisch und auch gegenwärtig unterschiedliche Tätigkeiten. Als das Wort um 1600 aufkam, meinte es zunächst die Kunst der Erstellung, Korrektur und Umrechnung unterschiedlicher Kalender, um beispielsweise bewegliche Kirchenfeste oder astronomische Ereignisse wie Mondphasen und die Tag- und Nachtgleiche zu bestimmen. Damit wurde aber nur ein neuer Name für eine wesentlich ältere Tätigkeit gefunden, die bereits in frühen Hochkulturen verbreitet war. Der neue Name um 1600 war Ausdruck des Anspruchs, diese Disziplin aus der bisher vorherrschenden Bindung an die Religion zu lösen und stärker empirisch zu betreiben. In dieser Tradition steht auch die moderne astronomische und physikalische Forschung, die sich unter dem Begriff Chronologie mit der Verbesserung unserer Zeitmessung beschäftigt.

Eine zweite Bedeutung erhielt Chronologie durch die Entstehung der Geschichtswissenschaft im 19. Jahrhundert. Als Grund- oder Hilfswissenschaft bezeichnet sie die Kunst, Zeitangaben zu entschlüsseln und zeitliche Ordnung in die Geschichte zu bringen.

Chronologisches Arbeiten im engeren Sinne bedeutet dabei den Umgang mit nicht mehr gebräuchlichen Abkürzungen und Schreibweisen sowie historischen Zeitordnungen und Kalendern. Hierzu gehört auch die kritische Prüfung scheinbar eindeutiger Datumsangaben. So könnte ein Ereignis wie eine Kometensichtung, die sich nach unserer heutigen Zeitrechnung am 12. Februar des Jahres 1585 ereignete, im Europa der Frühen Neuzeit auch auf den 12. Februar 1584 oder 1586 datiert worden sein – oder sogar auf den 2. Februar der Jahre 1584 oder 1585. Alle fünf Angaben für den gleichen Kometen waren an einem bestimmten Ort korrekt. Um zu verhindern, dass Historikerinnen und Historiker fünf Kometen sehen, wo es nur einen gab, oder um alle Berichte über den Kometen zu finden, braucht es Wissen über Chronologie im engeren Sinn.

In einem weiteren Sinne umfasst chronologisches Arbeiten die Herstellung zeitlicher Ordnung und Abfolgen von Ereignissen und Prozessen. Im Kern ist daher fast jede historische Arbeit chronologisch. Teil dieses erweiterten Verständnisses sind auch neue Methoden, um bisher fehlende Informationen über Zeitpunkte und Abläufe zu finden. Hierzu gehört beispielsweise die Dendrochronologie, die mittels Baumringanalyse nicht nur historische Klimata, sondern auch den Zeitpunkt bestimmen kann, an dem ein Stück Bauholz geschlagen worden ist. Eine Datierung anderer organischer Stoffe, wie Pergament oder Leder ermöglicht hingegen die Radiokarbonmethode, bei der die Zerfallsraten von ^{14}C-Kohlenstoffatomen gemessen werden. Eine Übersicht zu dieser und anderen Techniken bietet der im Literaturverzeichnis genannte Beitrag von Thomas Wozniak.

Die Chronologie im engeren Sinne, also die Entschlüsselung und Überprüfung von Datumsangaben in Textquellen hat für die Erforschung der Frühen Neuzeit in zweifacher Hinsicht besondere Relevanz:

Zum einen führten die Menschen in dieser Epoche scharfe Debatten über die Ordnung der Zeit. Dies führte zu mehreren kleinen und zwei großen Reformprojekten: der Verbesserung des antiken julianischen Kalenders durch Papst Gregor XIII. und der gescheiterte Versuch der Französischen Revolutionäre, mit allen Traditionen zu brechen und die Zeit in ein Dezimalsystem zu pressen.

Zum anderen spiegelt die Zeitrechnung in der Frühen Neuzeit prototypisch den Charakter der Epoche. Sie ist geprägt von einem Wechselspiel von Tradition und Innovation, das eine immense Heterogenität aus dem Mittelalter bewahrte und im Zuge der Konfessionsbildung durch Reformen noch größere Vielfalt hervorbrachte. Letztlich vollzog sich im Lauf der Epoche dann aber nach und nach ein Übergang zu einem weitgehend einheitlichen Zeitregime in Europa.

5.2 Wie die Zeit vergeht – Forschungsstand

Die noch heutigen gültigen Meilensteine der Chronologie im engeren Sinne wurden im 19. und frühen 20. Jahrhundert gesetzt. Gesamtdarstellungen und Handbücher aus dieser Zeit sind mit ihren Umrechnungstabellen noch immer hervorragende Hilfsmittel. Den unbestreitbar ersten Rang nehmen hierbei die Arbeiten von Hermann Grotefend ein. Das besondere an seinem

Hauptwerk, das inzwischen auf dem Portal Manuscripta Mediaevalia online zur Verfügung steht, ist dessen alphabetischer Gesamtaufbau. Feiertage, Abkürzungen, aber auch Methoden, um den Jahresbeginn festzulegen, lassen sich hier nachschlagen. Tabellen ermöglichen die Umrechnung kirchlicher Feiertage, aber auch des Französischen Revolutionskalenders oder der jüdischen und muslimischen Zeitrechnung. Die Onlineversion bietet hierfür sogar einen eigenen ›Rechner‹.

Unter den neueren Werken sind für einen pointierten Gesamtüberblick speziell die Bücher *Zeitrechnung* von Thomas Vogtherr und *Kleine Geschichte der Zeitrechnung* von Leofranc Holford-Strevens zu empfehlen. Ein anwendungsorientiertes Handbuch hat Dorothee von den Brinken unter dem Titel *Chronologie des Abendlandes* veröffentlicht. Für einen Überblick über die neuere Forschung auch jenseits des deutschen Sprachraums sei auf Thomas Wozniak verwiesen.

Insbesondere die Chronologie im weiteren Sinne ist gegenwärtig ein produktives, interdisziplinäres Forschungsfeld. Hier arbeiten Physik, Geschichte, Biologie und Astronomie in unterschiedlichen Kombinationen zusammen, beispielsweise, um in Quellen beschriebene Himmelsereignisse zu prüfen und so neue Datierungen zu ermöglichen.

Die im engeren Sinne historische Forschung hat sich wiederum verstärkt der Sozial-, Kultur- und Technikgeschichte der Zeitmessung zugewandt. Dies umfasst zum einen die Erforschung außereuropäischer historischer Kalendersysteme und deren Bedeutung für frühe transozeanische Begegnungen und Handelsnetze und zum anderen die Geschichte von Kalendern sowie Kalenderreformen und deren Folgen.

Insgesamt ist insbesondere das Wissen über historisches Zeitempfinden und Zeitregime deutlich gewachsen. Es ließ sich nachweisen, dass im Laufe des späten Mittelalters und der Frühen Neuzeit eine zunehmend detailliertere und strengere Zeiteinteilung das Leben der Menschen prägte. Diese Entwicklung war aber keineswegs geradlinig. Im Alltag trafen unterschiedliche Zeitordnungen aufeinander, beispielsweise für die Religion, den Arbeitstag und die politisch-soziale Ordnung. Diese Vielfalt brachte neuzeitliche Obrigkeiten dazu, Verordnungen zur zeitlichen Regulierung des Lebens ihrer Untertanen zu erlassen. Ein Vorgehen, das zu großen Transformationsprozessen wie Sozialdisziplinierung, Konfessionalisierung und Staatsbildung beitrug.

5.3 Drei Herausforderungen für die Quellenarbeit

5.3.1 Jahreswechsel: Geschrieben im Jahr 1535 – oder doch nicht?

Wie kann es sein, dass derselbe Tag im Mittelalter und der Frühen Neuzeit auf unterschiedliche Jahre datiert werden konnte? Der Grund hierfür liegt darin, dass Menschen den Beginn des Jahres mit verschiedenen Tagen verbanden. Es gab (nach Grotefend u. a.) nicht weniger als sechs Varianten, zwischen denen Territorien und manchmal sogar einzelne Städte im Laufe der Zeit wechselten:

1. Der Circumcisionsstil (am 1. Januar) benannt nach dem Kirchenfest der Beschneidung Christi. Dieser Jahreswechsel geht auf die Kalenderreform Julius Caesars zurück und war im römischen Recht maßgeblich. Angesichts der Bedeutung der römischen Rechtstradition im Europa der Frühen Neuzeit war dieser Jahreswechsel besonders im Alltags- und Wirtschaftsleben bedeutsam. Weltliche und geistliche Obrigkeiten orientierten sich hingegen zunächst nur wenig daran.
   Dieser Stil wurde erst durch einen langwierigen Prozess vorherrschend. Einen wichtigen Schritt hierfür bildete seine Einführung in der Kanzlei des Heiligen Römischen Reiches 1544, sowie bei Reichskammergericht und Reichshofrat zu Beginn des 16. Jahrhunderts. Die päpstliche Kanzlei folgte ab 1621, die Päpste selbst schrittweise bis 1691.
   Viele europäische Länder folgten im 16. Jahrhundert im Zuge der sogenannten Territorialisierung, also der Monopolisierung von vorher zersplitterten Herrschaftsrechten in der Hand der Fürsten. Beispielsweise Frankreich (1567), Lothringen (1579), Dänemark-Norwegen, Schweden (1559) und die Spanischen Niederlande (1575). Eine zweite Reformwelle folgte Mitte des 18. Jahrhunderts zur Zeit des aufgeklärten oder Reformabsolutismus, wie in England (1753) oder der Toskana (1750). Übersichten hierzu bieten Grotefend, Gilzer und von den Brinken.
2. Der vorcaesarische römische Stil (am 1. März). Diesem Stil, auf den auch die Benennung der Monate September (der Siebte) bis Dezember (der Zehnte) zurückgeht, folgte hauptsächlich die Republik Venedig. Er war dort über Jahrhunderte gebräuchlich, allerdings parallel zum bürgerlich-rechtlichen Jahresbeginn am 1. Januar. Erst 1797 galt hier der Circumcisionsstil.

3. Der Annunciationsstil (am 25. März) legt den Jahresbeginn auf das Fest Mariä Verkündigung und damit die Zeugung Christi. Hierbei handelt es sich um eine weit verbreitete Form, die auch mehrere der großen Mönchsorden des Mittelalters verwendet hatten. Dieser Stil war in England bis zum Jahr 1753 in Gebrauch. Bemerkenswert ist dabei, dass Schottland, das seit 1707 mit England das Vereinigte Königreich bildete, schon im Jahr 1600 diesen Stil zugunsten des 1. Januars aufgab. Innerhalb Großbritanniens gab es also zwei Stile parallel.

Ein Jahresbeginn im März bringt allerdings die Frage mit sich, ob der Jahresanfang im Vergleich zum Circumcisionsstil drei Monate vorher oder neun Monate später datiert. In der Neuzeit waren beide Varianten bekannt. Der Jahreswechsel drei Monate später war in Florenz üblich und als Florentiner Stil in Teilen Italiens, aber auch in England, Teilen des Heiligen Römischen Reiches und der Niederlande gebräuchlich. Hier muss man für die Zeit vom 1. Januar bis 25. März ein Jahr mehr zählen als in den Quellen angegeben. Der um 9 Monate vorgezogene Jahresbeginn galt hingegen nur in Pisa und einigen anderen italienischen Städten. Hier ist für die Zeit vom 25. März bis 31. Dezember ein Jahr abzuziehen. Beide Varianten, der *calculus Florentinus* und der *calculus pisanus* wurden im Zuge der habsburgischen Reformpolitik in der Toskana 1749 aufgehoben.

4. Der Osterstil. Dieser Jahresanfang orientierte sich am höchsten christlichen Kirchenfest, das am ersten Sonntag nach dem ersten Frühlingsvollmond stattfindet und somit auf 35 unterschiedliche Tagen fallen kann. Die Folge dieser Beweglichkeit war, dass manchmal einige Tage in einem Jahr doppelt vorkommen konnten. Zu beachten ist außerdem, dass der Jahreswechsel sowohl auf Karfreitag als auch Ostersamstag liegen konnte. Letztere Variante galt in weiten Teilen Frankreichs und wurde als *more gallico* oder *stylum franciae* bezeichnet. Allerdings folgten manche Teile des Landes dem Annunciationsstil oder dem Weihnachtsstil. All dies änderte sich dich durch das Edikt von Roussillon, das ab dem Jahr 1567 einen einheitlichen Jahresbeginn am 1. Januar festlegte.

5. Der byzantinische Stil (am 1. September) bestimmt den Jahreswechsel im liturgischen Kalender der orthodoxen Christen. Politische und rechtliche Bedeutung hatte er in Russland bis zur Herrschaftszeit Peters I. Jener Zar legte für das Jahr 1700 den Jahresbeginn auf den 1. Januar fest.

6. Der Weihnachtsstil (am 25. Dezember) war zu Beginn der Frühen Neuzeit sehr weit verbreitet. Neben zahlreichen Territorien des Heiligen

Römischen Reiches, der Niederlande und der Schweiz verwendeten ihn Estland, Livland, Ungarn, Dänemark-Norwegen und Schweden. Auch Aragon, Kastilien und Portugal nutzten diesen Stil seit dem späten Mittelalter. Die Umstellung erfolgte in katholischen Gebieten aber häufig schon in der Mitte des 16. Jahrhunderts (siehe Circumcisionsstil). Im Heiligen Römischen Reich gaben viele katholische Stände diese Regelung 1544 auf, viele protestantischen Reichsstände folgten 1559 zusammen mit Dänemark-Norwegen.

Diese Heterogenität führte dazu, dass, wie schon bei Grotefend beschrieben, die drei geistlichen Kurfürstentümern Köln, Mainz und Trier im frühen 16. Jahrhundert verschieden datierten. In Trier geschah der Jahreswechsel am 25. März, in Mainz am 25. Dezember und in Köln kirchlich zwar auch am 25. Dezember, von Seiten der Stadtregierung aber an Ostern und an der Universität am 25. März. In allen drei Territorien galt für Verträge und Rechtsdokumente jedoch gleichermaßen der juristische Jahreswechsel des römischen Rechts am 1. Januar. Diese Heterogenität verschwand nach und nach durch eine Angleichung an den Circumcisionsstil, zuletzt in Trier um 1648. Durchgehend verbreitet war der heute gebräuchliche Stil in Europa und seinen Kolonialreichen erst um 1900.

5.3.2 Die Kalenderreform von 1582: Beherrscht der Papst die Zeit?

Als Papst Gregor XIII. im Jahr 1582 mit Hilfe einer Expertenkommission eine Reform des antiken julianischen Kalenders verkündete, erfüllt er eine schon lange angemahnte Aufgabe. Julius Caesar hatte in seinem Kalender ein um mehr als 11 Minuten zu langes Jahr festgelegt. Der daraus entstandene Überhang hatte sich inzwischen auf zehn Tage summiert. Für die Berechnung von Osterterminen, aber auch die Platzierung von astronomischen Ereignissen wie Tag- und Nachtgleichen oder Mondphasen im Kalender war dies ein Problem.

Die Lösung war zunächst ein Zeitsprung. Der Papst verkündete in der Bulle *Inter gravissimas*, dass die Christenheit von Donnerstag, den 4. Oktober 1582 direkt zum Freitag, den 15. Oktober übergehen werde. Dies sollte zusammen mit einer modifizierte Schaltjahresregelung, welche die Jahre 1700, 1800 und 1900 überspringt, und neuen Einordnungsverfahren für die Neumondphasen alle Probleme lösen. Damit hatte der Papst einen neuen, modifizierten Kalender geschaffen, den gregorianischen.

Die Reform stieß allerdings auf zwei Probleme. Zum einen befahl Gregor lediglich die Einführung des neuen Kalenders, gab aber keine Begründung dafür. Dies führte zu Kritik an der Osterberechnung und Mondphasenerfassung. Im Zuge dieser Debatten tat sich der Gelehrte Joseph Justus Scalinger hervor, der für eine Chronologie ohne kirchlichen Einfluss argumentierte.

Das zweite Problem ergab sich daraus, dass die päpstliche Bulle auf ein konfessionell gespaltenes Publikum in einer aufgeheizten politischen Atmosphäre traf. Obrigkeiten protestantischer Reiche lehnten den neuen Kalender als Symbol päpstlicher Machtansprüche ab.

Die Folge war eine verzögerte und verzerrte Einführung, die letztlich die Zeitmessung in Europa komplizierter machte. Es kam zu einer Spaltung, die Historikerinnen und Historiker immer dann beachten müssen, wenn eine taggenaue Abgleichung von Ereignissen oder Datierungen notwendig ist – beispielsweise um die Geschwindigkeit von Kommunikation oder Reisen und Transporten zu messen.

Viele italienische Territorien (ausgenommen Pisa und Florenz), Portugal, die spanischen Monarchien und Polen setzten die Reform zum vorgebenen Datum um. Frankreich und Lothringen folgten neun Wochen später – wobei in Frankreich noch bis 1648 Ausnahmen für annektierte Gebiete an der Grenze zum Heiligen Römischen Reich bestanden. Die Niederlande schlossen sich teilweise 1583/1584 an, wobei die südlichen katholischen Gebiete die Reform im Dezember umsetzten und viele, aber nicht alle nördlichen protestantischen Provinzen ihnen im Januar folgten.

Im übrigen Heiligen Römischen Reich gab es ebenfalls keine einheitliche Lösung. Auch wenn Kaiser Rudolph II. im Jahr 1583 die Reform befahl, sahen manche Reichsstände die Zeitrechnung in ihren Territorien als ihre eigene Sache an. Ein großer Teil der katholischen Reichsstände, speziell die Kirchenfürsten folgte dem kaiserlichen Dekret aber und vollzog die Reform 1583. Hierbei konnte es einige Wochen Verzögerung geben, sodass die österreichischen Provinzen der Habsburger sowie Schlesien und die Lausitzen erst 1584 folgten.

Östlich des Reiches nahm Ungarn die Reform 1587 an. Erst 1612 und nur auf massiven politischen Druck der polnischen Krone übernahmen die Hohenzollern im lutherischen Herzogtum Preußen die Reform, weil ihr dortiges Gebiet unter polnischer Lehenshoheit stand.

Das Resultat der päpstlichen Reform war Chaos in Europa und im Reich. Menschen feierten zu unterschiedlichen Tagen Ostern und mussten die Fälligkeit von Lieferungen und Zahlungen umständlich koordinieren. Dies erschwerte insbesondere in gemischtkonfessionellen Städten den Alltag.

Die Frage, welcher Kalender gelten sollte, wurde mancherorts so drängend, dass Unruhen und ausbrechen konnten. Hierfür nennt die Literatur stets Augsburg im Jahr 1584 als Beispiel.

Eine weitgehende Angleichung der Kalender erfolgte erst zum Jahr 1700, ausgehend von den evangelischen Ständen auf dem Reichstag zu Regensburg. Allerdings waren jene nicht bereit, die gregorianische Reform einfach zu übernehmen. Sie übersprangen zwar vom 18.2. auf den 1.3 die inzwischen nötigen elf Tage, führten aber eine eigene Osterberechnung ein. Dies nannten sie den *verbesserten Kalender*. Dänemark-Norwegen, sowie die noch in der alten Zeitrechnung verbliebenen schweizerischen Kantone und niederländischen Orte schlossen sich an.

In europäischer Perspektive dauerte es noch weitere 50 Jahre bis zu einer weitgehenden Angleichung. Die ehemaligen Stadtstaaten Pisa und Florenz konnten die Einführung der Reform bis 1750 hinauszögern. In Großbritannien und seinen Kolonien blieb der alte Kalender noch bis zum Jahr 1752 bestehen, als auf den 2.12. der 14.12. folgte. Schweden verfolgte wiederum einen eigenen Weg zur Kalenderreform. Ab 1700 sollten schrittweise einzelne Tage entfallen – ein Modell, dass 1712 wieder zugunsten des alten julianischen Kalenders aufgegeben wurde. Erst 1753 folgte dann die Annahme des *verbesserten Kalenders*.

Im Jahr 1776 überzeugte schließlich König Friedrich II. von Preußen die Anhänger des *verbesserten Kalenders* zu einer Angleichung der Osterberechnung an die gregorianische Reform. Dies schuf weitgehende Einheitlichkeit in West- und Mitteleuropa. Im Osten sah dies anders aus, da Russland die Reform nicht übernahm und in Gebieten, die es durch die Teilungen Polen-Litauens annektierte, eine Rückkehr zum alten Kalender erzwang. Erst nach der Revolution von 1918 übernahm Russland den gregorianischen Kalender für weltliche Datierungen. Daher fand die berühmte Oktoberrevolution nach unserer heutigen Zeitrechnung erst im November statt. Griechenland folgte, ebenfalls nur für weltliche Datierungen, 1923.

In den Übergangszeiten oder bei Kommunikation zwischen Ländern mit unterschiedlichen Zeitsystemen kennzeichneten viele Autor:innen ihre Datierungen: Beispielsweise als *stylo antiquo* (s. a.), *old style* (o.s.) oder *antiquum* für den julianischen Kalender und *stylo novo* (s.n.), *new style* (n.s), *reformato*, *correcto* oder *gregoriano* (greg.) für den gregorianischen Kalender.

5.3.3 Der Französische Revolutionskalender – Beginn einer neuen Zeitrechnung?

Bereits kurz nach dem Sturm auf die Bastille begannen Publizisten in Frankreich, die Ereignisse als eine Epochenwende zu feiern. In Zeitungen präsentierten sie zunächst informell das Jahr 1789 als Jahr I der Freiheit. Nach der Abschaffung der Monarchie wurde dann die Idee, die Revolution als Epochenwende zu deuten, offizielle Politik des Nationalkonvents. Hierbei kamen zwei Ziele zusammen: Erstens ein Bruch mit dem alten Regime und seiner christlich legitimierten feudalen Gesellschaftsordnung; zweitens eine rationale, wissenschaftliche Neuordnung des Kalenders, die wie auch die neuen Maße und Gewichte auf dem Dezimalsystem basieren sollte.

Am 22. September des Jahres 1792 ordnete der Nationalkonvent die Einführung eines neuen Kalenders an, der das aktuelle Jahr zum Jahr I der Republik machte. Weitere Dekrete legten 1793 Details fest. Die neue Zeitrechnung galt sowohl in Frankreich wie auch in annektierten Gebieten und sogenannten *Tochterrepubliken* im linksrheinischen Deutschland, den Niederlanden und Teilen der Schweiz und Italiens. Zeitgenossen nannten diesen Kalender, je nach ihrer politischen Position den Revolutionskalender, Französischen Kalender oder Republikanischen Kalender.

Grundlegend war eine Einteilung des Jahres in zwölf Monate, die nach dem Dezimalsystem gegliedert waren. Jeder Monat bestand aus 30 Tagen, die drei zehntägige Dekaden bildeten. Die einzelnen Tage der Dekaden sollten zunächst individuelle Namen aus Natur und Landwirtschaft erhalten, doch praktisch setzten sich nummerische Bezeichnungen wie *primidi*, *duodi* usw. bis zum *nonidi* und *decadi* durch. Der jeweils zehnte Tag einer Dekade war ein Ruhetag und trat anstelle des christlichen Sonntags. Dies provozierte Konflikte, zum einen über die Ausgestaltung der 36 Feiertage, zum anderen über die durch Abschaffung des Sonntags und aller Kirchenfeste weggefallenen Ruhetage und zuletzt, weil viele Menschen so einen radikalen Bruch mit der christlichen Zeitordnung ablehnten.

Einen gewissen Ausgleich boten die nach den 12 Monaten für einen 365tägigen Jahreslauf noch fehlenden fünf Tage. Sie wurden als zusätzliche Feiertage am Jahresende im September angefügt und zunächst *Sansculotiden*, später *jours complémentaire* genannt. Alle vier Jahre wuchs ihre Zahl auf sechs, um ein Schaltjahr zu erhalten. Die Benennung dieser Feiertage spiegelt die Gedankenwelt der Revolutionäre wider. Es waren die Feiertage *de la Vertu* (Tugend), *du Génie* (Talent), *du Travail* (Arbeit), *de l'Opinion* (Meinung), *des Récompenses* (Belohnungen) und in Schaltjahren *de la Révolution*. Der Nationalkonvent bestimmte, dass der Jahresbeginn astronomisch von der Tag- und Nachtgleiche im Herbst abhängig sein sollte. Damit war er veränderlich und konnte am 21., 22., 23. oder 24. September liegen. Die zwölf Monate erhielten neue Namen, deren Endungen sie einer der vier Jahreszeiten zuordneten. Der Kalender begann mit den auf *aire* endenden Herbstmonaten *vendémiaire, brumaire, frimaire* (Weinlese-, Nebel- und Frostmonat); es folgte der Winter mit *nivôse, pluviôse, ventôse* (Schnee-, Regen- und Windmonat); dann für den Frühling *germinal, floréal, prairial* (Keim-, Blumen- und Wiesenmonat) und zum Abschluss die auf -*ore* endenden Sommermonate *messidor, thermidor, fructidor* (Ernte-, Hitze- und Fruchtmonat).

Taggenaue Umrechnungen zwischen dem Revolutionskalender und anderen Zeitrechnung waren kompliziert, da nicht nur eine andere Einteilung des Jahres, sondern verschiedene Jahresbeginne einbezogen werden mussten. Inzwischen ist dies mit Online-Angeboten wie dem digitalen Grotefend leicht möglich.

Der neue Kalender hatte nicht lange Bestand. Eine erste Einschränkung ergab sich aus dem Konkordat von 1801. Auf Befehl Napoleons kehrte zunächst die Siebentagewoche mit dem Sonntag zurück. Als Kaiser der Franzosen schaffte er dann 1805 die neue Zeitrechnung als Überbleibsel der Revolution ab. Trotz seiner kurzen Gültigkeit ist dieser Kalender für die Erforschung der Neuzeit sehr relevant. Er hatte einerseits große geographische Reichweite und wird andererseits in einer großen Menge erhaltenen Quellenmaterials verwendet.

5.4 Praktische Hinweise

- In vielen frühneuzeitlichen Akten werden die Monate September bis Dezember nach ihrem lateinischen Zählwert abgekürzt. Ein Kürzel wie *9bris* bedeutet daher Novembris und meint nicht den 9. Monat unserer Zeitrechnung. Der 9. Monat – September – wird *7bris* abgekürzt.
- Abkürzungen für kirchliche Feiertage lassen sich leicht mit der Onlineversion des Handbuchs von Grotefend auflösen. Bei deren Umrechnung in heutige Datierungen ist zu beachten, dass viele Feiertage vom Ostertermin des jeweiligen Jahres abhängig sind. Hierzu bietet der Mittelalter-Band mehr Informationen.

- Jahreszahlen wurden häufig ausgeschrieben, ohne dass es dafür klare Regeln gab. Daher kann die Reihenfolge der Zählwerte (Hunderter, Zehner, Einer) variieren. Manchmal hilft die gewählte Form sogar, einen Schreiber oder eine Kanzlei zu identifizieren. Eine Sonderform sind halbe Jahrhunderte, sodass 1552 beispielsweise als »fünfzehn und ein halbes hundert Jahr und zwei« benannt werden konnte.
- Obrigkeitliche Quellen sind manchmal nach Herrschaftsjahren datiert. Hierbei wird von der Krönung an gerechnet. Zu beachten ist, dass viele Monarchien in der Frühen Neuzeit *zusammengesetzte Monarchien* waren. Derselbe Herrscher konnte daher mehrere Krönungstermine und unterschiedliche Herrschaftszeiten haben. So wurden die Habsburger des 18. Jahrhunderts in Wien, Prag und Budapest als jeweiliger Landesfürst sowie in Frankfurt als Reichsoberhaupt gekrönt.
- Für Europa selbst hat in der Frühen Neuzeit neben der christlichen vor allem die jüdische und muslimische Zeitrechnung Bedeutung. Deren Umrechnung ist dank technischer Hilfsmittel wie der Onlineversion des Grotefend leicht möglich. Allerdings führte der Aufbau von Handelsnetzen und Kolonialreichen auch zu Begegnungen mit vielen weiteren Kulturen und deren Formen der Zeitmessung. Daher thematisiert die chronologische Forschung auch Kalender der Maya, Inka, Azteken sowie der Begegnung der Europäer mit chinesischer, indischer oder japanischer Zeitrechnung, beispielsweise bei Holford-Stevens oder Görke. Allgemein ist hierzu die englische Fachliteratur reichhaltiger als die deutsche.

5.5 Literatur

Borst, Arno: Computus. Zeit und Zahl in der Geschichte Europas, 2. Aufl., Berlin 1999.
Brendecke, Arndt/Fuchs, Ralf-Peter/Koller, Edith (Hrsg.), Die Autorität der Zeit in der Frühen Neuzeit, 2007.
Brinckmeier, Eduard: Praktisches Handbuch der historischen Chronologie aller Zeiten und Völker besonders des Mittelalters, unveränd. ND, Graz 1973.
Brinken, Dorothee von den: Historische Chronologie des Abendlandes. Kalenderreform und Jahrtausendrechnungen, Stuttgart/Berlin/Köln 2000.
Burnett, Charles/Stern, Sacha (Hrsg.): Time, Astronomy and Calendars. Texts and Studies (Schriftenreihe), Leiden 2012–2015.
Dohrn-van Rossum, Gerhard: Chronologie, in: Enzyklopädie der Neuzeit Online, hrsg. von Friedrich Jaeger/Georg Eckert/Ulrike Ludwig/Benjamin Steiner/Jörg Wesche, 2019, http://dx.doi.org/10.1163/2352-0248_edn_COM_252114 [29.5.2024].
Ginzel, Friedrich Karl: Handbuch der mathematischen und technischen Chronologie. Das Zeitrechnungswesen der Völker, Leipzig 1914.

Görke, Winfried: Datum und Kalender. Von der Antike bis zur Gegenwart, Berlin 2011.
Gossler, Marcus: Begriffswörterbuch der Chronologie und ihrer astronomischen Grundlagen. Mit einer Bibliographie, 2., verb. Aufl., Graz 1985.
Grotefend, Hermann: Zeitrechnung des deutschen Mittelalters und der Neuzeit, 2 Bde., Hannover 1891–1898, Online-Version mit Datumsrechner: http://bilder.manuscripta-mediaevalia.de/gaeste//grotefend/grotefend.htm [29.5.2024].
Holford-Strevens, Leofranc: Kleine Geschichte der Zeitrechnung und des Kalenders, Stuttgart 2008.
Koller, Edith: Kalenderreform, in: Enzyklopädie der Neuzeit Online, 2019, http://dx.doi.org/10.1163/2352-0248_edn_COM_289067 [29.5.2024].
Koller, Edith: Revolutionskalender, in: Enzyklopädie der Neuzeit Online, 2019, http://dx.doi.org/10.1163/2352-0248_edn_COM_340269 [29.5.2024].
Meinzer, Michael: Der französische Revolutionskalender (1792–1805). Planung, Durchführung und Scheitern einer politischen Zeitrechnung, München 1992.
Steinmetz, Dirk: Die Gregorianische Kalenderreform von 1582, Oftersheim 2011.
Vogtherr, Thomas: Zeitrechnung. Von den Sumerern bis zur Swatch, München 2001.
Wozniak, Thomas: Zum Stand der Chronologie in den Geschichtswissenschaften, in: Archiv für Diplomatik 65 (2019), 339–360.

6 Metrologie

Werner Scheltjens

6.1 Einführung und Definition

Als »eine Odyssee von sieben Jahren inklusive eines verheimlichten Fehlers«, so beschreibt der amerikanische Historiker Ken Adler die Bemühungen der französischen Akademie der Wissenschaften im späten 18. Jahrhundert, den Meter genau zu vermessen. Definiert wurde der Meter als der zehnmillionste Teil der Distanz vom Nordpol zum Äquator entlang des Meridians von Paris auf Höhe des Meeresspiegels. Um feststellen zu können, was nun genau ein Meter sei, wurde die Strecke von Dünkirchen nach Barcelona durch zwei Teams vermessen. Das erste Team startete südwärts in Dünkirchen; das zweite nordwärts in Barcelona. Sieben Jahre dauerte die Vermessung an, nicht zuletzt, weil sie während der Napoleonischen Kriegen in den Jahren 1792 bis 1799 stattfand. Ein Rechenfehler wurde von einem der beiden Teams verheimlicht, wodurch sich 10 Jahre später herausstellte, dass der offiziell gemessene Meter um 0,2 mm hätte länger sein sollen (Adler 2004). Seit 1983 wird der Meter definiert als die Distanz, die Licht im Vakuum innerhalb von 1/299 792 458 Sekunden durchläuft. Diese Berechnung ist ein weiteres Ergebnis der jahrhundertelangen wissenschaftlichen Anstrengungen, genaue und allgemeingültige Maße und Gewichte zu entwickeln. Sie gehören zum Bereich der Metrologie, der Wissenschaft des Messens.

Die Metrologie ermöglicht genaue, zuverlässige und vertrauenswürdige Messungen von Gegenständen und Prozessen in Wissenschaft, Wirtschaft und Gesellschaft. Als Bereich der Naturwissenschaften beschäftigt sich die Metrologie mit der Definition von allgemeingültigen Maß- und Gewichtseinheiten (Konstanten) und der Entwicklung von wissenschaftlichen Messverfahren (Standards) sowie den dafür notwendigen Messgeräten (Instrumenten). Getrieben durch wissenschaftliche Innovationen und wirtschaftliche und gesellschaftliche Wandlungsprozesse unterliegen die Konstanten und Standards einer stetigen Überprüfung und Weiterentwicklung.

Das Einhalten solcher Konstanten und Standards wird in rechtlichen Vorschriften, Verordnungen und Gesetzen festgehalten (Normierung), während auch die Messgeräte bestimmte Qualitäts- und Sicherheitsstandards einhalten müssen (Kalibrierung). Heute sind die Normierung von Messvorgängen und die Qualitätsprüfung von Messgeräten Gegenstand des gesetzlichen Messwesens.

Als Forschungsbereich an der Schnittstelle von Wissenschaft, Wirtschaft und Gesellschaft hat die Metrologie eine hohe politische und soziale Relevanz. Aus diesem Grund werden heute ihre Aufgaben national an eigens zu diesem Zweck etablierten metrologischen Instituten koordiniert, wie etwa die *Physikalisch-Technische Bundesanstalt/Nationales Metrologieinstitut* in Deutschland oder das *Nationaal Metrologisch Instituut* (VSL) in den Niederlanden. International werden die globalen metrologischen Herausforderungen vom *Bureau International des Poids et Mesures* (BIPM) koordiniert. Im Anschluss an die bahnbrechende Meterkonvention 1875 gegründet, bemüht sich das Internationale Büro für Maß und Gewicht um die Realisierung eines weltweit einheitlichen Maßsystems, basierend auf abstrakten Basiseinheiten, wie z. B. dem Meter und dem Kilogramm. Historische Metrologie beschäftigt sich aus einer historischen Perspektive mit der Wissenschaft des Messens.

6.2 Metrologie als Grundwissenschaft und eigenes Forschungsfeld – Geschichte und aktuelle Fragestellungen

Die Historische Metrologie stellt systematisierte Kenntnisse über vormoderne Maße und Gewichte zur Verfügung. Im Zuge der Etablierung der Geschichte als Wissenschaft im 19. Jahrhundert und dem damit einhergehenden Interesse an der antiken Welt, beschäftigten sich die ersten historischen Arbeiten zur Metrologie mit dem griechischen bzw. römischen Maß- und Gewichtswesen (Boeckh 1838; Hultsch 1862). Im 20. Jahrhundert entwickelte sich die Historische Metrologie als Hilfswissenschaft weiter, insbesondere unter dem Einfluss der aufstrebenden Wirtschaftsgeschichte. Das große Interesse für die Erforschung kaufmännischer Informationsquellen in der Frühen Neuzeit führte zu einer intensiven Auseinandersetzung mit Kaufmannshandbüchern, Handelslehrbüchern und Kompilationen von Maßen und Gewichten für den täglichen Gebrauch. Aus diesem Grund wird häufig auch die Münzgeschichte zur Historischen Metrologie gerechnet, weil der Wert der Münze von ihrem Edelmetallgehalt abhängig war. Für eine gewisse Zeit hat die Münzgeschichte die Historische Metrologie sogar dominiert (Witthöft 1979). Insbesondere in ihrer materiellen Form sind Münzen aber Gegenstand der Numismatik oder Münzgeschichte. Dementsprechend werden sie hier nicht gesondert behandelt.

Als Teildisziplin der Geschichtswissenschaft untersucht die Historische Metrologie die langfristige Entwicklung des Messwesens aus verschiedenen Perspektiven. Bis heute relevant ist die sozialhistorische Perspektive, die die Kontrolle über Maße und Gewichte als politisches Instrument betrachtet und untersucht, welche gesellschaftlichen Auswirkungen dies hatte. Die sozialhistorische Perspektive wurde maßgeblich vom polnischen Historiker Witold Kula entwickelt, der feststellte, dass die ›modernen‹, in Konventionen festgelegten Maße und Gewichte im Gegensatz zu den ›alten‹ Maßen und Gewichten keinen Bezug zur täglichen Arbeit (Anwendungsbereich) mehr hatten und auch nicht mehr anthropometrisch waren, d. h. nicht mehr auf Körperteilen wie etwa dem Fuß basierten (Kula 1970; 1986). Aus diesen Veränderungen schlussfolgerte Kula, dass Menschen in der Frühen Neuzeit allmählich den unmittelbaren Bezug zu Maßen und Gewichten verloren haben und sich dadurch eine gewisse ›Dehumanisierung‹ des Maß- und Gewichtswesens vollzogen hat. Für Kula hatte dieser Prozess eine große soziale Bedeutung, die aber heute etwas künstlich wirkt, weil sie die Vorteile konventioneller, allgemein akzeptierter und geteilter Maße und Gewichte größtenteils außer Betracht lässt.

Stärker anschlussfähig an die heutige Metrologie ist hingegen die wissenschaftshistorische Perspektive, die sich der Entwicklung von Normen und Standards widmet, Diskussionen über das Urmaß in den Naturwissenschaften nachgeht und die Abläufe von Standardisierungsprozessen in der Frühen Neuzeit und im 19. Jahrhundert rekonstruiert (Kramper 2019; Meyer-Stoll 2010). In diesem Zusammenhang ist besonders der sogenannte *Battle of the Standards* (Kramper 2019) hervorzuheben. Dies war ein sehr langer Prozess, der durch die Naturwissenschaften vorangetrieben wurde, die schon im 16. Jahrhundert nach Ur-Einheiten suchten. Später, nachdem im Zuge der Französischen Revolution in manchen Ländern das metrische System eingeführt worden war (Zupko 1990), intensivierten sich die Bemühungen um die Einführung von einheitlichen Maßen und Gewichten auf staatlicher Ebene (z. B. im Königreich Bayern, siehe Meyer-Stoll 2010). Es wurden Maßnahmen ergriffen, um die bestehenden Systeme durch Angleichung zu vereinfachen und durch Standardisierung zu vereinheitlichen.

Begleitet wurde dieser Prozess von erheblichen Fortschritten in den Naturwissenschaften in der ersten Hälfte des 19. Jahrhunderts, die dazu beitrugen, dass Maße und Gewichte genauer denn je vermessen werden konnten. Das geschah jedoch nicht immer.

In der Wirtschaft und im Alltag bestanden alte Gebräuche und Gewohnheiten noch sehr lange fort. Die Persistenz der unübersichtlichen, lokal und regional bedingten Vielfalt an nicht-metrischen Maßen und Gewichten im internationalen Warenverkehr bis tief in das 19. Jahrhundert hinein liegt im Interessensbereich der wirtschaftshistorischen Perspektive (Hocquet 2022; Zupko 1990). Durch intensive Recherche zu einzelnen, meist territorial begrenzten Räumen haben Wirtschaftshistoriker in den letzten Jahrzehnten des 20. Jahrhunderts versucht, die Vielfalt an Maßen und Gewichten zu systematisieren und besser für die wirtschaftshistorische Forschung nutzbar zu machen (Witthöft 1991–2007; Zupko 1978, 1981, 1985).

An der Schnittstelle der wissenschafts- und wirtschaftshistorischen Perspektive befindet sich die jahrhundertealte Institution des Eichwesens, die dafür zuständig war, die Quantität von örtlichen und später zunehmend territorialen Maß- und Gewichtsverkörperungen festzustellen und regelmäßig die Genauigkeit der davon abgeleiteten Gewichte und Messgeräte zu überprüfen. Das Eichwesen war nicht nur für den Handel wichtig, sondern diente auch der Steuererhebung. Daher führte insbesondere die Territorialpolitik in der Frühen Neuzeit zur Entwicklung eines über einzelne Stadtgrenzen hinausgehenden Eichwesens. In Lüneburg z. B. wurden im Zuge der Einführung des Landesmaßes 1692 einzelne Städte zu Eichstädten erklärt, deren Zuständigkeitsbereich sich über Teile des Landesterritoriums erstreckte. Von der Einrichtung einer für das gesamte Territorium zuständige, zentrale Behörde war aber noch nicht die Rede (Witthöft 1979).

Eine weitere, kulturhistorische Perspektive, die manchmal auch als Metrosophie bezeichnet wird, umfasst Forschungen zu künstlerischen Darstellungen von Messgeräten, Maßstäbe, Waagen und ähnlichen Gegenständen (Vieweg 1964) sowie zur Sprachgeschichte der Messbegriffe (Schuppener 2002).

6.3 Ordnung in der Vielfalt

Ob als Teildisziplin der Geschichtswissenschaft oder als Hilfswissenschaft, die Historische Metrologie thematisiert die enorme Vielfalt an Maßen und Gewichten, die die Zeit vor der allmählichen Einführung des metrischen Systems prägten. Diese Vielfalt kann kaum überschätzt werden. Sie wird unter anderem dadurch bedingt, dass Maße und Gewichte sehr lange eng mit ihrem Anwendungsbereich verzahnt waren. Harald Witthöft spricht in diesem Zusammenhang von der »Warenbindung« alter Maße und Gewichte, die dazu beitrug, dass »mehrere Einheiten gleicher Größenordnung, aber abweichender Norm, nebeneinander in Gebrauch waren« (Witthöft 1979). Z. B. bedeutet dies, dass eine Nürnberger Elle abhängig von der gemessenen Ware sowohl ›kurz‹ als auch ›lang‹ sein konnte. Allmählich wurden Maße und Gewichte jedoch abstrakter und besser normiert und verloren die Anwendungsbereiche an Bedeutung (Witthöft 2008). In der Übergangszeit zum metrischen System setzte sich die orts- und anwendungsunabhängige Nutzung von Maßen und Gewichten weiter durch, bis die ›alten‹ Maße und Gewichte im Laufe des 19. Jahrhunderts endgültig durch abstrakte Einheiten ersetzt wurden.

Durch Umrechnung in das metrische System und durch Systematisierung der Zusammenhänge zwischen Maßen und Gewichten versucht die Historische Metrologie als Hilfswissenschaft die metrologische Vielfalt übersichtlicher zu machen. Die zentralen ordnenden Prinzipien bilden die Maßarten, Maßreihen und Maß- bzw. Gewichtssysteme. Die relevanten *Maßarten* waren Gewicht, Länge, Fläche und Kapazität oder Volumen. Fundamental bei der Konstruktion mehrdimensionaler Maße ist das Längenmaß. Zählmaße, wie etwa ein Schock oder 60 Stück, dienten der Beschreibung von Quantitäten bestimmter Objekte, die, so zumindest die Annahme, eine gleiche Art, Größe und/oder Gewicht hatten.

Auch wenn sie sehr unterschiedlich waren und an jedem Ort eine andere Entsprechung haben konnten, standen vormoderne Maße und Gewichte zueinander in einer quantitativen Beziehung. Zum einen können diese quantitativen Beziehungen als Zerlegung oder Zusammenfassung (Aggregierung) beschrieben werden. Dabei werden *Maßreihen* gebildet, wie etwa »1 Fass = 2 Himt = 4 Spint« für das Trockenmaß in Altona bis 1844 (Gyllenbok 2018). Solche Maßreihen entstehen auch, wenn nicht die ganze Einheit, sondern nur die Hälfte, ein Viertel oder ein Achtel der Einheit genommen wird. Zum anderen gab es auch zwischen Einheiten in unterschiedlichen Maßreihen Relationen, die durch Umrechnung der einen Maßeinheit in die andere realisiert wurden. Weil diese Relationen insbesondere für interregional und international agierende Kaufleute sehr wichtig waren, wurden sie logischerweise vielfach in kaufmännischen Nachschlagewerken festgehalten.

Die Gesamtheit der Maßarten in einem bestimmten Produktions- oder Tätigkeitsbereich (z. B. Apothekergewichte), Handelszweig (z. B. Getreidehandel) oder geographischen Raum (Stadt, Region, oder Staat) wird in der Regel mit dem Begriff *Maßsystem* bezeichnet. In der Literatur wird die territorial bedingte Erfassung und Auswertung von Maßsystemen am häufigsten praktiziert, wie z. B. Ronald E. Zupko dies für Frankreich, Italien und England gemacht hat oder Harald Witthöft für die deutschen Maße und Gewichte. Dabei sollte berücksichtigt werden, dass die erfassten Räume nie isoliert voneinander existierten und die große Vielfalt an Maßen und Gewichten sich erst auf der lokalen Betrachtungsebene entfaltete. Zu berücksichtigen ist auch, dass Fernhandelsbeziehungen und die Notwendigkeit des Vergleichs von auswärtigen mit örtlichen Maßen und Gewichten zu intensiven Verflechtungen zwischen örtlichen und anderen Maß- und Gewichtssystemen führten (Witthöft 1979).

6.4 Quellen und Nachschlagewerke

Für die systematische Erfassung von Wissen über historische Maße und Gewichte orientiert sich die Hilfswissenschaft der Historischen Metrologie an der Fülle an metrologischen Nachschlagewerken und staatlichen Verwaltungsakten, die seit der Erfindung der Buchdruckkunst und insbesondere während der Übergangszeit zum metrischen System (1790–1870) entstanden sind. Der Informationsbedarf des Handels- und Finanzsektors stieg im Zuge der europäischen Expansion nach Übersee und der Intensivierung des Handels drastisch an, während gleichzeitig die Entdeckung des Buchdrucks den Weg für die Verbreitung von Wissen über fremde Gewichte, Maße, Währungen und Handelspraktiken ebnete. Im späten 17. Jahrhundert wurden Berichte über Gewichte und Maße mit immer ausführlicheren Beschreibungen der Handelseinrichtungen in nahen und fernen Handelszentren kombiniert. Wirtschaftswörterbücher, Lexika und Enzyklopädien folgten zu Beginn des 18. Jahrhunderts. Die kaufmännischen Nachschlagewerke wurden immer umfangreicher, sodass in der zweiten Hälfte des 18. Jahrhunderts die ersten Zusammenstellungen ihrer wesentlichen Inhalte in Form von Taschenbüchern im Druck erschienen. Das vielleicht berühmteste frühe Beispiel ist Johann Christian Nelkenbrechers *Taschenbuch eines Banquiers und Kaufmanns*, später unter anderem auch *Allgemeines Taschenbuch der Maß-, Münz- und Gewichtskunde* genannt. Zunächst veröffentlicht 1762, erschienen bis 1890 insgesamt 20 Auflagen dieses kaufmännischen Nachschlagewerks (Witthöft 1991–2007).

Vor der Einführung des Meters um 1790 fixierten metrologische Nachschlagewerke das allgemeine Wissen über vormoderne Messpraktiken. Sie klärten die Beziehungen und Verhältnisse zwischen verschiedenen Maßeinheiten, spezifizierten ihre Verwendung und verwiesen auf lokale oder regionale Messvorschriften. Nach der Einführung des Meters begannen metrologische Nachschlagewerke, auch Umrechnungen in metrische Äquivalente (Meter, Liter und Kilogramm) aufzunehmen. In der ersten Hälfte des 19. Jahrhunderts erlebte die Herausgabe von Wörterbüchern, Enzyklopädien und Handbüchern für Kaufleute ihre Blütezeit (Denzel 2002), als lokale und regionale Messkonventionen allmählich durch einheitliche Messstandards ersetzt wurden und die Metrologie ihren Durchbruch als »Wissenschaft vom Messen« (Kramper 2019) erlebte.

Berühmte Beispiele für metrologische Nachschlagewerke des 19. Jahrhunderts sind das bereits erwähnte Taschenbuch von Nelkenbrecher, der *Universal Cambist* von Patrick Kelly (1811 und spätere Ausgaben), das *Dictionnaire universel* von Horace Doursther (1840) und das *Vollständige Taschenbuch* von Christian und Friedrich Noback (1850, 1851, 1858). Angetrieben vom positivistischen Glauben an die Möglichkeit, ›alles zu wissen‹, strebten diese und gleichartige Nachschlagewerke danach, die Breite und den Umfang früherer und aktueller Messkonventionen auf globaler Ebene widerzuspiegeln. Die Wiederverwendung von Inhalten aus konkurrierenden Werken war eine Möglichkeit, dieses Ziel zu erreichen; die Einbeziehung von Berechnungen mit übermäßig detaillierten metrischen Äquivalenten für vormoderne Gewichte und Maße war eine andere. Die Informationsdichte der metrologischen Nachschlagewerke des 18. und 19. Jahrhunderts ist in der Regel sehr hoch, die Benutzerfreundlichkeit jedoch sehr gering. Trotz der Verfügbarkeit vieler metrologischer Nachschlagewerke als Digitalisat stellt die Nutzung und Interpretation der metrologischen Angaben daher weiterhin eine große Herausforderung dar.

Seit den 1950er Jahren entstand eine Vielzahl an kleineren Arbeiten, in denen das vorhandene Wissen über die Vielfalt an Maßen und Gewichten für bestimmte Produkte und/oder an bestimmten Orten, Regionen oder Ländern gesammelt und ausgewertet wurde. Parallel dazu erfassten Wirtschaftshistoriker wie etwa Harald Witthöft, Ronald E. Zupko, und Jean-Claude Hocquet umfassende Studien über die Maß- und Gewichtssysteme in Deutschland, Frankreich, Italien und Großbritannien, während Hans-Joachim von Alberti (1957) versuchte, die langfristige Entwicklung des Messwesens mit einer systematischen Betrachtung nicht-metrischer und metrischer Maße und Gewichte in Bezug zu setzen. All diese Autoren systematisierten die metrischen Entsprechungen alter Maße und Gewichte, und entwickelten im Zuge dieser Forschungen neue Einsichten über die langfristige Entwicklung von vormodernen Maß- und Gewichtssystemen. Gewissermaßen kulminiert hat dieser Forschungszweig in Jan Gyllenboks dreibändiger *Encyclopaedia of Historical Metrology, Weights, and Measures* (Gyllenbok 2018), der wahrscheinlich umfassendsten Übersicht von historischen Maßen und Gewichten auf der ganzen Welt.

Basierend auf einer jahrzehntelangen Suche nach und Bearbeitung von historischen metrologischen Nachschlagewerken ab dem 18. Jahrhundert rekonstruiert (und konstruiert) Gyllenbok in seiner Enzyklopädie Hunderte von Einheitensystemen und gibt sie systematisch in Tabellenformat wieder. Seine Enzyklopädie enthält eine Datenbank für Einheitenumrechnungen. Die Enzyklopädie ist ein wichtiger Beitrag zur historischen Metrologie als historischer Hilfswissenschaft. Dank der tabellarischen Übersichten ist es viel einfacher geworden, die metrischen Äquivalente einer Vielzahl von historischen Gewichten oder Maßen nachzuschlagen.

6.5 Zukunft

Historische Metrologie muss nicht entweder eine Hilfswissenschaft oder eine Teildisziplin der Geschichtswissenschaft sein. Je nach Forschungsziel sind sowohl die Suche nach metrischen Äquivalenten als auch die Untersuchung historischer Messpraktiken relevant. Für beide Aufgaben sind metrologische Nachschlagewerke aus dem (späten) 18. und insbesondere aus dem 19. Jahrhundert besonders wertvoll. Sie sind nützlich, um metrische Äquivalente zu finden, geben aber auch Aufschluss über vergangene Messpraktiken. Am wichtigsten ist vielleicht, dass solche metrologischen Nachschlagewerke auch Aufschluss über den Wandel der historischen Messpraktiken geben.

Seit der Massendigitalisierung von Bibliotheksbeständen in aller Welt ist es einfacher als je zuvor, Nachschlagewerke über vormetrische Gewichte und Maße zu finden. Wie oben erwähnt, geht die leichte Auffindbarkeit jedoch mit neuen Herausforderungen in Bezug auf die Interpretation historischer metrologischer Nachschlagewerke einher. Von zentraler Bedeutung ist in dieser Hinsicht die Frage nach der Zuverlässigkeit und Nachprüfbarkeit der Angaben in metrologischen Nachschlagewerken des 18. und 19. Jahrhunderts. Die Verfügbarkeit von immer mehr metrologischen Nachschlagewerken in elektronischer Form erhöht nämlich das Risiko, auf unzuverlässige oder unvollständige Quellen zurückzugreifen. Für die Zukunft der Historischen Metrologie ist es darum wichtig, neue Wege zur Bewertung der Zuverlässigkeit zu finden, insbesondere im Hinblick auf die Wiederverwendung, Entlehnung oder das Plagiat von Informationen von einer Quelle zur nächsten. Daran anknüpfend fordert die unmittelbare Verfügbarkeit von vielen metrologischen Nachschlagewerken dazu auf, integrative Methoden zu entwickeln, die die historische Metrologie sowohl als Hilfswissenschaft der Geschichte als auch als Wissenschaft von Messpraktiken und ihren kulturellen Bedeutungen fördern können. Vielversprechend sind Methoden der semantischen Erschließung von metrologischen Nachschlagewerken, die vielfältige Abfragen über die Verhältnisse zwischen historischen Maßen und Gewichten ermöglichen, aber auch für die Analyse von Vereinheitlichungsprozessen und der Struktur von Maß- und Gewichtssystemen eingesetzt werden können.

6.6 Literatur

6.6.1 Einführungen

Alder, Ken: The Measure of all Things. The seven-year Odyssey that Transformed the World, London 2004.
Berriman, Algernon Edward: Historical Metrology. A New Analysis of the Archaeological and the Historical Evidence Relating to Weights and Measures, London/New York 1953.
Denzel, Markus A./Hocquet, Jean Claude/Witthöft, Harald (Hrsg.): Kaufmannsbücher und Handelspraktiken vom Spätmittelalter bis zum beginnenden 20. Jahrhundert, Stuttgart 2002.
Hocquet, Jean-Claude: Le marchand et les poids et mesures, London 2022.
Kramper, Peter: The Battle of the Standards. Messen, Zählen und Wiegen in Westeuropa, 1660–1914, Berlin/Boston 2019.
Kula, Witold: Measures and Men, Princeton 2014.
Meyer-Stoll, Cornelia: Die Maß- und Gewichtsreformen in Deutschland im 19. Jahrhundert unter besonderer Berücksichtigung der Rolle Carl August Steinheils und der Bayerischen Akademie der Wissenschaften, München 2010, https://publikationen.badw.de/de/037257543 [2.6.2024].
Schuppener, Georg: Die Dinge fassbar machen. Sprach- und Kulturgeschichte der Maßbegriffe im Deutschen, Heidelberg 2002.
Vieweg, R.: Zur Kulturgeschichte der Metrologie, in: Physikalische Blätter 20 (1964), 419–428.
Witthöft, Harald/Hocquet, Jean-Claude/Kiss, István N.: Metrologische Strukturen, St. Katharinen 1988.

Witthöft, Harald: Nelkenbrecher's Taschenbuch on Coin, Measure and Weight (1762–1890) – Economic-Historical Projects and Metrological Reflections, in: Denzel, M.A./Hocquet, Jean-Claude/Witthöft, Harald (Hrsg.), Kaufmannsbücher und Handelspraktiken vom Spätmittelalter bis zum beginnenden 20. Jahrhundert, Stuttgart 2002, 173–196.

Witthöft, Harald: Ökonomie, Währung und Zahl – Wirtschaftsgeschichte und Historische Metrologie. Ein Literatur- und Forschungsbericht 1980 bis 2007, in: Vierteljahrschrift für Sozial- und Wirtschaftsgeschichte 95 (2008), 25–40.

Ziegler, Heinz: Studien zum Umgang mit Zahl, Maß und Gewicht in Nordeuropa seit dem Hohen Mittelalter, St. Katharinen 1997.

Zupko, Ronald Edward: Revolution in Measurement. Western European Weights and Measures since the Age of Science, Philadelphia 1990.

6.6.2 Nachschlagewerke

Alberti, Hans-Joachim von: Mass und Gewicht. Geschichtliche und tabellarische Darstellungen von den Anfängen bis zur Gegenwart, ND Berlin/Boston 2022, https://doi.org/10.1515/9783112477625 [2.6.2024].

Böckh, August: Metrologische Untersuchungen über Gewichte, Münzfüße und Maße des Alterthums in ihrem Zusammenhange, ND Karlsruhe 1978.

Chelius, Georg Kaspar: Maß- und Gewichtsbuch, 3. Aufl., Frankfurt a. M. 1830.

Doursther, Horace: Dictionnaire universel des poids et mesures anciens et modernes, contenant des tables des monnaies de tous les pays, Amsterdam 1965 [Reprint 1840].

Gyllenbok, Jan: Encyclopaedia of Historical Metrology, Weights, and Measures, 3 Bde., Cham 2018.

Hinz, Walther: Islamische Maße und Gewichte. Umgerechnet ins metrische System. 2. Aufl., Leiden 1970.

Hultsch, Fridericus: Griechische und Römische Metrologie, Berlin 1862.

Kelly, Patrick: Metrology, or, An Exposition of Weights and Measures, Chiefly Those of Great Britain and France. Comprising Tables of Comparison, and Views of Various Standards, with an Account of Laws and Local Customs, Parliamentary Reports, & Other Important Documents, London 1816.

Kelly, Patrick: The Universal Cambist and Commercial Instructor. Being a General Treatise on Exchange. Including Monies, Coins, Weights, and Measures of All Trading Nations and Colonies. With an Account of Their Banks and Paper Currencies, 2. Aufl., London 1821.

Noback, Christian/Noback, Friedrich: Vollständiges Taschenbuch der Münz-, Maass-, und Gewichtsverhältnisse, der Staatspapiere, des Wechsels- und Bankwesens, und der Usanzen aller Länder und Handelsplätze, Leipzig 1850.

Noback, Christian: Münz-, Maass- und Gewichtsbuch. Das Geld-, Maass- und Wechselwesen, die Kurse, Staatspapiere, Banken, Handelsanstalten und Usanzen aller Staaten und wichtigern Orte, Leipzig 1858.

Witthoft, Harald: Handbuch der historischen Metrologie, 8 Bde., St. Katharinen 1991–2007.

Zupko, Ronald Edward: A Dictionary of Weights and Measures for the British Isles. The Middle Ages to the 20th Century, Philadelphia 1985.

Zupko, Ronald Edward: French Weights and Measures before the Revolution. A Dictionary of Provincial and Local Units, Bloomington/London 1978.

Zupko, Ronald Edward: Italian Weights and Measures from the Middle Ages to the Nineteenth Century, Philadelphia 1981.

7 Uniformenkunde

Matthias Rogg

7.1 Militärische Kleidung als historische Quelle

Kleidung und Mode sind Zeichen – Zeichen, die man lesen und deuten kann und zu deren Entschlüsselung der Historiker genauso befähigt sein sollte, wie zum Entziffern von Handschriften. Kleidung erzählt viel über die soziale Stellung, den gesellschaftlichen Rang eines Individuums oder einer Gruppe, über Stand, Beruf, Herkunft und sogar konfessionelle Identität. In Mittelalter und Früher Neuzeit trugen beispielsweise unverheiratete Frauen das Haar offen, verheiratete hingegen eine Haube. Pietisten trugen gedeckte Farben, vorwiegend schwarz, während es in katholischen Regionen wesentlich farbenprächtiger zuging. Trachten verrieten die Herkunft und halfen so dem Kundigen bei der sozialen Einordnung. Und Kleidung konnte auch stigmatisieren, wenn der gelbe Kreis oder der spitze Hut den Träger als Juden auswies oder grellgelbe Kleider oder Schleier die Frau als Prostituierte.

Die Geschichte der Kleidung ist Teil einer Geschichte der Dinge, die weit mehr ist als Provenienzforschung. Während sich Volkskundler, Kunsthistoriker, Archäologen und natürlich Museumsfachleute selbstredend überlieferten Sachzeugnissen zuwenden, ist das Feld materieller Überlieferung ein Forschungsacker, auf dem nach wie vor nur wenige Historiker pflügen. Auch wenn die historische Bildkunde in den letzten Jahrzehnten im Zuge eines *visual turn* den Wert von Bildkunstwerken, von Gebrauchsgrafik und nicht zuletzt auch von Architektur erkannt hat, bleibt die systematische Beschäftigung mit Bildern, Artefakten und Sachzeugnissen weiterhin ein eher unterbelichteter Bereich der Geschichtswissenschaft. Dieses Defizit ist in mehrfacher Hinsicht misslich. Wo schriftliche Überlieferungen fehlen oder dürftig sind, können Bilder und Sachzeugnisse Informationslücken schließen: z. B. in Genredarstellungen, die Aufschluss über die Alltagskultur, Moralvorstellung und Identitäten geben. Bilder und Sachzeugnisse können auch als Werkzeuge politischer Kommunikation gelesen werden.

Dazu ein Beispiel: Am Ende des Zweiten Schlesischen Krieges wurden Soldaten aus den verbliebenen sächsischen Truppenteilen in der preußischen Armee »untergesteckt« (zwangsweise eingegliedert) und die nunmehr neuen preußischen Soldaten mussten die Zierbleche ihrer Grenadiermützen umarbeiten. Dabei wurde aus dem Monogramm »AR« (= Augustus Rex) einfach »FR« (= Fridericus Rex).

Die Identifizierung und richtige Zuschreibung von Uniformen kann nicht nur zu einem Erkenntnisgewinn führen, sie kann auch zum Gegenstand geschichtspolitischer Debatten werden. Beispielhaft zeigte sich dies in der Wanderausstellung *Vernichtungskrieg. Verbrechen der Wehrmacht 1941 bis 1944* der sogenannten ersten Wehrmachtsausstellung (1995–1999), die Gegenstand einer der großen geschichtspolitischen Kontroversen der letzten Jahrzehnte war. Unabhängig von dem großen Verdienst der Ausstellung, das Thema von Kriegsverbrechen der Wehrmacht erstmals für eine breite Öffentlichkeit sichtbar gemacht zu haben, konzentrierte sich die teilweise polemische Kritik auf den Umgang mit Bilddokumenten, deren räumliche und zeitliche Zuordnung und auf die Frage, ob es sich bei den abgebildeten Personen in Uniform überhaupt um Wehrmachtsangehörige handelte oder nicht. Diese Diskussionen zeigen, wie elementar der empirisch-kritische Umgang mit Bildquellen ist und dass Detailkenntnisse über Ausrüstung und Uniformen entscheidend sein können, um historische Sachverhalte richtig einzuordnen.

Unabhängig davon, dass in der Frühneuzeitforschung weniger geschichtspolitisch brisante Kontroversen geführt werden, sind Kenntnisse über Uniformen und Ausrüstung des Militärs ein ergiebiges Forschungsfeld. Das schließt im Übrigen auch die benachbarten Bereiche der Phaleristik (Ordenskunde), der Vexillologie (Flaggen- und Fahnenkunde), der Heraldik (Wappenkunde) und der allgemeinen Waffenkunde ein. Ohne genaue Kenntnis militärischer Uniformen und Feldzeichen lässt sich der umfangreiche Bestand der Militär- und Schlachtenmalerei des 19. und 20. Jahrhunderts kaum entschlüsseln. Gleiches gilt für die Phaleristik, die ein wesentlicher Schlüssel zur Identifizierung und Datierung bei Portraits von Militärpersonen, aber auch von Herrschern in Uniform ist. Uniformen sind mehr als ›bunte Röcke‹. In ihnen spiegeln sich die Militär-, Wirtschafts- und Sozialverhältnisse ihrer Epoche. Uniformen beeinflussen ihrerseits die zivile Mode. Das ist bis heute so, allein wenn man an die Etablierung des Camouflagemusters denkt, das seinen Ursprung in den Tarnmustern des Militärs hat. Uniformen begegnen einem selbst in der Rock- und Popmusik, kurioserweise häufig bei Künstlern, die nicht den Krieg, sondern den Frieden besingen. Die Wechselbeziehungen zwischen militärischer und ziviler Alltagskultur sind vielfältig, wobei wir es hier mit einem nicht zeitgebundenen Phänomen zu tun haben.

7.2 Quellen und Ressourcen

Wer Uniformen empirisch-kritisch einordnen und sie als historische Quelle nutzen möchte, dem stehen vor allem vier Quellengruppen zur Verfügung: Originaluniformen, zeitgenössische Abbildungen, Bilddokumentationen und -editionen sowie Archivalien. Obwohl die Heere im Laufe der Neuzeit, gemessen an den Bevölkerungszahlen, stetig zunahmen, ist nur sehr wenig Originalbekleidung von Söldnern und Soldaten erhalten. Dies gilt besonders für das 17. Jahrhundert, als sich nach dem Dreißigjährigen Krieges erstmals Uniformen im modernen Sinn durchsetzten. Frühere, typische Formen einer militärspezifischen Kleidung aus dem 16. Jahrhundert sind kaum überliefert. Schöne Objekte sind vor allem im Heeresgeschichtlichen Museum in Wien und im Königlichen Armeemuseum in Stockholm erhalten.

Für das 18. und 19. Jahrhundert schließlich ist die Überlieferungslage ein wenig besser, bleibt jedoch überschaubar. Generell sind textile Stoffe aus dieser Epoche selten, gerade wenn es sich um Alltagskleidung handelte. Kleidung war teuer und wurde über viele Jahre getragen, häufig ausgebessert und umgearbeitet, oft so lange, bis sie keinen Gebrauchswert mehr hatte. Was dann noch übrig war, fand sein Ende als Lumpen. Das galt auch für Uniformen. In den meisten europäischen Armeen des 18. Jahrhunderts erhielten die Soldaten alle zwei Jahre, in Preußen jedes Jahr, einen Uniformrock. Der alte Rock ging in den Besitz des Soldaten über und wurde, nachdem man wertvolle Applikationen, z. B. Tressen, verzierte Knopflöcher oder Kokarden entfernt hatte, veräußert. Vor allem Uniformhosen waren als praktische Arbeitshosen beliebt. Komplette Monturen, die aus Jacke, Kamisol (Weste), Hose und Hut und natürlich Schuhen oder Stiefeln bestanden und die zudem einem Träger zugeordnet werden können, sind deshalb kaum erhalten geblieben. Zudem begann man erst während des Ersten Weltkriegs mit der systematischen Sammlung militärischer Alltagsgegenstände. Vieles, was dennoch aufbewahrt wurde, ist infolge des Zweiten Weltkriegs verloren gegangen. Das betrifft vor allem die wohl umfangreichste Sammlung ihrer Art, die Uniformsammlung des alten Berliner Zeughauses. Ähnliches gilt für die ebenfalls reichen Sammlungen des Militärhistorischen Museums der Bundeswehr und seiner Vorgängerinstitutionen in Dresden. Daneben gibt es interessante, vor allem regional zugeschnittene Sammlungen im Wehrgeschichtlichen Museum in Rastatt, im Bayerischen Armeemuseum in Ingolstadt und natürlich im Heeresgeschichtlichen Museum in Wien. In internationaler Perspektive sind vor allem das Musée de l'Armée in Paris und das Musée Royal de l'Armée (Koninglijk Legermuseum) in Brüssel zu nennen sowie in Großbritannien das National Army Museum und für die Marinegeschichte das National Maritime Museum, beide in London.

Die Fachliteratur zur Geschichte und Entwicklung militärischer Uniformen ist einerseits breit aufgestellt, aber dabei überwiegend deskriptiv orientiert. Umfangreiche Publikationen aus dem 19. und frühen 20. Jahrhundert liefern immerhin detaillierte Übersichten. Herauszuheben sind hier die Kompendien der Militärmaler und Uniformkundler Richard Knötel (1857-1914), seines Sohnes Herbert Knötel (1893-1963) oder für den schnellen, handbuchartigen Zugriff *Wort und Brauch in Heer und Flotte* (Transfeldt, Erstauflage 1917 unter dem Titel *Allerlei Militärisches, was mancher nicht weiß*). In neuerer Zeit sind es vor allem die umfangreichen und für das altpreußische Militär unverzichtbaren Arbeiten des Heereskundlers Hans Bleckwenn (1920-1991) sowie das dreibändige Werk *Das Heerwesen in Brandenburg und Preußen von 1640 bis 1806*, dessen dritter Band *Die Uniformierung* von Klaus-Peter Merta besondere Beachtung verdient. Sieht man einmal von den letztgenannten Arbeiten ab, fehlt der Uniformkunde häufig die methodische Tiefenschärfe und Vernetzung mit Nachbardisziplinen. Insofern ist der Vorwurf nachvollziehbar, die Uniformkunde verharre in einer lediglich beschreibenden, aber nicht multiperspektivisch einordnenden ›Knopfologie‹.

Gerade durch einen kulturgeschichtlichen Zugriff und unter Einbeziehung von schriftlichen Überlieferungen und durch serielle Vergleiche mit historischen Bildquellen, eröffnen sich neue Sichtweisen und Fragestellungen. Militärische Trachten und Uniformen waren nämlich über ihren Funktionswert hinaus immer auch Objekte, mit deren individueller oder massenhafter Produktion Mehrwert geschöpft wurde und über die es öffentliche Diskurse gab. So kollidierte die teilweise exorbitant teure und in Farbe, Schnitt und Form provozierende Kleidung der Söldner des 16. Jahrhunderts mit rigiden Ständenormen und den Moralvorstellungen einer frühreformatorischen Öffentlichkeit. Die Kleiderordnungen und Trachtenbücher der Frühen Neuzeit, aber auch die illustrierten Ständebücher bilden hier den Referenzrahmen. Während die Offizieruniform bis zu Beginn des 20. Jahrhunderts eine maßgeschneiderte, teure Einzelanfertigung war, erforderten die Massenheere der Frühen Neuzeit Massenware. Neben hochspezialisierter, bereits protoindustriell organisierter Produktion wurde parallel in kleinen Handwerksbetrieben gefertigt. Zentrale Vorschriften über das »Montierungswesen« legten genau fest, was der Soldat zu tragen hatte, wie viel Material in welcher Qualität dafür verwendet werden durfte und welche Kosten dafür zu veranschlagen waren. Im Gegensatz zu anderer Kleidung wurden Uniformen bereits in unterschiedlichen Normgrößen hergestellt, worin die Ursprünge der modernen Bekleidungsindustrie liegen.

Eine Primärquelle ersten Ranges für die Uniformenkunde und eine einzigartige Quelle zur Wirtschafts-, Textil-, Mode- und Stilgeschichte des 18. Jahrhunderts ist das preußische *Tressenmusterbuch* von 1755. Darin sind die zur Unterscheidung der jeweiligen Regimenter notwendigen Applikationen systematisch und für die gesamte preußische Armee mit Originalen und deren Beschreibung aufgeführt (Merta 1991).

Erwähnenswert sind die Studien von Otto Koenig (1914–1992), der die Uniform früh als Referenz seiner kulturethologischen Methode nutzte, die sich mit den biologischen Grundlagen kultureller Entwicklungen befasst (Koenig 1970). Hingegen konnte Jürgen Kloosterhuis beispielhaft den Mehrwert uniformkundlicher Studien für die prosopographische Erforschung militärischer Eliten und damit ihren Nutzen als historische Hilfswissenschaft nachweisen (Kloosterhuis 2004; Bleckwenn 2000). Bemerkenswert ist auch eine Studie von Paul Fussels, der die Wechselwirkungen zwischen Uniformgestaltung und dem Habitus der Uniformierten untersuchte (Fussels 2002).

7.3 Begriffe

Nicht nur die Anknüpfungspunkte und methodischen Zugriffe sind vielfältig, sondern auch die hierbei verwendeten Kategorisierungen im Kontext von Kleidungsnormierungen. Unabhängig von möglichen Überschneidungen sind die Begriffe Mode, Kostüm, Tracht und Uniform grundsätzlich voneinander zu trennen.

Mode (lat. *modus*, ›Maß, Ziel, Vorschrift, Art und Weise‹) bezieht sich auf Regeln, Denk- und Verhaltensweisen, die in einem bestimmten Zeitraum zu gelten haben. Mode spiegelt den vorherrschenden, Geschmack wider und ist so Ausdruck kultureller Selbstzuschreibungen. Kleidung *à la mode* erfüllt zwei wesentliche Funktionen: Sie wirkt einerseits innerhalb einer definierten sozialen Gruppe nivellierend, also vereinheitlichend, anderseits ist sie distinguierend, indem sie von anderen gesellschaftlichen Gruppen abgrenzt.

Kostüm (lat. *consuetudo*, ›Gewohnheit, Sitte‹) ist seit dem 18. Jahrhundert gebräuchlich für Bühnenkleidung von Schauspielern, die in der darstellenden Kunst auf landsmannschaftliche Eigenarten (z. B. unterschiedliche Volksgruppen) hinweisen sollte. Im 19. Jahrhundert umfasst der Begriff auch Tracht oder Anzug sowie Maskierung und Verkleidung.

Tracht (mittelniederdt. *draht*, ›das, was getragen wird‹) meint eine in Form und Farbe einheitliche Kleidung einer Gruppe, geprägt durch einen gemeinsamen Stilwillen. Trachten sind also an Landschafts- oder Berufsgruppen gebunden und orientieren sich kaum an der Mode. Man unterscheidet Amtstrachten von Würdenträgern, Berufstrachten (z. B. Bergleute), Ordenstrachten, Zunfttrachten (z. B. die Kluft von Handwerksgesellen), Bürgertrachten in Städten und Volkstrachten im ländlichen Raum. Bis ins 18. Jahrhundert wird ›Tracht‹ auch für die Soldatenkleidung verwendet.

Uniform (lat. *uniform*, ›gleichförmig‹) bezeichnet eine einheitliche Dienstkleidung, besonders beim Militär. Der Begriff lässt sich seit dem späten 17. Jahrhundert als französisches Lehnwort (*uniforme*) im deutschen Sprachraum nachweisen. Die Bezeichnung Uniform verdrängt im 18. Jahrhundert langsam die ebenfalls französischen Lehnwörter ›Livree‹ (frz. *livrer*, ›geliefert‹, ›vom Herrn zur Verfügung gestellt‹) und ›Montur‹ (frz. *montur*, ›Kleidung, Dienstkleidung‹), die seit dem späten 17. Jahrhundert für die Dienstkleidung und Ausrüstung von Soldaten verwendet wurden. Zur Uniform gehören nicht nur Uniformrock-/Jacke, Hose und ggf. Uniformmantel, sondern auch diverse Kopfbedeckungen sowie Funktions-, Rang- und Dienstgradabzeichen, meist in Form von Effekten (Applikationen, in der Regel aufgenäht oder aufgesteckt, wie Schulterklappen, Schulterstücke, Epauletten, Kordeln und Portepees).

7.4 Soldatische Tracht im 16. und 17. Jahrhundert

Uniformen waren bis zum Ende des 17. Jahrhunderts nicht gebräuchlich und setzten sich erst mit dem Aufbau stehender Heere durch. Einheitliche Dienstkleidung findet sich nur vereinzelt bei sehr kleinen Kontingenten wie Leibgarden, die dadurch die Nähe zu ihrem Herrn unterstrichen, beispielhaft der Schweizer Garde im Vatikan oder der alten Leibwache der englischen Monarchie im Londoner Tower (*Beefeater*).

Das Kriegswesen ruhte im 16. und 17. Jahrhundert auf den Schultern von Söldnern, die häufig nur für den begrenzten Zeitraum von Feldzügen verpflichtet wurden. Diese Kriegsleute, die im oberdeutschen Raum Landsknechte, in der Schweizer Eidgenossenschaft Reisläufer oder allgemein einfach nur Kriegsknechte genannt wurden, waren so etwas wie frühneuzeitliche ›Ich-AGs‹: Sie waren mit einem Kriegsherrn wechselseitig durch einen Vertrag gebunden, in einem eigenen Rechtsverhältnis stehend, am persönlichen Profit orientiert, aber auch hohem eigenen Risiko ausgesetzt, und nicht zuletzt relativ frei und selbstbestimmt in der Wahl der Waffen und der Kleidung, die sie trugen. Die hohe Fluktuation unter den Söldnern, die nach Abschluss eines Feldzugs bei einem neuen Kriegsherrn anmustern konnten, die begrenzten Produktionsmittel der frühmodernen Staaten und vor allem die enormen Kosten sprachen gegen eine einheitliche Bekleidung. Die ausgeprägte Individualisierung der Söldner wiederum beförderte deren Bedürfnis nach Sichtbarkeit.

Mit dem Wechsel vom 15. zum 16. Jahrhundert setzte ein grundlegender Wandel in der Taktik, den Organisations- und Wirtschaftsstrukturen und der sozialen Zusammensetzung der Heere ein. Die sogenannten Kriegshaufen bestanden nun überwiegend aus Fußsoldaten. Die adligen Panzerreiter waren gezwungen von ihrem ›hohen Ross‹ herabzusteigen und nicht wenige suchten ihr Glück nun in den Landsknechtsheeren (Rogg 2002b). Diese soziale Durchlässigkeit der Kriegshaufen schlug sich in der habituellen Orientierung der Söldner nieder, am sichtbarsten in ihrer Kleidung. Da der Sold eines Landsknechts, zumindest in der ersten Hälfte des 16. Jahrhunderts, relativ hoch war und durch Plünderungen und Beute noch deutlich aufgebessert werden konnte, verfügten die Kriegsleute über ausreichende finanzielle Mittel, um sich exklusiv kleiden zu können.

An der Wende vom 15. zum 16. Jahrhundert setzte sich, vor allem in der Männermode, ein prächtiger, voluminöser Stil durch, bei dem anfangs nur die Ärmel und später auch die Wämser und andere Kleidungsstücke mit viel Raffinesse geschlitzt wurden (Rogg 1996). Aufwändig hergestellte, farbenprächtige Stoffe, unterfütterte Puffen und Schleifen verstärkten den Effekt. Im Gegensatz dazu waren die Hosen zwar eng geschnitten, aber durch das »Mi-parti« (eine vertikal verlaufende, farbliche Zweiteilung) kaum weniger farbenprächtig. Die eng anliegenden Beinlinge wurden vorne durch einen Hosenlatz zusammengehalten, dessen funktionsbedingte

Bauschung im Verlauf des 16. und 17. Jahrhunderts immer voluminöser wurde und sich zur charakteristischen Schamkapsel entwickelte. Die als Kopfbedeckung bevorzugten breitkrempigen Barette schließlich schmückten häufig Federn, wobei luxuriöse Straußenfedern am höchsten im Kurs standen. Alle hier genannten Modeentwicklungen fanden nicht nur bei den Söldnern statt, sondern prägten auch das Bild der wohlhabenden Gesellschaftsschichten, von der städtischen Bürgerschaft bis zum Hochadel. Die Mehrzahl der ländlichen Bevölkerung war arm und musste sich einfach, zweckmäßig und preiswert kleiden. In der Welt der Bauern und einfachen Handwerker war für Farbe und geschlitzte Pracht kein Platz. Die besser situierte städtische Gesellschaft verfügte zwar über andere finanzielle Mittel, war aber durch allgemeine Kleider- und Zunftordnungen stärker eingeschränkt. Die Söldner hoben sich davon ab. Wer aus einfachen Verhältnissen kommend bei den kunterbunten Söldnerheeren anmusterte, der dürfte ein hohes Interesse gehabt haben, sich schnell ›standesgemäß‹ zu kleiden, um die Gruppenzugehörigkeit zu unterstreichen.

Seit der Mitte des 16. Jahrhunderts verbreitete sich in den Heeren mit der Pluderhose ein berufstypisches Kleidungsstück, das sich noch bis ins 17. Jahrhundert nachweisen lässt. Die Pluderhose wurde waden- oder knöchellang getragen, benötigte sehr viel Stoff und betonte die Schamkapsel. Farbe, Material, Stoffmenge und Verarbeitung machten die soldatische Tracht des 16. Jahrhunderts zu kostspieligen Objekten, die vielfache Kritik hervorriefen, beispielhaft die Schmähschrift des brandenburgischen Theologen Andreas Musculus *Vom Hosen Teuffel* von 1555.

Während nur noch wenige Originaltextilien erhalten sind, liefern zeitgenössische Bildquellen einen sehr guten Überblick zu Entwicklung, Verbreitung und Gebrauch militärischer Tracht. In der populären Druckgraphik der ersten Hälfte des 16. Jahrhunderts findet sich kaum ein Künstler, der sich nicht mit dem Kriegsvolk beschäftigt hätte, sei es in Historien- oder Genredarstellungen, in biblischen Geschichten (die häufig in zeitgenössischen Zusammenhängen wiedergegeben sind) oder sogar in autonomen Darstellungen von Landsknechten oder/und Reisläufern. Weitere wichtige Bildquellen sind Buchillustrationen, illustrierte Ständebücher und Chroniken, illustrierte Trachtenbücher und nicht zuletzt Skulpturen. Inwieweit es sich um authentische oder eher konstruierte Darstellungen handelt, lässt sich nur durch Kontextualisierung feststellen, dem Abgleich mit schriftlichen Quellen und Originalen sowie durch serielle Bildvergleiche.

Ohne Uniformierung brauchten die Söldner des 16. und 17. Jahrhundert andere Erkennungsmerkmale, um im Nahkampf Freund und Feind unterscheiden zu können. Diese »Parteiabzeichen« genannten Unterscheidungsmerkmale lassen sich in der schweizerischen Eidgenossenschaft erstmals Mitte des 14. Jahrhunderts nachweisen (Rogg 2002a). Um die eigenen Truppen erkennen zu können, markierten die Eidgenossen ihre Kleidung und Ausrüstung mit waagerechten weißen Kreuzen, indem sie Stoffstreifen anhefteten, Helme und Harnische bemalten oder ihre Kleidung kreuzförmig schlitzten. Dieses Unterscheidungselement avancierte in der Eidgenossenschaft im 15. und 16. Jahrhundert zu einer Art Hoheitsabzeichen und bildet bis heute die Grundlage des Schweizer Staatswappens. Als Antwort auf dieses identitätsstiftende Zeichen entwickelten die militärischen Widersacher der Schweizer, anfangs burgundische, später habsburgische Truppen, ein eigenes Parteiabzeichen: das schräg gestellte rote Andreaskreuz. Darüber hinaus etablierten sich im frühen 16. Jahrhundert weitere Unterscheidungsmerkmale, die sich in ungezählten Bildbeispielen wiederfinden: vom Federbesatz des Baretts bis zu den Hieb- und Stichwaffen. Die Kenntnis dieser feinen Unterschiede ist von entscheidender Bedeutung, um die politische Ikonographie des frühen 16. Jahrhunderts entschlüsseln zu können (s. Abb. 7.1).

Mitte des 16. Jahrhunderts begannen sich die sozioökonomischen Bedingungen des Militärwesens langsam zu verändern, indem die Söldner ihre rechtliche und wirtschaftliche Sonderstellung schrittweise einbüßten. Ausgehend von den protestantischen Territorien entwickelte sich parallel mit der sogenannten Oranischen Heeresform ein neues Denken, in dem Ordnung, Tugend und Professionalität beim Militär im Zentrum stehen sollten. Diese Prozesse wirkten sich auch auf die Bekleidung der Söldner aus, die jetzt zweckmäßiger wurde. Überlieferte Sachzeugnisse und vor allem Genredarstellungen in der bildenden Kunst zeugen von einer deutlich funktionsbestimmten militärischen Bekleidung, die sich nicht mehr signifikant von zivilen Gesellschaftsgruppen unterschied und nur noch vereinzelt an die militärischen Paradiesvögel der Reformationszeit erinnerte. Da der Söldnermarkt weiterhin international ausgerichtet war und jeder Kriegsknecht mit seiner Privatkleidung ins Feld zog, liefert die Kleidung kaum Hinweise auf landsmannschaftliche Unterschiede. Um sich dennoch im Nahkampf unterscheiden zu können, verwendeten die Söldner farbige Schärpen, manchmal auch Armbinden: die kaiserlich-ligistischen Truppen trugen fast immer rot, die protestantischen Truppen in der Regel blau und bisweilen grün, die französischen weiß, während sich für die bayerischen weiß-blau nachweisen lässt. Auch dieses Erkennungsmerkmal kann eine Hilfe bei der Identifizierung von Personengruppen sein, beispielsweise auf Bildern mit militärischen Genre- oder Kampfszenen aus dem Dreißigjährigen Krieg.

Abb. 7.1: Der Landsknecht und der Reisläufer sind deutlich an ihren geschlitzten Ärmeln und Hosenbeinen zu erkennen. Urs Graf, Ein Landsknecht, ein Reisläufer und eine Prostituierte mit dem lauernden Tod im Baum, Holzschnitt 1524.

7.5 Militärische Uniformen im 18. Jahrhundert

Nach dem Dreißigjährigen Krieg setzte sich die Uniformierung schrittweise durch. Nicht mehr überwiegend privat agierende Kriegsunternehmer, sondern die Landesherren selbst stellten nun Truppen auf und dies nicht nur für zeitlich begrenzte Feldzüge, sondern auf Dauer. Mit dem Aufbau der sogenannten stehenden Heere vollzog sich der Wandel vom Söldner zum Soldaten. Frankreich bildete dafür die Blaupause, denn dort wurde die Armee früh zentralistisch organisiert und eine staatliche Militärverwaltung trug die Verantwortung für Versorgung und Ausrüstung. Die Leitbilder des absolutistischen Staates, vor allem der Hang zu Rationalität, Ordnung und Herrschaft aber auch der Anspruch auf Sichtbarkeit und Repräsentation spiegelt sich wohl am deutlichsten im repräsentativen Schloss- und Gartenbau und im Militär. Rationale Ordnung und Ästhetik bilden hier zwei Seiten der gleichen Medaille. Soldaten sollten nicht nur diszipliniert auftreten, sondern wie Automaten funktionieren und so den Gestaltungswillen und die Gestaltungsmacht des absolutistischen Herrschers offenbaren. Mit der Uniform trugen die Soldaten nicht nur eine zweckgebundene, einheitliche Kleidung, sondern auch ›des Königs Rock‹. Das Militär wurde so im absolutistisch-aufgeklärten Staat zur Folie einer idealen Gesellschaftsordnung und die Uniform zum Mittel der politischen Ikonographie. Herrscher, die während ihrer Regentschaft fast ausschließlich Uniform trugen, wie z.B. Karl XII. von Schweden oder die Preußenkönige Friedrich-Wilhelm I. und dessen Sohn Friedrich II., legten damit ein Statement ab: Sie repräsentierten damit die große Rolle des Militärs für ihre Politik und ihre durch das Militär transportierten Erwartungshaltungen an Staat und Gesellschaft.

Ohne diese Einordnung lässt sich kaum verstehen, warum die Soldaten des 18. Jahrhunderts so farbenprächtig, so aufwändig und für das Leben im Feld und den Kampf so unpraktisch gekleidet waren. Die Uniform ›machte‹ den Soldaten und unterschied ihn so sichtbar vom Zivilisten. Gleichwohl orientierten sich die Grundform und der Schnitt anfangs noch deutlich an der Männermode ihrer Zeit (Bauer 2012). Der seit dem Ende des 17. Jahrhunderts stilbildende französische Uniformrock war der *Justaucorps*. Er lag am Oberkörper eng an, verbreitete sich ab der Taille glockenförmig und hatte große Ärmelumschläge, die ein farblich abgesetztes Innenfutter zeigen konnten. Die meisten Uniformröcke bestanden aus einfachen, aber robusten Wollstoffen. Ein und dieselbe Uniform wurde zu jeder Jahreszeit und bei jedem Wetter getragen. Lediglich bei einigen Kavallerieeinheiten gab es lange Reitmäntel, die bei schlechtem Wetter Schutz boten.

Zur Uniform gehörten auch das Kamisol (ärmellose Weste) und eine knielange Hose, beide meist in gleicher Farbigkeit. Größere Unterschiede gab es bei den Kopfbedeckungen. Am gebräuchlichsten war der Dreispitz, ein zweckmäßiger, aus schwarzem Filz gefertigter Hut. In deutlicher Unterscheidung dazu trugen Grenadiere (ursprünglich Elitesoldaten, die seit dem frühen 17. Jahrhundert auch mit Grenaden, also einfachen Handgranaten, ausgerüstet waren) spitz zulaufende Mützen, die mit einem metallenen Vorderschild versehen waren. Diese ornamental reich gestalteten Mützenschilder zeigten meist das Monogramm des Landesherrn. Die charakteristische Mitrenform der Mütze hatte ursprünglich vermutlich praktische Gründe, um den Grenadier beim Werfen der Granate nicht durch einen breitkrempigen Hut zu behindern. Der Einsatz dieser Granaten erforderte Kraft, Mut und Geschicklichkeit, sodass die Grenadiere den Kern von Eliteeinheiten formten. Während die Granaten im 18. Jahrhundert keine Verwendung mehr fanden, blieb die auffällige Mützenform erhalten. Grenadiermützen finden sich vor allem in den protestantischen Ländern, während die Grenadiereinheiten in katholischen Territorien Bärenfellmützen bevorzugten. Hohe Kopfbedeckungen waren natürlich unpraktisch, vor allem beim schnellen Laufen. Aber sie waren dennoch sehr beliebt, weil sie den Soldaten größer erscheinen ließen und den Elitecharakter betonten. Soldaten von kleinerem Wuchs wurden in Füsilierregimentern zusammengefasst (frz. *fusil*, ›Muskete, Gewehr‹) und trugen in einigen Armeen den Grenadiermützen ähnliche, allerdings deutlich niedrigere Kopfbedeckungen. Vor allem nach dem Siebenjährigen Krieg suchten viele Staaten nach neuen Formen der Kopfbedeckung, um den Soldaten bei Säbelhieben einen besseren Schutz zu gewähren. Vermutlich von Großbritannien ausgehend setzte sich in einigen Ländern das Kaskett durch, ein lederner Helm, der mit Rosshaar oder Mützenschild geschmückt sein konnte und in Braunschweig, Hessen und vor allem Bayern stark verbreitet war.

Das Schuhwerk bestand bei der Kavallerie und bei Offizieren aus kniehohen, in der Regel schwarzen Reitstiefeln, während Infanteristen knöchelhohe Schuhe und Gamaschen trugen. Die Schuhe waren nicht auf Maß gefertigt und rechts und links gleich gearbeitet: Der Fuß des Soldaten musste sich den Schuh also erst mühevoll ›erobern‹. Diese ungewöhnliche Praxis hatte vor allem ökonomische Gründe, weil jeder Soldat nur über einen Ersatzschuh verfügte: Ging ein Schuh verloren oder musste ausgebessert werden, dann spielte es keine Rolle, ob es der linke oder rechte war, denn der Ersatzschuh passte immer. Diese Praxis bestand noch bis in die Zeit der Napoleonischen Kriege.

7 Uniformenkunde

Die Kavallerie trug ähnliche Uniformen. Am wenigsten von der Infanterie unterschieden sich die Dragoner, bei denen es sich ursprünglich um berittene Soldaten handelte, die im Gefecht vorwiegend abgesessen kämpften. Die schwerste und zugleich vornehmste Kavallerie bildeten die Kürassiere, die mit einem eisernen, teilweise polierten Panzer (Kürass) ausgerüstet waren und ähnlich wie die Grenadiere als Elite galten. Besonderes Augenmerk wurde auch auf die Pferde gelegt. In Preußen ritten Offiziere und Trompeter der Kürassiere nur dunkle Pferde, weil diese als besonders widerstandsfähig galten, während die schottischen *2nd Dragoons* nur Schimmel nutzten, was ihnen den legendären Beinamen *Scots Greys* einbrachte. Am auffälligsten war das Erscheinungsbild der Husaren, der leichtesten Waffengattung der Kavallerie, die vor allem Aufklärungs- und Sicherungsaufgaben übernahmen. Die kulturhistorischen Wurzeln der Husaren führen nach Ungarn und auf den Balkan und erklären so die charakteristischen Elemente ihrer Uniform: den Dolman (eine kunstvoll verschnürte, eng anliegende Jacke), die ebenfalls mit Schnüren verzierte, pelzgefütterte Jacke, die über der linken Schulter getragen wurde, sowie als Kopfbedeckung den Mirliton (kegelförmige Filzmütze) oder den Kolpak (Pelzmütze mit heraushängendem, farbigem Tuchbeutel, welcher der Namensgeber für die Kopfbedeckung war). Leuchtende Farben verstärkten noch die exotische Wirkung der Husaren. Der Wunsch nach Sichtbarkeit und Distinktion kam allerdings auch an Grenzen, wenn es der Auftragserfüllung nutzte. Zahlreiche Beispiele belegen, dass die leichten berittenen Truppen – Husaren, Panduren, Kroaten oder Ulanen – immer wieder bei Bedarf ihre Uniform gegen bäuerliche Kleidung oder die Uniform von Gefangenen tauschten, um den Gegner zu täuschen.

Das herausragende Merkmal der Uniformen des 18. Jahrhunderts und ganz besonders der napoleonischen Zeit ist deren Buntheit. Farbliche Unterscheidungen auf dem Schlachtfeld konnten sicher hilfreich sein, um Einheiten zu identifizieren, zumal wenn große Entfernung und Pulverqualm die Sicht erschwerten. Im Ersten und Zweiten Schlesischen Krieg (1740–1742 und 1744–1744) trugen die preußischen Dragoner beispielsweise noch weiße Uniformen, wodurch sie sich kaum von österreichischer Kavallerie unterschieden und 1745 dann auf hellblaues Uniformtuch wechselten. Doch die farbliche Unterscheidung der Uniformen im Gefecht war nur ein Nebeneffekt. Viel wichtiger waren ökonomische Gründe und dass sich die Uniform im Laufe der Zeit immer mehr zu einem identitätsstiftenden Element entwickelte. Staaten mit kleinen Armeen, aber vollen Kassen leisteten sich das teure Rot, wie z. B. England mit seinen sprichwörtlich gewordenen *redcoats*. In Frankreich und Österreich begann die Uniformierung der Infanterie in perlgrauem, also ungefärbtem Tuch, weil dies am preiswertesten war. Durch Ausbleichen wurde aus grauem immer mehr weißes Tuch, das schließlich die Grundfarbe der meisten Infanterieverbände bildete (siehe Abb. 7.2). In Anlehnung an das französische und österreichische Vorbild wählten viele katholische Kleinstaaten im Deutschen Reich ebenfalls grau bzw. weiß als Grundfarbe. In Bayern dominierte anfangs grau, bis man auf ausdrücklichen Wunsch des Kurfürsten 1684 auf hellblau umfärbte. Die protestantischen Staaten bevorzugten hingegen farblich abgesetzte Grundfarben: blau (Preußen, Schweden), rot (England, Dänemark) während in wenigen Armeen grün dominierte (Russland).

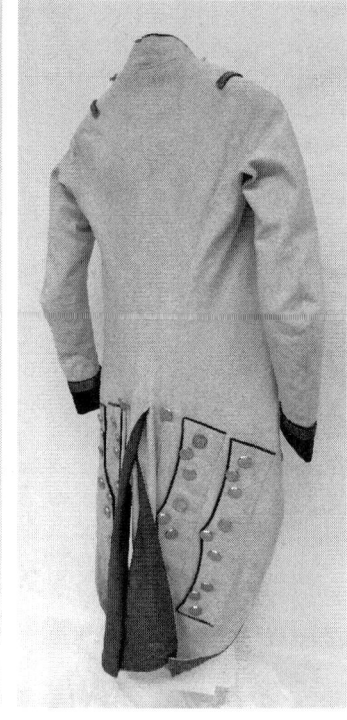

Abb. 7.2: »Rock eines Hauptmanns des französischen Regiments Colonel Général Infanterie nach der Vorschrift von 1786. Die weiße Uniformfarbe war typisch für die meisten Truppenteile der nationalfranzösischen Linieninfanterie zur Zeit des Ancien Régime. Der Chef des Regiments war der Inspekteur der Infanterie, weswegen es den ersten Platz in der Rangfolge der Linienregimenter zu Fuß einnahm.« (Gerd Bauer).

7 Uniformenkunde

Zum einheitlichen Erscheinungsbild trug auch der Schnitt der Uniform bei. Hier kann man vor allem in der preußischen Armee einen sichtbaren Stilbruch erkennen, als Friedrich-Wilhelm I. kurz nach Beginn seiner Regentschaft 1718 anordnete, die Uniformen kürzer und enger zu gestalten. Diese Abkehr von der barocken Stofffülle hatte vor allem wirtschaftliche Gründe. Gleichwohl war der von der Uniformforschung als »Stilbruch« bezeichnete Wandel stilprägend für den Uniformschnitt und wurde schrittweise von anderen Ländern übernommen.

Während die Uniformen durch gleiche Schnitte und identische Grundfarben, vor allem bei der Infanterie, ein einheitliches Bild erzeugten, zeigte sich auf den zweiten Blick eine starke Binnendifferenzierung. Die Regimenter bildeten die organisatorische Grundeinheit, in der alle Soldaten die gleiche Uniform trugen. Jedes Regiment unterschied sich durch feine Abstufungen, z. B. sogenannte Distinktionsfarben (farbliche Unterschiede bei Aufschlägen an Rock, Rabatte, Ärmel oder Kragen) oder unterschiedliche Tressen, Litzen, Knopfstickereien, der Anzahl und Anordnung der Knöpfe oder der Farbe von Hutpuscheln. Gardetruppen konnten durch besondere Ergänzungen zur Uniform hervorgehoben werden, z. B. die besonders elitären preußischen Kürassierregimenter Nr. 10 (*Gens d'Armes*) und Nr. 13 (*Garde du Corps*) durch den Gardestern und bei letzterem eine auffällig rote Supraweste. Zeitgenössische Bildquellen wie die preußische *Dessauer Spezifikation* von 1737 oder das bereits erwähnte *Tressenmusterbuch* von 1755 veranschaulichen, dass die Uniform des 18. Jahrhunderts auch eine multiforme Dimension hatte, die Auskunft über Rang und Ansehen eines Regiments geben konnte (Merta 1991). Zur Unterscheidung diente schließlich auch die Fahne des Regiments bzw. des Bataillons, die am stärksten mit der Identität des Verbandes verknüpft war.

Trotz einheitlicher Uniformen innerhalb der Regimenter finden sich aber auch hier sichtbare Unterschiede. In den Armeen des 18. Jahrhunderts gab es zwar Dienstgrade, aber noch keine Dienstgradabzeichen. Nur die englische Armee kannte Schulterstücke für höhere Offiziere. Anders als Mannschaften und Unteroffiziere mussten sich Offiziere selbst ausstatten. In der preußischen Armee unterschieden sich Offiziere von Unteroffizieren und Mannschaften vor allem durch ein feineres Uniformtuch und eine Schärpe, die aus silbernen und schwarzen Fäden gewirkt war. Bei der Infanterie kamen der Degen sowie der sogenannte Ringkragen hinzu, ein halbmondförmig geprägtes um den Hals getragenes Blech. Schärpe und Ringkragen zeigten an, dass sich der Offizier im Dienst befand; im Urlaubsstand oder zum Kirchgang wurde beides abgelegt. Subalterne Offiziere vom

Leutnant bis zum Hauptmann trugen als Standeszeichen ein Sponton, eine kurze Stangenwaffe mit oft reich verzierter Klinge. In Grenadier- und Füsiliereinheiten trugen Offiziere zur Unterscheidung nicht die charakteristische Kopfbedeckung ihrer Soldaten, sondern einen Dreispitz. Die einheitliche Uniform aller Offiziere, vom jüngsten Leutnant bis zum Oberst und Regimentskommandeur, förderte den Gruppenzusammenhalt und unterstrich den elitären Charakter des Offizierkorps.

Auch die Unteroffiziere hoben sich von den Mannschaften ab, z. B. durch Ärmel- oder Huttressen, Farbunterschiede bei Hutpuscheln oder Säbeltroddeln und bei der Infanterie dem Portepee, einem Zierriemen, der ursprünglich die Hiebwaffe am Armgelenk sichern sollte und kunstvoll gestaltet auch ein Standeszeichen von Offizieren sein konnte. Ein Sponton, in der Regel weniger aufwendig gestaltet als bei den Offizieren, und der Korporalstock ergänzten die Ausrüstung der Unteroffiziere: nicht nur als Standeszeichen, sondern auch, um den Kommandos physisch Nachdruck verleihen zu können.

Eine besonders farbenprächtige Gestaltung der Uniform zeichnete schließlich die zu jedem Regiment gehörenden Spielleute aus. Ihr besonderer Status wurde durch farbliche Abstufungen der Uniform sichtbar, durch bunte Borten oder in Preußen durch die sogenannten Schwalbennester, markant verstärkte und farblich abgesetzte Ärmelausschnitte.

Der ›bunte Rock‹ ist ein reiches und vielfältiges Forschungsfeld. Es bildet nicht nur einen Teilaspekt der militärhistorischen Forschung ab, sondern eröffnet zahlreiche Anknüpfungspunkte zur Wirtschafts- und Sozialgeschichte, zur Alltags- und Mentalitätsgeschichte, zur Elitenforschung und Prosopographie sowie zur politischen Ikonographie. Gerade weil Uniformen so viele Geschichten erzählen können, sollten Historikerinnen und Historikern lernen, ihre Zeichen zu entschlüsseln.

7.6 Literatur

7.6.1 Periodika

Militaria und Phaleristik. Magazin für Sammler militärhistorischer- und zeitgeschichtlicher Antiquitäten
Zeitschrift für Heereskunde – https://www.heereskunde.de/index.php?id=6 [4.6.2024].

Zeitschrift für Waffen- und Kostümkunde – https://www.waffen-kostuemkunde.de/index.php [4.6.2024].

7.6.2 Mode

Barthes, Roland: Die Sprache der Mode, Frankfurt a. M. 1985.
Erika Thiel: Geschichte der Mode. Von den Anfängen bis zur Gegenwart. In Texten und mit über 800 Bildern, Augsburg 1990.
Müller, Siegfried/Reinbold, Michael (Hrsg.): Kleider machen Politik. Zur Repräsentation von Nationalstaat und Politik durch Kleidung in Europa vom 18. bis 20. Jahrhundert, Isensee 2002.
König, René: Menschheit auf dem Laufsteg. Die Mode im Zivilisationsprozess, Opladen 1999.
König, René: Kleider und Leute. Zur Soziologie der Mode, Frankfurt a. M. 1967.
Loschek, Ingrid: Mode- und Kostümlexikon, Stuttgart 1994.
Holenstein, André/Meyer Schweizer, Ruth/Weddigen, Tristan/Zwahlen, Sara Margarita (Hrsg.): Zweite Haut. Zur Kulturgeschichte der Kleidung. Referate einer Vorlesungsreihe des Collegium Generale der Universität Bern im Herbstsemester 2007, Bern 2010.

7.6.3 Militärische Tracht und Uniformen

Bauer, Gerhard: »Blau genügt« ... Preußische Militäruniformen der Zeit Friedrichs II., in: Birk, Eberhard/Loch, Thorsten/Popp, Andreas (Hrsg.), Wie Friedrich »der Große« wurde. Eine kleine Geschichte des Siebenjährigen Krieges 1756 bis 1763, Freiburg i. Br. 2012, 115–121.
Bleckwenn, Hans (Hrsg.): Das altpreußische Heer. Erscheinungsbild und Wesen 1713–1807, 8 Bde., Osnabrück 1970 ff.
Bleckwenn, Hans: Altpreußische Offizierporträts. Studien aus dem Nachlaß, hrsg. von Bernhard R. Kroener, Joachim Niemeyer, Osnabrück 2000.
Bleckwenn, Hans: Unter dem Preußen-Adler. Das brandenburg-preußische Heer 1640–1807, München 1978.
Bleckwenn, Ruth: Beziehungen zwischen Soldatentracht und ziviler modischer Kleidung zwischen 1500 und 1650, in: Waffen- und Kostümkunde 16/2 (1974), 107–118.
Boltze, Eberhard: Die Armee Friedrichs des Großen. Farbtafeln, Mannschaftsuniformen, Breslau/Glogau 1907–1912.
Brosse, Jacques/Lachouque, Henry: Uniformes et costumes du 1er empire, Paris 1972.
Fussell, Paul: Uniforms. Why we are what we wear, Boston 2002.
Horst, Daniel (Hrsg.): Farben der Geschichte. Fahnen und Flaggen. Aus den Sammlungen des Deutschen Historischen Museums, Berlin 2007.
Horst, Daniel: Friedrich der Große und die Uniformierung der preußischen Armee von 1740 bis 1786, 2 Bde., Wien 2011.
Jany, Curt: Die Dessauer Spezifikation von 1729, ND Osnabrück 1970.

Kling, Carl: Geschichte der Bekleidung, Bewaffnung und Ausrüstung des königlich preußischen Heeres, 3 Bde., Weimar 1902-1912.

Kloosterhuis, Jürgen: Le vrai Portrait d'un Offizier prussien. Militärische Kostümkunde als Historische Hilfswissenschaft bei der Interpretation preußischer Offizierportraits des 18. Jahrhunderts, in: Wirtgen, Rolf (Hrsg.), Das Preußische Offizierkorps 1701-1806. Uniformierung, Bewaffnung, Ausrüstung. Katalog zur Ausstellung der Wehrtechnischen Studiensammlung, Koblenz 2004, 53-66.

Knötel, Richard: Farbiges Handbuch der Uniformkunde. Die Entwicklung der militärischen Tracht der deutschen Staaten, Österreich-Ungarns und der Schweiz, Neuaufl., Stuttgart 1985.

Koch, Arwed-Ulrich: Der modische Wandel der Uniform im 18. Jahrhundert, Reich und Württemberg. Offiziersportraits 1730 bis 1790, Beckum 1987.

Kraus, Jürgen: Vom bunten Rock zum Kampfanzug. Uniformentwicklung vom Dreißigjährigen Krieg bis zur Gegenwart. Sonderausstellung des Bayerische Armeemuseum Ingolstadt 1987, Ingolstadt 1987.

Krause, Gisela: Altpreußische Uniformfertigung als Vorstufe der Bekleidungsindustrie, Hamburg 1965.

Lachouque, Henri: Dix Siècles de Costume Militaire, Paris 1961.

Rogg, Matthias, »Zerhauen und zerschnitten, nach adelichen Sitten.« Herkunft, Entwicklung und Funktion soldatischer Tracht des 16. Jahrhunderts im Spiegel zeitgenössischer Kunst, in: Pröve, Ralf/Kroener, Bernhard (Hrsg.), Krieg und Frieden. Militär und Gesellschaft in der Frühen Neuzeit, Paderborn 1996, 109-135.

Rogg, Matthias, Landsknechte und Reisläufer. Bilder vom Soldaten. Ein Stand in der Kunst des 16. Jahrhunderts, Paderborn 2002a.

Rogg, Matthias: »Ein Kriegsordnung neu gemacht«. Die Entstehung, Aufgabe und Bedeutung militärischer Funktionseliten im 16. Jahrhundert, in: Schulz, Günther (Hrsg.), Sozialer Aufstieg. Funktionseliten im Spätmittelalter und in der frühen Neuzeit, München 2002b, 357-385.

Schick, Ingrid T. (Hrsg.): Das Bilderlexikon der Uniformen. Von 1700 bis zur Gegenwart, München 1978.

Schneider, Eva-Maria: Herkunft und Verbreitungsformen der »Deutschen Nationaltracht der Befreiungskriege« als Ausdruck politischer Gesinnung, Bd. 1: Textteil, Bd. 2. Bildteil, Phil. Diss. Universität Bonn 2002.

Siefert, Helge: Das Fürsten- und Soldatenbild vom kostümkundlichen Standpunkt, in: Ders. (Hrsg), Zum Ruhme des Helden. Historien und Genremalerei des 17. und 18. Jahrhunderts, Studio Ausstellung der Bayerischen Staatsgemäldesammlung München, Alte Pinakothek, München 1993.

Verhülsdonk, Torsten/Schulze, Carl: Napoleonische Kriege. Einheiten – Uniformen – Ausrüstung, Herne 1996.

8 Numismatik

Sebastian Steinbach

8.1 Einleitung

Münzen und Medaillen machen Geschichte im wahrsten Sinne des Wortes greifbar. Keine anderen historischen Objekte sind heute noch in derart großen Mengen in den Beständen öffentlicher Museen und Archive sowie privater Sammlungen vorhanden. Als duale Medien, die gleichzeitig Bild- und Schriftinformationen überliefern, sind sie hervorragende Quellen für sehr unterschiedliche Fragestellungen der Wirtschafts-, Herrschafts-, Kirchen-, Rechts-, Landes- oder Alltagsgeschichte. Als solche können sie bereits zum Gegenstand oder Teilaspekt einer Bachelor- oder Masterarbeit werden.

Die vergleichende Untersuchung von Münz- und Siegelbildern erlaubt beispielsweise Aussagen zur Entwicklung von Herrschaftsrepräsentation, Insignienkunde (Erforschung von Herrschaftszeichen) oder Kostümgeschichte. Das Vorkommen einzelner Münztypen in verschiedenen Schatzfunden kann als Quelle zur Rekonstruktion von Wirtschaftsverflechtungen und Währungsregionen dienen. Münzen und Medaillen der Reformation und des Dreißigjährigen Krieges erlauben Einblicke in die konfessionelle Kritik und Propaganda jener Zeit. Militärgeschichtlich sind verschiedene Formen von Besatzungs- und Belagerungsgeld interessant und bislang noch wenig ausgewertet worden. Selbst die Detailanalyse eines kleineren Münzschatzfundes kann als spannendes Thema für eine Abschlussarbeit genutzt werden. Letztlich bieten auch die Entstehung der fürstlichen Münzkabinette sowie des münzkundlichen Schrifttums und die damit verbundene Formierung der Numismatik als eigenständige Forschungsdisziplin ein weites Feld für wissenschaftsgeschichtliche Untersuchungen.

Münzen bedürfen dabei ebenso der fachkundigen Interpretation wie jede andere historische Quelle auch, denn in ihrer Informationsweitergabe sind sie keineswegs intentionslos. Während aber die Numismatik (und Geldgeschichte) in der akademischen Lehre und Forschung zur Geschichte der Antike und des Mittelalters noch einen relativ sicheren Stand hat, nimmt ihre universitäre Bedeutung in Bezug zur (Frühen) Neuzeit drastisch ab. Dies mag daran liegen, dass mit der Erfindung des Buchdrucks mit beweglichen Lettern und der Verbreitung des Beschreibstoffs Papier die Anzahl der Schriftquellen derart zunimmt, dass andere materielle Quellengruppen zunehmend aus dem Blickfeld verschwinden. Da Numismatik zwar in erster Linie Münzgeschichte, aber ebenso ein Bestandteil der Geld- und Wirtschaftsgeschichte ist, müsste ihre Bedeutung mit den komplexer werden global-finanzwirtschaftlichen Verflechtungen der Neuzeit eigentlich zunehmen. Zumindest könnte man annehmen, dass sie ihr akademisches Zuhause nun in der Wirtschaftsgeschichte anstelle der Hilfswissenschaften findet. In der Praxis findet man sie aber weder in der einen noch in der anderen Wissenschaftsdisziplin.

Die Forschungsgeschichte und die wichtigsten Methoden der Numismatik – Münzbeschreibung und Münzbestimmung, Metrologie, Münzfundanalyse, Stempelanalyse, Stilkritik und Metalanalyse – wurden bereits im Mittelalter-Band dieser Reihe vorgestellt. Da sich diese nicht grundsätzlich von denjenigen der neuzeitlichen Numismatik unterscheiden, stehen an dieser Stelle münz- und geldgeschichtliche Phänomene des 16.–19. Jahrhunderts im Mittelpunkt.

8.2 Münz-ähnliche Objekte und nicht-monetäres Geld

Der Begriff Numismatik (Münzkunde) leitet sich vom griechischen (*nomisma*) und lateinischen (*nummus*) Wort für Münze ab. Begrifflich gesehen ist die Disziplin Numismatik also eine auf das materielle Zahlungsmittel – die Münze – bezogene Wissenschaft. In der Praxis allerdings beschäftigen sich Numismatiker auch mit anderen Geldformen und münzähnlichen Gegenständen sowie dem wirtschaftshistorischen Kontext von Zahlungsmitteln. Mit Beginn der Neuzeit weitet sich das Feld der Objekte, mit denen sie sich beschäftigen, enorm aus.

Auf der einen Seite stehen dabei münz-ähnliche Objekte wie Medaillen und Marken: Medaillen sind in Material, Form, Größe und Gewicht zumeist münzförmige Erinnerungsstücke an besondere Ereignisse oder Personen. Im Gegensatz zur Münze besitzen Medaillen allerdings keine Zahlkraft, sondern allenfalls einen intrinsischen Wert aufgrund ihres Materials (Gold oder Silber). Während Stempelschneider zumeist als Handwerker gesehen werden, versteht man Medailleure durchweg als Künstler – selbst wenn sich die Personenkreise überschneiden. Gerade im 16. Jahrhundert sind die Übergänge von Münzen und Medaillen häufig noch fließend, weshalb man auch von »Schaumünzen« spricht, wenn Gedenkprägungen in einem korrekten Münzfuß (hoheitlich vorgeschriebenes Verhältnis von Rauh- und Feingewicht) erfolgt sind.

Medaillen dienten zunächst der fürstlichen (adeligen und klerikalen) und später auch bürgerlichen Repräsentation. Sie sind bedeutende Quellen, wenn es um die Frage der Selbstwahrnehmung und Selbstdarstellung von Akteuren und Ereignissen der (Frühen) Neuzeit geht. Gelegentlich sind die Grenzen zwischen Medaillen als Ehrenzeichen zu Orden als Auszeichnungen für besondere Verdienste nicht genau definiert, weshalb einzelne Objekte sowohl von Numismatikern als auch von Phaleristikern (Ordenskundlern) bearbeitet werden. Die Untersuchung von Medaillen findet gelegentlich noch in der Kunstgeschichte statt, da sich hierin die jeweiligen Stile und Epochen hervorragend nachvollziehen lassen.

Marken (oder Zeichen) sind als Prägung oder Guss aus unedlem Material hergestellte Berechtigungsnachweise für eine besondere Leistung. So wurden beispielsweise von kirchlichen Institutionen »Armenzeichen« (*Teken*) an Bedürftige ausgegeben, die zum Erhalt einer Lebensmittelration berechtigten. Gelegentlich dienten Marken aber auch als Geldersatz in Notzeiten und bei Edelmetallknappheit. Zu dieser Objektgruppe gehören auch Rechenpfennige (s. Abb. 8.1), mit denen seit dem Spätmittelalter mathematische Operationen auf einem Rechenbrett dargestellt wurden und die nicht selten münzähnlich gestaltet worden sind. Aber auch Biermarken, Mensamarken, Fahrmarken, Telefonmarken, private Geldzeichen (Token) und Jetons – die von Fürsten zu Feierlichkeiten (beispielsweise einer Krönung oder Hochzeit) öffentlich ausgeworfen wurden – gehören in das weite Feld der Marken und Zeichen. Die zahlreichen Privatprägungen von Unternehmen, insbesondere in den überseeischen Kolonien der Neuzeit zur Behebung des stetig vorhandenen Kleingeldmangels, gestatten Aussagen zur Firmengeschichte und Wirtschaftsentwicklung beispielsweise im Australien der zweiten Hälfte des 19. Jahrhunderts.

Rechenpfennige waren Metallmarken in münzähnlicher Gestalt, die zum Rechnen auf der Linie benutzt wurden. Seit dem 13. Jahrhundert tauchen sie in Italien, Frankreich, den Niederlanden und England auf. Nach dem Ende des Linienrechnens im 16. Jahrhundert wurden sie auch gerne als Spielmarken genutzt. Ein Zentrum der Produktion lag in Nürnberg, wo sich ganze Dynastien von Rechenpfennigmeistern herausbildeten. In ihren Bildern liefern Rechenpfennige häufig einen Blick in die Alltagskultur ihrer Zeit (Kleidung, Mobiliar, Alltagsgegenstände usw.) und nicht selten zeigen sie satirische Inschriften mit Bezug zur Tagespolitik.

Abb. 8.1: Kupferner Rechenpfennig mit Schiffsdarstellung, Nürnberg (unbekannte Werkstatt) 16. Jh.

Die andere größere Objektgruppe, der sich Numismatiker mit Beginn der Neuzeit gegenübersehen, sind nicht-monetäre Zahlungsmittel: Hierzu gehören vor allem Papierformen. Begrifflich unterscheidet man zwischen (privaten) Banknoten – auf einen Inhaber ausgestellte und rücktauschbare Anweisungen auf deponiertes Edelmetall oder Münzen – und (staatlichem) Papiergeld, das zumeist nicht gegen Edelmetall einlösbar war. Das Ziel der Einführung von Geldscheinen war zumeist die Vergrößerung des Zahlungsmittelbestandes über den Metallvorrat hinaus (Geldschöpfung). In der Neuzeit stand die Entstehung von Geldscheinen deshalb häufig im Zusammenhang mit Krisenzeiten: die Assignaten der Französischen Revolution (s. Abb. 8.2), das Papiergeld der nordamerikanischen Kolonien während des Unabhängigkeitskrieges oder das Notgeld der Inflation nach dem Ersten Weltkrieg. Während die Münze über Jahrtausende eine durch ihren Sachwert bestimmte Geldform darstellte, löste sich bei Banknoten und Papiergeld die Bindung an das Edelmetall. Die Farbigkeit und das Format von Geldscheinen erlauben interessante Einblicke in die Selbstdarstellung moderner Staatenbildungen und sind als solche bislang selten untersucht worden. Hier schlummert Potential für studentische Abschlussarbeiten.

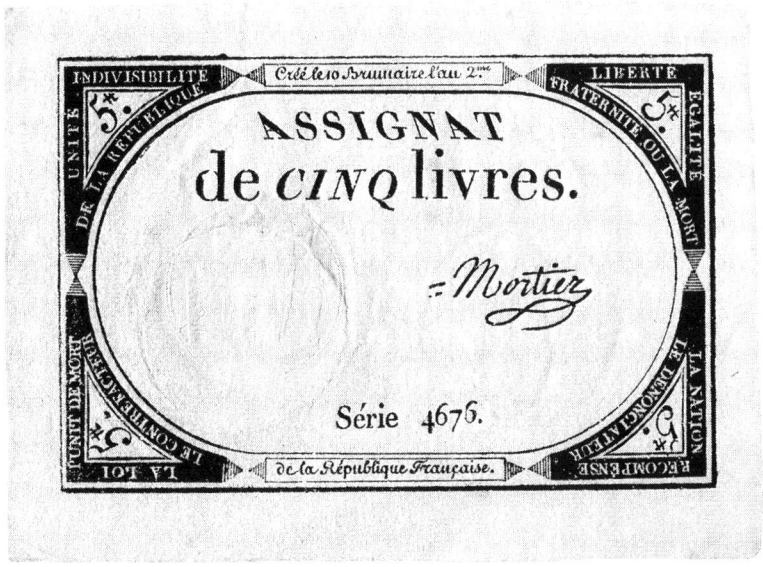

Abb. 8.2: Einseitiger Assignat über 5 Livres mit Datierung »10. Brumaire Jahr 2 der Republik« (= 31. Oktober 1793), Republik Frankreich.

Die Bezeichnung Assignaten leitet sich vom französischen Wort *l'assignat* (Anweisung) ab. Das von der Nationalversammlung ausgegebene Papiergeld hatte die Funktion einer zunächst noch verzinsten Staatsanleihe. Als die Regierung aber immer mehr Assignaten in Umlauf brachte und zudem noch englische Fälschungen kursierten, sank das Vertrauen in die Papierwährung und es kam zu einer starken Inflation. 1797, als kaum noch jemand die Assignaten als Zahlungsmittel akzeptierte, wurde deren Ausgabe eingestellt und Frankreich musste den Staatsbankrott erklären. Infolgedessen kam es wieder zur Ausprägung von kupfernen Scheidemünzen.

Solange Münzen jedoch aus Edelmetall (Gold oder Silber) bestanden, gab es stets die Notwendigkeit, die Wertigkeit (den Edelmetallgehalt) der Prägungen zu prüfen. Das wichtigste Prüfgerät war seit der Erfindung der Münze die (Fein-)Waage. Die Unmenge der verschiedenen Währungen im Europa des 16. bis 19. Jahrhunderts ließ die Waage mit ihren geeichten Gewichtssätzen zum unverzichtbaren Begleiter des (Fern-)Händlers werden. Insofern sind auch Münzwaagen Gegenstand der Forschung seitens der Numismatik und Geldgeschichte geworden.

8.3 (Falsch-)Datierungen und absolute Chronologien

Während es heute selbstverständlich ist, dass Münzen durch die Aufbringung einer Jahreszahl datiert werden können, war dies über Jahrhunderte hinweg keineswegs die Regel. Erst seit dem Spätmittelalter treten vermehrt Jahreszahlen auf Münzen auf und in der Frühen Neuzeit wird die Angabe des Prägejahres dann zum Normalfall. In der Numismatik kann also zwischen indirekten Datierungen (über die Kenntnis von Lebens- oder Amtsdaten eines dargestellten und/oder genannten Münzherrn oder Münzbeamten) sowie direkten Datierungen (über die Angabe eines Prägejahres) unterschieden werden. Indirekte Datierungen ergeben relative Chronologien über mögliche Prägezeiträume und direkte Datierungen absolute Chronologien durch die Nennung eines Prägezeitpunktes. Manche Münzprägungen, wie die Münzen des Vatikanstaates, nennen bis heute die Amtsjahre des jeweiligen Münzherrn. Hier erscheint das Jahr des Pontifikats neben dem Kalenderjahr.

Die Jahreszahlen können in arabischen (1623) oder römischen (MDCXXIII) Ziffern aufgebracht werden, wobei römische Jahreszahlen als Ordnungszahlen am Übergang vom Spätmittelalter zur frühen Neuzeit auch als solche dargestellt werden (M°CCCC°LX°III° = *millesimo quadrigentesimo sexagesimo tertio* = 1463). Sogenannte Minderzahlen, bei denen die Jahresangabe auf die Zehnerstelle eingekürzt ist, kommen vor allem im 16. Jahrhundert vor (beispielsweise »66« = 1566) (s. Abb. 8.3). Minderzahlen mit einer Kürzung auf die Hunderterstelle sind ein Phänomen des 17. Jahrhunderts (beispielsweise »628« = 1628).

Abb. 8.3: Andreastaler, Ellrich 1566.

Die vorliegende Münze liefert mit (15)66 ein Beispiel für eine Minderzahl des 16. Jahrhunderts und dient hier als Beispiel für eine vollständige Münzbeschreibung.

- Münzstand/Münzherr: Hohnstein, Grafschaft/Graf Volkmar Wolf (1512–1580).
- Nominal/Entstehungszeit/Entstehungsort: Taler (Andreastaler) 1566, Münzstätte Ellrich. Münzmeister Valentin Sickel (tätig 1560–1590).
- Schriftinformation (Münzlegende)/Bildinformation (Münzbild) von Vorder- und Rückseite:
- Vorderseite: VOLCMAR [fünfblättrige Rosette] WOLF [fünfblättrige Rosette] CO [fünfblättrige Rosette] D [fünfblättrige Rosette] HONS [fünfblättrige Rosette]/Zweifach behelmtes, vierfeldiges Wappen mit Mittelschild.
- Rückseite: [fünfblättrige Rosette] DO [fünfblättrige Rosette] IN [fünfblättrige Rosette] LORA [fünfblättrige Rosette] E – [Blatt] – [Kleeblatt] CLETTENBER [fünfblättrige Rosette]/Der Heilige Andreas steht von vorne zwischen den Ziffern 6-6.
- Rand: Glatt. H – P eingepunzt zu den Seiten des Heiligen Andreas auf der Rückseite.
- Material: Silber; Durchmesser: 41 mm.; Gewicht: 28,6 g.
- Stempelstellung (Verhältnis der Prägestempel von Vorder- und Rückseite): 10 h.
- Zitate der Forschungs- und Katalogliteratur: Müseler (1983) Typ 31/48; Schulten (1997) 130 b (dieses Exemplar, dort mit falscher Angabe der Punzierung: H – A).
- Standortangabe (Provenienz): Niedersächsisches Landesmuseum Hannover – Das WeltenMuseum, Münzkabinett, Inv.-Nr. 04:037:048.

Eine Sonderform der Datierung stellt das seit der Frühen Neuzeit auf Münzen und Medaillen beliebte Chronogramm dar, bei dem die Jahreszahl in einem (oftmals lateinischen) Sinnspruch versteckt wird. Hierbei werden einzelne Buchstaben, die den römischen Zahlwerten (I = 1, V = 5, X = 10, L = 50, C = 100, D = 500, M = 1000) entsprechen, in der Umschrift hervorgehoben. Ihre Addition ergibt dann das Prägejahr.

Allerdings ist auch in der Neuzeit Vorsicht geboten, die angegebenen Jahreszahlen immer als das Prägejahr zu interpretieren. Bei weiträumig akzeptierten und dementsprechend langlebigen Handelsmünzen wurden auch über längere Zeiträume Jahreszahlen unverändert weitergeprägt. Gelegentlich wurden Prägestempel auch über das Jahr der ersten Emission

(Herausgabe) hinaus weiter benutzt, um Kosten zu sparen, und manchmal wurde dabei nur die letzte Ziffer der Jahreszahl abgeändert, wobei noch Reste der ursprünglichen Jahreszahl zu sehen sind. In Krisenzeiten wie der Kipper- und Wipperzeit (1618–1623) versuchten einzelne Münzherren auch den geringeren Edelmetallgehalt minderwertiger Prägungen dadurch zu verschleiern, dass sie die Prägungen bewusst mit falschen Jahreszahlen rückdatierten.

8.4 Münzherstellung – Eine neuzeitliche Technikgeschichte

In Antike und Mittelalter wurden Münzen mit der Hand geprägt: Der Münzrohling (Schrötling) wurde zwischen einen Ober- und Unterstempel gelegt, in die das Münzbild eingraviert worden war, und anschließend erfolgte die Prägung mit einem Hammerschlag (Hammerprägung). Seit der Frühen Neuzeit kamen erstmals Maschinen bei der Prägung zum Einsatz, sodass die Geschichte der Münzherstellung einen Teil der neuzeitlichen Technikgeschichte darstellt.

Um 1550 wurde in der Münzstätte von Hall in Tirol erstmals ein Walzwerk zur Münzprägung eingesetzt: Hierbei liefen Edelmetallstreifen (Zaine) mit der passenden Dicke und Legierung durch Walzen mit den eingravierten Münzbildern und wurden dadurch geprägt. Erst anschließend wurden die einzelnen Münzen ausgeschnitten oder ausgestanzt. Seit der Frühen Neuzeit wurde auch erstmals der Rand der (mittlerweile dicker gewordenen) Münzen mitgeprägt, um Manipulationen (beispielsweise durch Befeilen) der Gepräge zu verhindern. Mit speziellen Rändelmaschinen wurden Randkerben (Riffelrand), verschiedene Symbole oder Schriftinformationen (Randschriften) aufgebracht.

Eine Weiterentwicklung stellte im 17. Jahrhundert das Taschenwerk dar. Anstelle einer gravierten Walze wurde hierbei ein Paar pilzförmiger Prägestempel in dafür vorgesehene Taschen der Walzen gesteckt. Zwar ließ sich hierdurch jeweils nur eine Münze bei einem Prägevorgang herstellen, aber dafür ließen sich die Stempel bei fortlaufender Abnutzung oder einer Veränderung des Münzbildes leicht austauschen.

Die wichtigste Prägemaschine des 18. Jahrhunderts war das Spindelwerk (auch Stoßwerk oder Balancier genannt). Diese Vorrichtung erlaubte einen senkrechten Prägeschlag: Eine mehrgängige Schraube wurde in einen Rahmen geführt und durch einen senkrechten doppelarmigen Hebel gedreht. Dieser bis zu drei Meter lange Hebel besaß an jedem Ende eine Schwungmasse und wurde von mehreren Arbeitern in Umdrehung gebracht. Die Schraube drehte sich abwärts und prägte mit hohem Druck das Münzbild in die Schrötlinge. Ein Mann saß vor dem Gerät und legte mit einer Zange die Münzrohlinge auf den Unterstempel. Auf diese Weise konnte eine geübte Mannschaft bis zu 30 Münzen in der Minute herstellen.

Seit der Mitte des 18. Jahrhunderts erfolgte die Prägung dann im Ring: Der Schrötling lag nicht mehr frei beweglich auf dem Unterstempel, sondern innerhalb eines Rings, in den er sich bei der Prägung ausdehnte. In den Ring konnten Bilder oder eine Randschrift eingebracht werden, wodurch bei einem einzigen Prägevorgang gleichzeitig Vorder- und Rückseite sowie der Rand geprägt werden konnten.

Einen deutlichen technischen Fortschritt stellte das 1817 von Diedrich Uhlhorn (1764–1837) erfundene Kniehebelprägewerk dar. Die zum Prägen benötigte Kraft wurde hierbei nicht mehr durch einen Stoß, sondern durch Hebelwirkung erzeugt. Die Vorteile waren eine kontinuierliche Drehbewegung des Antriebs und eine erheblich gesteigerte Prägekraft. Außerdem liefen mehrere Arbeitsschritte parallel ab, sodass die Prägegeschwindigkeit deutlich gesteigert werden konnte – bis zu 40 Stück pro Minute bei großen und bis zu 75 Stück pro Minute bei kleinen Münzsorten. Auch wurde nur noch eine Person benötigt, die den Prägevorgang überwachte und dafür sorgte, dass stets genügend Münzrohlinge zur Verfügung standen.

8.5 Die neuzeitliche Münzprägung in Deutschland

Die Münzgeschichte der Neuzeit könnte man auch als ›Talerzeit‹ bezeichnen, da dieses Nominal in seinen regional verschiedenen Bezeichnungen (beispielsweise Daler, Dollar oder Tallero) die dominante Münzform darstellte, auf die sich zahlreiche Münzsysteme bezogen. Als erster Taler gilt der Guldengroschen des Tiroler Erzherzogs Sigismund, genannt »der Münzreiche« (reg. 1439–1490). Dieser ließ in der Münzstätte Hall in Tirol erstmals Silbermünzen im Wert von zunächst einem halben Gulden (1484: 15,85 g) und später eines ganzen Guldens (1486: 31,83 g) prägen. Der Begriff Guldengroschen verweist auf die Wertigkeit (Gulden) und das Prägemetall (Groschen) der Münze. Seinen Namen hat der Taler von Prägungen der

Grafen von Schlick, die seit 1518 bei Joachimsthal in Böhmen in großen Mengen Guldengroschen prägten, die erst »Joachimstaler Guldengroschen«, dann »Joachimstaler« und schließlich nur noch »Taler« genannt wurden (s. Tab. 8.1). Der Erfolg der neuen Münzsorte lag nicht zuletzt darin begründet, dass die Oberhoheit der Goldwährung beim deutschen Kaiser lag und die Fürsten diese durch die Prägung von Silbertalern umgehen konnten.

Tab. 8.1: Übersicht einiger gängiger Talersorten der Neuzeit.

Bezeichnung	Zeit	Gewicht rauh	Gewicht fein	Feingehalt	Bemerkung
Guldiner	1486	31,93 g	29,93 g	937,5/1000	Tirol
Guldengroschen	1500	29,20 g	27,20 g	937,5/1000	–
Guldiner	1524	29,20 g	27,40 g	937,5/1000	1. Reichsmünzordnung
Taler (Sachsen)	1534	29,20 g	26,39 g	903/1000	–
(Schwerer) Reichsguldiner	1551	31,18 g	27,49 g	882/1000	2. Reichsmünzordnung
Reichsguldiner (= Guldentaler)	1559	24,61 g	22,90 g	931/1000	3. Reichsmünzordnung
Reichstaler	1566	29,20 g	25,98 g	889/1000	Reichsmünzedikt
Taler (Zinna)	1667	28,10 g	22,70 g	–	Vertrag von Zinna
Taler (Leipzig)	1690	25,90 g	19,40 g	–	Vertrag von Leipzig
Reichstaler preußisch	1750	22,20 g	16,70 g	750/1000	Graumannscher Münzfuß
Konventionstaler	1750	28,00 g	23,30 g	833/1000	Speciestaler
Vereinsmünze (2 T. = 3 ½ G.)	1838	37,12 g	33,41 g	900/1000	Münzvertrag von Dresden
Vereinstaler	1857	18,52 g	16,66 g	900/1000	Münzvertrag von Wien
3 Mark (Taler)	1908	16,60 g	15,0 g	900/1000	Reichsmünzgesetz 1870/71

Die Zersplitterung des Münzwesens führte zu verschiedenen Bemühungen eine einheitliche Münze für das Reich zu schaffen. Die Reichsmünzordnungen von Esslingen (1524) und Augsburg (1551 und 1559) stellten hierzu einen bedeutenden Fortschritt dar: Das Münzgewicht der Kölner Mark (233,8 g) sollte für alle deutschen Gold- und Silberwährungen als Bezugsgröße gelten. Bis 1857 gab die »Aufzahl« die Anzahl der Stücke an, die eine rauhe (Gesamtgewicht) oder feine (Feingewicht) kölnische Mark ausmachten. Der (silberne) Guldiner wurde neben dem (goldenen) Gulden zur Reichsmünze erhoben und die Wertverhältnisse von Groß- und Kleinmünzen festgelegt. Um diese zu kontrollieren, sollten regelmäßige Prüfungen (Valvationen) vorgenommen werden. Letztlich scheiterten die Reichsmünzordnungen aber aufgrund des Fehlens einer starken Zentralgewalt.

Ein permanentes Problem der frühneuzeitlichen Münzprägung blieb, dass die Münzherren das Prägerecht als Einnahmequelle betrachteten. Große Münzsorten warfen Gewinne ab, wohingegen Kleinmünzen nur mit Verlust geprägt werden konnten, da der Münzgewinn nicht die Prägekosten deckte. Die Lösung bestand darin, die kleineren Münzsorten erst gar nicht oder nur mit geringerem Silbergehalt auszumünzen. Die Folgen waren Kleingeldmangel und der Umlauf minderwertiger Kleinmünzen. Da jeder Münzherr verhindern wollte, dass seine Kleinmünzen von den Nachbarn eingeschmolzen und mit Gewinn noch minderwertiger ausgeprägt wurden, sank der Silberanteil immer drastischer und der Taler stieg im Wert immer weiter an. Zwischen 1617 und 1623 sowie 1675 und 1690 kam es deshalb zu zwei massiven Inflationswellen, die als große und kleine Kipper- und Wipperzeit in die (Münz-)Geschichte eingegangen sind. Der Ausdruck kommt daher, dass die ausgesandten Münzagenten die Prägungen auf die Waage legten und durch das Wippen der Schale sowie das Kippen auf eine Seite die guten von den schlechten Münzsorten unterschieden. Befeuert wurde die erste Inflationswelle zusätzlich durch den Beginn des Dreißigjährigen Krieges (1618–1648). Die zahlreichen Konfessions- und Kabinettskriege der Frühen Neuzeit haben auch deutliche Spuren in der Münz- und Medaillenprägung hinterlassen. Eine traurige Wiederholung dieser Hyperinflation gab es in Deutschland nach dem Ende des Ersten Weltkrieges zwischen 1918 und 1923.

Abb. 8.4: Klippe (10,43 g) im Wert eines Talers der Stadt Münster, 1660 anlässlich der Belagerung der Stadt durch Fürstbischof Bernhard von Galen (1650–1678) geprägt (Umschrift: MONAST WESTPH OBSESSVM 1660). Als Klippen (von schwed. ›mit der Schere schneiden‹) bezeichnet man quadratische (häufig einseitige) Münzen, die als Notprägungen in Krisen- und Kriegszeiten ausgegeben wurden.

Da von Kaiser und Reich keine Besserung des Münzwesens zu erwarten war, musste langfristig eine Lösung von den münzprägenden Reichsständen ausgehen. 1667 schlossen Kurbrandenburg und Kursachsen einen Münzvertrag, dem 1668 Braunschweig-Lüneburg beitrat. Neben dem Taler wurden fortan auch ⅔-, ⅓- und ⅙-Taler-Stücke geprägt, wobei sich der (Gulden genannte) ⅔-Taler (14,85 g Silber) als überregionale Handelsmünze durchsetzte. 1690 kam es in Leipzig noch einmal zu einer von den gleichen Vertragsparteien getragenen Revision des Münzvertrags. 1738 wurde der in Leipzig beschlossene 12-Taler-Fuß (12 Taler auf die Kölner Mark) dann als Reichsmünzfuß anerkannt. Dennoch gab es weiterhin viele regionale Münzsysteme, für die man besser spezielle Münztabellen zu Rate zieht.

Neben Talern und Gulden waren aber stets auch Kleinmünzen aus Kupfer im Umlauf. Seit dem frühen 17. Jahrhundert waren sie sogar im Überfluss vorhanden und wurden für bestimmte Waren nicht (oder nur noch gegen Aufpreis) angenommen. Ihr Gebrauch oder Verbot konnte zum Politikum werden. So münzte 1703 das Fürstbistum Münster kupferne 3- und 4-Pfennig-Stücke in Millionenhöhe, um das im Umlauf befindliche städtische Kleingeld zu verdrängen. Ab dem 22. Dezember 1704 ließ Fürstbischof Friedrich Christian von Plettenberg (1688–1706) dann per Edikt die Menge der umlaufenden Kupfermünzen erheben und zugleich deren Ablehnung unter Strafe stellen. Der kurzfristige fiskalische Erfolg für den Kirchenmann stand hierbei dem langanhaltenden wirtschaftlichen Schaden für den Handel in Westfalen gegenüber.

Friedrich II. (reg. 1740–1786) führte schließlich 1750 mit Johann Philipp Graumann – ehemals Leiter der Handels- und Finanzverwaltung sowie des Münzwesens im Herzogtum Braunschweig – eine umfassende Münzreform im Königreich Preußen durch. Eingeführt wurde ein Taler, von dem 14 auf die Kölner Mark gingen. Der Silbergehalt der als Reichstaler bezeichneten Münze betrug 16,7 g und unterteilt wurde der Taler in 24 Groschen zu je 12 Pfennigen (1 Reichstaler = 288 Pfennige). Auch in anderen deutschen Territorien kam es in der Mitte des 18. Jahrhunderts zu Münzreformen. 1753 schlossen sich Österreich und Bayern in einer Konvention zusammen. Hauptmünze war der Konventionstaler zu 10 Stück aus der feinen Kölner Mark. Unterteilt wurde dieser Taler in 120 Kreuzer zu je 4 Pfennigen, jeder Pfennig in 2 Heller. Österreich prägte ein X (für das römische Zahlzeichen 10) auf die Münzen. Die sich dem Konventionsfuß anschließende Münzstände verwendeten Bezeichnungen wie »CONVENTIONSMÜNZE« oder »NACH DEM CONVENTIONSFUSSE«, um den Konventionstaler vom Reichstaler zu unterscheiden.

Am Beginn des 19. Jahrhunderts gab es in Deutschland fünf konkurrierende Münzsysteme. Da zudem zahlreiche regionale Kleinmünzen und nicht aus dem Verkehr gezogene Prägungen älterer Münzfüße kursierten, war das ›Münzchaos‹ perfekt. Hinzu kamen ausländische Gold- und Silbermünzen, die ins Land strömten. Nach der Gründung des Deutschen Zollvereins 1834, der bereits ein einheitliches Münz-, Maß- und Gewichtssystem zum Ziel hatte, schlossen sich am 25. August 1837 Bayern, Baden-Württemberg, Baden, Hessen-Darmstadt, Nassau und Frankfurt am Main zum Süddeutschen Münzverein zusammen. Die in München gefällten Beschlüsse wurden zur Grundlage des am 30. Juli 1838 geschlossenen Dresdner Münzvertrages, der das Münzwesen aller Zollvereinsstaaten neu regeln sollte. Die süddeutsche Guldenwährung wurde in ein festes Verhältnis zur norddeutschen Talerwährung gesetzt (3 ½ Gulden = 2 Taler). Münzgrundgewicht war die Kölner Mark zu 233,855 g und die beteiligten Staaten prägten gemeinsame »Vereinsmünzen« zu einem vorgeschriebenen Feingehalt und Gewicht sowie mit einheitlichen Münzbildern und Aufschriften.

Das letzte umfassende Vertragswerk vor der Gründung des Deutschen Reiches und der Einführung der Reichswährung war der Wiener Münzvertrag vom 24. Januar 1857. Anlass war der Anschluss Österreichs an den

Deutscher Zollverein. Anstelle der Kölner Mark (233,855 g) wurde das Zollpfund (500 g) als Münzgewicht eingeführt und der norddeutsche Taler dehnte sein Umlaufgebiet nach Süddeutschland aus. Aus einem Pfund wurden 30 Taler (s. Abb. 8.5), 45 Gulden (Österreich) oder 52 ½ Gulden (Süddeutschland) geprägt.

Abb. 8.5: Vereinstaler 1866 A (Berlin), Fürstentum Lippe. Paul Friedrich Emil Leopold (Leopold III.) (1851–1875).

Nach dem deutsch-österreichischen Krieg von 1866 wurde in den von Preußen annektierten Territorien (u. a. Hannover und Nassau) die preußische Währung eingeführt und Österreich schied ebenso wie Liechtenstein aus dem Wiener Münzvertrag aus. Eine einheitliche Währung konnte erst mit der Gründung des Deutschen Kaiserreiches 1871 durchgesetzt werden. Ein mehr als 300jähriger Prozess, begonnen mit den Reichsmünzordnungen des 16. Jahrhunderts, konnte damit zu seinem Abschluss gebracht werden.

8.6 Literatur

8.6.1 Einführungen

Clain-Stefanelli, Elvira/Clain-Stefanelli, Vladimir: Münzen der Neuzeit, München 1978.
Eagleton, Catherine/Williams, Jonathan: Money. A History, New York 2007.

Friedensburg, Ferdinand: Münzkunde und Geldgeschichte der Einzelstaaten des Mittelalters und der neueren Zeit, ND München/Wien 1976.
Gebhart, Hans: Die deutschen Münzen des Mittelalters und der Neuzeit, Berlin 1930.
Göbl, Robert: Numismatik. Grundriß und wissenschaftliches System, München 1987.
Haymann, Florian/Kötz, Stefan/Müseler, Wilhelm (Hrsg.): Runde Geschichte. Europa in 99 Münz-Episoden, Oppenheim 2020.
Kluge, Bernd: Münzen. Eine Geschichte von der Antike bis zur Gegenwart, München 2016.
Klüßendorf, Niklot: Münzkunde, Hannover 2009.
Luschin von Ebengreuth, Arnold: Allgemeine Münzkunde und Geldgeschichte des Mittelalters und der neueren Zeit, München/Berlin 1904.
North, Michael: Kleine Geschichte des Geldes. Vom Mittelalter bis heute, München 2009.
Price, Martin Jessop (Hrsg.): Die Münzen der Welt. Ein Handbuch über 2500 Jahre Geld- und Kulturgeschichte, Freiburg i. Br. 1981.
Rittmann, Herbert: Deutsche Geldgeschichte 1484–1914, München 1975.
Rittmann, Herbert: Moderne Münzen, München 1974.
Sprenger, Bernd: Das Geld der Deutschen. Geldgeschichte Deutschlands von den Anfängen bis zur Gegenwart, 2. Aufl., Paderborn/München/Wien/Zürich 2002.
Steinbach, Sebastian: Numismatik. Eine Einführung in Theorie und Praxis, 2. Aufl., Stuttgart 2022.
Trapp, Wolfgang/Fried, Torsten: Handbuch der Münzkunde und des Geldwesens in Deutschland, 2. Aufl., Stuttgart 2006.

8.6.2 Spezialliteratur

Arnold, Paul/Küthmann, Harald/Steinhilber, Dirk: Großer deutscher Münzkatalog von 1800 bis heute, 35. Aufl., Regenstauf 2020.
Jaeger, Kurt: Die Münzprägungen der deutschen Staaten bis zur Einführung der Reichswährung, Bd. 7: Herzogtum Nassau – Königreich Westfalen – Fürstentümer Waldeck und Pyrmont, Lippe-Detmold und Schaumburg-Lippe, Basel 1960.
Müseler, Karl: Bergbaugepräge, dargestellt auf Grund der Sammlung der Preussag Aktiengesellschaft, 2 Bde., Hannover 1983.
Schulten, Peter N.: Die Münzen der Grafen von Hohnstein von den ersten Anfängen im Mittelalter bis zum Aussterben des gräflichen Hauses 1593, Osnabrück 1997.
Unshelm, Günter: Die bergischen und märkischen Goldwaagen 1749–1850, Hilden 2011.

8.6.3 Digitale Hilfsmittel

NumiScience (Numismatischer Verbund Baden-Württemberg) – https://pecunia.zaw.uni-heidelberg.de/NumiScience [4.6.2024].

NumisVlogs – https://www.youtube.com/channel/UCPuMZ1wCKpNnBqCa3B7oS7w [4.6.2024].
Videos der Universität Tübingen zur Münz- und Geldgeschichte von der Antike bis zur Gegenwart.

Institut für Numismatik und Geldgeschichte (Universität Wien) – https://numismatik.univie.ac.at/news-events/aktuelles [4.6.2024].

International Numismatic Council – https://www.inc-cin.org [4.6.2024].

Numismatische Kommission der Länder in der Bundesrepublik Deutschland e. V. – http://www.numismatische-kommission.de [4.6.2024].

KENOM (Kooperative Erschließung und Nutzung der Objektdaten von Münzsammlungen) – https://www.kenom.de [4.6.2024].

IKMK (Interaktiver Katalog des Berliner Münzkabinetts und weiterer Institutionen) – https://ikmk.smb.museum/home?lang=de [4.6.2024].

NUMiD (Netzwerk universitärer Münzsammlungen in Deutschland) – http://numid-verbund.de [4.6.2024].

CoinArchives *(Datenbank mit Auktionsergebnissen)* – https://www.coinarchives.com [4.6.2024].

Inhaltsverzeichnisse numismatischer Zeitschriften – http://www.coingallery.de/zeitschriften/index.htm [4.6.2024].

9 Netzwerkanalyse

Martin Grandjean

9.1 Einführung

Netzwerke sind ein sehr nützliches Konzept für die Geschichtswissenschaft, da Historiker häufig vor der Aufgabe stehen, komplexe Situationen zu beschreiben und zu analysieren, in denen sich Beziehungen zwischen Personen, Objekten, Orten oder Institutionen räumlich oder zeitlich entfalten. Es ist daher nur logisch, dass das Wort ›Netzwerk‹ als Metapher in der Geschichtswissenschaft traditionell verwendet wird, um Menschen, die sich um ein beobachtetes Individuum scharen, oder die organisatorischen Strukturen beispielsweise von Handelsgesellschaften zu beschreiben. Obwohl wir später sehen werden, dass die Netzwerkanalyse eine Methodik ist, die über dieses einfache Sprachbild hinausgeht, ist solch eine metaphorische Verwendung des Wortes Netzwerk aus etymologischer Sicht gerechtfertigt, da es auf das Fischernetz, das gewebte Textil oder das Spinnennetz verweist. Kurz gesagt, auf eine regelmäßige Struktur aus Verbindungen, die sich als ›Knoten‹ und ›Kanten‹ visualisieren lassen.

Es handelt sich dabei um ein junges Sprachbild, da das Wort erst seit dem 19. Jahrhundert nicht mehr nur für Textilien, sondern auch für die Organisation von Transport-, Kommunikations- und Handelswegen verwendet wird – als beispielsweise erstmals von Eisenbahnnetzen gesprochen wurde. Erst in der Mitte des 20. Jahrhunderts nahm dann das ›soziale Netzwerk‹ seine heutige Bedeutung an und beschrieb die Beziehungen, die Menschen untereinander knüpfen.

Das bedeutet, dass wir, wenn wir diese Metapher oder das Instrument, das wir ›Netzwerkanalyse‹ nennen, auf historische Objekte anwenden, Konzepte nutzen, die der von uns untersuchten Epoche fremd sind. Das spricht nicht gegen deren Gebrauch, bedeutet aber, dass wir berücksichtigen müssen, dass die Zeitgenossen sich ihrer eigenen Netzwerke nicht in der gleichen Weise bewusst waren wie wir heute. Dies gilt umso mehr, als wir in einer Gesellschaft leben, in der einige persönliche Netzwerke, die früher nur implizit waren, heute durch digitale Plattformen explizit sichtbar gemacht und sogar formalisiert werden. Betrachtet man die historische Netzwerkanalyse als wissenschaftliche Methode, so geht es darum, ein Vorgehen zu serialisieren und systematisieren, das früher schon bei Analysen sozialer Beziehungen zur Anwendung kam. Die Netzwerkanalyse extrahiert relationale Informationen aus historischen Quellen, um sie als Graphen zu modellieren. Hierbei unterscheiden wir zwischen dem *Graphen,* also einem abstrakten mathematischen Objekt, das eine Struktur aus Eckpunkten/Knoten und Kanten beschreibt, und dem eigentlichen historischen *Netzwerk* als empirischem Objekt. Werden Netzwerke als Graphen aufbereitet, lassen sich komplexe Situationen und Relationen erfassen und quantitative Analysen durchführen. Dabei geht es um eine Vereinfachung und Erfassung aller oftmals in der Realität sehr heterogenen Beziehungen in einem sozialen Raum, die ermöglichen soll, die Position jedes Elements im Verhältnis zu den anderen in der Gesamtstruktur der Beziehungen zu analysieren.

Interessant ist, dass dieses Vorgehen sowohl ermöglicht, sich auf eine Ego-Perspektive zu konzentrieren (also das Netzwerk um ein Individuum oder ein Dokument zu untersuchen) als auch einen seriellen Ansatz zu verfolgen, der das beobachtete Element in unterschiedlichen Beziehungsgeflechten kontextualisiert und dessen Position in einer Gesamtstruktur misst.

Dies wird einerseits durch die Visualisierung des Graphen in Form von Knoten und Kanten ermöglicht, deren Verteilung, Häufung oder Fehlen interpretiert werden kann, und andererseits durch mathematische Berechnungen, die es ermöglichen zu bestimmen, welche Eigenschaften eine bestimmte Position in der Struktur besitzt und inwiefern dies beispielsweise einen Akteur zentral oder peripher macht. Diese begrifflichen und mathematischen Instrumente sind in der sogenannten Graphentheorie zusammengefasst.

9.2 Die Vielfalt historischer Netzwerke – Der Stand der Forschung

Die Anwendung der Graphentheorie in der Geschichtswissenschaft ist eine neuere Praxis, die sich mit Vorläufern in den 1980er und 1990er Jahren erst seit den 2000er Jahren verbreitet hat. Dies ist auf mehrere Faktoren, wie die zunehmende Verbreitung von PCs, zurückzuführen. Allerdings ist nicht zu vergessen, dass selbst die Theorien, auf denen dieser Ansatz beruht, in ihrer modernen Form recht jung sind. Die älteren Ansätze der formalen sozialen Netzwerkanalyse, die ihre Wurzeln in der Begegnung zwischen Mathematik und Sozialwissenschaften haben, gehen auf die 1970er Jahre zurück. Erst seit den 2010er Jahren wird die historische Netzwerkanalyse explizit thematisiert, nicht als eigenständige Disziplin, sondern als *community of practice*, als ein Feld des Austauschs, in dem Forschende unterschiedliche, nicht streng normierte Methoden erproben, diskutieren und weiterentwickeln. Dabei haben sich eine Reihe von Prinzipien herauskristallisiert.

Auch wenn fast jeder Datensatz als Netzwerk analysiert werden könnte, bevorzugen Historiker eine Auswahl typischer Ansätze, die in Abb. 9.1 zusammengefasst sind. Hierzu muss von vornherein gesagt werden, dass es sich nur um Beispiele für die Vielfalt von Ansätzen handelt.

- Eine erste große Gruppe von Analysen bezieht sich auf Verkehrsnetze (s. Abb. 9.1 A). Sie ist bei raumgeschichtlichen Projekten, bei denen Karten und Verzeichnisse erstellt werden, in der Regel selbstverständlich. Hier geht es beispielsweise darum, eine Karte zu zeichnen, auf der Städte, Häfen, Messen und Handelsposten durch Land-, Fluss- und Seeverbindungen miteinander verbunden sind. Grundlage hierfür können zahlreiche historische Quellen sein, welche die Rekonstruktion der Ein- und Ausreise von Menschen und Waren erlauben – von Handelsverträgen bis hin zu Schiffslogbüchern oder Zollbüchern. Dieses Beispiel zeigt außerdem deutlich, wie sehr historische Netzwerke von Vereinfachungen ausgehen: Wir haben nicht die genaue Route jedes Schiffes oder jeder Person, aber wir können die nachweisbaren Beziehungen als Diagramm der wichtigsten bekannten Positionen zusammenfassen, um eine Makroperspektive einzunehmen.
- Zugehörigkeitsnetzwerke (s. Abb. 9.1 B) sind eine weitere wichtige Kategorie. Diese Art von bipartiten Graphen (d. h. die Knotenpunkte zweier verschiedener Typen werden kombiniert, ohne Verbindungen zwischen Knotenpunkten desselben Typs zuzulassen) ist leicht zu modellieren, da die meisten seriellen historischen Quellen bereits in solchen Listen von Zugehörigkeiten organisiert sind. Beispiele hierfür wären die Zugehörigkeit einzelner Akteure zu unterschiedlichen Behörden oder Geheimgesellschaften.
- Wenn wir an genealogische Studien denken, stellen wir uns meist zweidimensionale Stammbäume vor, die von einer einzelnen Person ausge-

hen. Die Komplexität historischer Gesellschaften macht jedoch häufig die Untersuchung weitreichender Verwandtschaftsnetzwerke (s. Abb. 9.1 C) erforderlich. In diesem Fall basieren die Eingabe der Daten, die aus sehr heterogenen und selten vollständigen Quellen stammen, und ihr Export in ein grafisches Format häufig auf genealogischen Datenbanken, die ermöglichen, eine Vielzahl verschiedener Familienverbindungen und deren zeitliche Veränderungen berücksichtigen.

- Im Gegensatz zu den vorangegangenen Beispielen, bei denen es sich offensichtlich um bestehende, historische Netzwerke handelt, die aufgedeckt und rekonstruiert werden müssen, besteht ein weniger einfacher, aber weit verbreiteter Ansatz darin, ein Netzwerk des Vorkommens (*network of occurences*, s. Abb. 9.1 D) von benannten Entitäten wie Personen, Orten oder Organisationen in bestimmten Dokumenten zu erstellen. Auf diese Weise werden die Relationen von in Aufzeichnungen genannten Entitäten extrahiert und verknüpft. Dies kann beispielsweise Personen umfassen, die an Verträgen in einem Notarregister beteiligt sind, oder Gelehrte, die in denselben wissenschaftlichen Werken erwähnt werden.
- Der nächste Schritt besteht oft darin, ein Koinzidenznetz zu erstellen (s. Abb. 9.1 E), um die nur in bestimmten Quellen benannten Entitäten auf ihr gemeinsames Vorkommen (*Co-Occurences*) hin zu analysieren. Auf diese Weise lässt sich beispielsweise die Struktur der in einem Text auftretenden Begriffe oder Konzepte erkennen, unabhängig davon, ob es sich um ein literarisches Werk, einen Briefwechsel oder eine Sammlung offizieller Dokumente handelt. Dasselbe Prinzip lässt sich auch auf erwähnte Personen anwenden, indem man beispielsweise von einem Netz von Zugehörigkeiten (s. Abb. 9.1 B) oder des Vorkommens (s. Abb. 9.1 D) ausgeht, um die Überschneidungen zu sehen, also die Beziehungen, die zwischen Mitgliedern derselben gelehrten Gesellschaften bestanden oder Personen, die in denselben Unterlagen erwähnt worden sind.
- Ein Klassiker der historischen Netzwerkanalyse ist das Korrespondenznetzwerk (s. Abb. 9.1 F). Es wurde durch mehrere Projekte zu Briefkorpora populär und hat die Besonderheit, dass es nicht auf dem Inhalt der Dokumente, sondern auf deren Metadaten basiert: Es werden nicht Erwähnungen von Personen extrahiert, sondern Absender und der Empfänger. Sofern beide räumlich lokalisiert werden können, lässt sich solch ein Netzwerk leicht auf eine geografische Karte projizieren und trägt zur Veranschaulichung eines historischen Themas bei, auch wenn diese Visualisierung für die Interpretation der Netzwerkstruktur selbst nicht unproblematisch ist.

9 Netzwerkanalyse 145

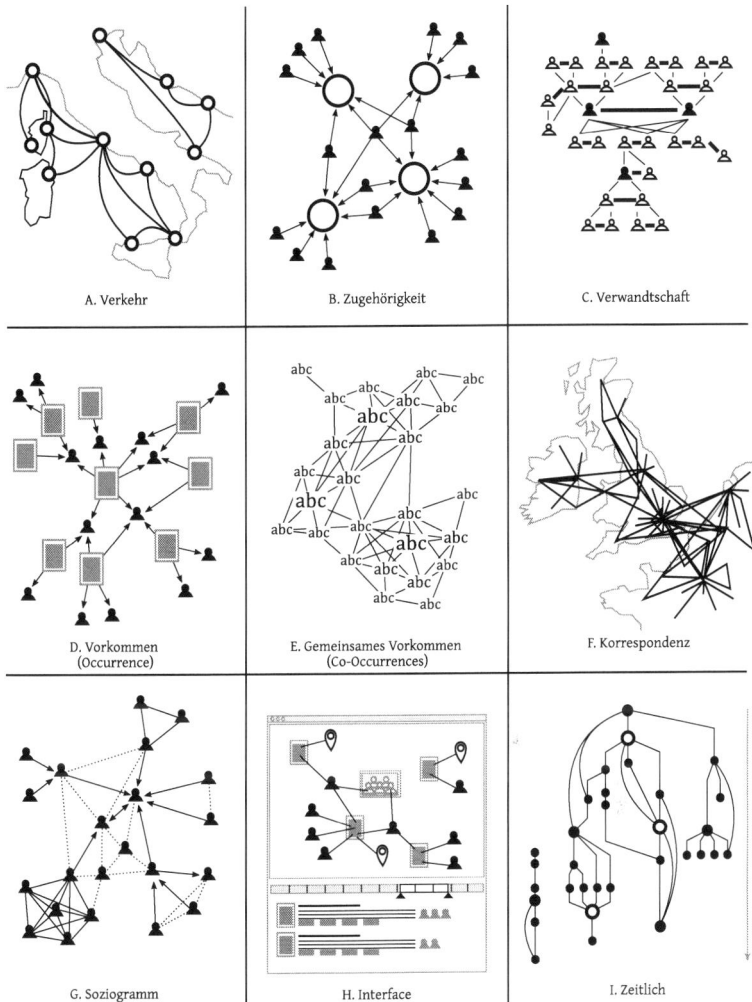

Abb. 9.1: Historische Netzwerke.

- Das Soziogramm (s. Abb. 9.1 G) ist wahrscheinlich die einfachste Darstellung eines zwischenmenschlichen Netzwerks. Hierbei wird das soziale Netzwerk einer Gruppe von Individuen auf der Grundlage ihrer persönlichen Aufzeichnungen (für freundschaftliche, intime Beziehungen), ihrer Buchhaltungsunterlagen (für wirtschaftliche Beziehungen) oder offizieller Dokumente (für eher politische Beziehungen) rekonstruiert. Dies kann sehr fruchtbar sein, ist aber für den Historiker nicht unbedingt die naheliegendste Vorgehensweise, da die individuellen Beziehungen im Allgemeinen nicht in serieller Form extrahiert werden können und sehr heterogen sind.

- Beziehen wir das Interface-Netzwerk (s. Abb. 9.1 H) in diese Übersicht ein, so lässt sich zeigen, dass die Netzwerkanalyse bei einigen Projekten weniger ein Analysewerkzeug als vielmehr ein innovativer Weg ist, Daten zugänglich zu machen. In diesem Fall wird die zugrundeliegende Datenbank als interaktive Graphik präsentiert. Der Benutzer kann zwischen den Dokumenten navigieren und dabei die in ihnen identifizierten Elemente im Auge behalten und sie miteinander verknüpfen, sie auf einer Karte oder einer Zeitleiste anzeigen lassen oder Fenster mit zusätzlichen Informationen öffnen. Während die meisten Netzwerke, die zu Forschungszwecken erstellt werden, nur für ihre Autoren eine heuristische Funktion haben, ermöglicht ein solches Interface den Benutzern eine gewisse Freiheit.

- Als letztes Beispiel sei auf temporale Netzwerke hingewiesen (s. Abb. 9.1 I), welche gezielt die Problematik aufgreifen, zeitliche Abfolgen zu visualisieren. Das hier gezeigte Netzwerk, das sich auf einer Zeitachse entfaltet, ist nur eine Möglichkeit, dieses Problem anzugehen, illustriert aber zugleich die Besonderheiten dieser Netzwerke. Es lassen sich zusammenhängende Ereignisse darstellen (z. B. eine Folge von Schlachten, an denen dieselben Truppen beteiligt sind) oder ein soziales Netzwerk von Individuen, das sich im Laufe der Zeit entfaltet (z. B. auf der Grundlage eines Tagebuchs, in dem Begegnungen datiert werden können). Solch eine Fixierung von Knoten zu bestimmten Zeitpunkten wird auch häufig verwendet, um die Verbreitung von Zitaten in Veröffentlichungen darzustellen, um eine Art intellektuelle ›Genealogie‹ aufzuzeigen. Wie bei geografischen Netzen schränkt die Verwendung solch eines festen Rahmens aber die Möglichkeit ein, die Struktur insgesamt zu lesen, da die Knotenpunkte nicht frei entsprechend ihrer Verbindungen organisiert werden können. Aber wie wir sehen werden, ist die Visualisierung nur eines von mehreren Werkzeugen der Netzwerkanalyse.

9.3 Grundlagen der Netzwerkanalyse

Wie aus den Beispielen hervorgeht, kann das Netzwerk mehr sein als nur eine praktische Metapher. Um es aber zu einem echten Analyseinstrument zu machen, ist es zunächst notwendig, einen Perimeter (also die Tiefe der untersuchten Beziehungen, beispielsweise nur alle Beziehungen eines Zentrums oder auch die Beziehungen der Kontakte des Zentrums, oder sogar die Kontakte der Kontakte des Zentrums usw.) um das Thema oder den Quellenkorpus zu definieren, in dem die Beziehungen (je nach Datenverfügbarkeit und Forschungsfrage) in Form von Knoten und Kanten modelliert werden sollen.

9.3.1 Visuelle Analyse: Die Struktur lesen

Auch wenn der Graph eines Netzwerks nicht visualisiert werden muss, um analysiert zu werden, geschieht dies dennoch häufig, um die Gesamtstruktur der erhobenen Daten zu verstehen und zu veranschaulichen. Dies gilt vor allem für die Geistes- und Sozialwissenschaften, wo Netzwerke empirische Situationen widerspiegeln, die man wie eine Landkarte lesen kann. Sei es, um den Standort bestimmter Akteure zu erkennen, um Gruppierungen zu beobachten oder um ungeahnte »Brücken« zwischen Gemeinschaften zu entdecken. Die Visualisierung ist also in erster Linie ein Forschungsinstrument, das ein tieferes Verständnis des Netzwerkes ermöglichen kann. Dank ihres heuristischen Potenzials können Visualisierungen oft anschaulich zeigen, was mit dem unten erörterten quantitativen Ansatz genauer und detaillierter erarbeitet werden kann.

Es ist allerdings tatsächlich oft der Fall, dass Graphen mit ähnlichen allgemeinen strukturellen Eigenschaften visuell sehr unterschiedlich sind, wie die Beispiele in Abb. 9.2 verdeutlichen. Sie haben zwar alle genau die gleiche Anzahl von Knoten und Kanten, aber eine sehr ungleiche Form. Zu beachten ist, dass auch die Anzahl der Verbindungen pro Knoten visualisiert wird: In den vier Beispielen gibt es einen Knotenpunkt mit acht Verbindungen, zwei mit sieben, vier mit sechs usw. (je mehr Verbindungen ein Knoten hat, desto dunkler ist er).

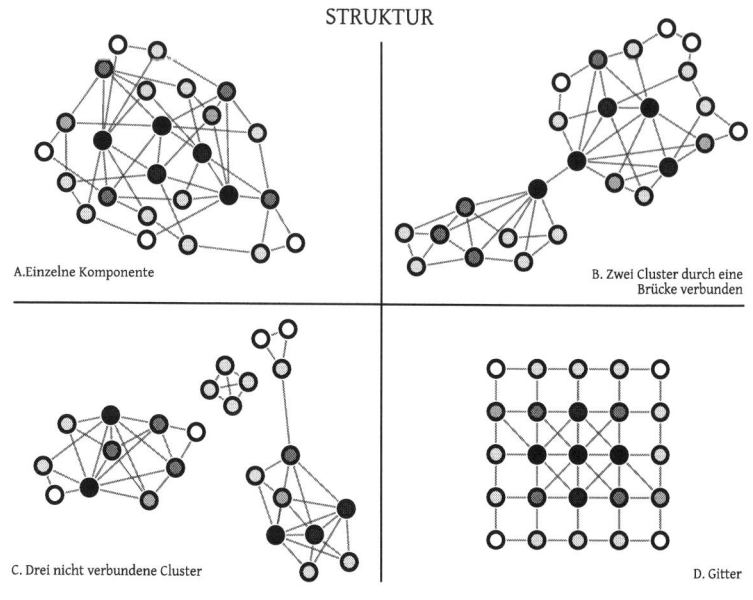

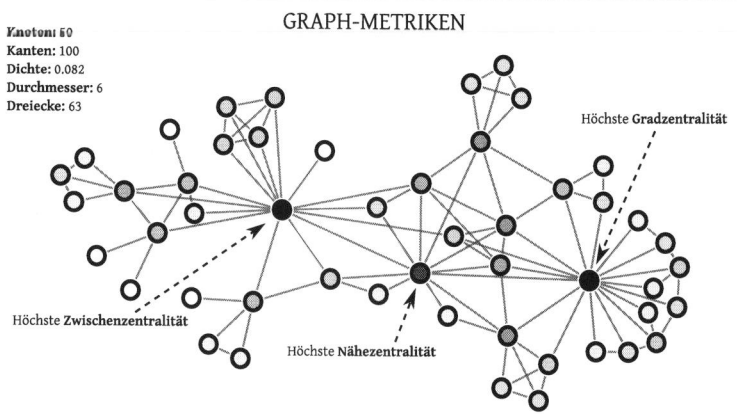

Abb. 9.2: Strukturen von Graphen.

Der erste Fall (s. Abb. 9.2 A) zeigt einen Graphen, der ein einziges Cluster von Beziehungen abbildet. Auch wenn die Verbindungen nicht homogen sein müssen, sind doch alle Knoten zu einer Gruppe verbunden. Dies ist die typische Struktur des sozialen Netzwerks eines Individuums: Wenn sich alle historischen Quellen auf eine Person oder auf eine Institution beziehen, ist die Wahrscheinlichkeit gering, dass die Struktur in unterschiedliche Gruppen zerfällt.

Der zweite Fall (s. Abb. 9.2 B) zeigt eine Struktur, in der zwei Cluster durch nur eine Kante verbunden sind. Dies lenkt die Aufmerksamkeit auf die »Brücke«, eine Art von Struktur, die sich auch in physischen Zirkulationsnetzen findet: Wenn es nur einen Bergpass gibt, um von einem Gebiet in ein anderes zu gelangen, wird dieser zu einem zentralen Ort.

Der dritte Fall (s. Abb. 9.2 C) zeigt eine Situation, in der mehrere unterschiedlich große Cluster voneinander völlig losgelöst sind. In den meisten historischen Netzwerkanalysen finden wir Knoten oder Gruppen von Knoten, die nicht mit der Hauptkomponente des Graphen verbunden sind, weil die Situationen im wirklichen Leben oft sehr ungleich sind (eine Handvoll Personen hat viele Beziehungen/Austausche/Kontakte, während andere Personen nur eine Handvoll davon haben).

Die vierte und letzte Situation (s. Abb. 9.2 D) ist in empirischen Netzwerken seltener: Es handelt sich um eine sehr regelmäßige Struktur, wie ein Gitter, bei dem die Knotenpunkte nur mit ihren direkten Nachbarn verbunden sind. Dies ist typisch für Kommunikationsnetzwerke, die über Mittelsmänner oder bestimmte Stationen funktionieren.

Wenn wir uns diese vier Situationen als ein Netz von Briefen zwischen Einzelpersonen vorstellen, so wird der Wechsel von einer klassischen Inhalts- zu einer Strukturanalyse deutlich: Selbst wenn ein Brief genau den gleichen Inhalt hat, hat er eine völlig andere strukturelle Bedeutung, wenn er zwei Personen im Zentrum einer Gruppe (s. Abb. 9.2 A), Personen, die zwei entgegengesetzten Gruppen angehören (s. Abb. 9.2 B) oder Personen, die in einer von den anderen getrennten Gruppe interagieren (s. Abb. 9.2 C), miteinander verbindet.

Hier zeigt sich, dass die Netzwerkanalyse mittels Visualisierungen ein interessantes Forschungsinstrument für Historiker sein kann. Da aber die Deutung solch einer Visualisierung eine gewisse Subjektivität aufweisen kann, ist sie oft nur die Vorstufe einer stärker formalisierten Analyse.

9.3.2 Globale und lokale Graphmetriken: Quantifizierung der Konnektivität

Ein weiterer Vorteil der Reduzierung der Komplexität von Beziehungen auf ein so einfaches Modell einer Reihe von Knotenpunkten und Kanten liegt darin, dass es nun möglich ist, sie nicht nur graphisch darzustellen, sondern auch ihre Konnektivitätsmerkmale zu messen. Der einfachste Weg, die ›Größe‹ eines Graphen zu ›messen‹, besteht darin, ihn als Ganzes zu betrachten und folgende Metriken zu extrahieren:

- die Dichte, also das Verhältnis zwischen der Anzahl der Knoten und Kanten, wobei eine Dichte von 1 einen vollständigen Graphen mit Kanten zwischen all seinen Eckpunkten bedeutet,
- den Durchmesser, d. h. den kürzesten Weg zwischen den beiden am weitesten entfernten Punkten
- oder Hinweise auf die Tendenz des Graphen, Gruppen zu bilden, also z. B. die Anzahl der Dreiecksbeziehungen, Cliquen oder den globalen Clusterkoeffizienten. Dreiecksbeziehung beschreibt dabei drei Knoten, die Beziehungen zueinander haben, eine Clique jedwede weitere Gruppengröße. Der Clustering-Koeffizient ist das Verhältnis der Anzahl der Dreiecksbeziehungen zur maximal möglichen Anzahl.

Auch wenn diese globalen Metriken nur eine kleine Auswahl der möglichen Berechnungen darstellen, sind sie nützlich, um sich ein Bild von dem Untersuchungsobjekt zu machen und entweder unterschiedliche Graphen oder verschiedene (zeitliche) Versionen desselben Graphen zu vergleichen.

Um mehr Informationen über die relative Position der Knoten zu erhalten, werden lokale Metriken verwendet, die sogenannten Zentralitätsmetriken (*centrality metrics*). Sie ermöglichen eine Objektivierung der Konnektivität der einzelnen Netzelemente, müssen aber in der Analyse genauer definiert und interpretiert werden, da mit ihnen die Kategorien »Zentrum« und »Peripherie« auf unterschiedliche Weise bestimmt werden können. Abb. 9.2 zeigt drei Knoten, die jeweils in einer bestimmten, in der Netzwerkanalyse weit verbreiteten Zentralitätsmetrik den vergleichsweise höchsten Wert haben. Auf der rechten Seite befindet sich ein Knoten mit der höchsten Gradzentralität (*degree centrality*), welche die Anzahl der Nachbarn zählt. Es handelt sich also um den Knoten mit der höchsten Anzahl von Verbindungen. Unserem visuellen Empfinden nach ist er jedoch alles andere als ›zentral‹. Auf der linken Seite befindet sich ein Knoten, der die höchste Zwischenzentralität (*betweenness centrality*) aufweist, bei der gezählt wird, wie oft ein Knoten auf dem kürzesten Weg zwischen allen Knotenpaaren im Diagramm liegt. Es handelt sich also um ein Element, das eine »Brücke« zwischen Regionen darstellt. In der Mitte befindet sich schließlich der Knoten mit der höchsten Nähezentralität (*closeness centrality*), welche auf der Grundlage der durchschnittlichen Länge des kürzesten Weges zu allen anderen Knoten berechnet wird. Es handelt sich also um den Punkt, der den anderen im Durchschnitt am ›nächsten‹ liegt, eine Definition, die der Vorstellung davon, was ein »Zentrum« sein kann, recht gut entspricht.

Ohne auf den gesamten Katalog der Metriken und der mathematischen Formeln, die ihnen zugrunde liegen, näher einzugehen, verstehen wir bereits, dass diese Berechnungen Hinweise auf eine bestimmte strukturelle Position darstellen, aber keine Ergebnisse an sich. Ihre Aussagekraft hängt von der Datengrundlage und ihr Nutzen letztlich von der Fragestellung ab.

9.4 Anwendung historischer Netzwerkanalyse

9.4.1 Welche Perspektive?

Zu Beginn einer Analyse stellt sich zunächst die Frage, ob das Netzwerk ein historisches Objekt ist, das an sich existiert, oder ob es ein konzeptionelles Werkzeug ist. Im ersten Fall geht es darum, das Netz sichtbar und verständlich zu machen. Dies wäre z. B. der Fall, wenn wir den Briefwechsel (s. Abb. 9.1 F), die Zugehörigkeit von Personen zu Gruppen oder Organisationen (s. Abb. 9.1 B) oder ein persönliches soziales Netzwerk (s. Abb. 9.1 G) untersuchen. Im zweiten Fall verwenden wir die Netzwerkanalyse als Methodik, um Daten für die Analyse überhaupt in die Form eines Netzwerks zu bringen. Dies ist der Fall, wenn wir das gleichzeitige Vorkommen von Begriffen oder Personen in Archivdokumenten analysieren (s. Abb. 9.1 D und E) oder wenn wir Zitations- oder Inspirationsnetzwerke aufbauen, z. B. in zeitlicher Hinsicht (s. Abb. 9.1 I).

Neben der Forschungsfrage bestimmt natürlich die Art des Archivs und der Daten, die wir dort erheben können, welche Art der Netzwerkanalyse sich durchführen lässt. Abhängig von diesen Parametern lassen sich drei konkrete Vorgehensweise unterscheiden.

Die erste besteht darin, ein Netzwerk durch die Kombination unterschiedlicher relationaler Informationen zu rekonstruieren: Wir machen eine Art Patchwork aus allem, was wir rund um unser Thema finden, persönliche Schriften, Briefe, Verwaltungsschriftgut, kurz alle Quellen, die Personen erwähnen und Hinweise auf Beziehungen liefern. Das Ergebnis ist eine Art riesige Mindmap, die Beziehungen verschiedener Art enthält. Dies hat einerseits den Vorteil, dass der gesamte Wissensstand über unser Netzwerk erfasst ist, andererseits aber den Nachteil, dass die Übersicht trotzdem meist unvollständig ist und sich nicht gut für quantitative Analysen eignet, da all die aufgenommenen Beziehungen nicht gleichwertig sind. So werden beispielsweise eine enge Freundschaft und eine gemeinsame Erwähnung in einem Vertrag gleichrangig erfasst.

Die zweite Möglichkeit besteht darin, einen seriellen Ansatz zu verfolgen, bei dem Listen von bereits historisch erfassten Beziehungen aus Quellen extrahiert werden. Dieser Ansatz beschränkt sich bewusst auf eine bestimmte Art von Beziehungen und schafft so einen Datensatz, der viel zuverlässiger ist und auf quellenkritische Arbeit zurückgeht: Wenn der Datensatz unvollständig ist, wissen wir zumindest warum, denn der Extraktionsprozess ist dokumentiert und nachvollziehbar. Diese aus Listen rekonstruierten Netzwerke, ob es sich nun um Mitgliederverzeichnisse, (Mit-)Erscheinungen in Dokumenten, Transaktionen usw. handelt, eignen sich sehr gut für die Berechnung von Zentralitätsmetriken, da die Modellierung der Beziehungen systematisch ist.

Die dritte Möglichkeit besteht ebenfalls darin Listen zu erstellen, sich dabei aber nicht auf den Inhalt der Dokumente, sondern auf ihre Metadaten zu konzentrieren: Nicht der Text eines Briefes und darin genannte Beziehungen sind von Interesse, sondern der Absender und der Empfänger oder der Autor eines Werkes, die Abfahrts- und Ankunftshäfen eines Schiffes usw. Diese Netze, die sich auch sehr gut für quantitative Analysen eignen, sind oft komplizierter zu erstellen, da diese Informationen in der Regel aus verschiedenen seriellen Quellen extrahiert werden müssen.

Auch wenn es wichtig ist, sich über diese verschiedenen Perspektiven klar zu sein, ist die Wahl der passenden Methode in den meisten Fällen selbstverständlich: Wenn wir an einem Notariatsregister arbeiten, ist es klar, dass wir Material für ein Netzwerk des gemeinsamen Vorkommens (*co-occurences*) haben, nicht für ein Netzwerk von Zirkulationsmetadaten oder ein genealogisches Netzwerk.

9.4.2 Welche Daten?

Wie bereits erläutert, ist die Extraktion von Daten aus historischen Archiven, also deren ›Datafication‹ ein sehr variabler, von Quellen und Forschungsfrage abhängiger Prozess. Im Gegensatz dazu ist allerdings nicht variabel, wie ein Datensatz für eine Netzwerkanalyse aufbereitet werden muss.

Das Rückgrat der Daten bildet eine Liste von Beziehungen. Sie umfasst mindestens eine Tabelle mit zwei Spalten,»Quelle« und»Ziel« (s. Tab. 9.1). In der Regel werden einige Attribute hinzugefügt, die es beispielsweise ermöglichen, die Richtung der Beziehung, ihre Intensität oder Häufigkeit zu dokumentieren oder das Diagramm nach der Art der Verbindungen zu sortieren.

Tab. 9.1: Beispiel für die Kodierung von Beziehungen (Kantentabelle). Jede Zeile informiert über die Beziehung zwischen zwei Knotenpunkten (Quelle und Ziel) und qualifiziert sie anhand verschiedener Attribute (hier z. B. ihre Richtungsabhängigkeit, ein Intensitätswert und ein Feld, das ihre Art erklärt).

Quelle (source)	Ziel (target)	Richtung (type)	Intensität	Relation
Alfred	Alice	Wechselseitig	1	Ist verheiratet mit
Alfred	Daniel	Einseitig	12	Schickte x Briefe
Daniel	Alfred	Einseitig	5	Schickte x Briefe
Alfred	Physikalische Gesellschaft	Wechselseitig	1	Ist Mitglied von

Der Graph kann bereits aus dieser Tabelle erstellt werden, aber oft wird eine zweite Liste hinzugefügt, um die Art der Knoten zu dokumentieren (s. Tab. 9.2). Sie enthält beispielsweise Informationen, die angezeigt werden können, um die Scheitelpunkte einzufärben und zu sortieren, oder, wenn wir den Graphen auf eine Karte projizieren wollen, geografische Koordinaten der Knotenpunkte.

Tab. 9.2: Beispiel für eine Eckpunkt oder Knotentabelle. Jede Zeile verzeichnet unterschiedliche Eigenschaften der Knoten des Netzwerks.

Id	Voller Name	Kategorie	Nationalität
Alfred	Alfred Müller	Person	deutsch
Alice	Dr. Alice Müller	Person	österreichisch
Daniel	Daniel R. Meier	Person	schweizerisch
Physikalische Gesellschaft	Deutsche Physikalische Gesellschaft	Institution	deutsch

Für historische Netzwerkanalysen ist die Berücksichtigung von Zeitlichkeit eine zentrale Herausforderung. Beginnt die Beziehung an einem bestimmten Punkt und endet irgendwann oder ist sie unbegrenzt? Ist Zeitlichkeit ein Attribut für die Beziehungen oder die Knotenpunkte? Je nach Antwort auf diese Fragen werden zeitliche Markierungen (z. B. Datumsangaben) in die Kanten- oder Knotentabelle eingefügt.

9.4.3 Welche Interpretation?

Sobald das Netzwerk aufgebaut ist – mit einer schönen Visualisierung oder einer Tabelle mit komplizierten Metriken – stellt sich die Frage nach der Interpretation. Dies gilt umso mehr, weil Netzwerkanalyse vor allem ein Werkzeug ist, um die Quellen oder den historischen Gegenstand auf andere Weise zu betrachten, und an sich noch kein analytisches Ergebnis darstellt. Ebenso wie bei der Umwandlung des historischen Materials in ein Netzwerk, so müssen auch für die Interpretation grundlegende Entscheidungen darüber getroffen werden, wie welche Informationen gewonnen werden sollen.

Beispielsweise ist die Aussage, dass einige Knoten eine hohe Zwischenzentralität aufweisen, keine Information, die in einer historischen Studie direkt verwendet werden kann. Es ist daher notwendig, eine Übersetzungsphase zu durchlaufen, nicht nur, weil Historiker und ihr Publikum nicht die Sprache der Graphentheorie sprechen, sondern vor allem, weil diese Interpretation die Datenmodellierung berücksichtigen muss. Dies lässt sich am Beispiel einer hohen Zwischenzentralität zeigen, bei der ein bestimmter Knoten am häufigsten auf dem kürzesten Weg zwischen anderen Knoten liegt. Während diese Information in einem Zirkulationsnetz als Nachweis einer »Brückenfunktion« interpretiert wird (eine obligatorische Passage zwischen zwei Regionen), stellt sie in einem Netzwerk des gemeinsamen Auftretens von Begriffen in einem Dokument eher einen Hinweis auf die generelle Bedeutung eines Konzepts dar. In einem genealogischen Netzwerk wäre dies hingegen ein guter Indikator für Exogamie (eine Person, die Beziehungen über die Hauptfamilien hinaus aufbaut). In einem Netzwerk von Zugehörigkeiten zu Führungsgremien würde es schließlich helfen, Verflechtungen und die Bündelung strategischer Verantwortlichkeiten bei einer Person zu erkennen.

9.5 Digitale Ressourcen

Selbstverständlich hängt die Wahl einer Software immer von den Computerkenntnissen der Benutzer und den Programmiersprachen ab, mit denen sie vertraut sind. Es ist empfehlenswert, die Werkzeuge zu verwenden, die in der Gemeinschaft, in der man sich befindet (Universität oder Fachgebiet), bereits verwendet werden, um leichter Hilfe zu bekommen.

Die für die Erfassung und Visualisierung von Netzwerken konzipierte Open-Source-Software *Gephi* (s. Kap. 9.6.2) ist für Historiker leichter zugänglich als vollständige *Python*- oder R-Pakete wie *igraph* (s. Kap. 9.6.2) und in der Benutzung wahrscheinlich am intuitivsten. Ihre grafische Oberfläche führt den Benutzer gut durch den Prozess der Analyse eines Netzwerks, das aus allen Blickwinkeln betrachtet werden kann. *Gephi* ist weit verbreitet, wird häufig aktualisiert und es gibt viele Online-Tutorials. Der Blog eines seiner Schöpfer, Mathieu Jacomy, (s. Kap. 9.6.2) ist außerdem hervorragend dafür geeignet, sich über die Herausforderungen visueller Netzwerkanalyse zu informieren. Erwähnenswert ist auch *Nodegoat* (s. Kap. 9.6.2), eine Netzwerkanalyseplattform, die speziell für historische Studien entwickelt wurde. Es handelt sich dabei um eine Online-Datenbankschnittstelle, welche kooperative Arbeit ermöglicht. Das Interessante an *Nodegoat* ist, dass es speziell auf die Anforderungen von Historikern ausgerichtet ist, wobei der Schwerpunkt auf Modellierung, Zeitlichkeit, Räumlichkeit und Online-Veröffentlichung liegt.

Die Netzwerkanalyse findet in vielen historischen Bereichen Anwendung, ohne dass es zu einer starken Institutionalisierung gekommen ist. Die *Historical Network Research Community* (s. Kap. 9.6.2) versucht, all diese Einzelinitiativen durch eine gemeinsame Bibliographie, eine internationale Konferenz, eine Fachzeitschrift, Workshops und einen Newsletter zu verbinden. Hier können sich Interessierte über die Arbeit anderer Forscher informieren und erfahren, was derzeit auf dem Feld der historischen Netzwerkanalyse geschieht, wie dabei vorgegangen wird und was zukünftig noch getan werden kann.

9.6 Literatur

9.6.1 Einführungen und Spezialliteratur

Ahnert, Ruth/Ahnert, Sebastian E./Coleman, Catherine Nicole/Weingart, Scott B.: The Network Turn. Changing Perspectives in the Humanities, Cambridge 2020, 10.1017/9781108866804.

Bearman, Peter/Moody, James/Faris, Robert: Networks and history, in: Complexity 8 (2002), 61–71, 10.1002/cplx.10054.

Beauguitte, Laurent: L'analyse de réseaux en sciences sociales et en histoire, in: Letricot, Rosemonde/Cuxac, Mario/Uzcategui, Maria/Cavaletto, Andrea (Hrsg.): Le réseau. Usages d'une notion polysémique en sciences humaines et sociales, Louvain-La-Neuve 2016, 9–24.

Bixler, Matthias: Historical Network Research. Taking Stock, in: Bulletin of the German Historical Institute London 3 (2015), 43–70.

Düring, Marten: How Reliable are Centrality Measures for Data Collected from Fragmentary and Heterogeneous Historical Sources? A Case Study, in: Brughmans, Tom/Collar, Anna/Coward, Fiona (Hrsg.): The Connected Past. Challenges to Network Studies in Archaeology and History, Oxford 2016, 85–102.

Düring, Marten/Eumann, Ulrich/Stark, Martin/Keyserlingk, Linda von (Hrsg.): Handbuch Historische Netzwerkforschung. Grundlagen und Anwendungen, Berlin 2016.

Edelstein, Dan/Findlen, Paula/Ceserani, Giovanna/Coleman, Nicole: Historical Research in a Digital Age. Reflections from the Mapping the Republic of Letters Project, in: The American Historical Review 122 (2017), 400–424, 10.1093/ahr/122.2.400.

Gamper, Markus/Reschke, Linda/Düring, Marten (Hrsg.): Knoten und Kanten III. Soziale Netzwerkanalyse in Geschichts- und Politikforschung, Bielefeld 2015.

Gould, Roger V.: Uses of Network Tools in Comparative Historical Research, in: Mahoney, James/Rueschemeyer, Dietrich (Hrsg.): Comparative Historical Analysis in the Social Sciences, Cambridge 2003, 241–269.

Grandjean, Martin: Analisi e visualizzazioni delle reti in storia. L'esempio della cooperazione intellettuale della Societa delle Nazioni, in: Memoria e Ricerca 55 (2017), 371–393, 10.14647/87204.

Grandjean, Martin/Jacomy, Mathieu: Translating Networks. Assessing Correspondence Between Network Visualisation and Analytics, in: Digital Humanities (2019), 1–9.

Heuvel, Charles van den/Weingart, Scott B./Spelt, Nils/Nellen, Henk: Circles of Confidence in Correspondence. Modeling Confidentionality and Secrecy in Knowledge Exchange Networks of Letters and Drawings in the Early Modern Period, in: Nuncius 31 (2016), 78–106, 10.1163/18253911-03101002.

Kerschbaumer, Florian/Keyserlingk-Rehbein, Linda von/Stark, Martin/Düring, Marten: The Power of Networks. Prospects of Historical Network Research, London/New York 2020.

Lemercier, Claire: Formal Network Methods in History. Why and How?, in: Fertig, Georg (Hrsg.), Social Networks, Political Institutions, and Rural Societies, Turnhout 2015, 281–304.

Vugt, Ingeborg van: Using Multi-Layered Networks to Disclose Books in the Republic of Letters, in: Journal of Historical Network Research 1 (2017), 25–51, 10.5072/jhnr.v1i1.7.

Warren, Christopher N./Shore, Daniel/Otis, Jessica/Wang, Lawrence/Finegold, Mike/Shalizi, Cosma: Six Degrees of Francis Bacon. A Statistical Method for Reconstructing Large Historical Social Networks, in: Digital Humanities Quarterly 10 (2016).

9.6.2 Digitale Hilfsmittel

Gephi – https://gephi.org [5.6.2024].
igraph – https://igraph.org [5.6.2024].
Blog von Mathieu Jacomy – https://reticular.hypotheses.org [5.6.2024].
Nodegoat – https://nodegoat.net [5.6.2024].
Historical Network Research Community – https://historicalnetworkresearch.org [5.6.2024].

10 Genealogie

Anett Müller und Katrin Heil

10.1 Einführung

Die Genealogie (lat. *genus*, ›Geschlecht, Abstammung; griech. *logos*, ›Wort, Kunde, Lehre‹) widmet sich den Herkunfts- und Verwandtschaftsverhältnissen von Personen, Familien und Sippen, deren Ursprung, den Folgen und der Verwandtschaft der Geschlechter. Umgangssprachlich wird sie gerne mit Familienforschung oder Familienkunde, Geschlechterkunde oder Ahnenforschung gleichgesetzt. Während die *Darstellende Genealogie* die Abstammung und verwandtschaftlichen Beziehungen einzelner Personen oder Personengruppen anschaulich wiedergibt, untersucht die *Theoretische Genealogie* die allgemeinen Regeln und Gesetze der Genealogie.

Die *Genetische Genealogie* oder DNA-Genealogie verbindet die traditionelle Genealogie auf der Grundlage schriftlicher Quellen mit der Analyse und Auswertung des menschlichen Erbguts. Dabei wird die Vererbungslehre zum Nachweis des Grades der Verwandtschaft zwischen Individuen oder auch zur Feststellung der Herkunft der Vorfahren genutzt.

Die Motive zur Erforschung von Genealogien können sehr unterschiedlich sein. Gemeinsam ist allen, dass über Genealogie eine Annäherung an Geschichte erfolgt. Für Privatpersonen ist es oft eine beliebte Freizeitbeschäftigung, ob als Einzelperson oder organisiert im Verein, sich mit der eigenen Herkunft, den Familien- und Verwandtschaftsbeziehungen auseinanderzusetzen. Dabei können durchaus individuelle Rechte, verschiedene Erb- oder Nachfolgeregelungen oder die Legitimation von Eigentum eine Rolle spielen. Über das Kriterium der Abstammung sind auch Aussagen zur Emanzipation, Integration und Vernetzung möglich. So werden neue Erkenntnisse gewonnen, aber ebenso die Beziehungen zu Verstorbenen und Lebenden sowie das Familiengedächtnis und die eigene Sozialisation hinterfragt. Auf diese Weise findet nicht nur eine Rekonstruktion des Bestehenden statt, sondern (Familien- und Verwandtschafts-)Geschichte wird neu geschrieben. Genealogie oder besser Genealogien tragen somit zur Entwicklung des Geschichtsbewusstseins, des kulturellen Gedächtnisses und der Erinnerungskultur bei. Neben dem Zugang zur individuellen Geschichte ermöglicht und erweitert Genealogie das Verständnis für Geschichte allgemein, für Regional- und Orts-, für Sozial-, Kultur- und Wirtschaftsgeschichte oder politische Geschichte. Genealogie tritt dabei oft in Wechselwirkung zu anderen Wissenschaften, wie z. B. der Sozial- oder Mentalitätsgeschichte. Im letzten Viertel des 20. Jahrhunderts wandte sich die Forschung dieser Hilfswissenschaft verstärkt zu. Es entstanden zahlreiche Studien, die genealogische Daten zur Grundlage hatten und neue Sichtweisen auf Geschichte boten. Die angewandten genealogischen Methoden und Praktiken werden jedoch erst jetzt diskutiert und Genealogie als Historische Hilfswissenschaft bzw. Grundwissenschaft hinterfragt und neu interpretiert.

Neue Forschungsmöglichkeiten ergeben sich gleichermaßen durch die voranschreitende Digitalisierung. Die IT-gestützte Genealogie als ein Bereich der Digital Humanities an der Schnittstelle zwischen Informatik und Genealogie verbindet Arbeitsweisen und Methoden beider Seiten. Sie ermöglicht durch die elektronische Datenaufbereitung, -analyse und -verknüpfung neue Erkenntnisse sowie innovative Formen der sozialen Wissensarbeit. Besonders durch das ehrenamtliche Engagement im Rahmen von *citizen science* werden immer mehr genealogische Daten digital zugänglich und somit auswertbar. Die über die Bürgerwissenschaften zusammengetragenen Datensammlungen sind eine große Ressource für die wissenschaftliche Forschung. Vor allem eine quantitativ orientierte Genealogie, wie sie beispielsweise die Historische Demographie nutzt, findet dort eine breite Basis. Aber ebenso bieten diese Forschungsdaten Potential für Untersuchungen hinsichtlich einer Mikroperspektive oder einer Sozialen Netzwerkanalyse.

10.2 Forschungsgeschichte

Aufzeichnungen zu Geschlecht und Abstammung lassen sich seit dem Frühmittelalter nachweisen. Die herrschenden Geschlechter und der Adel benötigten die Genealogie zur Legitimation der Herrschaftsfolge. In der Ahnen- oder auch Adelsprobe war der bezeugte Nachweis adliger Abstammung zu erbringen. Dieser war für die standesmäßige Anerkennung notwendig und die Voraussetzung für ein Herrscheramt, für eine Belehnung, für die Aufnahme in einen Ritterorden, in adelige Domkapitel oder Kollegiatstifte oder für die Teilnahme an einem Turnier. Die Geschichte der Adelsgeschlechter findet ihren Niederschlag in prachtvollen Ahnen- oder Stammtafeln, oft mit den entsprechenden Wappen und in Sammelwerken zusammengefasst. Das vom Nürnberger Kaufmann Ulman Stromer von Reichenbach (1329–1402) zwischen 1360 und 1401 verfasste Werk *Püchel von meim geslecht und von abentewr* gilt als erster Ansatz für eine bürgerliche Familiengeschichte.

Im 18. Jahrhundert erschienen erste genealogische Nachschlagewerke, wie das *Genealogisch-historische Adels-Lexikon* (1719) und die *Genealogisch-historischen Nachrichten* (ab 1739), sowie erste Schriften, die sich speziellen theoretischen Fragen widmeten. Johann Christoph Gatterer (1727–1799) setzte in seinen Werken wesentliche Standards und wird daher auch als Begründer der neuzeitlichen wissenschaftlichen Genealogie bezeichnet.

Im 19. Jahrhundert entdeckte das aufstrebende Bürgertum die Genealogie für sich. Die Erfolge bürgerlicher Geschlechter wurden aufgezeigt, Biographien und Familiengeschichten folgten. Generell war ein Aufschwung der genealogischen Forschung zu verzeichnen. Dieser äußerte sich in einer zunehmenden Anzahl von Publikationen – genealogisch-biographischen Übersichten und Handbüchern, genealogischen Tabellen und Nachschlagewerken, fachwissenschaftlichen Periodika, quellenorientierten Veröffentlichungen – sowie in der Gründung genealogischer Vereine. Als erster deutscher, überregional tätiger Verein wurde 1869 in Berlin der bis heute bestehende »Herold« als Verein »für Heraldik, Genealogie und verwandte Wissenschaften« gegründet. Im Jahr 1904 entstand in Leipzig die »Zentralstelle für deutsche Personen- und Familiengeschichte«, gedacht als Sammlungs- und Vermittlungsstelle für die gesamte deutsche Familiengeschichtsforschung.

Die Nationalsozialisten bedienten sich der Genealogie unter der Bezeichnung der »Sippenkunde« als »völkische Wissenschaft« und missbrauchten die Familienforschung zur Durchsetzung der NS-Rassenpolitik und zur Anwendung der NS-Blut-und-Boden-Ideologie. Das diskreditierte die Genealogie als Historische Hilfswissenschaft in Deutschland nachhaltig. Nach dem Ende des Nationalsozialismus dauerte es lange, bis die Genealogie in der deutschen Öffentlichkeit wieder als seriöse Wissenschaft wahrgenommen wurde. Seit der Wende vom 20. zum 21. Jahrhundert erlebt sie einen Aufschwung, was einerseits an dem gestiegenen Interesse an der Herkunft der eigenen Familie sowie andererseits an den Möglichkeiten der digitalen Recherche und Vernetzung liegt. Diese Entwicklung spiegelt sich beispielhaft in den Projekten und Aktivitäten des 1989 gegründeten Vereins für Computergenealogie wider. Ebenso bieten zahlreiche genealogische Vereine auf ihren Websites umfangreiche Datenbanken oder hilfreiche Hinweise für genealogische Recherchen an. Die Vereine sind entweder auf bestimmte Regionen oder einzelne Bevölkerungsgruppen spezialisiert. Eine Übersicht bietet die Website der »Deutschen Arbeitsgemeinschaft genealogischer Verbände e. V.« als Dachverband der genealogischen und heraldischen Vereinigungen in Deutschland an.

10.3 Darstellungsformen

Die Genealogie bedient sich zweier Verfahrensweisen: der zeitlich rückwärts schreitenden generationsweisen Erforschung der Vorfahren/Ahnen (Aszendenz) und der zeitlich vorwärtsschreitenden Erforschung der Nachfahren (Deszendenz). Ersteres wird als Ahnenforschung, letzteres als Nachfahrenforschung bezeichnet. Darauf aufbauend werden bei der grafischen Darstellung der Ergebnisse der Untersuchung zwei Grundformen unterschieden: die Ahnentafel sowie die Nachfahren- oder Stammtafel.

Bei der Ahnentafel werden ausgehend vom Probanden als Bezugsperson retrospektiv von Generation zu Generation die gesamten Vorfahren ermittelt. Bei der Wiedergabe ergibt sich eine gewisse Gleichförmigkeit, da sich aufgrund der biologischen Gesetzmäßigkeit die Ahnen mit jeder Generation verdoppeln. Stephan Kekule von Stradonitz (1863–1933) führte daher 1898 eine Methode der Ahnenbezifferung (wieder) ein, die sich international unter dem Begriff der Kekule-Nummer durchsetzte. Mit zunehmendem Umfang der Ahnenzahl wächst gleichermaßen die Unübersichtlichkeit. Hier bietet sich die Ahnenliste als eine Form der Präsentation an.

Die Nachfahren- oder Stammtafel erfasst ausgehend von einer Person, dem Stammesvater, die von diesem in männlicher Linie abstammenden Nachkommen. Abhängig von biologischen und individuellen Faktoren (Kinderzahl, Ehelosigkeit, Sterblichkeit) ergibt sich durch die breite Verzweigung hier relativ schnell die Schwierigkeit der übersichtlichen Wiedergabe. Daher wird häufig auf eine Stamm- oder Nachfahrenliste zurückgegriffen. Der Begriff ›Stammbaum‹ wird in der Genealogie ausschließlich für die künstlerische Darstellung der Stammfolge in realistischer Baumform verwendet.

Um die Übersichtlichkeit in den einzelnen Darstellungsformen zu gewährleisten, erfolgt neben der Nummerierung der aufgeführten Personen auch die Verwendung genealogischer Zeichen. Durch ihren Einsatz wird die dauernde Wiederholung von Begriffen zum Personenstand vermieden. Beispielhaft seien genannt: * für geboren, † für gestorben. Bei allen genealogischen Forschungen treten früher oder später Ahnenschwund, Ahnenverlust oder auch Ahnengleichheit auf. Der genealogische Fachbegriff dafür lautet Implex (lat. *implexus*, ›das Verflochtene‹). Durch die eheliche Verbindung von nahen oder weniger nahen Verwandten tritt eine Differenz auf, sodass weniger Ahnen vorhanden sind, als es theoretisch sein sollte. Für den ›Durchschnittsbürger‹ lässt sich aufgrund der Quellensituation in der Regel ein Nachweis der Vorfahren bis zu 32 oder 64 Ahnen, günstigstenfalls noch bis zu 128 Ahnen erstellen. Bei einem mittleren Generationsabstand von 30 Jahren reichen die Forschungen dann bis ins 18. Jahrhundert zurück. Für Angehörige des Adels lassen sich die Ahnenreihen vollständiger ermitteln.

10.4 Recherchewege und Quellen

Die genealogische Forschungsarbeit hat sich in den vergangenen Jahren grundlegend verändert. War ursprünglich der Gang in die Archive und Bibliotheken die einzige Möglichkeit Quellen auszuwerten, so stehen diese inzwischen in zunehmendem Umfang in Online-Portalen und Datenbanken zur Verfügung. Heute ist es eine große Herausforderung, in der Menge von Informationen die tatsächlich relevanten Archive, Bibliotheken, Sammlungen, Datenbanken und Online-Portale zu ermitteln. Nachfolgende Ausführungen geben Hilfestellungen.

Genealogische Forschungen sollten im familiären Umfeld einer Person beginnen. Noch lebende Familienangehörige bzw. Nachkommen verfügen über Informationen und/oder amtliche Dokumente, wie Geburts-, Heirats-, Sterbeurkunden und Familienbücher. Mitunter existieren noch Ahnenpässe mit Abstammungsnachweisen, private Manuskripte, Korrespondenzen und (im besten Fall beschriftete) Fotografien. Auf diese Weise gelingt eine Einordnung der Person in familiäre Zusammenhänge und das soziale Umfeld. Sind in diesem Bereich erste persönliche Daten gewonnen, kann sich eine zielführende Recherche in den infrage kommenden Archiven anschließen.

Entscheidend für das Finden des ›richtigen‹ Archivs sind die Kenntnis des zuständigen Rechtsträgers sowie die regionale Verortung in der Archivlandschaft. Die Online-Plattform *Archivportal-D* erfasst einen großen

Teil der in Deutschland existierenden Archive und die von ihnen verwahrten Bestände (s. Kap. 10.6.2). Es wird regelmäßig aktualisiert und durch Digitalisate von Archivalien ergänzt. Wichtig für die Personenrecherche sind vor allem: kirchliche Archive, so die Pfarrarchive der Kirchgemeinden und landeskirchliche Archive, kommunale Archive (mit den Personenstandsunterlagen), staatliche Archive auf Bundes- und Länderebene sowie Herrschafts- und Familienarchive. Letztere befinden sich entweder in Privathand oder in staatlichen Archiven. Ist das zuständige Archiv ermittelt, sollte zunächst auf dessen Website nach entsprechenden Quellen gesucht werden. Die gängigen Methoden sind die Recherche nach Stichworten, wie Personen- oder Ortsnamen, und die systematische Recherche innerhalb der Tektonik. Darunter ist die Gliederung der Bestände eines Archivs nach ihrer organisch erwachsenen verwaltungsgeschichtlichen Herkunft (Provenienz) zu verstehen. Eine Suche über die Tektonik sollte immer erfolgen, denn Aktentitel setzen häufig keinen direkten Bezug zu Personen, die in den Unterlagen erwähnt werden. Auch Akten mit ganz allgemein gehaltenen Titeln, wie beispielsweise »Disziplinarangelegenheiten« oder »Personalunterlagen«, können Informationen zu einzelnen Personen enthalten.

10.4.1 Kirchenbücher

Die klassische Quellengattung für genealogische Forschungen sind die Kirchenbücher. Vor der reichsweiten Einführung der Personenstandsregister 1876 waren sie die einzigen Verzeichnisse, in denen Personenstandsereignisse wie Taufen, Trauungen und Bestattungen systematisch registriert wurden. Daneben können je nach Glaubensrichtung auch Kirchenbücher zu Firmungen, Konfirmationen, Aufgeboten, Kommunikanten und Glaubensübertritten vorliegen. Hinzu kommen u. a. Kirchenstuhlregister, Verkündbücher und Kirchenrechnungen. Als Auslöser für den Beginn einer regulären Kirchenbuchführung werden für die protestantische Konfession die Beschlüsse der Augsburger Synode im Jahre 1548 sowie die im Zuge der Reformation erlassenen landesherrlichen Kirchenordnungen betrachtet. Für die katholische Glaubensrichtung gilt das Konzil von Trient im Jahre 1563 mit seinen Festlegungen zur Führung von Tauf- und Traubüchern als Beginn der geordneten Kirchenbuchführung. Trotz dieser von den kirchlichen Gremien festgelegten Bestimmungen bleibt das regelkonforme Eintragen der Personenstandsereignisse zunächst sehr abhängig von der Umsetzung durch den Pfarrer vor Ort. Außerdem erlebt die Kirchenbuchführung vielerorts einen durch den Dreißigjährigen Krieg bedingten Abbruch. Er bildet häufig die zeitliche Grenze für genealogische Forschungen, da oft nicht nur die Kirchenbücher, sondern auch andere Quellen, wie Zinsregister und Gerichtsbücher, vernichtet wurden.

Tauf- und Trauungsbücher bieten die meisten genealogischen Informationen. In Taufbüchern sind neben dem Taufdatum oft das Geburtsdatum, der Geburtsort, die Eltern und Taufpaten, teilweise auch Verwandte angegeben. In Trauungsbüchern sind neben dem Datum der Trauung die Namen und das Alter der Brautleute sowie ihre Eltern und deren Wohnort verzeichnet. Bestattungsbücher geben Auskunft über Namen, Alter, Sterbeorte und Todesursachen von Gemeindemitgliedern. Die überlieferten Kirchenbücher werden oft noch heute in den Pfarrämtern verwahrt. Da Kirchspiele durch Zusammenlegungen von Pfarrgemeinden häufig Veränderungen erfahren haben, ist es sinnvoll, sich im Internet auf den Websites der Kirchgemeinden über die aktuelle Zuordnung des relevanten Ortes zu informieren, um dann das zuständige Pfarramt gezielt zu kontaktieren.

Kirchenbücher können im Original oder verfilmt (Mikrofilm) in den landeskirchlichen Archiven bzw. Diözesanarchiven vorliegen. Eine Übersicht überregionaler katholischer sowie evangelischer Kirchenarchive bieten die Websites der Katholischen Archive (s. Kap. 10.6.2) und des Verbands kirchlich-wissenschaftlicher Bibliotheken (s. Kap. 10.6.2). Zahlreiche Kirchenbücher beider Konfessionen sind auch online recherchierbar. Die Evangelische Kirche in Deutschland unterhält dafür das Portal *Archion* (s. Kap. 10.6.2), das mittlerweile 125 000 Kirchenbücher für Recherchen zur Verfügung stellt. Katholische Kirchenbücher können im Portal *Matricula* (s. Kap. 10.6.2) eingesehen werden. Kirchenbücher aus den östlichen Provinzen des ehemaligen Deutschen Reichs verwahren das Evangelische Zentralarchiv in Berlin (s. Kap. 10.6.2), das Bischöfliche Zentralarchiv in Regensburg (s. Kap. 10.6.2) sowie das Sächsische Staatsarchiv, Staatsarchiv Leipzig, das in seinem Referat 33 »Deutsche Zentralstelle für Genealogie/Sonderbestände« die »Familiengeschichtlichen Sammlungen des Reichssippenamtes« (s. Kap. 10.6.2) bewahrt. Der größte Teil dieser Sammlungen besteht aus auf Mikrofilm erfassten Kirchenbüchern, welche die genannte Behörde während der NS-Zeit im Rahmen des Schriftdenkmalschutzes und für die Recherche zur Erstellung von Abstammungsbescheiden anfertigen ließ.

10.4.2 Personenstandsregister

Infolge des Gesetzes über die Beurkundung des Personenstandes und die Eheschließung vom 6. Februar 1875 erfolgte zum 1. Januar 1876 die Einrichtung von Standesämtern im gesamten Deutschen Reich. Sie haben seitdem die Aufgabe, Geburten, Heiraten und Todesfälle in Personenstandsregistern und den zugehörigen Zweitbüchern zu registrieren, Sammelakten zu führen und Geburts-, Heirats- und Sterbeurkunden zu erstellen. Personenstandsregister verbleiben über lange Zeiträume, den sogenannten Fortführungsfristen, bei den Standesämtern: Eheregister (und Lebenspartnerschaftsregister) 80 Jahre, Geburtenregister 110 Jahre, Sterberegister 30 Jahre. Erst nach Ablauf dieser Fristen erfolgt die Abgabe an die zuständigen kommunalen Archive bzw. staatlichen Personenstandsarchive. Als Besonderheiten seien herausgestellt: In den napoleonisch besetzten linksrheinischen Gebieten gab es bereits ab 1798 Zivilstandsregister, die auch über das Ende der Besatzung hinweg geführt wurden. Im Königreich Preußen wurden bereits zum 1. Oktober 1874 Standesamtsregister eingeführt. Das Landesarchiv Berlin verwahrt die im Rahmen der Fluchtbewegung am Ende des Zweiten Weltkriegs aus den ehemaligen östlichen deutschen Provinzen auf das Gebiet der heutigen Bundesrepublik gelangten Personenstandsregister (s. Kap. 10.6.2).

Die 1945 vor Ort im heutigen Polen und Tschechien verbliebenen Personenstandsregister werden in den dortigen Standesämtern und nach Ablauf der Fortführungsfristen in den für die jeweilige Region zuständigen Staatsarchiven verwahrt. Zu beachten ist dabei, dass ein Teil der Unterlagen während des Zweiten Weltkriegs vernichtet wurde. Das Portal *Szukajwarchiwach* (s. Kap. 10.6.2) ermöglicht Recherchen in digitalisierten Quellen der polnischen Staatsarchive. Das bayerisch-tschechische Netzwerk *Porta fontium* hebt dagegen die historisch bedingte Trennung von Archivbeständen zum Sudetenland und der bayerischen Grenzregion auf virtuellem Weg auf und führt die Unterlagen so für digitale Recherchen wieder zusammen (s. Kap. 10.6.2).

10.4.3 Meldeunterlagen

Die Ursprünge des Meldewesens in Deutschland liegen in der Registrierung von ›Fremden‹. Im Laufe des 19. Jahrhunderts setzte sich dann die Erfassung sämtlicher Einwohner in den Städten und Gemeinden durch. Sie erfolgte in Listen- oder Buch-, später in Karteiform. Für das Meldewesen galten verschiedene landesrechtliche und kommunale Vorschriften. Eine einheitliche und flächendeckende Meldepflicht wurde infolge der am 6. Januar 1938 erlassenen Verordnung über das Meldewesen (Reichsmeldeordnung) eingeführt. Erfasst wurden neben Namen, Vornamen, Geburtsdatum und Geburtsort einer Person auch Angaben zum Ehepartner und Heiratsdatum, Kindern, Staatsangehörigkeit, Religion, Beruf, Wohnanschriften und zu Abwesenheiten vom Meldeort. Anfragen zu historischen Meldeunterlagen beantworten die jeweiligen Stadt-, Gemeinde- und Kreisarchive sowie einige Staatsarchive, wie z. B. das Landesarchiv Berlin und das Sächsische Staatsarchiv, Staatsarchiv Leipzig.

10.4.4 Leichenpredigten

Leichenpredigten entstanden im Zuge der Reformation in protestantischen Glaubensgebieten. Sie waren bis Mitte des 18. Jahrhunderts ein von Adel und oberer Bürgerschicht genutztes Medium, um an Leben und Wirken Verstorbener zu erinnern. Neben der zur Beisetzung gehaltenen Predigt und weiteren geistlichen Texten enthielten die Druckschriften seit Beginn des 17. Jahrhunderts auch ausführliche Schilderungen des Lebenslaufes (Personalia) und häufig aufwendig gestaltete Porträts der verstorbenen Personen. Die Marburger Forschungsstelle für Personalschriften widmet sich der Erforschung der im Zeitraum zwischen Reformation und Aufklärung gedruckten Leichenpredigten und dabei explizit den Biographien der Verstorbenen. Die herausgegebene Reihe *Marburger Personalschriften-Forschungen* beinhaltet neben Bibliographien und Monographien die Kataloge von Leichenpredigten-Beständen in deutschen Archiven; die Datenbank GESA vervollständigt sie (s. Kap. 10.6.2).

10.4.5 Universitäts- und Hochschulmatrikeln und Schulprogramme/Schulschriften

Seit Gründung der Universitäten im 14. Jahrhundert führen diese Matrikeln in Amtsbuchform. Neben dem Datum der Einschreibung an der Universität und einer fortlaufenden Nummer wurden die Namen der Studenten vermerkt. Außerdem können aufgeführt sein: Geburtsdatum, Stand des Vaters, Herkunftsort, Angaben zum Bildungsstand, Studienfach, Religionszugehörigkeit und Wohnadresse in der Universitätsstadt. In Universitätsmatrikeln wurden häufig auch Angaben zum Lehrkörper und anderen Universitätsangehörigen notiert. Eine ergänzende Quellengruppe stellen die Schulprogramme/Schulschriften dar. Dabei handelt es sich um von höheren Bildungseinrichtungen in Reihen herausgegebene Druckschriften, die Jahresberichte sowie Schüler- und Lehrerverzeichnisse enthalten. Über besonders umfangreiche Sammlungen dieser Schriften verfügen die Universitätsbibliotheken Leipzig und Gießen.

10.4.6 Ortsfamilienbücher

Ortsfamilienbücher wurden zu einzelnen Ortschaften durch die Erfassung und Verknüpfung von personenbezogenen Daten aus historischen Quellen, in der Regel Kirchenbüchern, erstellt. In ihnen werden nicht nur die Kernfamilien, also Eltern und Kinder, aufgeführt, sondern auch die genealogischen Verbindungen zu den Eltern der Eltern und den Ehepartnern der Kinder hergestellt. Die Reihung erfolgt alphabetisch nach den Namen der Familienväter. Ein besonders umfangreicher Bestand an Ortsfamilienbüchern wird im Archiv der Gruppen Familien- und Wappenkunde/Stiftung Bahn-Sozialwerk in Ludwigshafen/Rhein verwahrt. Online sind zahlreiche Ortsfamilienbücher über die Website des Vereins für Computergenealogie recherchierbar (s. Kap. 10.6.2).

10.4.7 Familienarchive, Nachlässe und genealogische Nachlässe

Einen außerordentlich großen Quellenreichtum für genealogische Forschungen bieten Familienarchive, Nachlässe und genealogische Nachlässe. Die ersten beiden Kategorien beinhalten vor allem originale Unterlagen zur betreffenden Person bzw. zu einer bestimmten Familie. In einem genealogischen Nachlass können durchaus auch Originalunterlagen überliefert sein, aber vor allem ist mit Forschungsnotizen, Kirchenbuch- und Personenstandsregisterauszügen, Ahnen- und Stammtafeln, Familienchroniken sowie Fotografien zu rechnen. Im Mittelpunkt muss dabei nicht zwingend die eigene Herkunft stehen, gleichermaßen können Berufsgruppen, wie beispielsweise Förster und Müller, oder bestimmte Namensträger betrachtet werden. Verwahrt werden Familienarchive, Nachlässe und genealogische Nachlässe vor allem in privaten, staatlichen und kommunalen Archiven. Eine Übersicht der Fundstellen bieten der Kalliope-Verbundkatalog (s. Kap. 10.6.2) sowie das *Archivportal-D*.

10.4.8 Weitere archivalische Quellen

Bei genealogischen Recherchen sollte immer auch die Überlieferung kommunaler und staatlicher Behörden in den Fokus genommen werden. Genannt seien Quellen wie: Bürgerbücher, Gerichtsbücher, Zinsregister, Akten zu Lehnsangelegenheiten, Diensten und Ablösungen; Akten der Konsistorien und Superintendenturen (zu Ehescheidungen, Schul- und Kirchenpersonal); Militärstammrollen; Grund- und Hypothekenbücher; Gerichtsakten (Straf-, Zivil- und Freiwillige Gerichtsbarkeit); Akten zu Heimat- und Passangelegenheiten; Patientenakten der Heil- und Pflegeanstalten und Gesundheitsämter; Gefangenenakten; Personalakten; Handelsregister und -akten; Innungsakten; Steuerakten. Des Weiteren kommen Unterlagen aus der Wirtschaft und von Parteien, Organisationen, Verbänden und Vereinen für genealogische Forschungen infrage.

10.4.9 Adressbücher

Über historische Adressbücher kann u. a. die Wohnanschrift von Personen für bestimmte Zeiträume ermittelt werden. Häufig sind ebenso Beruf und bei Frauen der Witwenstand angegeben. Der Verein für Computergenealogie stellt historische Adressbücher aus dem gesamten Raum des ehemaligen Deutschen Reichs für Recherchen zur Verfügung (s. Kap. 10.6.2). Die Sächsische Landes- und Universitätsbibliothek Dresden macht Recherchen in historischen Adressbüchern Sachsens möglich (s. Kap. 10.6.2).

10.4.10 Ortsverzeichnisse

Hilfreich für den Forschenden sind online verfügbare historische Ortsverzeichnisse, die Orte eindeutig identifizierbar machen und ihre Einbettung in historische staatliche, kommunale und kirchliche Verwaltungsstrukturen aufzeigen. Ortsverzeichnisse bzw. -datenbanken liegen beispielsweise für Sachsen und Bayern vor (s. Kap. 10.6.2). Das geschichtliche Ortsverzeichnis des Vereins für Computergenealogie bietet die Möglichkeit der Ortsrecherche im internationalen Rahmen (s. Kap. 10.6.2).

10.5 Ausgewählte Forschungsfelder der Genealogie

10.5.1 Hugenotten (*Réfugiés*)

Die französischen Glaubensflüchtlinge (*Réfugiés*), die nach der Aufhebung des Edikts von Nantes durch Ludwig XIV. im Jahr 1685 ihre Heimat verlassen mussten, siedelten sich vor allem in den Niederlanden, England, dem Heiligen Römischen Reich Deutscher Nation, hier vor allem in Brandenburg-Preußen und Hessen, und der Schweiz an. Die meist aus Handwerkerfamilien und dem gebildeten Bürgertum stammenden *Réfugiés* begründeten in ihrer neuen Heimat französisch-reformierte Gemeinden und führten zunächst eigene Kirchenbücher. Aufgrund sinkender Mitgliederzahlen kam es seit dem Beginn des 19. Jahrhunderts zur Vereinigung mit deutsch-reformierten Gemeinden. Hinweise für genealogische Forschungen sind auf der Website der Deutschen Hugenotten-Gesellschaft zu finden (s. Kap. 10.6.2).

10.5.2 Salzburger Emigranten

Infolge des Erlasses des Emigrationspatents durch den Salzburger Fürsterzbischof Leopold Anton von Firmian am 31. Oktober 1731 wurden die Angehörigen der protestantischen Konfession des Landes Salzburg verwiesen. Vor dem Verlassen ihrer Heimat wurden sie von den zuständigen Pfleggerichten in Emigrationslisten registriert, die heute im Salzburger Landesarchiv verwahrt werden. Ein großer Teil der Salzburger Emigranten siedelte sich auf Einladung des preußischen Königs Friedrich Wilhelm I. in Ostpreußen an. Genealogische Informationen sind über die Website des Salzburger Vereins e. V. recherchierbar (s. Kap. 10.6.2).

10.5.3 Auswanderungen nach Russland und Südosteuropa

Eine große Auswanderungsbewegung nach Russland fand im Zeitraum zwischen 1763 und 1862 statt. Ein von Katharina II. erlassenes Manifest warb mit Vergünstigungen und Sonderrechten um Einwanderer. Politische, wirtschaftliche und religiöse Gründe brachten die Menschen dazu, ihre Heimat zu verlassen und sich im Wolga- und Schwarzmeergebiet in Kolonien anzusiedeln. Eine neuerliche Auswanderungswelle erfolgte nach einem von Alexander I. 1804 erlassenen Manifest nach Bessarabien. Weitere europäische Auswanderungsgebiete im 18. Jahrhundert waren das Banat, die Batschka, Galizien und die Bukowina, die zum Habsburger Herrschaftsgebiet gehörten. Kirchenbücher aus Bessarabien und der Bukowina sind u. a. im Sächsischen Staatsarchiv, Staatsarchiv Leipzig überliefert.

10.5.4 Auswanderungen nach Übersee

Aufgrund unterschiedlicher Motive, vor allem aber bedingt durch wirtschaftliche Not, wanderten Deutsche seit Beginn des 19. Jahrhunderts nach Nord- und Südamerika aus. Sie verließen Europa hauptsächlich über die Häfen in Bremerhaven und Hamburg. Auskunft über Emigranten, die in die USA reisten, geben die Passagierlisten der Auswandererschiffe, die für den Zeitraum ab 1820 fast vollständig in den National Archives vorliegen und online einsehbar sind (s. Kap. 10.6.2). Eine Recherche ist ebenso in der Deutschen Auswanderer-Datenbank (s. Kap. 10.6.2) oder den Bremer Passagierlisten (s. Kap. 10.6.2) möglich.

10.5.5 Jüdische Genealogie

Die Recherche nach Vorfahren jüdischer Herkunft gestaltet sich aufgrund der Quellenlage kompliziert. Unzählige jüdische Familien verloren während des Holocaust ihre Angehörigen und waren zur Emigration gezwungen. Die Verluste an schriftlichen Quellen während des Zweiten Weltkriegs und in den Jahrhunderten davor, u. a. durch Pogrome und Vertreibungen, machen eine Rekonstruktion von familiären Zusammenhängen schwierig. Auch wurde erst mit der Emanzipation der jüdischen Bevölkerung das Führen eines festen Familiennamens gesetzlich verpflichtend. Bis zum Beginn des 19. Jahrhunderts war das Tragen eines einzelnen Namens ausreichend, mitunter wurde ein Beiname hinzugefügt. Nachteilig wirkt sich ebenso aus, dass die jüdischen Gemeinden der Erfassung von Geburts-, Hochzeits- und Sterbedaten weniger Bedeutung beimaßen als christliche Gemeinden. So sind nur vereinzelt Verzeichnisse zu Gemeindemitgliedern überliefert. Eine besondere Quelle sind die Bücher, die der Mohel über die rituelle Beschneidung der Knaben führte. Teilweise liegen sogenannte Juden-Matrikeln bzw. Juden- und Dissidenten-Matrikeln vor, die die Meldung der Personenstandsereignisse durch die jüdischen Gemeinden an staatliche oder kom-

10 Genealogie

munale Behörden beinhalten. Eine große Anzahl dieser Matrikeln wurde, wie auch die Kirchenbücher, während des Nationalsozialismus im Auftrag der Reichsstelle für Sippenforschung/Reichssippenamt verfilmt. Die Originale sind inzwischen verloren. Für Forschungen zum Zeitraum 1933–1945 bieten die Websites der nachfolgenden Einrichtungen zahlreiche Informationen und umfangreiche Datenbanken:

- die Internationale Holocaust Gedenkstätte »Yad Vashem« (s. Kap. 10.6.2),
- die »Arolsen Archives. International Center on Nazi Persecution« (s. Kap. 10.6.2)
- sowie das Bundesarchiv mit dem Gedenkbuch für Opfer der Verfolgung der Juden unter der nationalsozialistischen Gewaltherrschaft in Deutschland 1933–1945 (s. Kap. 10.6.2).
- Das 1987 gegründete »Zentralarchiv zur Erforschung der Geschichte der Juden in Deutschland« verfügt vor allem über Quellen aus der Zeit nach 1945 (s. Kap. 10.6.2). Umfangreiche Forschungsmöglichkeiten zu jüdischer Genealogie auf internationaler Ebene bietet die Website *JewishGen. The Global Home für Jewish Genealogy* (s. Kap. 10.6.2).

10.6 Literatur

10.6.1 Einführungen und Spezialliteratur

Fertig, Georg/Guzzi-Heeb, Sandro (Hrsg.): Genealogien. Zwischen populären Praktiken und akademischer Forschung, Innsbruck/Wien 2022.
Gatterer, Johann Christoph: Johann Christoph Gatterers Abriß der Genealogie, Göttingen 1788.
Hecht, Michael/Timm, Elisabeth (Hrsg.): Genealogie in der Moderne. Akteure – Praktiken – Perspektiven, München 2022.
Ribbe, Wolfgang/Henning, Eckart: Taschenbuch für Familiengeschichtsforschung, 13. Aufl., Neustadt/Aisch 1995.
Schupp, Waldemar: Abstammung und Verwandtschaft, in: Beck, Friedrich/Henning, Eckart, Die archivalischen Quellen. Mit einer Einführung in die Historischen Hilfswissenschaften, 3. Aufl., Köln/Weimar/Wien 2003, 269–290.

10.6.2 Digitale Hilfsmittel

Archivportal-D – https://www.archivportal-d.de [5.6.2024].
Katholische Archive – https://www.katholische-archive.de [5.6.2024].

Verband kirchlich-wissenschaftlicher Bibliotheken – https://vkwb.info [5.6.2024].
Archion – https://www.archion.de [5.6.2024].
Matricula – https://data.matricula-online.eu/de [5.6.2024].
Evangelisches Zentralarchiv in Berlin – https://ezab.de/kirchenbuecher/kirchenbuch-suche.php [5.6.2024].
Bischöfliches Zentralarchiv in Regensburg – https://bistum-regensburg.de/diensthilfe/familienforschung [5.6.2024].
Familiengeschichtliche Sammlungen des Reichssippenamtes (StaA Leipzig) – https://archiv.sachsen.de/archiv/bestand.jsp?oid=13.01&bestandid=21962 [5.6.2024].
Personenstandsregister der ehemaligen deutschen Ostgebiete (LA Berlin) – https://landesarchiv-berlin.de/wp-content/uploads/2017/08/Standesaemt_Ostgebiete.pdf [5.6.2024].
GESA – http://www.personalschriften.de/datenbanken.html [5.6.2024].
Ortsfamilienbücher (Verein für Computergenealogie) – https://www.online-ofb.de [5.6.2024].
Kalliope-Verbundkatalog – https://kalliope-verbund.info [5.6.2024].
Historische Adressbücher – https://wiki.genealogy.net/Portal:Adressbuch [5.6.2024].
Historische Adressbücher Sachsens (SLUB Dresden) – https://adressbuecher.sachsendigital.de [5.6.2024].
Ortsverzeichnisse/-datenbanken für Sachsen – https://hov.isgv.de [5.6.2024].
Ortsverzeichnisse/-datenbanken für Bayern – https://www.bsb-muenchen.de/sammlungen/bavarica/recherche/ortsdatenbank [5.6.2024].
Das geschichtliche Ortsverzeichnis – http://gov.genealogy.net/search/index [5.6.2024].
Möglichkeit der Ortsrecherche im internationalen Rahmen.
Deutsche Hugenotten-Gesellschaft – https://www.hugenotten.de/genealogie [5.6.2024].
Salzburger Verein e. V. – https://salzburgerverein.de [5.6.2024].
Passagierlisten der Auswandererschiffe (National Archives) – https://www.archives.gov/research/immigration/overview [5.6.2024].
Deutsche Auswanderer-Datenbank – https://www.deutsche-auswanderer-datenbank.de [5.6.2024].
Bremer Passagierlisten (StaA Bremen) – https://www.passagierlisten.de [5.6.2024].
Internationale Holocaust Gedenkstätte Yad Vashem – https://www.yadvashem.org/de.html [5.6.2024].
Arolsen Archives – https://arolsen-archives.org [5.6.2024].
Gedenkbuch für Opfer der Verfolgung der Juden unter der nationalsozialistischen Gewaltherrschaft in Deutschland 1933–1945 (Bundesarchiv) – https://www.bundesarchiv.de/gedenkbuch [5.6.2024].
Zentralarchiv zur Erforschung der Geschichte der Juden in Deutschland – https://zentralarchiv-juden.de [5.6.2024].
JewishGen – https://www.jewishgen.org [5.6.2024].
Szukajwarchiwach – https://www.szukajwarchiwach.gov.pl [5.6.2024].
Porta fontium – https://www.portafontium.eu/?language=de [5.6.2024].

FamilySearch – https://www.familysearch.org/de [5.6.2024].
Gewerbsmäßig betriebenes Portal zur Familienforschung der Kirche Jesu Christi der Heiligen der Letzten Tage.
MyHeritage – https://www.myheritage.de [5.6.2024].
Von der gleichnamigen israelischen Firma entwickelte Online-Plattform.
ancestry – https://www.ancestry.de [5.6.2024].

11 Digital Humanities (Stilometrie)

Simon Dagenais

11.1 Einführung

Die Digitalen Geisteswissenschaften (Digital Humanities/DH) sind ein interdisziplinäres Forschungsfeld an der Schnittstelle zwischen Informatik und Geisteswissenschaften. Verschiedene klassische Disziplinen wie Literaturwissenschaft, Linguistik oder Geschichte bringen hier ihre Erfahrungen und Methoden ein. Genutzt werden dabei so unterschiedliche Verfahren wie die Digitalisierung von Dokumenten, Online-Editionen, Datenmodellierung und Tools für qualitative und vor allem quantitative Analysen. Typisch für letztere ist die Arbeit an großen Korpora von Untersuchungsmaterialien in textlicher oder audiovisueller Form.

Die zunehmende Entwicklung benutzerfreundlicher Schnittstellen hat es Geschichtsforschern erleichtert, die Rechenleistung von Computern zu nutzen, um neuartige Einblicke in Quellen zu erhalten und so eine Vielzahl von Methoden der digitalen Geisteswissenschaften hervorgebracht. Von diesen wird im Folgenden exemplarisch die Stilometrie genauer vorgestellt, eine Methode, die große Quellenkorpora sichtet und vermisst.

11.2 Methoden der digitalen Geisteswissenschaften: ein Überblick

Die digitalen Geisteswissenschaften sind in zwei Teilbereiche unterteilt, die jeweils ähnliche Vorgehensweisen zusammenfassen. Der erste Bereich umfasst die Erstellung und Pflege von digitalen Objekten. Darunter fallen digitale Publikationen und Editionen, Datenbanken sowie die Digitalisierung verschiedener Dokumenttypen (Schriftstücke, ikonografische Dokumente oder Audio- und Videodokumente). In dieses Feld gehört auch die Bereitstellung von Beständen der National- oder Staatsbibliotheken in deren jeweiligen Onlineversionen, so beispielsweise bei der französischen Nationalbibliothek unter dem Namen *Gallica*. Die Digitalisierung von schriftlichen Dokumenten durch diese Anbieter kann – muss aber nicht – mit der Erfassung und Transkription des Inhalts einhergehen, wobei dies bei gedruckten Dokumenten häufiger der Fall ist als bei handschriftlichen.

Der Text der Dokumente dieser Bibliotheken wird durch ein automatisiertes Verfahren gewonnen, das als OCR (*optical character recognition*) für gedruckten Text und als HTR (*handwritten text recognition*) für Manuskripte bezeichnet wird. Im Vergleich ist die OCR weiter verbreitet ist als die HTR, da es für OCR zahlreiche Softwareangebote gibt, wie das lizenzpflichtige *ABBY Finereader* oder die Vollversion von *Adobe Acrobat* aber auch Open-Source-Software wie *OCRopus, Tesseract* oder *OCR-4all*. Für HTR ist die am häufigsten verwendete Software das im Kapitel zur Paläographie vorgestellte *Transkribus*.

Im zweiten Teilbereich geht es um die digitale Analysemethoden, die je nach Art der Daten unterschiedliche Ergebnisse ermöglichen. Mit geografischen Daten können Karten erstellt werden, die beispielsweise den Geburtsort verschiedener historischer Persönlichkeiten darstellen. Es können auch Rekonstruktionen und Simulationen durchgeführt werden, einschließlich der 3D-Visualisierung von teilweise oder vollständig zerstörten Gebäuden. Simulationen, die auf im wirklichen Leben gemessene numerische Daten basieren, können außerdem neue numerische Daten erzeugen. So kann beispielsweise, wenn eine Datengrundlage zur Geschwindigkeit von Schiffen oder Eselskarren vorliegt, die Reisezeit mit antiken Transportmitteln simuliert und berechnet werden.

An Textdaten wiederum kann man sich mit Methoden des sogenannten *distant reading* herantasten. Dies wird als das Gegenteil zum *close reading* definiert, der traditionellen Art des Lesens, bei der man aufmerksam jedes einzelne Wort nacheinander liest und auf deren Bedeutung achtet. *Distant reading* ermöglicht die gleichzeitige Analyse einer sehr großen Zahl von Texten und zielt darauf ab, charakteristische Aspekte hervorzuheben, die beim *close reading* ausgeblendet werden. Dies kann zur Erstellung eines Teilkorpus führen, wenn Forscherinnen oder Forscher beispielsweise an der Verwendung eines bestimmten Wortes interessiert sind. Sie können dann dieses Wort in einem großen Korpus lokalisieren und die Absätze extrahieren, aus denen sie stammen. Derartige Methoden des mehrfachen und kombinierenden *distant reading* sind eine Form der quantitativen Analyse.

Auch andere Ansätze stützen sich auf quantitative Aspekte, um Texte zu klassifizieren. So zielt die Themenmodellierung darauf ab, Texte ähnlichen

Inhalts in einem Korpus zu gruppieren. Dabei wird ein Algorithmus verwendet, der Texte mit ähnlichen Wörtern in dieselbe Gruppe oder dasselbe Cluster einordnet. Diese Methode schließt in der Regel Präpositionen und Funktionswörter aus, um sich auf inhaltlich relevante Wörter zu konzentrieren. Andererseits gibt es aber auch Methoden, die den Schwerpunkt gerade auf die Untersuchung von Präpositionen und Funktionswörter legen, um den spezifischen Schreibstil von Autorinnen oder Autoren zu untersuchen. Dies ist besonders der Fall bei der Stilometrie.

11.3 Stilometrie – Definition und Anwendungsbereiche

Die Stilometrie basiert auf der Annahme, dass Autoren in ihren Werken typische und erkennbare sprachliche Muster verwenden, die ihnen selbst unbewusst sind. Daher ist es ihnen auch nicht möglich, diese Muster zu verschleiern. Hier setzt Stilometrie an und analysiert Texte mit Hilfe von quantitativen Berechnungsmethoden. Sie kann durch die Messung von Merkmalen in verschiedenen Texten und deren Vergleich Gemeinsamkeiten und Unterschiede nachweisen. Dies galt vor dem Aufkommen von Computern beispielsweise für den Umfang des von einem Autor verwendeten Vokabulars, die Länge der Sätze oder die durchschnittliche Länge verwendeter Wörter. In der neueren Forschung werden hingegen die am häufigsten verwendeten Wörter (MFW, *most frequent words*) in den Texten ermittelt und dann verglichen. Dieses Vorgehen basiert auf der Beobachtung, dass Autoren dazu neigen, denselben Wortschatz auch dann zu verwenden, wenn sie über unterschiedliche Themen schreiben. Dies gilt insbesondere für Funktionswörter wie Artikel, Präpositionen und Konjunktionen. Schwierigkeiten ergeben sich allerdings, wenn man eine stilometrische Analyse von Texten verschiedener Gattungen wie Lyrik und Prosa durchführt.

Auch wenn Stilometrie hauptsächlich genutzt wird, um Autorinnen und Autoren zu ermitteln, kann sie auch verwendet werden, um die Stile verschiedener Texte zu vergleichen. Wissenschaftler haben beispielsweise die Entwicklung des Stils von Autorinnen und Autoren über mehrere Jahrzehnte hinweg verglichen. Möglich ist auch der Vergleich des Stils verschiedener Gruppen von Schriftstellern, die sich beispielsweise nach Geschlecht, sozialem Stand oder regionaler Herkunft unterscheiden. Weiterhin ermöglicht Stilometrie, Vergleiche auf der Grundlage des Textinhalts, z. B. mit welchem Stil und Vokabular männliche Autoren über Frauen und weibliche Autoren über Männer schreiben. Schließlich kann Stilometrie auch verwendet werden, um einen einzelnen Text zu analysieren und stilistische Brüche zu finden, die auf Plagiate hindeuten.

Hier zeigt sich, dass die Stilometrie in mehrfacher Hinsicht von großem Nutzen für Historiker sein kann. Mittels Stilometrie lassen sich zweifelhafte oder unsichere Autorenschaften prüfen oder sogar Verfasser anonymer Texte ermitteln. Sie ist zwar kein Allheilmittel, liefert aber empirisch gestützte Hypothesen zur Identifizierung möglicher Autorinnen und Autoren, die dann weiter untersucht werden können.

11.4 Forschungsstand

Schon vor dem Aufkommen des Computers gab es unter Gelehrten ein Interesse an der Analyse von stilistischen Merkmalen, die Autoren unwillkürlich in ihre Texte eingebaut haben. Berühmt ist das Beispiel des Humanisten Lorenzo Valla, der in der Renaissance den Inhalt der Konstantinischen Schenkung analysierte, eines angeblich aus dem 4. Jahrhundert stammenden Dokuments, das dem Papst die weltliche Herrschaft über den Westteil des Römischen Reiches übertrug. Im Jahr 1439 konnte Valla nachweisen, dass das Dokument eine Fälschung ist, da es mehrere in der Antike unbekannte Wörter enthielt. Es stammte aus dem 9. Jahrhundert.

Die Ursprünge der Stilometrie im engeren Sinne lassen sich in die zweite Hälfte des 19. Jahrhunderts zurückverfolgen, als Wissenschaftler versuchten, die Dialoge Platons zu datieren. Wincenty Lutosławski schlug hierfür eine Methode vor, die er ›Stilometrie‹ nannte und mit der er Stileme untersuchte, das heißt 500 Besonderheiten, die sowohl seltene Wörter im Text als auch allgemeinere Merkmale umfassten. Seine Methode erforderte allerdings eine sehr genaue Kenntnis der Texte und machte es für Lutosławski außerdem notwendig, alle Merkmale von Hand zu zählen, um die Grundlage für seine Berechnungen zu erhalten. Er inspirierte dementsprechend keine unmittelbaren Nachfolger.

Die Verbreitung von Computern in den 1960er Jahren führte aber zu einem neuen Interesse an Stilometrie. Pionierarbeit leisteten hier die Statistiker Frederick Mosteller und David Lee Wallace mit ihrer Analyse der *Federalist Papers*, einem grundlegenden Werk der amerikanischen Revolution. Sie enthalten Texte von Alexander Hamilton, James Madison und John Jay. Einige der von Hamilton und Madison verfassten Texte sind darin jedoch unter Pseudonym veröffentlicht und beide Männer gaben widersprüchliche Erklärungen zu ihrer Urheberschaft ab. Mosteller und Wallace konnten zeigen, dass Madison der Hauptautor war. Bei ihrer Methode legten sie den Schwerpunkt auf die Analyse von Funktionswörtern (z. B. *of, the, also, an, his*). Die *Federalist Papers* wurden daraufhin zu einem klassischen Fall der Stilometrie, sowohl zum Trainieren von Modellen als auch zum Testen von Methoden.

Doch erst mit dem 1988 erschienenen Buch von John Frederick Burrows *Computation into Criticism* fand die Stilometrie Eingang in den wissenschaftlichen Mainstream. Burrows untersuchte das Werk von Jane Austen und darin unter anderem den Sprachgebrauch von Haupt- und Nebenfiguren. Dabei entwickelte er mehrere neue Ansätze für stilometrische Analysen.

In den frühen 2000er Jahren entwickelte Burrows schließlich eine Methode, die einen Durchbruch in der Stilometrie bringen sollte. Er schlug vor, multiple Indikatoren, statt nur weniger starker Charakteristika zu analysieren, und entwickelte ein Maß, das als »Burrows' Delta« bekannt ist. Dieses Maß berechnet den *z-Score* (Standardwert) der Häufigkeiten einer Reihe von Merkmalen. Anschließend wird berechnet, in welcher Häufigkeit diese Merkmale in mehreren Texten auftreten und wie sehr die Texte sich darin unterscheiden. Aus den Werten für einzelne Merkmale wird dann ein Gesamtwert für den Abstand zwischen den Texten gebildet, mittels dem dann die Texte mit ihrem nächsten Nachbarn angeordnet werden.

Während »Burrows' Delta« allen Wörtern die gleiche Bedeutung beimisst, hat Maciej Eder 2015 die Formel angepasst, die Bedeutung der weniger häufigen Wörter verringert und das sogenannte »Eder's Delta« geschaffen. Dieses ist geeigneter für Sprachen mit hohem Flexionsgrad, wie Latein und Griechisch.

Eine dritte Methode, das »Cosinus Delta«, wurde schließlich zeitgleich von einem Forschungsteam in Würzburg entwickelt. Vereinzelt wird es daher im Englischen auch als »Wurzburg's Delta« bezeichnet. Diese Methode passt das »Burrows' Delta« an, indem es ein als *cosinus similarity* bekanntes Maß verwendet, das nicht den in einem Diagramm erkennbaren Abstand der Häufigkeit von Merkmalen in zwei Texten misst, sondern den Grad der Variation zwischen den beiden. Das »Cosinus Delta« gilt als eines der effizientesten für viele Sprachen, einschließlich Deutsch.

Es ist nicht unbedingt notwendig, die Details dieser drei verschiedenen Maße zu verstehen, aber es ist wichtig zu wissen, dass ihre Anwendung zu unterschiedlichen Ergebnissen führen kann. Dies wird im folgenden anwendungsorientierten Abschnitt näher erläutert.

11 Digital Humanities (Stilometrie)

11.5 Das Paket *Stylo* für die Programmiersprache R

Der einfachste und effizienteste Weg, eine eigene stilometrische Analyse durchzuführen, ist die Verwendung des *Stylo*-Pakets für die Programmiersprache R, das kostenlos und als Open-Source für alle gängigen Betriebssysteme verfügbar ist. *Stylo* ist für Personen ohne Programmierkenntnisse leicht zu bedienen, ermöglicht aber fortgeschrittenen Benutzern Code zu verwenden.

Das Paket *Stylo für R* wurde von Maciej Eder, Mike Kestemont, Jan Rybicki und Steffen Pielström entwickelt. Das Team hat eine ausführliche Dokumentation in englischer Sprache für die Nutzung erstellt, für die es leider kein Äquivalent in deutscher Sprache gibt. Deswegen werden hier die grundlegenden Schritte erläutert, um eine stilometrische Analyse mit *Stylo* zu beginnen.

11.5.1 Vorbereiten des Korpus für eine Analyse mit *Stylo*

Der erste Schritt besteht darin unter Berücksichtigung folgender Punkte ein Korpus von Texten auszuwählen:

1. Es ist einfacher, Texte zu analysieren, die demselben oder einem ähnlichen Genre angehören. Ein juristischer Vertrag lässt sich beispielsweise leichter mit einem Korpus juristischer Abhandlungen analysieren, während ein Vergleich mit Theaterstücken oder Gedichten ungenau wäre.
2. Stilometrie funktioniert in der Regel besser bei längeren Texten. Forscherinnen und Forscher auf diesem Gebiet empfehlen die Analyse von Texten mit mindestens 2500 bis 5000 Wörtern.
3. Um einen Text analysieren zu können, benötigen Sie eine digitale Version des Textes. Sie müssen aber nicht unbedingt mit perfekten Transkriptionen der Texte arbeiten. In der Tat kann die Stilometrie auch dann effizient sein, wenn die oben genannte OCR (optische Zeichenerkennung) Fehler (das sogenannte ›Rauschen‹) aufweist. Dies führt jedoch zu einer geringeren Genauigkeit. Wollen Sie Texte mit solchen Fehlern vergleichen, ist es wichtig, Texte mit ähnlichem Rauschen zu vergleichen. Wenn Sie eine perfekte Transkription verwenden und sie mit Texten vergleichen, die eine hohe OCR-Fehlerquote aufweisen, wird dies zu irreführenden Ergebnissen führen.

4. Es ist vorzuziehen, für *Stylo* UTF-8 kodierte Dateien zu verwenden. Ein bequemer Weg, dies zu tun, besteht darin, den Text durch Kopieren aus der Quelle (entweder eine Online-Transkription oder eine PDF-Datei) zu extrahieren, ihn in einen Texteditor einzufügen und im .txt-Format zu speichern, wobei Sie sich vergewissern sollten, dass die Kodierung UTF-8 ist.
5. Die Texte sollten keine Fremdpassagen enthalten oder dahingehend bereinigt werden. Das bedeutet, dass Sie alle Passagen entfernen müssen, die nicht vom Autor verfasst wurden, wie beispielsweise das Titelblatt und das Inhaltsverzeichnis oder bei einer kommentierten Ausgabe die vom Herausgeber verfasste Einleitung oder die Fußnoten. Auch ausgiebige Zitate können die Analyse stören.
6. Für die Benennung Ihrer Textdateien wird diese Struktur vorgeschlagen: *author1_title, author2_title*. Es ist allerdings ratsam, längere Titel abzukürzen, da der vollständige Titel in der visuellen Darstellung Ihrer Analyse erscheint. Die Autoren konsequent mit gleicher Schreibweise zu benennen und der Unterstrich ermöglichen der Software, Texten von gleichen Autoren in der Visualisierung eine gleiche Farbe zuzuweisen, was später die Analyse erleichtert.
7. Um Ihre Dokumente für die Analyse vorzubereiten, müssen Sie sie in einem Verzeichnis namens »corpus« ablegen.

Nun folgen die Installation von *Stylo* und der Start der Analyse.

11.5.2 Installation von *Stylo*

Um *Stylo* zu installieren, müssen Sie zunächst zwei zusätzliche Komponenten herunterladen.

1. Installieren sie die neueste Version der Programmiersprache R, die Sie auf der Webseite der Stiftung CRAN (*Comprehensive R Archive Network*) finden: https://cran.r-project.org.
2. Weiterhin benötigen Sie die Software R-Studio, von der Sie passend zu ihrem Betriebssystem eine freie Basisversion auf https://www.rstudio.com finden. In Windows oder Linux können Sie jetzt zu Schritt vier wechseln.
3. Für MacOS müssen Sie noch Xquartz und Xcode installieren. Sie finden die Software unter https://www.xquartz.org. Klicken Sie dort auf den Link zur aktuellen Version. Anschließend öffnen Sie die Befehlszeile »Terminal« und schreiben den Befehl: xcode-select --install(»stylo«)

4. Starten Sie nun R-Studio und schreiben Sie den folgenden Befehl: install.packages(»stylo«)
Mit einem Druck auf die Eingabetaste installieren Sie schließlich *Stylo*.

11.5.3 *Stylo* anwenden und Analyseparameter festlegen:

Um *Stylo* zu starten, geben Sie bei jeder Anwendung in R-Studio den folgenden Befehl ein: library(stylo)
Danach können Sie die graphische Eingabemaske öffnen (*Graphical User Interface/GUI*), indem Sie den Befehl eingeben: stylo()
Sie sehen nun nacheinander fünf Eingabemasken, in denen Sie Optionen für Ihre Analyse auswählen können. Dies mag zunächst verwirrend erscheinen, doch die meisten Eingaben bleiben für alle Untersuchungen gleich.

Die erste Eingabemaske legt das Dateiformat der untersuchten Texte sowie deren Sprache fest.

Auf der zweiten Seite können Sie die Parameter der Analyse festlegen. Ihre Auswahl hier hängt von der Art der Untersuchung ab, die Sie durchführen möchten. Daher wird in diesem Abschnitt zunächst auf die unterschiedlichen Merkmale eingegangen, die *Stylo* in Texten prüfen kann, und danach auf die entsprechenden Analysearten.

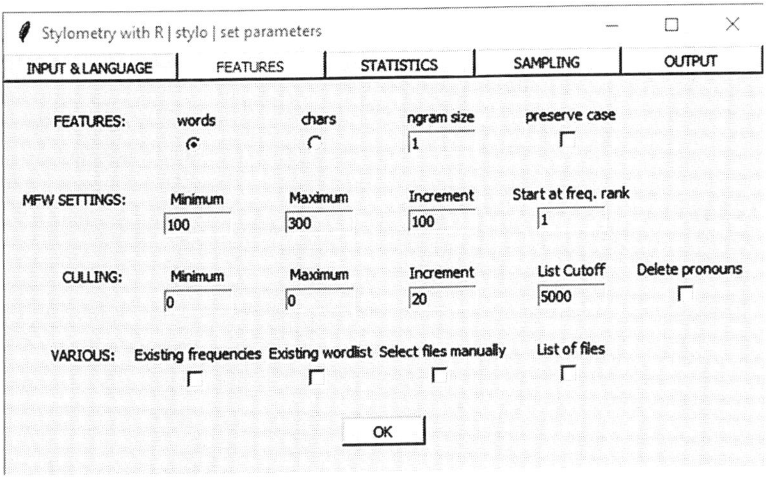

Abb. 11.1: Screenshot – Auswahl der Analyseparameter.

Features/Merkmale: Hier können Sie auswählen, ob Sie Wörter oder Zeichen (*characters*) analysieren möchten. In den meisten Fällen empfiehlt es sich, Wörter zu verwenden. Bei der Größe »ngram« handelt es sich um einen Parameter, der bestimmt, wie der Text in einzelne Analyseinheiten (Token) umgewandelt wird. Hierzu ein bietet der folgende Satz ein Beispiel: »Stilometrie ist nützlich für Historiker.« Er enthält fünf Unigramme (Stilometrie, ist, nützlich, für, Historiker), aber vier Bigramme (Stilometrie ist, ist nützlich, nützlich für, für Historiker). Ein Trigramm würde aus drei Wörtern bestehen usw. Die Analyse von Unigrammen (ngram = 1) hat sich als effizient erwiesen und wird daher empfohlen.

MFW-Einstellungen: die Anzahl der häufigsten Wörter (*most frequent words*), die analysiert werden. In der Literatur zur Stilometrie gibt es keine ideale Zahl hierfür. Wenn das Korpus aus kleinen Texten besteht, könnte die Verwendung einer großen Zahl aber zu ungenauen Ergebnissen führen. Im Allgemeinen wird empfohlen, die Analyse mit einer relativ kleinen Anzahl von Wörtern zu beginnen, z. B. zwischen 50 und 100, und diese dann schrittweise zu erhöhen. So können Sie die Zusammenhänge zwischen Ihren Texten besser verstehen. Minimum und Maximum der häufigsten Wörter: Wenn Sie hier die gleiche Zahl eingeben, wird nur eine Analyse durchgeführt. Wenn Sie verschiedene Zahlen eingeben, führt die Software die Analyse mehrfach durch. Wie viele Analysen dies sind legen Sie mit dem Wert Increment fest. Beispielsweise bedeutet ein Minimum der MFW von 100 und ein Maximum von 500 bei einem Increment von 100 folgendes: *Stylo* wird zunächst die 100 häufigsten Wörter analysieren, dann bei einem weiteren Durchgang die 100 nächsthäufigen Wörter ergänzen usw., bis es bei 500 Wörtern angekommen ist. Es nimmt also fünf Analysen vor. Üblicherweise werden Schritte von 100 Wörtern als Increment vorgegeben.

Culling: Damit wird ein Schwellenwert für die Aufnahme oder den Ausschluss von Wörtern festgelegt. Wenn Sie ein Minimum von 20 festlegen, bedeutet dies, dass 20 % der Texte dieses Wort enthalten müssen, damit es analysiert wird. Mit Maximum wird eine Höchstzahl von Texten festgelegt, in denen ein Wort vorhanden sein muss, um analysiert zu werden. Auch hier können Sie ein Maximum und einen Increment-Wert wie bei den häufigsten Wörtern festlegen.

List cutoff: Mit diesem Parameter können Sie die Anzahl der von der Software berechneten Wörter begrenzen. Sie können die Standardzahl von 5000 beibehalten.

Delete Pronouns: *Stylo* arbeitete bei der Analyse mit einer Liste heutiger Pronomen, um anhand von deren Gebrauch die Texte zuzuordnen. Dies

11 Digital Humanities (Stilometrie)

kann aber problematisch werden, wenn Texte im Korpus historische Pronomen oder Schreibweisen enthalten. In diesen Fall sollten hier Pronomen aus der Analyse ausgeschlossen werden, um Fehler zu vermeiden.

Various (Verschiedenes): Wenn Sie Frequenzen aus einer anderen Analyse behalten haben, können Sie hier angeben, sie erneut zu verwenden.

Auf der dritten Seite wählen Sie die Art der Analyse sowie die Methode zur Berechnung der Abstände zwischen den Texten.

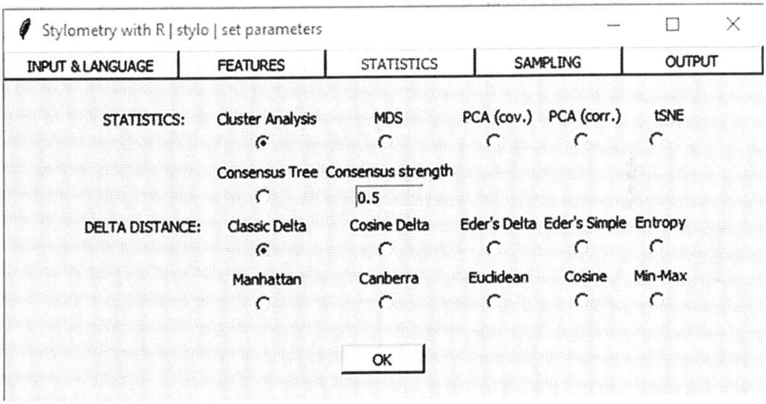

Abb. 11.2: Screenshot – Auswahl der Analysemethode.

Im oberen Teil der Eingabemaske können sie zwischen fünf statistischen Analysetypen wählen, die unterschiedliche Visualisierungen erzeugen.

Cluster: Damit werden Ihre Texte in Clustern zusammengefasst und in einem Baumdiagramm dargestellt, das stilistische Verwandtschaft anzeigt und auf potentiell gemeinsame Autorschaft hinweist. Zu beachten ist, dass diese Methode nur die engste Nachbarschaft (*closest neighbour*) anzeigt. Das bedeutet, ein Text wird immer mit exakt einem anderen assoziiert, auch wenn die Beziehung zwischen ihnen vielleicht nur sehr gering ist. So entsteht eine statische Darstellung der Analyseergebnisse für die vorher bestimmte Anzahl häufigster Wörter (MFW). Die Parameter der Analyse werden in einer Legende am unteren Rand des Diagramms angegeben.

MDS (*multidimensional scaling*): Die Multidimensionale Skalierung ermöglicht die Visualisierung von Entfernungen in einem kartesischen Raum. Der Schwerpunkt liegt hier also nicht auf dem nächsten Nachbarn, sondern auf dem tatsächlichen Abstand zwischen den verschiedenen Texten. Die

Verwendung dieser Darstellung kann helfen, das Ergebnis einer Clusteranalyse zu relativieren und die Nähe einiger Texte anders zu bewerten. So kann man z. B. sehen, dass einige der engsten Nachbarn sich in Wirklichkeit stark voneinander unterscheiden, während man auch ihren Abstand zu weiteren Texten sieht.

PCA cov. und PCA corr. (*principal component analysis*): Diese Methode visualisiert ebenfalls den berechneten Abstand zwischen Texten eines Korpus, allerdings in Form von Punkten. Zur Vereinfachung reduziert sie den Datensatz. Sie wählt in der Regel die ersten beiden Hauptkomponenten der Daten aus und stellt sie in einem zweidimensionalen Diagramm dar. Im Falle einer stilometrischen Analyse ist dies die Anzahl der verwendeten MFW, wobei für jeden Text ein Punkt gesetzt wird. Es gibt zwei Arten der PCA-Analyse: In der Kovarianzmatrix dominieren tendenziell die Variablen, die hohe Unterschiede aufweisen. Bei einer Korrelationsmatrix werden die Variationen standardisiert, sodass Variablen weniger Einfluss auf das Ergebnis haben. Letzteres kann aber dazu führen, dass wichtige Informationen übersehen werden.

TSNE (*t-distributed stochastic neighbor embedding*): ist ein weiteres Tool zur Visualisierung. Es verwendet den Algorithmus t-SNE, um ähnliche Objekte als nahegelegene und unähnliche Objekte als entfernte Punkte zu modellieren.

Consensus tree: Diese Methode dient dazu, mehrere Clusteranalysen kombiniert in Form eines Baumes darzustellen. Wenn Sie beispielsweise in der vorherigen Eingabemaske festgelegt haben, eine Analyse mit einem Minimum von 100 MFW (häufigste Wörter) bis zu einem Maximum von 500 MFW in 100er Schritten durchzuführen, erstellen Sie eine Analyse mit fünf Clustern. Der Konsensbaum erfasst die stärksten Muster aller fünf Durchgänge und schließt die schwächeren textlichen Ähnlichkeiten aus. Wenn z. B. in vier der fünf Clusteranalysen zwei Texte eng miteinander verbunden sind, werden sie im Konsensbaum entsprechend dargestellt. Die Nähe der Zweige wird durch den Parameter für die Konsensstärke bestimmt. Diese Methode ist sehr nützlich, da sie subjektive Beeinflussung der Analyse durch den Benutzer minimiert und mehrere Ergebnisse zusammenführt. Allerdings hat sie auch Grenzen. Da nur der nächstgelegene Nachbar angezeigt wird, werden weitere Texte, die in der Clusteranalyse nahe beieinander liegen, nicht berücksichtigt. Außerdem wird eine Nähe, die nur bei einem kleineren Teil der Analysen ermittelt wurde, beispielsweise bei zwei von fünf Durchgängen, gar nicht angezeigt.

Jede Methode hat ihre Vorteile und Grenzen. Um das Korpus sowie die Vorteile der Methoden vollständig zu verstehen, kann es nützlich sein, einige Parameter zu ändern und verschiedene Analyse durchzuführen.

11 Digital Humanities (Stilometrie)

Im unteren Teil folgen dann Angaben zur Berechnungsmethode.

Delta Distance: Dies sind die Messmethoden für jede Analyse. Einige von ihnen sind wie oben erläutert für eine bestimmte Gruppe von Sprachen optimiert. *Stylo* ermöglicht es fortgeschrittenen Benutzern, ihre eigenen Maßeinheiten einzubauen. Von den verfügbaren Methoden sind die folgenden drei für die meisten Analysen die effizientesten:

Klassisches Delta: Hierbei handelt es sich um das bereits besprochene Delta von Burrows. Es ist ein Maß, das bei den meisten Texten gut funktioniert.

»Kosinus Delta«: Hierbei handelt es sich um das genannte Würzburger Delta. Speziell für Deutsche Quellen ist es tendenziell effizienter als das von Burrows.

»Eder's Delta«: Hierbei handelt es sich um eine Anpassung des Würzburger Deltas, das für stark flektierte Sprachen wie Polnisch, Finnisch und Latein optimiert ist. Einige Untersuchungen haben gezeigt, dass es auch für Französisch effizient ist.

Output: Die fünfte und letzte Eingabemaske erlaubt ihnen, die Visualisierung Ihrer Ergebnisse individuell zu gestalten sowie Bilddateien und Dateien mit Angaben zur Häufigkeit der analysierten Wörter zu erstellen.

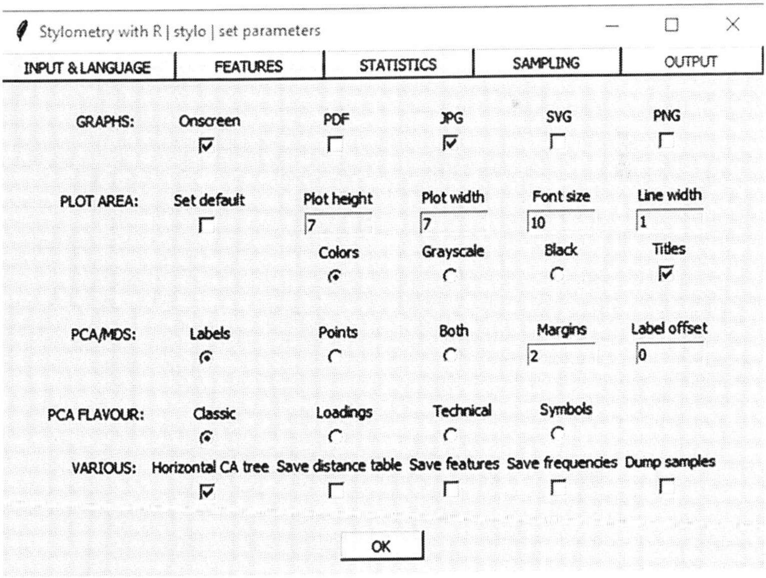

Abb. 11.3: Screenshot – Die Auswahl der Visualisierungen und der Ausgabe.

Graphs (Diagramme): Kreuzen Sie das erste Kästchen an, um Visualisierungen zu erhalten. Wenn Sie die erstellte Grafik behalten möchten, sollten Sie sie außerdem in eines der verfügbaren Dateiformate exportieren: .pdf, .jpg, .svg oder .png. Bei einem kleineren Korpus ist jedes der statischen Bildformate (.pdf, .jpg oder .png) geeignet. Bei einem größeren Korpus kann es jedoch kompliziert werden, die Namen der einzelnen Textdateien zu erkennen. Das vektorielle svg-Format macht in diesem Fall die Visualisierung einfacher, da es möglich ist, zu zoomen.

- Plot Area: Hier wählen Sie den Darstellungsbereich aus. Für kleinere Korpora sind die Standardhöhe, -breite und -schriftgröße geeignet. Bei einem größeren Korpus können Sie hier Anpassungen vornehmen.
- Colors: Ein farbiger Output ist oft leichter verständlich, sollte aber vermieden werden, wenn die Ergebnisse in Graustufen gedruckt werden.
- PCA/MDS: Hier können Sie für den Fall, dass Sie eine PCA- oder MDS-Analyse vornehmen, auswählen, ob die Ergebnisse als Punkte oder als Textfelder mit den Werktiteln oder als eine Kombination beider Elemente angezeigt werden. Für die Textfelder (*labels*) kann auch noch die Größe festlegt werden.
- PCA Flavour: Sie können hier zwischen vier Optionen wählen.
  1. Klassisch: Nur die Titel der Texte werden auf der Achse platziert.
  2. Loadings: Die Titel werden angegeben, aber es wird dazu eine Auswahl von Wörtern angezeigt, von den häufigsten bis zu den am wenigsten häufigen.
  3. Technical: Rechts von der PCA-Darstellung wird eine Abbildung mit den ermittelten Häufigkeiten der analysierten Komponenten eingefügt.
  4. Symbol: Für jeden Autor wird ein anderes Symbol verwendet.
- Various: Hier können Sie die in Ihrer Analyse ermittelten Häufigkeiten von Wörtern in Dateien exportieren lassen. Sie können diese dann in anderen Analysen wiederverwenden und sparen Zeit, da Ihr Computer sie nicht erneut berechnen muss. Außerdem können Sie sie in andere Software übertragen.

Sobald Sie die Parameter für Ihre Analyse ausgewählt haben, öffnet das Programm ein Fenster und fordert Sie auf, einen Ordner mit dem Namen »corpus« auszuwählen, der die zu untersuchenden Texte enthält. Hierbei ist aber es wichtig, nicht den Ordner »corpus« direkt auszuwählen, sondern den übergeordneten Ordner. Das Programm wählt dann selbstständig den »corpus«-Ordner aus. Sollten Sie den Ordner »corpus« direkt auswählen, beendet das Programm seine Arbeit.

11.5.4 Bevor Sie weitermachen: Validierung Ihrer ersten Analyse

Es ist wichtig, dass Sie bei der Interpretation vorsichtig bleiben und die Ergebnisse durch weitere Untersuchungen kritisch prüfen. Wenn Sie ihre Analyse als Clusteranalyse oder Konsensbaum durchgeführt haben, sollten Sie bedenken, dass Texte hier mit ihrem engsten Nachbarn assoziiert werden, auch wenn die Beziehung zwischen ihnen recht gering ist. Es kann auch vorkommen, dass Texte, die in keiner Beziehung zu anderen Texten stehen, aber wiederum untereinander starke Beziehungen haben, aufgrund dieses gemeinsamen Gegensatzes zum Rest des Corpus gemeinsam gruppiert werden. Es ist daher sinnvoll, andere Arten von Analysen durchzuführen und beispielsweise die Anzahl der MFW in Cluster- und Konsensbaumanalysen zu variieren oder Methoden zu nutzen, die nicht den nächsten Nachbarn angeben, sondern Abstände zwischen Texten visualisieren.

Darüber hinaus ist es ratsam, die ermittelten häufigsten Wörter zu überprüfen, um die Analyse anzupassen. Die Auswahl einiger Wörter könnte auf OCR- oder Transkriptionsfehler zurückgehen. Sie können auch sehen, ob die von der Software dargestellte Nähe vielleicht nur auf der Nähe des Genres Ihrer Texte beruht. Hierfür ist der erste Schritt ein Blick auf die Häufigkeitsliste (*frequency list*), die in der Ausgabe erstellt wird, wenn Sie die entsprechende Option auswählen. Anhand dieser Liste können Sie Wörter eliminieren, die auf OCR-Fehler zurückzuführen sind, und dann die Analyse neu starten.

11.6 Beispiel: Eine stilometrische Analyse französischer Flugschriften

Dieses Beispiel untersucht 14 Texte aus der ersten Hälfte der 1770er Jahre. Es handelt sich um französische Pamphlete ähnlicher Länge, die alle zur Unterstützung der Maupeou-Reformen verfasst wurden (benannt nach dem Kanzler René Nicolas de Maupeou). Hierbei ging es darum, die Stellung der Krone gegenüber den französischen Appellationsgerichtshöfen (*parlements*) zu stärken, speziell gegenüber dem *parlement* von Paris, das Einfluss auf die Legislative beanspruchte – ein sehr polemisch diskutiertes Thema. Auch wenn ein stilistischer Vergleich zwischen Pro- und Anti-Maupeou-Pamphleten möglich gewesen wäre, wurde ein inhaltlich einseitiges

Korpus zusammengestellt, um Hypothesen über die Urheberschaft einiger Texte aufzustellen. Die Auswahl von Texten, die aus demselben politischen Lager stammen, erhöht die Wahrscheinlichkeit, dass einige von derselben Person verfasst wurden. In diesem speziellen Fall enthält das Korpus einen Text, der Louis-Valentin Goëzman de Thurn (1729–1794) zugeschrieben wird, einem wichtigen Schriftsteller und Polemiker dieser Zeit. Eine stilometrische Analyse könnte also ermöglichen, ihm weitere Autorschaften zuzuweisen. Man muss jedoch vorsichtig sein, da Goëzman zwar sehr wahrscheinlich Autor weiterer Pro-Maupeou-Pamphlete war, aber es keinen direkten Hinweis darauf gibt. Außerdem ist das Pamphlet ein Genre mit einer großen Variationsbreite, und die Nähe zwischen zwei Texten kann manchmal auch dadurch erklärt werden, dass zwei Texte ähnliche Positionen zu einem Thema vertreten.

Die meisten dieser Texte wurden von der gleichen Quelle digitalisiert, in diesem Fall der digitalen Französischen Nationalbibliothek *Gallica*, wobei einige auch über Google Books bezogen wurden. Um eine ähnliche OCR-Qualität zu gewährleisten, wurde die Software *ABBY Finereader* auf die Texte angewandt und um manuelle Korrekturen ergänzt.

11.6.1 Erste Analyse

Zur Untersuchung des Korpus erfolgte zunächst eine Clusteranalyse. Um den Einfluss bestimmter grammatikalischer Subjekte, wie erwähnte Personen oder Institutionen zu begrenzen, wurde eine Auslese von 40 % vorgenommen. Das bedeutet, dass nur Wörter, die in 40 % der Texte vorkommen, beibehalten werden. Dies ist besonders wichtig, da einige Flugblätter sehr ähnliche Themen haben und beispielsweise häufig dieselben Institutionen oder Personen erwähnen. Zunächst wurde eine Analyse von 100 MFW durchgeführt. Für jede Analyse erstellte die Software eine Liste der MFW unter dem Titel: wordlist.txt. Ein Blick auf die Wortliste bestätigte dann, dass es keinen signifikanten OCR-Fehler gab. Als Ergebnis zeigt sich, dass der von Goëzman geschriebene Text mit anderen Texten gruppiert wird, die »lettres«, also das französische Wort für Briefe im Titel haben, was darauf hindeutet, dass diese Nähe vom Genre herrühren könnte. Die Wörter hinter der angezeigten Verbindung zu untersuchen, hilft also ein umfassenderes Bild zu erhalten.

11.6.2 Zweite Analyse: Modifizierte Parameter

Eine weitere Untersuchung des Korpus kann mit anderen Clusteranalysen durchgeführt werden, wenn Sie das Wortlistendokument verändert oder die Auslese verstärkt haben. Im Fall unseres Pamphlet-Korpus hat ein Text Nähe zu einem von Goëzman geschriebenen Text gezeigt: die *Réponse à la lettre*. Um diese Beziehung zu untersuchen, kann ein Konsensbaum ein guter Anfang sein, um zu sehen, ob sie bestehen bleibt, wenn die Anzahl der untersuchten MFW verändert wird. Es wurden Tests von 100 MFW bis 1000 MFW durchgeführt, um die Nähe der beiden Texte in den verschiedenen Visualisierungstools von *Stylo* zu testen. Die meisten der durchgeführten Tests bestätigen die Nähe zwischen dem Text von Goëzman und der *Réponse à la lettre*.

11.6.3 Dritte Analyse: Unterschiedliche Methoden

Bei einer Variation der Methode zeigt auch das MDS (*multidimensionale scaling*) eine Beziehung zwischen den Beiden. Auch die PCA corr. (*principal componant*)-Analysen zeigen eine Nähe zwischen ihnen, die zunimmt, wenn die Anzahl der untersuchten Wörter erhöht wird. Auch PCA cov. bestätigt diese Nähe mit der Ausnahme, dass ein weiterer Text mit dem Titel *Ils reviendrons, ils ne reviendront pas* ebenfalls mit den beiden anderen assoziiert ist. Bei der tSNE-Analyse aber sind die beiden Texte schließlich überhaupt nicht miteinander verbunden.

An dieser Stelle ist es möglich, die Analyse in drei Richtungen voranzutreiben: Erstens kann die Nähe des Textes *Réponse à la lettre* zu Goëzmans Werk durch Vergleich mit weiteren gegen Maupeou geschriebenen Pamphleten erweitert werden. Zweitens lassen sich fortgeschrittenere Methoden verwenden, darunter die Funktion imposters() von *Stylo*. Diese Methode vergleicht einen umstrittenen Text mit anderen Texten eines mutmaßlichen Autors und kontrastiert dies mit Texten von Personen, die ihn mit Sicherheit nicht geschrieben haben. In unserem Fall würde man ein Korpus von Texten erstellen, die von Goëzman geschrieben wurden, und ein Korpus von bekannten Autoren, die diesen Text sicher nicht geschrieben haben. Diese Funktion führt komplexe Berechnungen durch, um die Wahrscheinlichkeit abzuschätzen, ob der fokussierte Text vom mutmaßlichen Autor stammt. Drittens könnte die Analyse auch Flugblätter für und gegen Maupeou zusammenführen. So könnte man den Stil der Befürworter und Gegner der Reform vergleichen.

11.7 Zusammenfassung und Ausblick

Stilometrie ist eine Form des *distant reading*, mit dem sich die Urheberschaft von Texten prüfen oder neu zuordnen lässt. Sie ist besonders nützlich für die Untersuchung anonymer Texte oder von Texten mit zweifelhafter Autorenschaft. Mit Hilfe des *Stylo*-Pakets für die Programmiersprache R können stilometrische Analysen mit einer grafischen Benutzeroberfläche (GUI) leicht durchgeführt werden. Es ist aber wichtig, mit den erzielten Ergebnissen vorsichtig umzugehen, da die Zusammensetzung des Korpus entscheidend für die Qualität der Ergebnisse ist. Wie bei den Digital Humanities insgesamt muss man jedoch auch in diesem Fall für eine tiefere Einarbeitung auf englischsprachige Ressourcen zurückgreifen.

11.8 Literatur

11.8.1 Einführungen

Jannidis, Fotis/Kohle, Hubertus/Rehbein, Malte (Hrsg.): Digital Humanities. Eine Einführung, Stuttgart 2017.
Lutosławski, Wincenty: The Origin and Growth of Plato's Logic. With an Account of Plato's Style and of the Chronology of His Writings, London 1897.
Mosteller, Frederick/Wallace, David Lee: Inference and Disputed Authorship. The Federalist, Addison-Wesley Series in Behavioral Science. Quantitative Methods, Reading 1964.
Mosteller, Frederick: A Statistical Study of the Writing Styles of the Authors of the Federalist Papers, in: Proceedings of the American Philosophical Society 131/2 (1987), 132–140.
Schreibman, Susan/Siemens, Ray/Unsworth, John (Hrsg.): A New Companion to Digital Humanities, Chichester 2016.

11.8.2 Spezialliteratur

Burrows, John: »Delta«. A Measure of Stylistic Difference and a Guide to Likely Authorship, in: Literary and Linguistic Computing 17/3 (2002), 267–287.

Burrows, John: Computation Into Criticism. A study of Jane Austen's Novels and an Experiment in Method, Oxford 1987.

Eder, Maciej/ Rybicki, Jan/Kestemont,Mike: Stylometry with R. A Package for Computational Text Analysis, in: The R Journal 8/1 (2016), 107–121, https://journal.r-project.org/articles/RJ-2016-007/RJ-2016-007.pdf.

Eder, Maciej: Does Size Matter? Authorship Attribution, Small Samples, Big Problem, in: Digital Scholarship in the Humanities 30 (2014), https://doi.org/10.1093/llc/fqt066.

Evert, Stefan/Proisl, Thomas/Schöch, Christof/Jannidis, Fotis/Pielström, Steffen/ Vitt, Thorsten: Explaining Delta, or: How do Distance Measures for Authorship Attribution Work? Computational Linguistics 5.6.2015, Lancaster 2015, https://doi.org/10.5281/zenodo.18308.

Ilsemann, Harmut: Phantom Marlowe. Paradigmenwechsel in Autorschaftsbestimmungen des englischen Renaissancedramas, Düren 2020.

Juola, Patrick: Authorship Attribution, in: Foundations and Trends in Information Retrieval 1/3 (2007), 233–334, https://doi.org/10.1561/1500000005.

Laramée, François Dominic, Introduction to Stylometry with Python, in: Programming Historian 7 (2018), https://doi.org/10.46430/phen0078.

Schöch, Christof: Corneille, Molière et les autres. Stilometrische Analysen zu Autorschaft und Gattungszugehörigkeit im französischen Theater der Klassik, in: Beihefte zu Philologie im Netz 7 (2014), 130–157, https://hal.science/hal-00957091.

Smith, Peter W.H./Aldridge, W.: Improving Authorship Attribution. Optimizing Burrows' Delta Method, in: Journal of Quantitative Linguistics 18 (2011), 63–88, https://doi.org/10.1080/09296174.2011.533591.

Tuzzi, Arjuna/Cortelazzo, Michele A. (Hrsg): Drawing Elena Ferrante's Profile, Padua 2018.

11.8.3 Digitale Hilfsmittel

Computational Stylistic Group – https://computationalstylistics.github.io [5.6.2024].
Forschungsgruppe, die das Stylo-Paket entwickelt hat, mit Blog.
Anleitung für Stilometrie mit Stylo – https://fortext.net/routinen/lerneinheiten/stilometrie-mit-stylo [5.6.2024].

II. Quellen

12 Briefe

Ursula Lehmkuhl

12.1 Definition und Quellenwert

Ein ›Brief‹ ist eine schriftliche Mitteilung, die in der Regel dazu dient, Informationen, Nachrichten oder Gedanken zwischen Personen auszutauschen. Der Begriff kann sich auf verschiedene Arten von schriftlichen Kommunikationsformen beziehen, sofern sie bestimmte Merkmale aufweisen. Hierzu gehören: Schriftlichkeit, Adressierung, Grußformel, inhaltliche Struktur und Unterschrift. Briefe können in verschiedenen Kontexten verwendet werden, darunter persönliche Kommunikation, geschäftliche Korrespondenz, offizielle Mitteilungen, politische Schreiben und vieles mehr. Mit der zunehmenden Digitalisierung erfolgt ein Großteil der Briefkommunikation heutzutage elektronisch per E-Mail oder andere digitale Medien.

Briefe gewähren Einblicke in zahlreiche Facetten vergangener Zeiten und Gesellschaften. So liefern sie etwa vielfältige Informationen über das alltägliche Leben, politische Ereignisse, soziale Beziehungen und Netzwerke, kulturelle Entwicklungen, Emotionen, wirtschaftliche und religiöse Praktiken und Ideentransfers. Briefe gehören zu den sehr seltenen historischen Quellen, die Auskunft geben darüber, wie historische Akteure gesellschaftliche und politische Ordnungsstrukturen wahrgenommen und wie sie historische Prozesse und Alltagswelten mitgestaltet haben. Sie geben zudem Einblick in die persönlichen Gedanken und Emotionen der Verfasser und Verfasserinnen und ihren Umgang mit bzw. ihre Bewältigung von historischen Wandlungsprozessen, Krisen und Umbrucherfahrungen. Somit zählen Authentizität, Intimität und Subjektivität zu den zentralen Eigenschaften dieser historischen Quelle.

Weiterhin lassen sich durch Briefe komplexe soziale Beziehungen, Interaktionszusammenhänge und Netzwerke vergangener Zeiten rekonstruieren. Schließlich gibt die Sprache in historischen Briefen nicht nur Aufschluss über den individuellen Schreibstil, sondern auch über zeitgenössische Ausdrucksformen und kulturelle Nuancen. Die Analyse von Briefen erlaubt es

Historikern und Historikerinnen, tiefe Einblicke in die Sprachentwicklung und damit auch kulturellen Wandel bzw. den Wandel sprachlich vermittelter Wissenswelten zu gewinnen.

12.2 Brieftypen und ihre Eigenschaften

Es gibt verschiedene Genres oder Typen von Briefen, die sich nach Zweck, Form und Inhalt unterscheiden. In quellenkritischer Hinsicht ist in einem ersten Schritt eine Unterscheidung zwischen offiziellen und privaten Briefen hilfreich. In einem zweiten Schritt ist es wichtig, die Funktion und den Entstehungskontext von Briefen zu reflektieren. So lässt sich die Quellengattung in weitere Unterkategorien mit je eigenen Funktionslogiken, Inhalten und formalen Gestaltungsprinzipien gliedern. Diesem Zweischritt folgend werden im Folgenden zunächst die Quellenmerkmale von offiziellen und privaten Briefen dargelegt. Anschließend werden ausgewählte Unterkategorien von Briefen vorgestellt: Auswandererbriefe, Feldpostbriefe, religiöse Briefe, Gelehrtenbriefe, geschäftliche Briefe und politische Briefe.

Für die Analyse der Quellen sind neben der Auswertung des Inhalts weitere methodische Ansätze relevant: zum einen die sprachliche Einordnung vor dem Hintergrund des jeweiligen Genres und dessen sprachlicher Konventionen – bricht beispielsweise eine Verfasserin mit üblichen Höflichkeitsformen oder verwendet jemand eine ungewöhnliche Wortwahl? Aus den Angaben zu Verfasser und Empfänger sowie anderen genannten Personen und deren Beziehungen lassen sich außerdem Informationen zur historischen Netzwerkanalyse in den für verschiedene Brieftypen zentralen sozialen Bereichen gewinnen.

12.2.1 Offizielle Briefe

Offizielle Briefe sind formalisierte schriftliche Mitteilungen, die oft geschäftlichen, rechtlichen, administrativen oder diplomatischen Zwecken dienen. Offizielle Briefe folgen auf formaler Ebene in der Regel bestimmten Briefkonventionen. Die offizielle Briefform zu verwenden, drückt Professionalität, Legitimität, Legalität und Respekt aus. Sie können auch Teil einer Aktenüberlieferung sein.

Zur Kategorie der offiziellen Briefe gehören Dienstbriefe (schriftliche Mitteilungen im beruflichen Umfeld, die oft formelle Anweisungen, Ankündigungen oder Informationen enthalten), amtliche Briefe (Korrespondenz von Regierungsstellen oder Institutionen, die offizielle Angelegenheiten behandeln), geschäftliche Korrespondenz (formelle Anfragen, Angebote, Bestellungen, geschäftliche Transkationen), behördliche Mitteilungen (Benachrichtigungen, Genehmigungen, Bescheide), rechtliche Dokumentationen (Ankündigung rechtlicher Schritte, Bestätigung von Vereinbarungen, Erstellen von Forderungen), diplomatische Korrespondenz (politische Stellungnahmen, Vereinbarungen, Proteste oder Einladungen zu offiziellen Ereignissen), Bewerbungen und Anschreiben (formalisierte Erläuterung des Zwecks der Bewerbung, der Qualifikation des Bewerbers, Lebenslauf), Korrespondenz zwischen Institutionen oder mit Ministerien und anderen politischen Entscheidungsträgern oder Korrespondenz im Zusammenhang mit gesellschaftlichen Anlässen (Einladungen zu formellen Veranstaltungen, Empfängen oder offiziellen Feiern).

Der Inhalt offizieller Briefe ist in der Regel geprüft und ›autorisiert‹, weshalb sie häufig auch einen rechtsverbindlichen Charakter haben und verlässliche Informationen über Entscheidungsprozesse, Gesetzgebungsprozesse, die Entwicklung politischer oder institutioneller Richtlinien, Programme und Initiativen liefern. Wenn offizielle Briefe Verträge oder Abkommen begleiten, können sie als Beweise für die Zustimmung der Parteien dienen und Einzelheiten zu den Bedingungen und Vereinbarungen enthalten.

12.2.2 Private Briefe

Im Unterschied zu offiziellen Briefen sind private Briefe Mitteilungen zwischen Einzelpersonen im persönlichen Raum. Sie enthalten in der Regel private Informationen und dienen oft dazu, Gefühle, Gedanken und persönliche Erfahrungen zu kommunizieren. Im Gegensatz zu offiziellen Briefen haben private Briefe oft einen informellen Stil. Es gibt keine strikten Regeln und Konventionen für die Strukturierung von privaten Briefen. Über Form und Struktur privater Briefe lassen sich Rückschlüsse auf die soziale Verortung von Briefschreibern ziehen. Da private Briefe Auskunft über Emotionen (Freude, Trauer, Liebe, Sorge), Alltagserfahrungen, persönliche Gedanken und Meinungen oder die Pflege von Kontakten und Freundschaften enthalten, geben sie Einblick in die sozialen und kulturellen Kontexte ihrer Zeit.

Zur Kategorie ›private Briefe‹ gehören Freundschaftsbriefe, Liebesbriefe, Familienbriefe und als Mischform zwischen diesen drei Kategorien Auswandererbriefe und Feldpostbriefe. Religiöse Briefe, Gelehrtenbriefe und politische Briefe wiederum sind je nach Absender und Adressat der Kategorie der offiziellen Briefe oder der Kategorie der privaten Briefe zuzuordnen. Der jeweilige Charakter und die damit verbundene Funktion der Briefe ist bei jeder quellenkritischen Annäherung zu prüfen.

Freundschaftsbriefe und Liebesbriefe sind wichtige Quellen für Forschungsperspektiven, die jüngst im Bereich der Geschichte der Emotionen, der Geschlechtergeschichte oder auch der Kindheitsgeschichte entwickelt worden sind. Korrespondenz zwischen Familienmitgliedern transportiert in der Regel Informationen über familiäre Angelegenheiten, Neuigkeiten oder Ratschläge für den Umgang mit lebensnahen Fragen und Herausforderungen. Sie sind wichtig für Fragestellungen der Alltagsgeschichte, der historischen Netzwerkforschung oder für Forschungsperspektiven, die das Verhältnis von Generationen oder das Verhältnis zwischen den Geschlechtern adressieren.

12.2.3 Auswandererbriefe

Auswandererbriefe sind Briefe, die von ausgewanderten Personen an daheimgebliebene Verwandte, Freunde oder Bekannte geschrieben worden sind. In diesen Briefen teilen die Auswanderer ihre Erfahrungen, Eindrücke und Erlebnisse mit und geben Einblicke in ihr neues Leben im Zielland. Auswandererbriefe können eine Vielzahl von Informationen enthalten, darunter die Gründe für die Auswanderung, die Herausforderungen, die Auswanderer im Hinblick auf Reise, Ankunft, Integration im Zielland zu meistern haben, ihre Erfolge und Rückschläge, ihre Anpassung an die neue Kultur und Umgebung sowie ihre Gefühle und Gedanken über das Leben in der Fremde.

Diese Briefe sind ein Phänomen des 18., 19. und frühen 20. Jahrhunderts. Das Gros der Briefe stammt aus dem 19. Jahrhundert, der Zeit globaler Massenmigration. Als wichtigstes, wenn nicht sogar einziges Kommunikationsmedium waren Auswandererbriefe nicht nur Mittler zwischen den Lebens- und Wissenswelten mobiler und eher sesshafter historischer Akteure. Sie waren auch ein Medium des Kulturtransfers und der Sinnstiftung in Kontexten abrupter und häufig traumatisch wirkender Differenzerfahrung. Sie dienten der Aufrechterhaltung und Stabilisierung familiärer und nachbarschaftlicher Beziehungen über große Entfernungen hinweg. Als weltumspannendes und unterschiedliche Weltregionen verbindendes Medium schufen sie transnationale Sozialräume jenseits bzw. komplementär zu lokal existierender face-to-face-Kommunikation. Auswandererbriefe sind historisch bedeutsam, da sie Einblicke in die Migrations- und Mobilitätsgeschichte, die Geschichte sozialen Wandels und die transnationale Kultur-, Sozial- und Wissensgeschichte bieten. Sie sind auch eine wichtige Quelle für die Entstehung und Entwicklung pluraler lebensweltlicher Kontexte und transkultureller Räume. Sie gehören zu den ganz wenigen historischen Quellen, mit Hilfe derer sich die Bedeutung unterschiedlicher, aber miteinander verbundener und verflochtener historischer Untersuchungseinheiten, rekonstruieren lassen, z. B. die Relationalität von Raum (global – lokal) oder die Relationalität des Sozialen (alt – jung; männlich – weiblich; gebildet – ohne Schulabschluss; mobil – sesshaft usw.).

Auswandererbriefe stammen vornehmlich aus der Feder einfacher Menschen. Ohne die migrationsbedingte geographische Trennung von der daheim gebliebenen Familie, den Nachbarn und Freunden, hätten die Autoren und Autorinnen diese Briefe kaum geschrieben und somit keine schriftlichen Zeugnisse hinterlassen. Orthographie, Syntax, Semantik/Lexik und der argumentative Aufbau der Briefe entsprechen nur in den seltensten Fällen den Konventionen bildungsbürgerlicher Briefkultur. Aus diesem Grund sind Auswandererbriefe nicht nur für die geschichtswissenschaftliche Forschung, sondern auch für andere Disziplinen, wie beispielsweise die Soziolinguistik und die Sprachgeschichte von großer Bedeutung. Weitere Informationen zu deutschen Auswandererbriefen finden sich auf www.auswandererbriefe.de und dem Portal *Migrant Connections* des Deutschen Historischen Instituts Washington D.C. (s. Kap. 12.5).

12.2.4 Feldpostbriefe

Feldpostbriefe sind Briefe, die von Militärangehörigen während eines Einsatzes oder im Krieg geschrieben werden. Das Bundesarchiv-Militärarchiv hat zahlreiche Sammlungen solcher Feldpost und Tagebücher archiviert und digitalisiert (s. Kap. 12.5). Der Begriff ›Feldpost‹ leitet sich von den Einsatzgebieten (Feldern) ab, auf denen Soldaten tätig sind. Feldpostbriefe gewähren Einblick darin, wie Menschen existentielle Bedrohungssituationen wahrnehmen, welche Bewältigungsstrategien sie entwickeln und wie sie die eigene, im Grunde nicht kommunizierbare Fronterfahrung den daheimgebliebenen Familienangehörigen, Freunden oder Freundinnen bzw. Ehefrauen vermitteln. Im Unterschied zu Auswandererbriefen unterlagen Feldpostbriefe häufig einer Zensur durch militärische Behörden. Damit sollte sichergestellt werden, dass keine sensiblen oder strategischen Informationen preisgegeben werden, die den Militäreinsatz oder die nationale Sicherheit gefährden könnten. Im Hinblick auf die Kommunikation ›privater Informationen‹, z. B. Erfahrungen an der Front, Kriegsgewalt, Angst usw. hat die Forschung zudem auf das Phänomen der Selbstzensur hingewiesen. Soldaten verschweigen häufig die brutalen Seiten ihrer Kriegserfahrung, um die Briefempfängerinnen und -empfänger nicht zu beunruhigen oder zu ängstigen. Trotzdem sind Feldpostbriefe für die Geschichtswissenschaft von großem Interesse, da sie Einblicke in die Lebensbedingungen, Emotionen und Erfahrungen der Soldaten bieten. Während viele der gesammelten und archivierten Feldpostbriefe aus dem 19. und frühen 20. Jahrhundert auf Papier geschrieben wurden, haben sich heute auch moderne Kommunikationsmittel wie E-Mails und andere digitale Formen in den Einsatzgebieten etabliert. Der Begriff ›Feldpost‹ wird jedoch oft immer noch verwendet, um die Kommunikation von Soldaten im Einsatz zu beschreiben, unabhängig von der Art des Mediums. Die zunehmende Nutzung digitaler Kommunikationsinstrumente stellt jedoch die Archivierung dieser wichtigen Quelle vor neue Herausforderungen.

12.2.5 Religiöse Briefe

Religiöse Briefe und der Briefwechsel zwischen religiösen Gruppen oder Organisationen geben Aufschluss über die historische Bedeutung von Glaubensfragen, Fragen der spirituellen Lebensführung, missionarische Aktivitäten, das Leben in Klöstern, theologische Dispute und Diskussionen, Dialoge über interreligiöse Fragen, die politische und soziale Wirkung religiöser Netzwerke und vieles mehr. Briefe von Missionaren, interreligiöse Briefkampagnen, Briefwechsel zwischen Jugend- und Studierendenorganisationen oder Briefe an und von religiösen Autoritäten sind nicht nur für die Religions- und Missionsgeschichte, die Geschichte interreligiöser Beziehungen und die Kolonialgeschichte relevant. Die Korrespondenz innerhalb und zwischen spezifischen Glaubensrichtungen wie etwa Jesuiten oder Quäker, Anabaptisten und Pietisten bietet Einblick in weit über den Bereich der Religion hinausgehende historische Kontexte. Ähnlich wie im Falle von Migrationskorrespondenzen entwickelten sich bereits in der Frühen Neuzeit teilweise weltumspannende Korrespondenznetzwerke zwischen Mitgliedern insbesondere protestantischer Gruppierungen. Briefe zeugen hier vom Wissenstransfer über vielfältige Bereiche religiösen, politischen und kulturellen Lebens. Klösterliche Briefnetzwerke geben Zeugnis von religiösen Traditionen innerhalb unterschiedlicher klösterlicher Gemeinschaften, die auch aus der Perspektive der Geschlechtergeschichte interessante Differenzierungen etwa zwischen Mönchen und Nonnen und ihren jeweiligen religiösen Traditionen und klösterlichen Lebensweisen zulassen. Briefwechsel zwischen religiösen Gemeinden in unterschiedlichen Kulturregionen geben Einblick in globalhistorische Dimensionen religiöser Praktiken und Aktivitäten. Ansätze aus dem Bereich der Diversitätsforschung, der Postcolonial Studies und der Forschung im Bereich kultureller und konzeptueller Übersetzung kommen im Rahmen von Forschungsperspektiven zum Tragen, die sich für die kommunikative Vermittlung und konzeptuelle Übersetzung von Glaubenspraktiken zwischen unterschiedlichen Kulturkreisen und unterschiedlichen religiösen Traditionen interessieren.

12.2.6 Gelehrtenbriefe

Der Begriff ›Gelehrtenbriefe‹ bezieht sich im Allgemeinen auf Briefe, die zwischen Gelehrten oder Wissenschaftlerinnen und Wissenschaftlern ausgetauscht werden. Sie geben Auskunft über die Diskussion von Ideen, die Mitteilung von Forschungsergebnissen und die Pflege von professionellen Beziehungen innerhalb der akademischen Gemeinschaft. Gelehrtenbriefe können in verschiedenen Formen auftreten, darunter persönliche Korrespondenz, offizielle Mitteilungen oder als Bestandteil wissenschaftlicher Diskussionen.

Die Korrespondenz zwischen Wissenschaftlern ist eine zentrale Quelle für die Wissenschafts- und Wissensgeschichte. Gelehrtenbriefe geben Einblicke in den Entwicklungsprozess von Theorien und Denkweisen in verschiedenen wissenschaftlichen Disziplinen und dokumentieren Forschungsfortschritte sowie Wendepunkte in der Entwicklung wissenschaftlicher Ideen. Forscherinnen und Forscher teilen ihre Erkenntnisse, Methoden und Ergebnisse in Briefen, was historischen Studien ermöglicht, den Fortschritt und die Entwicklung spezifischer Forschungsrichtungen zu verfolgen oder damit verbundene wissenschaftliche Kontroversen und Diskussionen zu rekonstruieren. Gelehrtenbriefe ermöglichen die Identifizierung von wissenschaftlichen Netzwerken und geben Aufschluss darüber, wie Ideen z. B. über die

Organisation von Konferenzen oder den Austausch von Ressourcen verbreitet wurden. Der Briefaustausch zwischen Wissenschaftlern gibt schließlich auch Hinweise darauf, wie politische Ereignisse, gesellschaftliche Veränderungen oder technologische Fortschritte die wissenschaftliche Forschung beeinflusst haben. Durch die Analyse von Gelehrtenbriefen können Historiker verlorene oder vergessene Ideen und Entwicklungen wiederentdecken und somit das kollektive Wissen einer bestimmten Epoche rekonstruieren.

Wissenschaftlerinnen und Wissenschaftler spielten eine bedeutsame Rolle in der Geschichte der europäischen Expansion und der kolonialen Erschließung, Eroberung und Beherrschung der Welt. Ihre Beiträge erstreckten sich über verschiedene Bereiche und hatten sowohl direkte als auch indirekte Auswirkungen auf die Politik der Kolonialmächte. Gelehrtenbriefe sind deshalb auch eine zentrale Quelle der neueren Kolonialgeschichtsforschung. Briefe, Tagebücher und Reiseberichte geben Aufschluss über die im Zuge der europäischen Expansion und des europäischen Kolonialismus und Imperialismus gesammelten Wissensbestände, ihre Verbreitung und ihre politische Instrumentalisierung zur Legitimation und Festigung kolonialer Vorherrschaft.

12.2.7 Geschäftliche Briefe

Zur Kategorie der ›geschäftlichen Briefe‹ gehört der Bereich der allgemeinen Korrespondenz im geschäftlichen Umfeld: formelle Anfragen, Mitteilungen, Vereinbarungen, Anschreiben, also begleitende Briefe zu Bewerbungen oder Geschäftsdokumenten, oder auch Briefe, die Informationen oder Klärungen zu bestimmten Themen anfordern (Anfragebriefe). Die Analyse geschäftlicher Briefe trägt dazu bei, ein umfassenderes Bild der historischen Entwicklung von Wirtschaft und Handel zu zeichnen. Geschäftliche Briefe vermitteln aus der Perspektive wirtschaftlicher Akteure Einblicke in ökonomische, soziale und kulturelle Aspekte vergangener Zeiten. Sie dokumentieren Handelsaktivitäten, wirtschaftliche Transaktionen, Geschäftspraktiken und Veränderungen in Handelsbeziehungen und liefern Informationen über Wirtschaftsstrukturen und die wirtschaftliche Entwicklung einer bestimmten Periode. Wie andere Brieftypen auch, geben Korrespondenzen zwischen Geschäftsleuten Einblick in die Entstehung und Entwicklung sozialer und wirtschaftlicher Netzwerke. Sie offenbaren, wie Geschäftsbeziehungen und wirtschaftliche Interaktionen in das soziale Gefüge eingebettet waren und wie sie zur Bildung von Wirtschaftsgemeinschaften beitrugen. Nicht nur wissenschaftliche Briefe dokumentieren wissenschaftlichen Fortschritt. Auch geschäftliche Briefe enthalten Informationen über technologische Entwicklungen und Innovationen. Sie zeigen, wie Unternehmen auf neue Technologien reagierten, wie diese in Geschäftsprozesse integriert wurden und welchen Einfluss sie auf die Wirtschaft und Gesellschaft hatten.

Briefe zwischen Geschäftsleuten bieten zudem Informationen über Handelsrouten, den Austausch von Waren und die Etablierung von Städten und Orten, die für die Abwicklung eines Länder und Kontinente übergreifenden Handels von Bedeutung waren. Dies ermöglicht Historikern, Verflechtungen zwischen verschiedenen Weltregionen und die Auswirkungen des internationalen Handels auf lokale Gemeinschaften zu verstehen. Geschäftliche Briefe können rechtliche und vertragliche Aspekte von Geschäftsabschlüssen dokumentieren. Sie geben damit Aufschluss über die Rechtspraxis, Vertragsbedingungen und Streitfälle, die einen Einblick in die Rechtssysteme vergangener Zeiten bieten. Geschäftliche Briefe können schließlich auch Informationen über wirtschaftliche Krisen, Herausforderungen und Anpassungen von Unternehmen an schwierige Bedingungen enthalten. Dies ermöglicht Historikern, die Resilienz von Wirtschaftssystemen in unterschiedlichen Zeiten zu untersuchen.

12.2.8 Politische Briefe

Politische Briefe transportieren politische Ansichten, Meinungen oder Informationen. Sie werden nicht allein von politischen Akteuren, sondern auch von privaten Akteuren geschrieben und richten sich in der Regel an ein breites Spektrum politisch relevanter Adressaten: politische Amtsträger, politische Organisationen, Medien oder die Öffentlichkeit im Allgemeinen. Politische Briefe können verschiedene Formen annehmen: offene Briefe, Petitionen, Schreiben an Redaktionen von Zeitungen oder Zeitschriften sowie persönliche Briefe von Bürgerinnen und Bürgern an politische Vertreter. Der Zweck politischer Briefe kann vielfältig sein. Einige Menschen schreiben politische Briefe, um ihre Unterstützung für eine bestimmte politische Position oder Maßnahme auszudrücken. Andere verfassen Briefe, um Bedenken oder Kritik zu äußern, Missstände aufzuzeigen oder politische Verantwortliche auf bestimmte Probleme aufmerksam zu machen.

In vielen Fällen dienen politische Briefe als Mittel der politischen Teilhabe und demokratischen Beteiligung. Als historische Quelle geben sie

Auskunft darüber, wie private Akteure ihre Stimme erheben und mit Entscheidungsträgern in Kontakt treten, um auf Anliegen aufmerksam zu machen oder ihre Ansichten zu teilen. Sie stellen damit eine wichtige Quelle für die Geschichte der Entwicklung demokratischer und partizipativer Ordnungsstrukturen sowie die Geschichte politischer Institutionen und Ideen dar. Die politische Korrespondenz zwischen staatlichen Akteuren eröffnet hingegen Einblicke in diplomatische Beziehungen und Verhandlungen. Sie hilft, ein Verständnis für die Entwicklung von Konfliktdynamiken zwischen verschiedenen Staaten oder politischen Akteuren zu entwickeln.

12.3 Archive und Archivierung von Briefen

Es dürfte deutlich geworden sein, dass Briefe in ihrer Vielfältigkeit und Komplexität eine hervorragende Quelle für ein breites Spektrum innovativer Forschungsperspektiven und Fragestellungen darstellen. Trotz des unbestreitbaren Quellenwerts insbesondere jener Briefe, die in die Kategorie ›private Briefe‹ fallen, findet man in staatlichen Archiven vor allem ›offizielle Briefe‹ oder Briefe, die an gesellschaftlich, politisch, wirtschaftlich oder kulturell herausragende Persönlichkeiten gerichtet sind bzw. von ihnen verfasst wurden. Private Briefe von ›einfachen Menschen‹ findet man in der Regel nicht in staatlichen Archiven. Wenn sie für die Familiengeschichte als relevant erachtet werden, werden sie manchmal in privaten Sammlungen aufbewahrt. Häufig wird jedoch der Quellenwert privater Korrespondenzen von den Aufbewahrenden nicht erkannt. Briefe werden bei Umzügen, Haushaltsauflösungen oder auch Renovierungen häufig weggeworfen und sind damit unwiderruflich für die Forschung verloren. Aber auch dann, wenn Zeugnisse privater Korrespondenz identifiziert werden können, gestaltet sich der Zugang zu privaten Archiven häufig schwierig. Private Briefe stehen deshalb der Forschung nur eingeschränkt zur Verfügung. Die Frage der Sicherung und Archivierung von Quellenbeständen aus privaten Sammlungen wird gegenwärtig im Kontext von bürgerwissenschaftlichem Engagement und Bemühungen um die Digitalisierung und digitale Publikation historischer Quellensammlungen diskutiert.

Die sich beschleunigende Digitalisierung von Quellenmaterial hat einen regelrechten Boom in der Erarbeitung digitaler Editionen von Briefen berühmter Persönlichkeiten aus den Bereichen Politik, Religion und Wissenschaft ausgelöst. Im angelsächsischen Raum sind viele dieser digitalen Editionen an Nationalbibliotheken entstanden. Im deutschen Kontext bemühen sich Bibliotheken und Archive um die digitale Erschließung (d. h. Katalogisierung, Verschlagwortung, Erstellung von Katalogdatensätzen) von Briefbeständen, um den Zugriff zu erleichtern. Weitaus umfangreicher als in digitalen Erschließungen werden Briefe in digitalen Editionen für die Forschung aufbereitet. Hierzu gehört die Digitalisierung der physischen Quellen, die Transkription, die Vergabe von Metadaten, die Annotation, eine forschungsgeleitete Verschlagwortung (*tagging*), die Integration interaktiver Elemente wie Hyperlinks, um Querverweise zwischen Briefen oder zu anderen digitalen Ressourcen herzustellen, und schließlich die Publikation auf einer speziellen digitalen Plattform, die in der Regel leistungsfähige Suchfunktionen anbietet. Die Erstellung digitaler Editionen ist eine aufwendige Forschungsarbeit, die vornehmlich in langfristig angelegten Forschungsvorhaben erarbeitet wird, die mit kompetitiv vergebenen Forschungsmitteln finanziert werden.

Die in Kap. 12.5.2 und 12.5.2 aufgeführte Auswahl von Briefeditionen macht auf ein Grundproblem aufmerksam. Ediert und publiziert werden in der Regel Briefe berühmter Persönlichkeiten. Die Digitalisierung von historischem Quellenmaterial mit Hilfe kompetitiv eingeworbener Forschungsmittel perpetuiert überkommene Vorstellungen von historischer Relevanz und die Archivierung des Nachlasses gesellschaftlicher Eliten. Nicht-kanonische Texte, verfasst von historischen Autoren, die nicht zur Gruppe historischer Berühmtheiten zählen, sind trotz des Booms im Bereich digitaler Briefeditionen kaum zu finden. Obwohl Digitalisierung häufig als Mittel der Demokratisierung von Wissensbeständen deklariert wird, zeigt sich gerade am Beispiel der Quelle ›Brief‹, dass leider das Gegenteil der Fall ist. Es bleiben weiße Flecken auf der Landkarte historischen Wissens in Bezug auf textuelle Überlieferungen ›einfacher Menschen‹. Sie müssen angesichts des Quellenwerts von ›privaten Briefen‹ dringend durch die digitale Archivierung und Publikation privater Korrespondenzen, vom Auswandererbrief bis hin zum Liebesbrief koloriert werden.

12.4 Fazit

Briefe sind mehr als nur historische Dokumente. Sie sind Fenster in die Vergangenheit, die uns ermöglichen, vergangene Zeiten aus einer persönlichen Perspektive zu betrachten. Briefe sind eine unverzichtbare historische Quelle, da sie eine Fülle von Informationen über das tägliche Leben, soziale Beziehungen und historische Ereignisse liefern. Ihre Authentizität, Intimität und Vielschichtigkeit machen Briefe zu einem unersetzlichen Instrument bei der Rekonstruktion und Interpretation vergangener Lebens-, Wissens- und Alltagswelten.

12.5 Literatur

12.5.1 Einführungen

Borges, Marcelo J./Cancian, Sonia (Hrsg.): Migrant Letters. Emotional Language, Mobile Identities, and Writing Practices in Historical Perspective, London 2018.

Chartier, Roger/Boureau, Alain/Dauphin, Cécile (Hrsg.): Correspondence. Models of Letter-writing from the Middle Ages to the Nineteenth Century, Cambridge 1997.

Hotson, Howard/Wallnig, Thomas (Hrsg.): Reassembling the Republic of Letters in the Digital Age. Standards, Systems, Scholarship, Göttingen 2019.

Lehmkuhl, Ursula: Das Genre »Auswandererbrief«, in: Matthews-Schlinzig, Marie Isabel/Steinbrink, Gesa/Strobel, Jochen (Hrsg.), Handbuch Brief. Von der Frühen Neuzeit bis zur Gegenwart, Berlin 2020, 639–53.

Matthews-Schlinzig, Marie Isabel/Steinbrink, Gesa/Strobel, Jochen (Hrsg.): Handbuch Brief. Von der Frühen Neuzeit bis zur Gegenwart, 2 Bde., Berlin 2020.

Neumann, Marko: Soldatenbriefe des 18. und 19. Jahrhunderts. Untersuchungen zu Syntax und Textstruktur in der Alltagsschriftlichkeit unterschiedlicher militärischer Dienstgrade, Heidelberg 2019.

12.5.2 Gedruckte Briefeditionen

Auswandererbriefe

Helbich, Wolfgang/Kamphoefner, Walter D.: Deutsche im Amerikanischen Bürgerkrieg. Briefe von Front und Farm, 1861–1865, Paderborn 2002.

Helbich, Wolfgang: Briefe aus Amerika. Deutsche Auswanderer schreiben aus der Neuen Welt 1830–1930, München 1988.

Feldpostbriefe

Hank, Sabine/Simon, Hermann (Hrsg.): Feldpostbriefe jüdischer Soldaten 1914–1918. Briefe ehemaliger Zöglinge an Sigmund Feist, Direktor des Reichenheimschen Waisenhauses in Berlin Berlin/Leipzig 2002.

Jarausch, Konrad H./Arnold, Klaus Jochen (Hrsg.): Das stille Sterben ... Feldpostbriefe von Konrad Jarausch aus Polen und Russland, 1939–1942, Paderborn 2008.

Liebesbriefe

Cancian, Sonia: Families, Lovers, and their Letters. Italian Postwar Migration to Canada, Winnipeg 2010.
Wyss, Eva L.: Leidenschaftlich eingeschrieben. Schweizer Liebesbriefe, Zürich 2006.

12.5.3 Digitale Hilfsmittel

PDB18 – The German Letter in the 18th Century – https://hcommons.org/deposits/item/hc:59731 [6.6.2024].
correspSearch – https://correspsearch.net/de/daten.html [6.6.2024].
Der Webservice aggregiert und wertet digitalisierte Briefe aus. Hier können digitale und gedruckte Briefeditionen nach Absender, Empfänger, Schreibort und -datum durchsucht werden. Grundlage bilden Briefverzeichnisse von Editionen oder Repositorien, die anhand wissenschaftlicher Kriterien erarbeitet wurden.
Theologenbriefwechsel im Südwesten des Reichs in der Frühen Neuzeit – https://www.hadw-bw.de/forschung/forschungsstelle/theologenbriefwechsel-im-suedwesten-des-reichs-der-fruehen-neuzeit-1550-1620 [6.6.2024].
Erfassung, Erschließung und Teiledition der Briefe aller führenden Theologen und kirchenleitenden Persönlichkeiten der Kurpfalz, Württembergs und Straßburgs in den Jahren 1550 bis 1620).
Frühneuzeitliche Ärztebriefe des deutschsprachigen Raums (1500–1700) – https://www.aerztebriefe.de/aDISWeb/app?service=direct/0/Home/$DirectLink&sp=SOPAC [6.6.2024].
Briefwechsel akademisch gebildeter Ärzte des deutschen Sprachraums aus der Zeit zwischen 1500 und 1700: Gelehrtenbriefe, Consilia und Patientenbriefe, private Korrespondenzen mit Angehörigen und Freunden, Mäzenen und Obrigkeiten.
PRINT – People, Religion, Information Networks, and Travel – https://chdr.cah.ucf.edu/print/about.html [6.6.2024].
Briefnetzwerk von Anabaptisten, Quäkern und Pietisten im 17. und 18. Jh.
Der Deutsche Brief im 18. Jahrhundert – https://www.pdb18.de [6.6.2024].
Digitalisierte deutsche Briefe aus der Zeit der Aufklärung.
Edition der Briefe Philipp Jakob Speners (1635–1705) – https://www.saw-leipzig.de/de/projekte/edition-der-briefe-philipp-jakob-speners [6.6.2024].
Melanchthon-Briefwechsel – https://www.hadw-bw.de/forschung/forschungsstelle/melanchthon-briefwechsel-mbw [6.6.2024].
Briefe und Akten zur Kirchenpolitik Friedrichs des Weisen und Johanns des Beständigen – https://www.saw-leipzig.de/de/projekte/briefe-und-akten-zur-kirchenpolitik-friedrichs-des-weisen-und-johanns-des-bestaendigen-1513-bis-1532-reformation-im-kontext-fruehneuzeitlicher-staatswerdung [6.6.2024].
Johann Christoph und Luise Adelgunde Victorie Gottsched: Briefwechsel – https://www.saw-leipzig.de/de/projekte/edition-des-briefwechsels-von-johann-christoph-gottsched [6.6.2024].

Winckelmann-Ausgabe – https://www.adwmainz.de/projekte/winckelmann-ausgabe/informationen.html [6.6.2024].

Friedrich Heinrich Jacobi: Briefwechsel – https://www.saw-leipzig.de/de/projekte/friedrich-heinrich-jacobi_briefwechsel_text_kommentar_woerterbuch_online [6.6.2024].

Darwin Correspondence Project – https://www.darwinproject.ac.uk [6.6.2024].

Alexander von Humboldt auf Reisen – https://www.bbaw.de/forschung/alexander-von-humboldt-auf-reisen-wissenschaft-aus-der-bewegung [6.6.2024].

Schleiermacher in Berlin 1808–1834. Briefwechsel – https://www.bbaw.de/forschung/schleiermacher-in-berlin-1808-1834-briefwechsel-tageskalender-vorlesungen [6.6.2024].

The Adams Papers (Massachusetts Historical Society) – https://www.masshist.org/adams/adams-family-papers [6.6.2024].

Briefe und Schriften der Adams-Familie, einschließlich John Adams (zweiter Präsident der Vereinigten Staaten) und John Quincy Adams (sechster Präsident der Vereinigten Staaten).

Thomas Jefferson Papers (Library of Congress) – https://www.loc.gov/collections/thomas-jefferson-papers [6.6.2024].

The Digital Correspondence of Catherine the Great – https://catcor.seh.ox.ac.uk [6.6.2024].

Prize Papers – https://adw-goe.de/forschung/forschungsprojekte-akademienprogramm/prize-papers-erschliessung-digitalisierung-praesentation [6.6.2024].

Prisengut (privates und geschäftliches Schriftgut, Schiffspapiere, Zeitungen, persönliche Dinge, Handelsverzeichnisse), das im Rahmen von Schiffskaperungen im Verlauf der Frühen Neuzeit akquiriert und vom Prisen- bzw. Admiralitätsgericht sichergestellt wurde.

Liebesbriefarchiv – https://liebesbriefarchiv.de [6.6.2024].

Auswandererbriefe – www.auswandererbriefe.de [6.6.2024].

Informationen zu deutschen Auswandererbriefen aus Amerika.

Migrant Connections (Deutsches Historisches Institut Washington D.C.) – https://www.migrantconnections.org/s/en/page/welcome [6.6.2024].

Bundesarchiv-Militärarchiv – https://www.bundesarchiv.de/DE/Navigation/Finden/Digitalisierte-Bestaende/digitalisierte-bestaende.html [6.6.2024].

Zahlreiche archivierte und digitalisierte Sammlungen von privaten Tagebüchern und Feldpost.

13 Rechnungsbücher, Zollregister und Notariatsakten – Massendokumente der Wirtschaftsgeschichte

Heinrich Lang und Magnus Ressel

13.1 Einführung

»Die Auswertung der Rechnungsbücher der Leinwandschau Trogen ergab, dass sich der jährliche Einkauf der Kaufleute Zellweger […] von 1688 bis 1725 verdoppelte.« (Zellweger 2022, 217)
»Seit 1737 wurde Frankreich […] bis 1792 zum vor Großbritannien wichtigsten Exporteur nach Hamburg, und zwar mit deutlichem Abstand.« (Denzel 2015, 144)
»Bereits im 14. Jahrhundert, verstärkt aber seit Beginn des 15. Jahrhunderts finden sich – ganz im Gegensatz zu den Kaufleuten – zahlreiche deutsche Handwerker, Söldner und Gastwirte in den Genueser Notariatsregistern.« (Veronesi 2014, 51)

Drei willkürlich ausgewählte und äußerst unterschiedliche Aussagen, die aber ein verbindendes Element haben: Sie basieren auf Massendokumenten und können daher ›statistische‹ Aussagen im allgemeineren Sinne des Wortes treffen, die kaum widerlegbar und äußerst erkenntnisstark sind. So wissen wir nach dem ersten Satz, auf *Rechnungsbüchern* der Textilhändlerfamilie Zellweger aus Trogen basierend, dass sich diese bedeutenden Textilhändler der Ostschweiz in den Jahrzehnten um 1700 immer stärker in das Leinwandgewerbe begaben. Dies macht viele Aspekte der Textilgeschichte des Bodenseeraums im 18. Jahrhundert erst verständlich. Nach dem zweiten Satz, basierend auf Hamburger *Zollregistern*, wissen wir, dass Frankreich Hamburgs und damit Deutschlands wichtigster Handelspartner im 18. Jahrhundert war, was zentrale Phänomene der beiderseitigen Verflechtungsgeschichte erklärt. Und nach dem dritten Satz, der auf der Auswertung von *Notariatsakten* in Genua fußt, ist klar, dass um 1400 eine starke und steigende Präsenz von Deutschen in Genua bestand, jedoch nicht von Händlern, wie man evtl. hätte annehmen mögen.

Die Beispiele zeigen eines deutlich: Um Wirtschafts- und Sozialgeschichte sinnvoll und aussagekräftig schreiben zu können, benötigen wir Massenquellen. Die Entwicklung und Dynamik von längerfristigen Prozessen sowie sozialen Praktiken lassen sich nur durch eine entsprechende Datenfülle quantifizierend analysieren und auf ihre Bedeutung für gesellschaftliche und wirtschaftliche Zusammenhänge hin interpretieren. Datenreihen entstehen vor allem durch zahl- und umfangreiche Quellen. Diese müssen einer gewissen Gleichförmigkeit unterliegen, welche eine Aufbereitung für die Forschung zulässt. Solche »seriellen« Quellen sind selbst Ergebnisse von zahlreichen Übertragungsvorgängen, wenn Transfers und Objekte des Transfers in einer homogenisierten Darstellungsform aufgezeichnet werden. Charakteristisch für diese Quellengattung ist, dass Daten systematisch und über einen längeren Zeitraum in Listen überführt werden. Serielle Quellen erscheinen vor allem in institutionellen Zusammenhängen. Sie entstammen meist dem Bereich von Verwaltungen und des Rechtswesens oder dem Unternehmertum – aber auch einem persönlichen (›privaten‹) Kontext (wie etwa Haushaltsrechnungen) oder der Güterverwaltung (etwa des Adels).

Bereits im späten 18. Jahrhundert, dann zunehmend im 19. Jahrhundert, wurden in Geschichtswerken bisweilen systematische Datenreihen zur Analyse verwendet. Im 20. Jahrhundert hat sich die Erstellung und Verarbeitung von Datenreihen in der Forschung endgültig als zentrales Instrument der Wirtschafts- und Sozialgeschichte etabliert – und auf dem Feld der Kliometrie, der durch höhere Mathematik gestützten Untersuchung, besonders professionalisiert (Krüger 1998; Streb/Spoerer 2013).

Aus der großen Menge potentiell untersuchbarer Quellen ist in der Forschungspraxis zumeist nur ein Teil für die Wirtschafts- und Sozialgeschichte von Bedeutung. Hier interessieren vornehmlich serielle Quellen, die Vermögensvorgänge und -transfers in quantitativen Messeinheiten erfassen, vorzugsweise von monetären Werten (»Kaufkraftvaluta«, in der jüngeren Forschungsliteratur häufig in Gramm Silber zur universellen Vergleichbarkeit konvertiert) und Gewichten, nicht selten auch Größe und Volumen. Aus diesem Zuschnitt ergibt sich die charakteristische Interpretation vornehmlich von *Rechnungsbüchern*, *Zollregistern* und *Notariatsakten*.

Mit *Rechnungsbüchern* lassen sich Unternehmensgeschichten entwerfen und Prozesse der Kommerzialisierung oder sektorale Marktentwicklungen (bestimmte Handelsgüter, Wechselbriefhandel, internationaler Handel) nachzeichnen und Praktiken des Wirtschaftens untersuchen (Netzwerk *Das Versprechen der Märkte* 2023). Aber auch Erbvorgänge und Vermögensbildung in geschlechtergeschichtlicher Perspektive lassen sich untersuchen. *Zollregister* bieten die Möglichkeit, Konjunkturen und Einzugsgebiete sowie Händlergruppen zu charakterisieren. Neben prosopographischen Ergebnissen zu Händlern oder der Darstellung von dominierenden Warenströmen auf bestimmten Handelsrouten lassen sich die zentralen Ergebnisse typischerweise in Diagrammen wiedergeben. Sie visualisieren historischen Wandel und setzen Anreiz zu qualitativen Erklärungen. *Notariatsakten* bieten einen Einblick in eine spezifische Form von Handelsgeschäften, typischerweise die kapitalintensiveren Vorgänge, wie die Gründung von Handelsgesellschaften oder die Übertragung von Immobilien und Vermögen. Sogenannte Notariatsinstrumente, also die beglaubigten Ausstellungen solcher Zuschreibungen, sind häufig die einzigen Akten, die von vielen Händlern überliefert sind, da sie seit dem Mittelalter vor allem in den romanischsprachigen Ländern von Amts wegen aufbewahrt wurden. Sie zeigen verschiedenste Aspekte des vormodernen Wirtschaftslebens auf, indem sie festhalten, welche Händler wann an welchem Ort in welche Geschäfte verwickelt waren. So können bestimmte Gruppen identifiziert und deren vornehmliche Wirtschaftsaktivitäten herausgearbeitet werden.

13.2 Definitionen

Rechnungsbücher sind Aufzeichnungen, in denen Sachverhalte – im wesentlichen Transfervorgänge – in Zahlenwerken bewertet (»validiert«) und in Zahlenreihen dargestellt werden, meistens in einem zeitlichen Verlauf. Sie sind Bestandteile eines analogen Datenverarbeitungsprozesses, in dessen Zuge ein Betreiber heterogene Vorfälle und Gegenstände in homogene sowie in Koordinatensysteme eingepasste Bemessungskategorien übertrug. Als Speichermedien dienten sie der internen Kommunikation beispielsweise innerhalb einer Unternehmungsbuchhaltung oder einer behördlichen Rechnungsstelle. Die Aufzeichnungen in Rechnungsbüchern erfüllten nicht nur die Aufgabe der Bestandssicherung, sondern waren eine Datenbasis für zukünftiges Handeln (Handlungspräskripte). Rechnungsbücher waren gewissermaßen ein Wahrnehmungs- *und* Koordinierungsapparat. Die Datenaufnahme erfolgte erstens als Teil eines Abstraktionsprozesses, in dessen Verlauf ein Buchhalter oder eine Buchhalterin diverse Vorgänge standardisiert bewerten konnte, und zweitens als Teil eines Organisationsprozesses, der aus unterschiedlichen Stufen der Datenaufnahme und Transponierung bestehen konnte. In ökonomischen Zusammenhängen bezogen sich die Aufzeichnungen in Rechnungsbüchern auf die Übertragung von Verfügungsrechten über Objekte oder Leistungen (Lang 2020).

Den Rechnungsbüchern verwandt sind *Zollbücher*. Deren Zweck war die Nachprüfbarkeit von Zollerträgen durch die übergeordnete Instanz. Im engeren juristischen Sinne kaufte die Person, die mit einem zollpflichtigen Gut ein auswärtiges Hoheitsgebiet betrat, das Recht, mit diesem Gut entweder zu passieren – was häufig mit einem günstigen Transitzoll möglich war – oder die Ware nach Abgabe eines Importzolles zu veräußern. Auch Exportzölle waren im Mittelalter und in der Frühen Neuzeit gang und gäbe: In diesem Fall erwarb die das Gut transportierende Person das Recht zum Verlassen des Territoriums. Anhand von Zollregistern überprüfte die zentrale Behörde die Zuverlässigkeit der Beauftragten an der Zollstation. Daher geben Zollregister fast immer den Ertrag eines Verzollungsvorganges sowie die entsprechende Ware in ihrer Quantität an (Krenn/Hirsch 2014). Tendenziell lässt sich bei Hafen- oder Seezöllen im Gegensatz zu Land- oder Flusszöllen höhere Komplexität feststellen: Beispielsweise werden der Transporteur, das Schiff mit seinen Kapazitäten, seinem Namen, dem Kapitän und Reeder sowie evtl. auch der Importeur oder Exporteur benannt.

Deutlich anders geartet sind dagegen *Notariatsinstrumente*. Hierbei handelt es sich um Register, in denen alle von einem Notar ausgestellten Urkunden aufgezeichnet wurden. Das Notariat ist eine aus dem Römischen Reich stammende Rechtsinstitution, die auch im frühmittelalterlichen Italien nicht (völlig) verschwand. Seit dem 9. Jahrhundert ist ein Wiederaufleben dieser Rechtsform offenkundig, allerdings zunächst für die sogenannte dispositive (rechtssetzende), als *Carta* bezeichnete Geschäftsurkunde. Mit der verstärkten Rezeption des römischen Rechts seit dem 12. Jahrhundert kam die Notariatsurkunde als reine Beweisurkunde auf. Sie hatte gegenüber anderen Urkundentypen den Vorteil, auch ohne Zeugen Beweiskraft zu haben. Ein Notariatsinstrument durften die Notare nicht aus eigenem Antrieb heraus erstellen, sondern sie mussten dazu angefragt worden sein. Dem entsprach der zunehmende Notariatszwang für eine Reihe von rechtlichen Verfügungsakten, insbesondere bei Boden- und Immobiliengeschäften. Typischerweise variierte der Notariatszwang vor den napoleonischen Reformen in Europa erheblich, wobei er in Italien tendenziell am weitesten reichte. In anderen romanischsprachigen Ländern war er auch noch bedeutend, im Alten Reich (inkl. Böhmen) sowie Polen eher schwach ausgeprägt (Schmoeckel/Schubert 2009). Daneben wurden allerdings häufig freiwillig Notare aufgesucht, wenn beide Parteien dies um der erhöhten Rechtssicherheit willen wünschten. Auch Einzelpersonen konnten sich Schriftstücke beglaubigen lassen, so Inventare oder Wechselproteste (Wechsel, die der Adressat bzw. der Bezogene nicht auslösen wollte und die dann »protestiert« wurden.

Notare erstellten eine Urkunde nach vorgegebenen rechtlichen Normen und vorformulierten Satzschemata. Auch die äußeren Merkmale der Notariatsurkunde waren relativ strikt. Als herausgehobenes Merkmal dieses Urkundentyps findet sich links unten am Schluss des Dokuments das Notarsignet. Seit dem Spätmittelalter weisen Notariatsakten vorrangig in den romanischsprachigen Ländern Süd- und Westeuropas sowie in Flandern, Brabant und den Niederlanden den Charakter serieller Quellen auf. Der Grund hierfür ist die Existenz von Imbreviaturbüchern (Registerbänden), Schriftstücken, die den Inhalt jeder vom Notar erstellten Urkunde wiedergeben. Solche Bücher mussten die Notare nach einem jeweils definierten Zeitraum ihrer Obrigkeit übergeben, die diese archivierte. Da in den romanischsprachigen Ländern sowie den gesamten Niederlanden der Gang zum Notar für weit gefasste Bevölkerungsgruppen üblich war, kommt der entsprechenden Überlieferung ein hoher Wert für die Wirtschafts- und Sozialgeschichte zu. In Südeuropa können mit dieser Aktengattung teilweise bereits für das 13. Jahrhundert relativ feinteilige wirtschafts- und sozialgeschichtliche Entwicklungslinien, aber auch die Alltags- und Geschlechtergeschichte erfasst werden.

Im hier vorgestellten Sinn nehmen serielle Quellen eine besondere Position für die historische Forschung ein, weil sie aufgrund ihrer Nüchternheit als besonders zuverlässig erscheinen. Selbstverständlich müssen aber wie bei jeder anderen Quellengattung Entstehungszusammenhänge und mediale Funktion im Sinne der Quellenkritik analysiert werden. Durch die Interpretation serieller Quellen können Quantifizierungen vorgenommen und Datenbanken erstellt werden. Diese eignen sich als Instrumente historischer Deutung, etwa hinsichtlich wirtschaftlicher Verläufe oder der Entwicklung und Dynamiken von Märkten.

13.3 Forschungsgeschichte und Methodik

Die Historiographie zu seriellen Quellen setzt vor allem um 1900 ein: Während eine starke rechtshistorische Tradition insbesondere in Italien schon vorher auf die außergewöhnliche Überlieferungssituation unternehmenshistorischer Unterlagen verweist (Weber 2008), erschienen vergleichende und einführende Studien aus wirtschaftswissenschaftlichem Zusammenhang wie von Balduin Penndorf erst zu Beginn des 20. Jahrhunderts (Penndorf 1913). Bald folgte eine Überhöhung der Buchführung, so durch den Nationalökonomen Werner Sombart, der auf den besonderen Zusammenhang von Doppelter Buchführung und Kapitalismus verweist (Sombart 1916, 118). Über Jahrzehnte thematisierten Autoren wie der Buchführungshistoriker Edward Peragallo, der gelernte Eisenbahner Ananias Littleton oder der Wirtschaftswissenschaftler Basil Yamey die Entstehung der Doppelten Buchführung und deren Wirkungen auf wirtschaftliches Handeln. Diese in Italien entwickelte Standardtechnik behielt bis zur Einführung der auf elektronische Datenverarbeitung gestützte Buchhaltung scheinbar ohne Veränderungen Gültigkeit (Oldroyd/Dobie 2009).

Bis heute wird die Geschichte der Buchführung international vor allem an wirtschaftswissenschaftlichen Fakultäten betrieben. Dabei liegt der Untersuchungsschwerpunkt auf der Überlieferung von Unternehmen. Studien in einem solchen Zusammenhang legen entweder besonderen Wert auf die historischen Techniken der Buchführung oder beschränken sich auf eine detaillierte Dokumentation von ökonomischen Entwicklungslinien.

Einen Meilenstein markiert das Werk des Wirtschaftshistorikers Federigo Melis, der die spätmittelalterliche Unternehmensgeschichte auf der Grundlage der Rechnungsbücher und Briefe des in Prato gebürtigen Kaufmannbankiers Francesco di Marco Datini entwickelte: Melis rekonstruierte die Buchführung der in den Jahrzehnten vor und nach 1400 aktiven Handels- und Bankgesellschaften um Francesco Datini, die betriebsinterne Unternehmensgeschichte (Kapital- und Personenverflechtungen) und die Einbettung der Firmen in die internationalen Handelsbeziehungen Florentiner Kaufmannbankiers. Seit dem Ende des 20. Jahrhunderts ist zunehmend auch die Beschaffenheit von Rechnungsbüchern im institutionellen Zusammenhang wie Steuerlisten, Zollbücher oder persönliche Ausgabenhefte Forschungsthema geworden (Napier 2020).

Die Würdigung serieller Quellen insbesondere von Zollregistern für ökonomische Zusammenhänge ist eng mit der Entwicklung des Faches Wirtschaftsgeschichte verbunden. Hierbei ist es Verdienst der französischen Annales-Schule, im großen Umfang auf serielle Quellen zugegriffen zu haben, wie die Werke von Fernand Braudel und vor allem Pierre Chaunu zeigen. Die Vorliebe für diese Quellengattungen fand seit den 1970er Jahren in ganz Europa Nachahmung. In Westdeutschland griff vor allem die Bielefelder Schule der historischen Sozialwissenschaft serielle Quellen auf und machte sie zum Kern historischer Analysen, insbesondere zum deutschen Kaiserreich und dessen Nachfolgestaaten. Zwar ging seit den späten 1980er Jahren deren Bedeutung vorerst zurück, doch aus der gegenwärtigen Perspektive sind Quantifizierungen inzwischen auch in nicht explizit wirtschafts- und sozialwissenschaftlich ausgerichteten Forschungsarbeiten keine Seltenheit mehr (Köster 2020).

Notariatsakten als Quellengattung waren zunächst seit dem frühen 19. Jahrhundert ein wichtiger Gegenstand der Rechtsgeschichte. In diesem Zusammenhang haben sie auch zu wirtschaftshistorischen Forschungen Anregung gegeben. Angestoßen durch die Forschungen des Münchner Wirtschaftshistorikers Jakob Strieder lässt sich eine verstärkte Untersuchung dieses Quellentypus vor allem in den 1920/30er Jahren in Deutschland feststellen (Strieder 1930). Die massenhafte Analyse von Notariatsakten zu wirtschaftshistorischen Zwecken begann im Anschluss an die Demographie- und Sozialgeschichte in den 1980er Jahren. Seitdem wird dieser Quellengattung von Vertretern der Wirtschaftsgeschichte vor allem in Süd- und Westeuropa ein geradezu revolutionäres Erkenntnispotential zugeschrieben. Auch deutsche Forscher haben diese Quellengattung seither intensiv genutzt, so Hermann Kellenbenz für seine Forschungen zu den Fuggern in Spanien im 16. Jahrhundert (Kellenbenz 1990). Heutzutage ist der Umgang mit großen Mengen an Notariatsakten vor allem in der Mediävistik und der Frühneuzeitforschung eine selbstverständliche Methode für Arbeiten zur Handelsgeschichte West- und Südeuropas oder des Osmanischen Reiches (İnalcık 1994; Faroqhi u. a. 1994).

13.4 Überlieferungssituation und analytische Zugänge

Serielle Quellen machen einen Großteil archivalischer Bestände aus. Kommunale und staatliche Archive belegen nicht nur eine ausgeprägte Verwaltungsschriftlichkeit, zu der die Anlage von Rechnungen in unterschiedlichen Bereichen des Verwaltungshandelns gehört, sondern verwahren auch reichhaltige private Bestände. In Archiven mancher Adelsfamilien befinden sich umfangreiche Rechnungen der Güterverwaltung.

Herausragende Quellenbestände mit zahllosen mittelalterlichen und frühneuzeitlichen Rechnungsbüchern sind Familien- und Unternehmensarchive wie das Datini-Archiv in Prato, das Salviati-Archiv in Pisa, das Fugger-Archiv im bayerischen Dillingen, der Nachlass Frey im Stadtarchiv Schaffhausen (Handelshaus Amman & Frey), das Stockalper-Archiv in der Schweiz und Adelsarchive wie das Archiv A. W. Faber-Castell im mittelfränkischen Stein. Hinzu kommen Spezialarchive wie das Hamburger Wirtschaftsarchiv oder das Kölner Archiv für Unternehmensgeschichte. Unternehmenshistorische Überlieferungen wie diejenigen der Handels- und Bankgesellschaften der Florentiner Patrizierfamilie Salviati eröffnen nicht nur die ›einfache‹ Dimension der quantitativen Rekonstruktion von Geschäftsverläufen, sondern erschließen auch die Darstellung bestimmter Geschäftsfelder wie den Messehandel, die Entwicklung sekundärer Märkte im Zusammenhang mit Herrscherfinanzen oder den Levantehandel. Ebenso können die Praktiken der Kooperation zwischen Unternehmen verschiedener bzw. gleicher Provenienz, die Techniken der Rechnungslegung und damit auch die Spuren der ökonomischen Wissensgeschichte ausgeleuchtet werden (Lang 2020). Eine wichtige Debatte unter dem Schlagwort ›Diversifizierung von ökonomischen Handlungsweisen‹ sowie die Verlagerung unternehmerischer Aktivitäten etwa in den Bereich der Landwirtschaft oder des Handels mit Immobilien läuft bereits seit den 1980er Jahren. Sie hat allerdings in der letzten Zeit unter dem Aspekt des kapitalistischen Investitionsverhaltens neue Nahrung erhalten – all dies auch in der Deutung von Familien als wirtschaftliche Handlungszusammenhänge (van Bavel 2016).

Zollregister sind in verschiedenen Archiven zu finden. Manche haben welthistorische Bedeutung, allen voran die sogenannten Sundzollregister, die als UNESCO Weltkulturerbe anerkannt sind. Diese sind von 1497 bis 1557 vereinzelt erhalten, von da an faktisch vollständig bis 1857. Da entlang des Öresunds, also zwischen Ost- und Nordsee, ein in dieser Zeit besonders dichter Handelsverkehr ablief und die Produkte des östlichen mit denen des westlichen Europas getauscht wurden, bietet dieses Zollregister mit ca. 1,7 Millionen Datensätzen einen unvergleichlichen Einblick in die Handelsgeschichte der Frühen Neuzeit. Es wurde vollständig in eine freie Online-Datenbank überführt, welche den Goldstandard solcher Projekte setzt (s. Kap. 13.5.2). So könnte beispielsweise der Kolonialwarenimport zu den Städten der Ostsee von seinen bescheidenen Anfängen im späten 16. Jahrhundert bis 1853 über eine Analyse dieser Register im Detail erfasst werden. Wir würden dabei erkennen, wer diese Waren transportierte (evtl. zunehmend Engländer statt Holländer), welche Waren an Bedeutung zunahmen (evtl. zunächst Tabak, dann Zucker, später Kaffee) welche Städte diese vor allem aufnahmen (evtl. zunächst Lübeck, dann Kopenhagen und Stettin, später zunehmend Petersburg und Stockholm sowie die weitere Ostseeküste), von wo sie stammten (evtl. zunächst Brasilien, dann Barbados, später Saint-Domingue und schließlich Kuba) und zahlreiche weitere Details.

Ähnliche umwälzende Erkenntnisse bieten die Aschacher Mautprotokolle, mittels derer der Donauhandel im 17. und 18. Jahrhundert zu großen Teilen erfasst werden kann (s. Kap. 13.5.2). Die Admiralitätszollregister Hamburgs erfassen einen wesentlichen Teil des Elbverkehrs im 18. Jahrhundert (Schneider/Krawehl/Denzel 2001). Viele weitere Zollregister sind nur in lokal- oder regionalhistorischen Kreisen bekannt. Solche Aufzeichnungen bieten allerdings für Flüsse, Meerengen, Gebirgspässe oder Handelsstraßen – aber auch für hauptsächlich regional bedeutende Wege – bedeutendes Archivmaterial.

Notariatsregister finden sich in fast jedem bedeutenderen Archiv Italiens, Spaniens oder Portugals; hier reichen die Bestände typischerweise ins Mittelalter zurück. Ebenfalls große mittelalterliche Sammlungen bieten die Archive in Brügge und Antwerpen. In Frankreich und den nördlichen Niederlanden beginnt eine günstige Überlieferung mit dem späten 15. Jahrhundert. Gerade die Imbreviaturbände machen in den südeuropäischen Ländern die Masse der Überlieferung aus. Durch ihre schiere Menge eignen sie sich für wirtschaftshistorischen Untersuchung. In Deutschland sind Notariatsakten typischerweise nur vereinzelt überliefert; dennoch stellen sie auch hier eine relativ wichtige Quellenüberlieferung dar. Eine systematische Zusammenstellung unterblieb jedoch an den meisten Orten. Auf dem Boden des Alten Reiches haben sich Rechnungsbücher, juristische Gutachten und Notarakten insbesondere in Gerichtsarchiven wie dem Reichskammergericht oder den Stadtgerichten erhalten.

In jüngerer Zeit haben zahlreiche staatliche Archive begonnen, ihre Bestände zu digitalisieren und infolgedessen auch seriellen Quellen (darunter auch Rechnungsbücher) online zugänglich zu machen. Beispielsweise hat das Florentiner Staatsarchiv, das Archivio di Stato di Firenze, seit dem Jahr 2000 den *Mediceo avanti il Principato* (das Archiv der Kaufmanns- und Patrizierfamilie der Medici vor deren Erhebung zu Herzögen der Toskana) auf seiner Homepage verfügbar gemacht (s. Kap. 13.5.2). Das niederländische Staatsarchiv, das Nationaal Archief, hat die umfangreichen Sammlungen der *Verenigden Oost-Indischen Compagnie* (1602–1795) digitalisiert und ins Internet gestellt, darunter die Masse an seriellen Quellen (s. Kap. 13.5.2). Auch das Notariatsarchiv Amsterdams von 1578 bis 1795 ist vollständig digital erschlossen und durch gute digitale Instrumente auch für eine punktgenaue Recherche nutzbar (s. Kap. 13.5.2). Beispielsweise ist dadurch erstmalig die italienische Händlergruppierung in Amsterdam im 18. Jahrhundert in den Blick der Forschung gerückt, und ihr starkes Engagement im Kolonialwarenhandel konnte im Detail belegt werden (Banken 2020).

Ein wichtiges Hilfsmittel zur Erschließung von Rechnungsbüchern sind Quelleneditionen. Umfang und vor allem die graphische Oberfläche von Rechnungsbüchern verlangen dabei nach überlegter Wiedergabe, die andere Gesichtspunkte als nur die linear-textuelle Reproduktion berücksichtigen müssen. Im deutschen Sprachraum sind es die *Handelsakten des Mittelalters und der Neuzeit*, herausgegeben von der Bayerischen Akademie der Wissenschaften, die seit mehr als 100 Jahren Rechnungsbücher von Unternehmungen, aber auch Zollbücher betreuen.

13.5 Literatur

13.5.1 Einführungen und Spezialliteratur

Arlinghaus, Franz-Josef: Zwischen Notiz und Bilanz. Zur Eigendynamik des Schriftgebrauchs in der kaufmännischen Buchführung am Beispiel der Datini/di Berto-Handelsgesellschaft in Avignon (1367–1373), Frankfurt a. M. 2000.

Banken, Ralf: »nichts weiter als ein großes Warenlager, welches unter dem holländischen steht«. Zur Bedeutung Amsterdams für italienische Händler aus Frankfurt im 18. Jahrhundert, in: Vierteljahrschrift für Sozial- und Wirtschaftsgeschichte 107/2 (2020), 194–217.

Bavel, Bas van: The Invisible Hand? How Market Economies have Emerged and Declined since AD 500, Oxford 2016.

Denzel, Markus: Der seewärtige Einfuhrhandel Hamburgs nach den Admiralitäts- und Convoygeld-Einnahmebüchern (1733–1798), in: Vierteljahrschrift für Sozial- und Wirtschaftsgeschichte 102/2 (2015), 131–160.

De Roover, Raymond: The Development of Accounting prior to Luca Pacioli according to the Account Books of Medieval Merchants, in: Littleton. Ananias C./ Yamey, Basil S. (Hrsg.), Studies in the History of Accounting, London 1956, 114–174.

Faroqhi, Suraiya/ İnalcık, Halil: An Economic and Social History of the Ottoman Empire, Bd. 2: 1600–1914, Cambridge 1997.

Goldthwaite, Richard: The Practice and Culture of Accounting in Renaissance Florence, in: Enterprise & Society 17 (2015), 1–37.

İnalcık, Halil: An Economic and Social History of the Ottoman Empire, Bd. 1: 1300–1600, Cambridge 1994.

Jahnke, Carsten: Pfundzoll, in: Hansischer Geschichtsverein (Hrsg.), Hanse Lexikon (HansLex), 2015, https://www.hansischergeschichtsverein.de/lexikon?buchstabe=p#anzeige.

Kellenbenz, Hermann: Die Fugger in Spanien und Portugal bis 1560. Ein Großunternehmen des 16. Jahrhunderts, 3 Bde., München 1990.

Köster, Roman: Einführung in die Wirtschaftsgeschichte. Theorien, Methoden, Themen, Stuttgart 2020.

Krenn, Walter/Hirsch, Heinz: Zoll im Wandel der Zeit. Unter besonderer Berücksichtigung der österreichischen Zollgeschichte, Wien 2004.

Krüger, Kersten: Historische Statistik, in: Goertz, Hans-Jürgen (Hrsg.), Geschichte. Ein Grundkurs, Reinbek 1998, 59–82.

Lang, Heinrich: Wirtschaften als kulturelle Praxis. Die Florentiner Salviati und die Augsburger Welser auf den Märkten in Lyon (1507–1559), Stuttgart 2020.

Miller, Peter: Accounting as social and institutional practice. An introduction, in: Hopwood, Anthony G./Miller, Peter (Hrsg.), Accounting as Social and Institutional Practice, Cambridge 1994, 1–39.

Napier, Christopher J.: Historiography, in: Edwards, John Richard/Walker, Stephan P. (Hrsg.), The Routledge Companion to Accounting History, London/New York 2020, 32–53.

Netzwerk »Das Versprechen der Märkte« (Redaktion: Eva Brugger, Alexander Engel, Christof Jeggle, Tim Neu) (Hrsg.): Marktgeschehen. Fragmente einer Geschichte frühneuzeitlichen Wirtschaftens, Frankfurt/New York 2023.

Oldroyd, David/Dobie, Alisdair: Bookkeeping, in: Edwards, John Richard/Walker, Stephan P. (Hrsg.), The Routledge Companion to Accounting History, London/New York 2009, 95–119.

Penndorf, Balduin: Geschichte der Buchhaltung in Deutschland, Leipzig 1913.

Peragallo, Edward: Origin and Evolution of Double Entry Bookkeeping. A Study of Italian Practice from the Fourteenth Century, ND Osaka 1974.

Pirenne, Henri: Economic and Social History of Medieval Europe, New York 1937.

Schmoeckel, Mathias/Schubert, Werner: Handbuch zur Geschichte des Notariats der europäischen Traditionen, Baden-Baden 2009.

Schneider, Jürgen/Krawehl, Otto E./Denzel, Markus A.: Statistik des Hamburger seewärtigen Einfuhrhandels im 18. Jahrhundert. Nach den Admiralitäts- und Convoygeld-Einnahmebüchern, St. Katharinen, 2001.

Sombart, Werner: Der moderne Kapitalismus. Historisch-systematische Darstellung des gesamteuropäischen Wirtschaftslebens von seinen Anfängen bis zur Gegenwart, Bd. 2, 2. Aufl., München/Leipzig 1916.

Streb, Jochen/Spoerer, Mark: Neue deutsche Wirtschaftsgeschichte des 20. Jahrhunderts, München 2013.

Strieder, Jakob: Aus Antwerpener Notariatsarchiven. Quellen zur deutschen Wirtschaftsgeschichte des 16. Jahrhunderts, Stuttgart 1930.

Veronesi, Marco: Oberdeutsche Kaufleute in Genua, 1350–1490. Institutionen, Strategien, Kollektive, Stuttgart 2014.

Weber, Max: Zur Geschichte der Handelsgesellschaften im Mittelalter. Nach südosteuropäischen Quellen, in: Dilcher, Gerhard/Lepsius, Susanne (Hrsg.), Max Weber. Zur Geschichte der Handelsgesellschaften im Mittelalter. Schriften 1889–1894, Tübingen 2008, 139–340.

Zellweger Maya: Die »Seel des Commercii« der »Fetzen Krämer« Zellweger von Trogen. Textilfernhandel aus Appenzell Ausserrhoden nach Lyon und Genua, 1670 bis 1820, Basel 2022

Zakim, Michael: Accounting for Capitalism. The World the Clerk Made, Chicago/London 2018.

13.5.2 Digitale Hilfsmittel

Zollregister – www.soundtoll.nl [7.6.2024].
Aschacher Mautprotokolle – https://donauhandel.univie.ac.at [7.6.2024].
Archiv der Medici (Archivio di Stato Florenz) – https://archiviodistatofirenze.cultura.gov.it/map [7.6.2024].
Inventar des Archivs der *Verenigde Oost-Indische Compagnie* (VOC), 1602–1795 (1811) (Nationalarchiv der Niederlande) – https://www.nationaalarchief.nl/onderzoeken/archief/1.04.02?query=Verenigde%20Oost-Indische%20Compagnie%20&search-type=description [7.6.2024].
Notariatsarchiv 1578–1915 (Stadtarchiv Amsterdam) – https://archief.amsterdam/uitleg/indexen/49-notariele-archieven-1578-1915 [7.6.2024].

14 Kriminal- und Strafgerichtsakten

Rita Voltmer

14.1 Einführung

Unter dem Begriff ›Kriminalakten‹ (Gerichtsakten) werden jene heterogenen Schriftstücke zusammengefasst, welche in Spätmittelalter und Früher Neuzeit an städtischen und territorialen lokalen Gerichten sowie an übergeordneten Spruchbehörden im Umfeld der obrigkeitlich definierten und sanktionierten Verfolgung kriminellen bzw. kriminalisierten Verhaltens entstanden sind. Dazu gehören z. b. Acht-, Turm- und Urfehdebücher, Fahndungslisten, Verhörprotokolle, Rechtsgutachten oder Kostenaufstellungen. Gelegentlich enthalten Akten ein sogenanntes *corpus delicti* (Beweisstück der Tat), z. B. den Gürtel einer angeblichen Werwolfverwandlung oder das Schürzenband, mit dem ein Säugling erwürgt worden sein soll.

Kriminalakte im engeren Sinne bezeichnet das verschriftlichte, personenbezogene Strafverfahren wegen Kapitalverbrechen (z. B. Mord, Diebstahl, Raub, Hexerei). Diese Akten wurden allerdings aufgrund der herrschaftlich fragmentierten Struktur des Heiligen Römischen Reiches Deutscher Nation uneinheitlich geführt. Die auf den verschiedenen Handlungsebenen der Gerichtspraxis angesiedelten Akteure (u. a. Laienschöffen, Schreiber, Juristen, Rechtsgelehrte) haben eine Flut an Material hervorgebracht (Kriminalquellen), für dessen Erschließung zentrale Hilfsmittel ebenso fehlen wie Editionen. Gleichfalls fehlen vergleichende Studien zur frühneuzeitlichen Praxis des Protokollierens und Schreibens in Strafprozessen.

Frühneuzeitliche Kriminalakten blieben zunächst ein Untersuchungsgegenstand der Rechtsgeschichte. Seit den 1970er Jahren erweiterte sich dann die methodisch-analytische Herangehensweise. Der *linguistic* bzw. *cultural turn* verschaffte der Kriminalakte einen prominenten Platz in der Sozial-, Kultur-, Mentalitäts- und Geschlechtergeschichte, der Erzählforschung (*narratology*) und der Historischen Pragmatik (*historical pragmatics*). Gerade für die Hexenforschung und die Historische Kriminalitätsforschung bilden Strafgerichtsakten eine der wichtigsten Grundlagen. Während die ältere Forschung die strafrechtliche Verfolgung von Hexerei als Sonderfall bewertet hat, der nicht mit anderen Fällen obrigkeitlich sanktionierter Kriminalität und Devianz vermischt werden dürfe, zeigen neuere Forschungen, welche die Hexenjustiz gemeinsam mit der übrigen Strafgerichtsbarkeit untersuchen, gegenteilige Ergebnisse: Auch wenn lokale Gerichte die in der *Carolina* aufgeführte »Zauberey« nicht überall, nicht andauernd und nicht mit gleicher Härte verfolgt haben, so ist doch bei Strafverfahren in Fällen von Schwerkriminalität (z. B. Homosexualität, Raub, Mordbrennerei, Kindstötung) ähnlich prozediert worden, u. a. mit harter Folter und ggf. dem Forschen nach vermeintlichen KompliziInnen. Zudem sind in der Regel – sieht man von speziell gebildeten Sonderkommissionen oder hinzugezogenen Kommissaren ab – Hexenprozesse und andere Strafverfahren von den gleichen Akteuren bzw. Akteursgruppen durchgeführt und verschriftlicht worden.

Gerade das Beispiel der Magie-, Zauberei- und Hexereiprozesse zeigt: Mit der Erforschung von (zugeschriebener, vermuteter oder faktualer) Kriminalität kann den Wahrnehmungs-, Deutungs- und Handlungsebenen gesellschaftlicher Wandlungsprozesse nachgespürt werden. Kriminalakten geben Auskünfte zur Justizpraxis und Rechtslehre, zu Alltagsleben, kommunikativen Verflechtungen, Geschlechterverhältnis, Mentalitäten, sozialen, politischen und konfessionellen Konflikten.

14.2 Strafverfahren und Akten – die Norm

Die Wurzeln der frühneuzeitlichen Kriminalakte reichen zurück in das Jahr 1215, als Papst Innozenz III. das schriftlich zu führende Inquisitionsverfahren zuließ, um zunächst straffällig gewordene Kleriker und dann vermutete KetzerInnen gerichtlich effektiver belangen zu können. Etabliert wurden die Verfahrenseinleitung von Amts wegen (*ex officio*, ›Offizialmaxime‹), die Untersuchung (*inquisitio*) zur Ergründung des Tatherganges und die Findung einer juristisch definierten ›Wahrheit‹ (Instruktionsmaxime). Im Mittelpunkt stand die Befragung von ZeugInnen und der Angeklagten. Gottesurteile und Reinigungseide waren nicht mehr zugelassen; festgelegt wurden die Folter zur Geständniserzwingung sowie die Verschriftlichung des gesamten Prozessherganges. Die Bezeichnung ›Inquisitionsprozess‹ für diese Verfahrensweise bleibt missverständlich; sie darf nicht mit den, zunächst von mittelalterlichen Inquisitoren, dann von frühneuzeitlichen Inquisitionsbehörden (Spanien, Portugal, Venedig, Rom) geführten Häresieverfahren verwechselt werden.

14 Kriminal- und Strafgerichtsakten

Die Maxime des im kanonischen Recht geborenen Inquisitionsprozesses wurden allmählich in die weltliche Verfahrensführung und Rechtsprechung übernommen. Ab 1532 richteten sich im Heiligen Römischen Reich Deutscher Nation die durchgeführten Strafverfahren entweder nach den Maßgaben der Peinlichen Halsgerichtsordnung Kaiser Karls V. (*Carolina*), einer Mischung aus allgemeinem Verfahrensrecht und Strafbestimmungen zu Kapitalverbrechen (materielles Prozessrecht), oder nach reichsstädtischen bzw. territorialen Gerichts- und Prozessordnungen (z. B. der Kursächsischen Konstitutionen von 1572). Damit einher ging die schrittweise Zurückdrängung lokaler Gewohnheitsrechte. In dem Zusammenhang wird von einer Professionalisierung der Justiz und einer Verwissenschaftlichung des Strafrechts auf der Grundlage des römischen Rechts gesprochen. Die sogenannte salvatorische Klausel der *Carolina* erlaubte es jedoch den jeweiligen Herrschaftseinheiten, sich weiterhin an ihre Partikularrechte zu halten. In der Folge inkludierten einige Landesherren das kaiserliche Regelwerk in das territoriale Strafrecht, während andere, meist mindermächtige Herrschaftsträger auf ihren Rechtsgebräuchen beharrten.

Das inquisitorische, von Amtswegen geführte Strafverfahren setzte sich zwar zunehmend durch, jedoch blieb das akkusatorische Verfahren erhalten, das durch einen privaten Kläger eingeleitet wurde. Strafverfahren konnten mithin durch eine individuelle oder kollektive Klage, eine Denunziation oder durch amtliche Ermittlungen eingeleitet werden. Hexen- und Unzuchtsprozesse im Westen des Alten Reiches wurden z. B. von lokalen Ausschüssen als Kollektivkläger angestrengt, deren Mitglieder durch geheime Absprachen die in der *Carolina* geforderte Klägerhaftung (Beibringung der Beweise, Schadenersatzleistung und Übernahme der Verfahrenskosten bei Freilassung der Angeklagten) unterliefen. Anderenorts übernahm ein bestallter Fiskal die Rolle des öffentlichen Anklägers. Die Inhaftierung der/des Verdächtigten, die Feststellung des vermuteten Tathergangs, die Befragung potentieller ZeugInnen lag in der Hand eines dafür bestallten obrigkeitlichen Amtsträgers (z. B. vorsitzender Richter, Magistrat, Schultheiß, Hochgerichtsmeier, Vorsitzender einer Untersuchungskommission).

Im Zentrum des von weltlichen Gerichten geführten Kriminalprozesses stand die Ermittlung und Aburteilung eines im materiellen Strafrecht definierten Vergehens. Die Deliktfelder werden eingeteilt in Gewaltkriminalität, Eigentumsdelikte und organisierte Kriminalität, Sexual- und Sittendelikte sowie Religionsdelikte und politische Kriminalität (Schwerhoff 2011). Wo Hexerei als ›Superverbrechen‹ gewertet wurde, umschloss diese als materiell möglich gedachte Straftat nahezu alle der obengenannten Deliktfelder. Die wegen eines (oder mehrerer) dieser Vergehen angeklagte Person stand grundsätzlich unter einer Schuldvermutung, deren Begründungen bereits in der Anklageschrift formuliert wurden, z. B. schlechter Leumund, Gerüchte, beeidigte Bezichtigung durch einen Sterbenden, Bekanntschaft bzw. Verwandtschaft mit entsprechend verdächtigten Personen oder Hingerichteten sowie Fluchtversuche.

Das Geständnis, das bei ausreichendem Tatverdacht mit Folter der ›verstockten‹ Delinquentin oder dem Delinquenten entrissen werden durfte, galt als ›Königin des Beweises‹. Gemäß der *Carolina* blieben bei schwierigen Ermittlungen und Verfahrensfragen die lokalen Untergerichte aufgefordert, bei einer übergeordneten Instanz (z. B. Hofrat, Oberhof, Juristenfakultät, Schöppenstuhl) um juristischen Ratschlag förmlich nachzufragen, insbesondere zu Art und Dauer der anzuwendenden Folter oder bezüglich des Endurteils. Das gesamte Verfahren unterlag der Verschriftlichung sowie Geheimhaltung, d. h. die Verhöre sollten unter Ausschluss der Öffentlichkeit stattfinden. Verhörprotokolle galten als schriftlich festgehaltene Beweise für ein rechtmäßig geführtes Verfahren. Sie wurden zunächst summarisch in Amts- und Gerichtsbüchern festgehalten, bevor es sukzessive zur Anlage regelrechter Akten kam, d. h. zur Zusammenstellung einzelner, den chronologischen Verfahrensgang berücksichtigender Schriftstücke. Deren Archivierung in Kanzleien oder bei Notaren ermöglichte das institutionalisierte, obrigkeitlich gesteuerte Anlegen von Wissensspeichern. Kriminalakten müssen deshalb als bedeutende Instrumente von Macht und Herrschaft gelten.

Im Idealfall gehörten zu einer solchen Akte:

1. die *Voruntersuchung* mit den entsprechenden Anordnungen zur Inhaftierung; ggf. Anzeige, Zeugenbefragungen, Gegenüberstellung der Verdächtigten mit ZeugInnen der Anklage sowie deren Aussagen und Teilgeständnisse der angeklagten Person;
2. die in mehrere Frageartikel aufgeteilte *Anklageschrift*;
3. die ›gütlichen‹ (ohne Zufügung körperlicher Schmerzen) und ›peinlichen‹ *Verhöre* (unter der Folter) sowie das erzielte *Geständnis*, dessen *Bestätigung* (außerhalb der Tortur) oder Widerruf, ggf. erneute Folterverhöre;
4. die von der *Carolina* vorgeschriebene *Aktenversendung* an übergeordnete rechtsfindende Behörden mit Anschreiben und erhaltenen Gutachten der Rechtsgelehrten (Zwischenurteile zum Einsatz der Folter; Endurteil);
5. die *Hauptuntersuchung* mit Verlesung des Geständnisses und Endurteils (Strafe oder Freispruch); bei letzterem die Urfehde (eidlicher Verzicht

auf außergerichtliche oder gerichtliche Maßnahmen gegen Haft und Urteil);
6. die *öffentliche Gerichtsversammlung* (Endlicher Rechtstag) mit Ablaufprotokoll, Ausfertigung oder Konzept des Endurteils und Vermerk über dessen Vollzug (Hinrichtung, Leibesstrafe, Verbannung usw.);
7. ggf. *Kostenabrechnung*, Suppliken von Angehörigen usw.

14.3 Vom Umgang mit Kriminalakten – die Praxis

Der idealtypische Aufbau einer Kriminalakte verspricht den Forschenden eine geleitete Erschließung der darin enthaltenen Informationen, z. B. zu den beteiligten Akteurinnen und Akteuren, deren Biographien, Lebensläufen und familialen Netzwerken, den Motiven und Hintergründen des jeweiligen (vermuteten) Tathergangs, den angewandten Rechtsnormen, zur Kommunikation zwischen den Instanzen (lokales Gericht, Spruchbehörde). Obwohl die kategoriale und quantitative Erfassung der Delikte sowie der darin involvierten Personen leicht möglich erscheint, wird die hermeneutisch-qualitative Interpretation durch folgende Vorbehalte erschwert:

1. Frühneuzeitliche Strafverfahren richteten sich – sieht man z. B. von politischen (z. B. Hochverrat) und religiösen Prozessen (Häresie) oder einzelnen Unzuchts- sowie Hexenprozessen ab – überwiegend gegen sogenannte kleine Leute, d. h. Angehörige der Mittel- und Unterschichten sowie sogenannte Randgruppen (besonders unbehauste Vagierende). Die dominante Perspektive obrigkeitlicher Akteure unterstellte ihnen notorisch unzüchtiges, leichtfertiges und unehrliches Verhalten, Faulheit, Müßiggang, den Hang zum Verbrechen. Vermeintlich ging von ihnen eine potentielle Gefahr für den sozialen, religiösen und politischen Frieden aus. Gemäß dieses vorverurteilenden moralischen Generalverdachts wurden Angehörigen der genannten Gruppen vor Gericht entsprechende Devianzen, kriminelles bzw. kriminalisiertes Verhalten zugeschrieben (*labeling approach*).

2. Die frühneuzeitliche Justizpraxis war in den Territorien des Heiligen Römischen Reichs Deutscher Nation defizitär. In kleinen Herrschaften ebenso wie in frühmodernen »Musterstaaten« (z. B. im Herzogtum Württemberg) klafften die juridischen Normen mit dem Gerichtsalltag oft weit auseinander. Die übereilte Verhaftung von Unschuldigen und die Anwendung der peinlichen Frage (Tortur, Folter) ohne hinreichende

Indizien nach Maßgabe des zeitgenössischen Verfahrensrechts standen auf der Tagesordnung, ebenso unzulässige Folterwiederholungen, Suggestivfragen und lebensbedrohliche Haftbedingungen. Diese strukturellen Schwächen des Gerichtssystems werden in den jeweiligen Kriminalakten nicht auf den ersten Blick ersichtlich.

3. Die zeitgenössische Kritik unterstellte gerade den mindermächtigen Hochgerichtsherren, das Schwert der Gerechtigkeit zur Befriedigung persönlicher Interessen oder Durchsetzung herrschaftlicher Ansprüche zu führen. Lokale Gerichte seien besetzt mit ungebildeten Laienschöffen, parteilichen Schreibern und korrupten Urteilssprechern. Diese Vorwürfe verdankten sich zwar zum einen dem Standesinteresse ausgebildeter Juristen, zum anderen ist ihre Berechtigung aber belegt in jenen Supplikationen (Bittschriften) und Klagen wegen missbräuchlicher Verfahrensführung, die bei übergeordneten territorialen Gerichten oder beim Reichskammergericht bzw. Reichshofrat eingegangen sind.

4. Kriminalakten dokumentierten häufig nicht die einzelnen Schritte des Strafverfahrens; so finden sich die originalen Einzelschriftstücke (Notizen, Mitschriften oder Reinschriften) weder gebündelt zu einer Akte noch abschriftlich, sondern in einem als *protocollum* bezeichneten, formal und inhaltlich stark verdichteten Text. In derlei Gerichtsakten wird ein rein fiktiver Ort der Prozessführung konstruiert, da die zeitlich und räumlich auseinanderliegenden einzelnen Phasen des Verfahrens zwischen Voruntersuchung und Urteil in einen logischen Ablauf und Bedeutungszusammenhang gebracht wurden.

Die ›Kriminalakte‹ ist daher als ein Konstrukt zu bezeichnen, das der Justizlogik folgte. In ihrer Funktion als Beweismittel musste sie bestimmten formalen Anforderungen genügen. An keiner Stelle werden die tatsächlich vor Gericht, in den Verhörstuben abgelaufenen Aktionen, Reden und Gegenreden sachgetreu und wortwörtlich wiedergegeben.

14.4 Das Konstrukt ›Kriminalakte‹ – Eigenschaften der Quellengattung

Auf den Konstruktcharakter von Kriminalakten im Allgemeinen und Hexenprozessakten im Besonderen verweisen die Ergebnisse des Münsteraner DFG-Projekts zur Kanzleisprache und zu Kommunikationsstrukturen des 17. Jahrhunderts (2001–2005), das germanistisch-kommunikationswissenschaftliche Projekt *Geständnismotivierung. Zur Wirksamkeit des Geständnisdispositivs im Strafprozess seit 1780*, der Sammelband *Hexenverhörprotokolle als sprachhistorisches Korpus* (2020) sowie grundsätzlich die Forschungen im Umfeld des *Arbeitskreises Interdisziplinäre Hexenforschung* (AKIH, seit 1985) und des *Arbeitskreises Historische Kriminalitätsforschung* in der Vormoderne (1991–2010). Einschlägige Einführungen zur Thematik führen die Besonderheiten der Quellengattung Kriminalakte vor Augen.

Das Gerichtsprotokoll als zentraler Bestandteil der Kriminalakte ist ein Produkt sogenannter pragmatischer Schriftlichkeit, ein Gebrauchstext, der auf der mittleren Ebene unterhalb der literarischen Schriftlichkeit anzusiedeln ist. Ein solcher Text muss von seiner Funktion her bewertet werden, denn er diente als Dokumentation einer rechtmäßigen Prozessführung mit juristischer Beweiskraft. Die Anlage, Zusammenstellung und schriftliche Verdichtung folgten den dafür empfohlenen Vereinheitlichungen. Protokollanten, inquirierende Richter und Amtleute suchten weder nach individueller Differenzierung der Angeklagten noch wurden sie von anthropologischen Interessen geleitet. Um einen relevanten Straftatbestand feststellen zu können, strebten sie nach der Typisierung von Delikt und TäterIn. Mit Blick auf heutige Prozessmitschriften spricht die Narratologie deshalb von *narrative typification*.

Die Bestandteile einer Kriminalakte können als Mitschrift, Reinschrift oder Abschrift überliefert sein. Jedes einzelne originale Dokument besaß seine jeweilige spezifische Funktion, Formalität und inhärente narrative Konstruktion. Die Mitschrift sowohl der Zeugenverhöre wie der Verhöre der Angeklagten erfolgte durch Notizen, Kurzschrift oder sogenannte Klitterschrift. Die Reinschrift fand nachträglich statt. Lagen keine Notizen vor, konnte das Protokoll aufgrund von Erinnerung erstellt werden. Mit- und Reinschriften waren für den internen Gebrauch am lokalen Gericht bestimmt. Abschriften wurden angefertigt, wenn es z. B. galt, das Protokoll als Versendeakte an eine übergeordnete Gerichtsinstanz zu schicken, sei es, um Rechtsgutachten einzuholen, sei es, um Beweismaterial in Streitfällen vor dem Reichskammergericht vorzulegen. In diesen Kontexten konnten zur rechtlichen Absicherung und zur Verschleierung einer missbräuchlichen Verfahrensführung inkriminierende Passagen in den Abschriften getilgt bzw. verändert werden. Schritt für Schritt – von der Notiz bis zur Rein- und Abschrift – wurde der Text zunehmend klarifiziert, gestrafft und stimmig gemacht.

Das Bekenntnisprotokoll (Urgicht), welches am Endlichen Gerichtstag verlesen wurde, stellt die höchste Stufe des konstruierten Protokolls dar, denn es beinhaltet keine Verschriftlichung von Rede auf der Grundlage einer mündlichen Kommunikationssituation. Vielmehr legt es eine stimmige Geständniserzählung vor, deren Bestätigung nach der Verlesung erst die Hinrichtung möglich machte. Wieder bestimmte die Textfunktion den Inhalt: Nicht allgemeine Wahrheitsfindung, sondern die Bestätigung der vom obrigkeitlichen Gericht juristisch festgelegten Wahrheit wurde hier fixiert. Klageschrift, Anschreiben, Verhöre von Zeugen und Angeklagten, Rechtsgutachten usw. beinhalten mithin Mikro-Narrative, die sich erst in der Gesamtanlage der formalisierten, nach Raum und Zeit verdichteten Kriminalakte zu einem Makro-Narrativ verbunden haben.

Im Gerichtsverfahren blieben die angeklagten Personen sowie die ZeugInnen Objekte kontrollierender und disziplinierender obrigkeitlicher Maßnahmen. Schöffen, Urteilsfinder und Schreiber nahmen sie in einer hierarchisch-patriarchalischen Perspektive wahr, kontaminiert mit den aus Kosmologie, Medizin und Jurisprudenz bekannten Vorurteilen, Typisierungen und Stereotypen. Diese Kontaminierung vollzog sich durch Deutung und Zuschreibung. Fraglich bleibt das Ausmaß an Handlungsmacht (*agency*) angeklagter Personen. Vor Gericht entspann sich ein regelrechter Kampf zwischen konkurrierenden *stories*: hier das Fragen und Reden der Inquirierenden, dort das darauf ausgerichtete Sprechen der Verhörten, beides festgehalten in der typisierend-stabilisierenden Verschriftlichung durch den Schreiber. Sieger in dieser ungleichen Konfrontation blieb das obrigkeitlich geforderte bzw. (im Fall des Nicht-Gestehens) akzeptierte und nur in diesem Sinne ›richtige‹ Narrativ, durchaus markiert mit individuellen oder als solche wirkenden Erzählelementen. Auch die Befragten setzten die bekannten Stereotypen und Narrative bewusst oder unbewusst als Überlebens- und Verteidigungsstrategien ein. Gleichfalls verwendeten ZeugInnen bestimmte narrative Strategien. Alle verhörten Personen bedienten sich des Lügens und der Verschleierung (*dissimulatio*). Charakteristisch selbst für glaubwürdig erscheinende Aussagen bleiben die »Stilisierungen von Handlungen zu Geschichten«, die »Konstituierung von Charakteren« und die »Konstruktion der eigenen Identität« (Fuchs/Schulze 2002). Die Handlungsmacht, derlei Strategien zu entwickeln und ein Geständnis ggf. zu verweigern, blieb von mehreren Faktoren abhängig, z.B. den Vorkenntnissen der Verhörten, den Vorurteilen, juristischen Kenntnissen und Erwartungen der Gerichtsbeamten, der jeweiligen Ausgestaltung der eingeholten Gutachten (*Advise*) sowie dem Umstand, ob und wie diese umgesetzt wurden. Letztlich entschieden Einsatz, Dauer und Methoden der Folter darüber, ob angeklagte Personen zu Geständnissen gezwungen werden konnten – oder eben nicht.

14.5 Notare und Schreiber – Architekten der Akten oder getreue Protokollanten?

Die bedeutende Rolle der Gerichtsschreiber (oder Notare) wird weder in der anglo-amerikanischen noch in der skandinavischen oder deutschen Kriminalitäts- und Hexenforschung negiert, wenngleich – gemäß unterschiedlicher Rechtsnormen und Praktiken an lokalen sowie übergeordneten Gerichten – unterschiedlich gewichtet. Gleichwohl müssen die häufig entweder anonym bleibenden oder prosopographisch nicht zu kontextualisierenden Schreiber als Architekten des Protokolls gesehen werden, selbst wenn sie Vorgaben unterworfen blieben und der Umfang ihres Einwirkens selten exakt bemessen werden kann.

Schreiber sollten die Protokolle gemäß der Klageartikel strukturieren; daher dokumentierten sie nicht schlicht das Sprechen von Zeugnis gebenden und angeklagten Personen, sondern passten es dem institutionellen Rahmen der Justiz und deren Logik an. Neuere Forschungen zeigen, dass nicht die Überführung aufgrund strafrechtlich festgelegter Vorgaben im Mittelpunkt stand; da ein polizeilicher Ermittlungsapparat fehlte, blieb dies allemal unmöglich. Vielmehr galt es, ein Geständnis zu erzwingen, das die Schuldvermutung bestätigte. Diese Form der Beweisfindung bestimmte den Gang des Prozesses mitsamt dessen schriftlicher Niederlegung. Als unwichtig eingestuftes Sprechen, Zwischenfragen, Drohungen und Bemerkungen des Gerichtspersonals oder Unterbrechungen konnten außer Acht gelassen bzw. mussten nur dann notiert werden, wenn sie für die zu dokumentierende Schuld der Angeklagten und nachfolgend für das rechtssetzende Urteil wichtig erschienen. Da die Aktionen der Verhörenden (Leit-, Zwischen- und Nachfragen) in den Hintergrund traten, kann das schriftlich fixierte Endprodukt den Eindruck erwecken, die Angeklagten hätten auf eine der Hauptfragen des Gerichts mit einer langen elaborierten Narration geantwortet.

Standardisierungen und das Einfügen formelhafter Antworten blieben nötig, weil der Schreiber Volkssprache und Dialekt der Angeklagten in eine gerichtsrelevante Hochsprache und gelegentlich in Latein wandelte. Geständnisverweigerungen wurden als Leugnen, Nicht-Gestehen-Wollen, als hartnäckiges Schweigen und somit als Abstreiten längst feststehender Tatsachen diffamiert. Als Agierende traten Angeklagte auf, wenn sie ,beredt' schwiegen, lachten, sich zu weinen bemühten, die Vertreter der Obrigkeit beleidigten oder fluchten. Bei diesen Gelegenheiten zeichneten Schreiber

Regungen, Gebärden, Mimik und Worte in direkter Rede auf, doch meist nur, wenn sie die Schuldvermutung stützten. Dieses »language game« (Bähr 2015, 130) findet sich ebenfalls in protokollierten Verhören jenseits von Strafprozessen.

VertreterInnen der Soziolinguistik haben in dialektalen Ausdrücken Restbestände von Mündlichkeit vermutet. Jedoch hat die Untersuchung multilingualer Prozessakten in Hexereiverfahren gezeigt: Schreiber übernahmen Begriffe im Dialekt, wenn sie den Sinn- und Bedeutungszusammenhängen ›Zauberei‹, ›Krankheit‹ und ›Konflikten‹ entstammten oder als Flüche die Halsstarrigkeit der Angeklagten kennzeichneten, mithin eine gerichtsrelevante Bedeutung besaßen. Dialektale Bruchstücke sind daher nicht zwingend ein Beweis für die Sorgfalt, mit welcher Schreiber bei der Niederschrift dem Sprach- und Erzählduktus der Angeklagten folgten und damit Mündlichkeit rekonstruierten, sondern sie dürfen als ein Indiz für den Konstruktcharakter der Akte gelten.

Je klarer das Schriftbild, je übersichtlicher und kompakter die Gliederung, je narrativ verdichteter die Verhör- und Geständnispassagen, desto intensiver hatte die formalisierende Feder des Schreibers eingegriffen. Eine schwungvoll niedergeschriebene, nahezu monologische Aussage, die eine fließend formulierte Erzählung enthält, ist das Werk des Schreibers und nicht das Ergebnis besonderer narrativer Versiertheit der verhörten Person.

Das Herrschaftswissen der Schreiber und Notare sowie ihr Einfluss waren bekannt. Verordnungen verpflichteten sie immer wieder zu Sorgfalt und Detailgenauigkeit, dies jedoch im Sinne jener ›Wahrheit‹, die der Logik des Gerichts entsprach. In der Bearbeitung, Auswahl, Zuspitzung und Umformulierung der einzelnen Narrationen zu juristisch beweiskräftigen Texten, im Eingriff der Notare in den »continuous flow of talk« (Bähr 2015, 138) ist keine zynische Fälschung zu vermuten, wenngleich es nicht nur im Umfeld von Hexereiverfahren zur Manipulation von Gerichtsakten gekommen ist.

14.6 Die Rolle der Folter

Ihre Begründung fand die peinliche Frage in Theologie und Rechtslehre, die davon ausgingen, eine unschuldige Person besitze die innere Stärke und den göttlichen Beistand, um die Folter ohne falsches Geständnis, ohne Lüge und Dissimulation zu überstehen, da sie nicht für ihre körperliche

Unversehrtheit, sondern für die Reinheit ihrer Seele kämpfte. Theologen argumentierten, Gott lasse niemals die Bezichtigung oder Verurteilung Unschuldiger zu, der freie Wille könne niemals durch Schmerzen zum Bekenntnis der Unwahrheit gezwungen werden. Von einem Schuldigen hingegen nahm man an, dass er oder sie bereits vom schlechten Gewissen gequält werde und an die Materialität des Körpers gebunden bleibe. Eine solche Person könne der Folter nur mit teuflischer Hilfe widerstehen. Deshalb müsse deren Körper – nach Exorzismus und spiritueller Reinigung – bis zur völligen Erschöpfung geschwächt werden, damit das Schuldbekenntnis, das man tief in den Angeklagten verschüttet bzw. vom Teufel zurückgehalten glaubte, an die Oberfläche gebracht werden könne. Die Herbeiführung eines Geständnisses galt daher auch als heiliger Akt von tiefreligiöser Bedeutung.

Grundsätzlich wurde in Strafprozessen, bei denen schwere Delikte wie Raub, Diebstahl, Kindstötung, Brandstiftung, Sodomie oder Hexerei zur Anklage gekommen waren, die Folter als Mittel der Geständniserzwingung eingesetzt. Gerade bei der Ausweitung einzelner Hexereiverfahren zu massiven Verfolgungsschüben spielte der Einsatz exzessiver Folter eine entscheidende Rolle, so in kleinen Herrschaftseinheiten, wo derlei Prozesse als Schnellverfahren auf der Agenda standen. Ähnliche Vorgänge sind dort zu beobachten, wo entweder keine Juristenfakultät konsultiert, wo die Aktenversendung durch entsprechend ambitionierte, juristisch hochgebildete, an die lokalen Untergerichte entsandte bzw. gerufene Hexenkommissare ersetzt wurde (wie beispielsweise in Kurköln) oder wo entsprechende Sonderkommissionen – besetzt mit gelehrten Juristen – regelrechte Vernichtungsfeldzüge gegen vermutete Hexen führten (wie beispielsweise in Bamberg, Würzburg oder Eichstätt).

Hingegen konnte die von der *Carolina* empfohlene Einholung von Rechtsgutachten in allen Strafverfahren für eine moderate Anwendung der peinlichen Frage, deren ungeständiges Überstehen und dann zur Entlassung aus einem Strafverfahren sorgen. In diesen Fällen hatte die soziale wie räumliche Trennung zwischen Verfahrens- und Urteilsfindungsinstanz eine gewisse Objektivität bei der Bewertung der (vermuteten) Tatbestände gebracht. Jedoch bleibt meist unbekannt, wie *Advise*, die eine mäßig dosierte Folter empfohlen, dann vor Ort umgesetzt worden sind. Selbst das gut organisierte Justizwesen in Württemberg konnte Übergriffe, Manipulationen und Eigenmächtigkeiten lokaler Gerichte nicht gänzlich verhindern.

Aktuelle Untersuchungen von Folteropfern zeigen, dass Psyche und Körper eines Menschen unter dieser ungeheuren Belastung völlig zerbrechen können. Auch durch die frühneuzeitliche Tortur wurden das Selbst zerstört und den Gequälten unabhängig von ihren ›tatsächlich‹ begangenen, als Verbrechen klassifizierten Aktionen eine andere Identität aufgezwungen, die des armen Sünders, des reuigen Straftäters bzw. der Straftäterin. Den Gerichten war bekannt, dass während der peinlichen Verhöre gelogen werden konnte, weshalb Geständnisse nur dann Beweiskraft erhielten, wenn sie später ›freiwillig‹ außerhalb der Folterstube, aber mit der Gewissheit, bei Widerruf erneut gemartert zu werden, wiederholt wurden. Nicht allein die Folter, sondern auch die ›gütlichen‹ Verhöre, die Haftbedingungen und Drangsalierungen durch die Wärter trieben manche als ›hartnäckig‹ eingestufte Angeklagte zum Zusammenbruch und zum Geständnis. Auf dem Höhepunkt der Zwangssituation vor Gericht und unabhängig vom jeweiligen Delikt »verdichten sich die Protokolle zu einem bedrückenden Dokument menschlicher Not und Selbsterniedrigung« (Schwerhoff 2011, 67).

Blicke auf die Situation in den Gefängnissen und Verhörstuben liefern abgefangene Kassiber (aus der Haft geschmuggelte Schreiben der Angeklagten), die in den Akten verblieben sind, ebenso wie Supplikationen, die Angeklagte, deren Angehörige oder Freigelassene an übergeordnete Gerichte wie das Reichskammergericht oder den Reichshofrat richteten. Im Gegensatz zu den jeweils erhaltenen Gerichtsprotokollen, in denen selbst zermürbend lange Foltersitzungen verkürzt bzw. verharmlost dargestellt oder verschwiegen worden sind, tritt hier die zerstörerische Wirkung der Qualen auf die physische wie psychische Integrität der Angeklagten zu Tage. Diese Texte bieten eine korrigierende Perspektive zu den spezifischen Wahrnehmungen und Deutungen der Strafgerichtsakten. Sie halten die LeserInnen an, jenen durch schwersten physischen und psychischen Druck erreichten Aussagen und Narrative höchst kritisch gegenüberzutreten.

14.7 Forschungsperspektiven – Auswahl

Kriminalakten liefern eine Fülle miteinander konkurrierender Narrative. Hilfestellung bei deren Entzifferung bietet z. B. die internationale Erzählforschung (*narratology*), welche den im Umfeld von Justiz, Jurisprudenz und Rechtssetzung gemachten Sprechakten, den Diskursen, *narratives*, *stories* und *tales* intensive Aufmerksamkeit schenkt. Mit einem Fokus auf das anglo-amerikanische Zivil-, Straf- und Appellationsverfahren nach 1700, insbesondere aber der Gegenwart, finden die Sprechakte von Minderheiten, deren Narrative entweder gänzlich unterdrückt oder obrigkeitlich überformt werden, das Interesse der *Critical Race Studies*, der *Gender Studies* und der *Queer Theory*. Gleichfalls versucht die Historische Pragmatik, den Spuren von Mündlichkeit in Gerichtsakten nachzugehen. Intensiv bemüht sich die Kultur-, Mentalitäts- und Kommunikationsgeschichte darum, »the lost voice« der mittelalterlichen und frühneuzeitlichen »oral civilization« mit Hilfe von Kriminalakten einzufangen. Vorzugsweise arbeitet die *Gender History* daran, »the silence of women« zu durchbrechen, ungeachtet des Befundes, dass reale oder imaginierte weibliche Stimmen nur von Männern zu Papier gebracht worden sind. In diesen Kontext einzuordnen ist der Versuch, mit Hilfe literarischer Diskursanalyse und dem sogenannten *close reading* die verschiedenen »Stimmen« (*voices*), darunter die der angeklagten Frauen, in Kriminalakten hör- und verstehbar zu machen. Es muss offenbleiben, ob frühneuzeitliche Gerichtsakten im Allgemeinen und Aktenmaterial aus dem Umfeld von Hexereiverfahren im Besonderen geeignet sind, die Stimmen involvierter Angeklagter herauszufiltern und darüber hinaus deren Strategien im Sinne von planvollem Agieren und Erzählen selbstbestimmtem Handeln zu entdecken (Voltmer 2020)

Auch Psychohistorie und *Gender History*, Ethnologie, Anthropologie und Volkskunde nutzen intensiv die Textsorte ›Kriminalakte‹. Dabei gehen deren ›feldforschende‹ VertreterInnen davon aus, mit ZeugInnen- und Eigenaussagen Einblicke in das ferne, fremde Land der ›Vergangenheit‹ nehmen zu können. Hier sollen sich – jenseits von Fremdwahrnehmung und Zuschreibung – Fenster in das Innen- und Gefühlsleben der historischen ›Eingeborenen‹ öffnen lassen. Prominentes Beispiel hierfür sind die Arbeiten von Lyndal Roper, die sich eines auf Freud gestützten Analyseinstrumentariums bedient. Jene durch Zwang, Erpressung, Repression, Demütigung und körperliche wie mentale Folter erlangten Hexereigeständnisse sollen mithilfe der Psychoanalyse ›gelesen‹ werden. Eine nachvollziehbare Erläuterung der angewandten Decodierungs-Methode fehlt jedoch. An dieser, gerade von der deutschsprachigen Forschung kritisierten Herangehensweise zeigt sich das große Dilemma bei der Interpretation auch anderer Gerichtsakten: Zwar boten die Verhöre angeklagten Frauen eine bedeutende Sprechsituation, jedoch in einem höchst eingeschränkten, durch Zwang bestimmten Maße, verfahrenstechnisch vorstrukturiert, gelenkt durch Verhörtechnik, Suggestivfragen, standardisierte Fragekataloge, nicht zuletzt durch die Folter. Weibliches ›Erzählen‹ konnte hier kaum auktoriale, literarische Qualitäten entfalten, sondern blieb zum guten Teil das Ergebnis einer Zwangskommunikation, die lediglich der Funktion des Verfahrens dienende *stories* zuließ.

Aufgrund von Schuldvermutung, Typisierung und Zwangssituation während der Verfahrensführung dürfen die verschriftlichten Verhöre – unabhängig vom jeweiligen Delikt – nur eingeschränkt als Ego-Dokumente oder als Grundlage einer psychohistorischen oder diskursanalytischen Interpretation benutzt werden, selbst wenn Verhören, Protokollieren und aktenmäßige Verdichtung den strengen Vorgaben eines gut organisierten Justizwesens unterworfen blieben. Noch problematischer wird es, wenn man es mit offensichtlich manipulierten Kriminalakten aus Herrschaftsgebilden zu tun bekommt, in denen eine Kontrolle der lokalen Kräfte, Aktenversendung, Instanzenzug oder professionalisierte Gerichte entweder noch nicht, mangelhaft oder nur rein formal installiert waren. Die beschworene Multiperspektivität, welche in mit vielen Zeugenverhören ausgestatteten Kriminalakten zu finden sein soll, wird dort hinfällig, wo nur belastende Zeugnisse zugelassen wurden oder wo die ZeugInnen untereinander durch geheime Absprachen auf übereinstimmende Aussagen verbunden waren.

Bei der Analyse von Verhören bleiben die Überlegungen des Mediävisten Johannes Fried hilfreich: Auf das geweckte Erinnern aufbauende historische Zeugnisse müssen einem interpretatorischen Generalverdacht ausgesetzt werden. Selbst wenn eine verhörte Person richtig hätte antworten wollen, so hätte sie dies durch unbewusst ablaufende neurologische Prozesse des Vergessens und des Neustrukturierens nicht tun können. Vergangenes Geschehen wird bei der Abrufung von Erinnerung stets selektiert, dekonstruiert und wieder neu konstruiert. Zu diesen mehrheitlich unbewusst ablaufenden Vorgängen gehört unter anderem die Anpassung an bekannte Erzählmuster und Erwartungen, die intertextuelle Vernetzung, die Akzentuierung oder Negierung der eigenen Position. Noch vor jeder Verschriftlichung ist die Erinnerung somit Transformationsprozessen unterworfen. Insgesamt haben wir es in den Kriminalakten mit dem schriftlich stabilisierten Sprechen größtenteils illiterater Personen (Analphabeten) zu tun, deren Erinnern von einem mit entsprechender Kompetenz ausgestatteten Sachwalter stimuliert worden ist. Unter dem »Schleier der Erinnerung« (Johannes Fried) können deshalb *per se* keine Fakten, sondern nur (bewusste und unbewusste) Interpretationen, Wertungen, Meinungen, Irrtümer und Fehlsichten produziert werden.

14.8 Zur historischen Relevanz von Kriminalakten

Trotz aller quellenkritischen Schwierigkeiten heben in thematischen Einführungen VertreterInnen der Historischen Kriminalitäts- und Hexenforschung den hohen Stellenwert der Strafgerichtsakten für die Geschichtswissenschaft hervor. Wer jedoch mit Kriminalakten arbeiten möchte, kann selten auf Editionen zurückgreifen; von Ausnahmen abgesehen liegen lediglich Quellenauszüge vor. Vollständige Editionen gibt es für wenige Hexenprozessakten. Manche Archive weisen geschlossene, vereinzelt digitalisierte Bestände von Kriminalakten aus. Daher müssen die relevanten Aktenstücke mithilfe von Suchportalen, Findbüchern oder Repertorien aufgespürt, transkribiert und kontextualisiert werden, bevor mit der dichten Lektüre und Analyse begonnen werden kann

Bislang hat sich keine allgemein akzeptierte Theorie oder Methode gefunden, mit deren Hilfe die Textsorte Kriminalakte dekonstruiert und deren dominante obrigkeitliche Perspektive korrigiert werden kann. Allein ein reflektiert-distanzierter, interdisziplinäre Methoden nutzender Umgang mit dem Aktenmaterial, flankiert durch die Hinzuziehung komplementären Materials (z. B. Akten übergeordneter Gerichte, Bittschriften, Kassiber) können die darin enthaltenen Wahrnehmungen ›herausoperieren‹, Narrative und Erzählstrategien erkennen. Forschende werden konfrontiert mit bewusst oder unbewusst, mal offensichtlich, mal subtil konstruierten Wirklichkeiten und Wahrnehmungen. Deren interpretierende Entschlüsselung darf letztlich nur im Vorschlag einer oder mehrerer plausibler Konstruktionen münden, keinesfalls in einer fest gezurrten sogenannten historischen Wahrheit oder in einer Rekonstruktion im Wortsinn, weil die Entschlüsselung selbst dem Filter des eigenen spezifischen Erkenntnisinteresses unterworfen ist. Unter Berücksichtigung der genannten Vorbehalte können Forschende, Lehrende und Studierende dem unbestrittenen Informationswert der oft dichte Erzählungen enthaltenden Textsorte ›Kriminalakte‹ gerecht werden. Immerhin bleibt sie doch die einzige Quellengattung, die auf die von Mündlichkeit geprägte Lebenswelt und die *agency* bestimmter Milieus blicken lässt, deren VertreterInnen mit eigener Hand wenig bis nichts zu Papier gebracht haben und als Objekte obrigkeitlicher Schriftlichkeit in diesem Sinne ›stumm‹ geblieben sind.

14.9 Literatur

14.9.1 Einführungen

Härter, Karl: Strafrechts- und Kriminalitätsgeschichte der Frühen Neuzeit. Berlin/Boston 2018.

Rummel, Walter/Voltmer, Rita: Hexen und Hexenverfolgung in der Frühen Neuzeit, 2. bibl. erw. Aufl. Darmstadt 2012.

Schwerhoff, Gerd: Historische Kriminalitätsforschung. Frankfurt a. M. 2011.

14.9.2 Spezialliteratur

Bähr, Matthias: The Power of the Spoken Word. Depositions of the Imperial Chamber Court: Power, Resistance, and ›Orality‹, in: Cohen, Thomas V./Twomey, Lesley K. (Hrsg.), Spoken Word and Social Practice. Orality in Europe (1400–1700), Leiden/Boston 2015, 113–138.

Fludernik, Monika: A Narratology of the Law? Narratives in Legal Discourse, in: Critical Analysis of Law and the New Interdisciplinarity 1/1 (2014), 89–109.

Fuchs, Ralf-Peter/Schulze, Winfried (Hrsg.): Wahrheit, Wissen, Erinnerung. Zeugenverhörprotokolle als Quellen für soziale Wissensbestände in der Frühen Neuzeit, Münster 2002.

Gleixner, Ulrike: »Das Mensch« und »der Kerl«. Die Konstruktion von Geschlecht in Unzuchtsverfahren der Frühen Neuzeit (1700–1760), Frankfurt a. M. 1994.

Jütte, Daniel, Überlebende von Hexenprozessen und das Ringen um Gerechtigkeit im Heiligen Römischen Reich, in: Zeitschrift für Württembergische Landesgeschichte 80 (2021), 155–179.

Leitner, Werner: Das Protokoll. Eine wechselvolle Geschichte, in: Michalke, Regina u. a. (Hrsg.), Festschrift für Rainer Hamm zum 65. Geburtstag am 24. Februar 2008. Berlin/Boston 2008, 405–417.

Oestmann, Peter: Hexenprozesse am Reichskammergericht, Köln u. a. 1997.

Oestmann, Peter: Wege zur Rechtsgeschichte: Gerichtsbarkeit und Verfahren, Köln u. a. 2015.

Reichertz, Jo/Schneider, Manfred (Hrsg.), Sozialgeschichte des Geständnisses. Zum Wandel der Geständniskultur, Wiesbaden 2007.

Rügge, Nicolas: Hexenprozessakten, in: Pätzold, Stefan/Reinighaus, Winfried (Hrsg.), Quellenkunde zur westfälischen Geschichte vor 1800. Band 6, 2017 67–75. Online-Ausgabe. Stand: Juli 2019. https://www.lwl.org/hiko-download.pdf (12.8.2023).

Sauter, Marianne: Hexenprozess und Folter. Die strafrechtliche Spruchpraxis der Juristenfakultät Tübingen im 17. und beginnenden 18. Jahrhundert, Bielefeld 2010.

Topalovic, Elvira: Schuld und Wahrheit in der sprachlichen Konstruktion von ›Hexen‹. Ein interdisziplinärer Zugang zu Kassibern und Protokollen, in: Sieburg, Heinz/Voltmer, Rita/Weimann, Britta (Hrsg.), Hexenwissen. Zum Transfer von Magie- und Zauberei-Imaginationen in interdisziplinärer Perspektive, Trier 2017, 169–178.

Voltmer, Rita: Von den Kindern des Saturn und dem Kampf mit dem Schicksal – Lebenswege und Überlebensstrategien kleiner Leute im Spiegel von Strafgerichtsakten, in: Schmidt, Sebastian (Hrsg.), Arme und ihre Lebensperspektiven in der Frühen Neuzeit, Frankfurt a. M. 2008, 237–293.

Voltmer, Rita: The Witch in the Courtroom: Torture and the Representations of Emotion, in: Kounine, Laura/Ostling, Michael (Hrsg.), Emotions in the History of Witchcraft, Basingstoke 2017, 97–116.

Voltmer, Rita: Die Entzifferung der Gattung »Hexenprozessakte« – Anmerkungen aus historischer Perspektive, in: Szcepaniak, Renata/Dücker, Lisa/Hartmann, Stefan (Hrsg.), Hexenverhörprotokolle als sprachhistorisches Korpus. Fallstudien zur Erschließung der frühneuzeitlichen Schriftsprache, Berlin/Boston 2020, 13–48.

Voltmer, Rita/Kobayashi, Shigeko: Supplikationen und Hexereiverfahren im Westen des Alten Reiches – Stand und Perspektiven der Forschung, in: Kurtrierisches Jahrbuch 51, 2011, 247–269.

Zagolla, Robert: Folter und Hexenprozess. Die strafrechtliche Spruchpraxis der Juristenfakultät Rostock im 17. Jahrhundert, Biefeld 2007.

14.9.3 Editionen

Habermas, Rebecca/Hommen, Tanja: Das Frankfurter Gretchen: Der Prozeß gegen die Kindsmörderin Susanna Margaretha Brandt, München 1999.

Macha, Jürgen/Herborn, Wolfgang: Kölner Hexenverhöre aus dem 17. Jahrhundert, Köln/Weimar/Wien 1992.

Macha, Jürgen u. a.: Deutsche Kanzleisprache in Hexenverhörprotokollen der Frühen Neuzeit, 2 Bde. Berlin/Boston 2005.

Schwerhoff, Gerd: Gerichtsakten und andere Quellen zur Kriminalitätsgeschichte, in: Maurer, Michael (Hrsg.), Aufriß der Historischen Wissenschaften. Band 4: Quellen, Stuttgart 2002, 266–298.

Voltmer, Rita/Tretter, Simon (Bearb.): Edition ausgewählter Hexereiverfahren der Herrschaft Schmidtheim, in: Voltmer, Rita (Hrsg.), Herren und Hexen in der Nordeifel. Darstellung – Edition – Vergleiche, Weilerswist 2018, 173–411.

14.9.4 Digitale Hilfsmittel

Deutsche Digitale Bibliothek – https://www.deutsche-digitale-bibliothek.de [7.6.2024].
Allgemeine Suchhilfe zum Auffinden digitalisierter Kriminal- und Hexenprozessakten.

Stadtarchiv Münster – https://www.stadt-muenster.de/archiv/archivalien-digital/gerichtsakten [7.6.2024].
Informationen zum Aufbau von Gerichts- und Kriminalakten allgemein.

Hexerei- und Magiedelikte in den Gerichtsakten der Stadt- und Amtsgerichte Mecklenburgs (16./17. Jh.) – https://opendata.uni-halle.de/handle/1981185920/32811 [7.6.2024].
Transkripte und Abstracts von Katrin Moeller (1997) zu den Quellen des Landesarchives Schwerin (Mecklenburg) in Fällen von Hexerei und Magie sowie einigen einzelnen anderen Delikten.

Kriminal- und Hexenprozessakten des Magistrats der Stadt Lemgo] – https://www.archive.nrw.de/archivsuche?link=VERZEICHUNGSEINHEIT-A92x56055790185928320201005130121183 [7.6.2024].

Kriminal- und Hexenprozesse der Deutschordenskommende Mergentheim – https://www.deutsche-digitale-bibliothek.de/item/3D6WMDIS632XCOGL7TZ55L7L32YSBCTR [7.6.2024].

15 Periodika (Zeitungen und Journale)

Christian Meierhofer

15.1 Einführung

Egal ob politische Skandale, wissenschaftliche Entdeckungen, philosophische Diskurse, kriegerische Auseinandersetzungen oder lokale Ereignisse – Periodika bieten sich für unterschiedlichste Sachverhalte, Vermittlungszwecke und Leseinteressen an. Die Entstehung und Verbreitung periodischer Medienangebote hängen eng zusammen mit der technischen Entwicklung des Buchdrucks und mit der Ausweitung des europäischen Postwesens seit der Mitte des 15. Jahrhunderts. Die Notwendigkeit, Nachrichten und Mitteilungen aller Art nicht nur einmalig, sondern in regelmäßigen Abständen zu drucken und zu veröffentlichen, ergab sich aus dem Anspruch, die traditionellen, kanonischen, zumeist gelehrt-akademischen und auch praxisfernen Wissensbestände um solche Themen und Gegenstände zu ergänzen, die vor allem in Politik, Wirtschaft, Wissenschaft und Alltagskultur permanent aufkommen. Dieses eher empirisch-praktische Welt- und Erfahrungswissen erhielt in der Frühen Neuzeit eine eigene Geltung. Bis zum Ende des 18. Jahrhunderts setzte sich ein Bewusstsein durch, wonach die alten Ideale enzyklopädischer Buchgelehrsamkeit (s. Kap. 16) und topischer, also starr strukturierter Wissensordnung sukzessive mit einer Perspektive konkurrieren mussten, die das ständig Neue favorisiert und die Neugierde des Publikums nach möglichst unbekannten und unerhörten Begebenheiten beförderte. Um diesem Bedürfnis nachzukommen, entstanden immer wieder neue Periodika mit ganz unterschiedlichen Inhalten und Funktionen.

15.2 Definitionen und Eigenschaften

In der Frühen Neuzeit wurde der Begriff ›Periodikum‹ noch nicht für regelmäßig erscheinende Medienangebote verwendet, obwohl es bereits unterschiedliche Quelltexte gab, die mit gleichem zeitlichen Abstand publiziert wurden. Statt eines verbindlichen Oberbegriffs kursierte eine Vielzahl an Termini, die seit dem Spätmittelalter gebräuchlich, aber nicht trennscharf voneinander abgegrenzt waren. Bereits das mittelalterliche *märe* ist bedeutungsverwandt etwa mit ›Erzählung‹, ›Bericht‹, ›Botschaft‹ oder ›Historie‹. In diesem semantischen Umfeld etablierte sich aus dem mittelniederländischen und mittelniederdeutschen *tidinge*, das ab dem späten 13. Jahrhundert belegt ist, der deutsche Terminus ›Zeitung‹. Dieser kam im 16. Jahrhundert auf, verwies aber noch nicht auf ein Periodikum im engeren Sinne, sondern zunächst auf eine ›Nachricht‹ von einer beglaubigten oder auch nur vermeintlich vorgefallenen Begebenheit.

Üblicherweise wurden diese Nachrichten als nichtperiodische Einblattdrucke oder Flugschriften (s. Kap. 17), als sogenannte *Newe Zeitungen* verbreitet. Sie boten ihre Gegenstände oftmals in einer Mischung aus deskriptiver Prosa, moralisierenden Versen oder Zeitungsliedern und mit Text-Bild-Kombinationen dar. Darüber hinaus konnten sowohl periodische als auch nichtperiodische Nachrichten als »Avisen« (Anzeigen), »Novellae« (Neuigkeiten) oder »Relationen« (Berichte) betitelt sein. Erst gegen Ende des 17. Jahrhunderts ist der Begriff ›Zeitung‹ nicht mehr nur als Synonym für ›Nachricht‹ zu verstehen, sondern meint explizit ein periodisches Medienangebot, das zudem auf den Plural verzichtet. Die nichtperiodischen *Newen Zeitungen* wichen dagegen auf andere Titel aus und wurden letztlich – so eine Hypothese der Presseforschung – von der periodischen Zeitung verdrängt (Bauer/Böning 2011).

Diese begriffliche Vielfalt lässt sich nicht zuletzt mit der Abhängigkeit der frühen Druckmedien von den Maßgaben der Rhetorik begründen. Insbesondere die auf Cicero zurückgehende Konzeptualisierung der *historia* ist hier nennenswert. Denn sie betrifft einerseits ein historisch verbürgtes Geschehen; andererseits umfasst der Begriff auch die beglaubigende Darstellung eines solchen Geschehens. Unter den Bedingungen des Buchdrucks, der nach der Erfindung der Schrift als eine ›zweite Medienrevolution‹ (Faulstich 2006) gefasst werden kann, führte diese Semantik der *historia* in der Frühen Neuzeit dazu, dass ganz unterschiedliche Textgattungen und Medienangebote als »Historien« bezeichnet und als ›authentische‹ oder ›echte‹ Darstellung beworben wurden. Von »Historien« war selbst dann die Rede, wenn nicht letztgültig klar war, ob sich das Berichtete tatsächlich ereignet hat, nur als denkmöglicher Vorfall in Betracht gezogen wird oder gar völlig frei erfunden ist (Meierhofer 2010).

Neben der Frage des Gegenstandsbezugs und der Referenz auf historische Vorfälle hat die moderne, in den 1920er Jahren institutionalisierte

Publizistik- und Zeitungswissenschaft weitere Merkmale der Zeitung hervorgehoben. Nachhaltigen Einfluss hat vor allem die Definition Emil Dovifats ausgeübt, wonach die Zeitung sich auf das jüngste Gegenwartsgeschehen konzentriert, in kurzer regelmäßiger Folge erscheint, ein möglichst breites Publikum adressiert und prinzipiell keinen Themenbereich ausschließt. Terminologisch sind daraus die bis heute anerkannten Definitionsmerkmale der Aktualität, Periodizität, Publizität und Universalität abgeleitet worden. Diese Merkmale haben zugleich die pressegeschichtliche Forschung dazu herausgefordert, nach entsprechenden historischen und möglichst frühen Zeitungen zu fahnden, die über ebendiese Eigenschaften verfügen und somit den Einsatzpunkt eines modernen Nachrichtenwesens markieren (Weber 2005).

Da eine typologische Abgrenzung der frühen Zeitung zu anderen Medienangeboten nicht einfach ist, wird die Periodizität gewöhnlich zum Kardinalkriterium erhoben. Von der periodischen Erscheinungsweise hängt zum einen die Aktualität des Berichteten ab. Zum anderen wurden damit neue Produktions- und Rezeptionsverfahren notwendig, weil es Autor:innen brauchte, die in identischen Zeitintervallen eine möglichst gleichbleibende formale und inhaltliche Qualität liefern konnten, und weil sich ein neuer Typus von Leser:innen bildete, der dieses permanente Angebot wahrnahm und von jeder neuen Ausgabe erwartete (Berns 1983; Pompe 2012).

Außerdem dient der Grad der Periodizität zur Unterscheidung von Zeitung und Zeitschrift. Letztere zeichnet sich durch größere Publikationsabstände aus und steht demnach nicht unter einem so großen Aktualitätsdruck wie die oft mehrfach pro Woche erscheinende Zeitung. Stattdessen erlaubt der längere Rhythmus eine themen- oder fachübergreifende, mitunter wissenschaftliche Darstellung und nicht selten auch ein höheres Reflexionsniveau, von dem aus das politische Tagesgeschehen kritisch eingeordnet werden kann. Das Wort ›Zeitschrift‹ kam jedoch erst am Ende des 17. Jahrhunderts auf und wurde im Deutschen etwa als Synonym für ›Annalen‹ oder ›Chronik‹ gebraucht. Ab dem 18. Jahrhundert diente der Begriff zunehmend als Entsprechung für das französische *journal*, das italienische *giornale*, das englische *chronicle*, das lateinische *diarium* oder das griechische *ephemerides*. Gleichwohl fällt eine systematische Unterscheidung zwischen Zeitungen und Zeitschriften auch heute noch schwer. Die Ursache hierfür ist auch in der historischen Gemengelage von periodischen Medienangeboten zu suchen, die sich mit jeweils verschiedenen Funktionen seit der Frühen Neuzeit etabliert haben.

15.3 Historische Entwicklung

Die Vielfalt der Periodika gründet auf einer langen medienhistorischen Entwicklung, wobei die unterschiedlichen Angebotsformen und Formate weder allesamt gleichzeitig entstehen noch linear oder kausal aufeinander folgen. Daher sollen nur einige große Entwicklungsschritte nachgezeichnet werden. Sie umfassen das Verhältnis von geschriebenen und gedruckten Zeitungen, den Grad der Periodizität von Messrelationen, Monats-, Wochen- und Tageszeitungen sowie das Aufkommen von neuen Periodika wie den »Gelehrten Journalen« und den »Moralischen Wochenschriften«.

Die Entstehung der Zeitung setzte bereits vor dem Beginn des Druckzeitalters ein und hatte maßgeblich mit dem Briefverkehr und der schriftlichen Kommunikation in Politik und Diplomatie sowie im Kaufmanns- und Handelswesen zu tun. Schon für das späte 14. und das 15. Jahrhundert sind große Bestände an brieflichen Korrespondenzen etwa aus Nürnberg oder Oberitalien vorzufinden, in denen nicht nur Geschäftliches und Privates, sondern auch Tagesaktuelles festgehalten wurde. Das in dieser Hinsicht umfangreichste Archiv geht auf den Florentiner Kaufmann und Bankier Francesco Marco Dantini (um 1335–1410) zurück und umfasst rund 150 000 Briefe und Dokumente (Wilke 2008). Für den deutschsprachigen Raum gehören die sogenannten Fuggerzeitungen (1568–1605) zu den bedeutendsten Nachrichtensammlungen. Die Berichte liefen in Augsburg, einem Knotenpunkt des europäischen Postnetzes und der Nachrichtenagenturen, zusammen, wo die Kaufmannsbrüder Philipp Eduard und Octavian Secundus Fugger sie archivierten und zu Jahresbänden vereinigten. Die Fuggerzeitungen verhandeln Geschehnisse aus Europa und bisweilen auch aus anderen Kontinenten. Ein Großteil der Meldungen kam aus den politischen, wirtschaftlichen und kulturellen Zentren Antwerpen, Köln, Rom, Venedig, Lyon, Wien und Prag. Von hier trafen die zumeist deutsch- und italienischsprachigen Nachrichten regelmäßig und in einem Rhythmus von ein bis drei Wochen in Augsburg ein. Die Berichte waren entweder dem Brief als gesonderte Beilage ohne weitere Adressierung angefügt oder wurden im Brieftext selbst integriert (Bauer 2011).

Parallel dazu vollzog sich eine entscheidende Entwicklung für die handgeschriebenen Nachrichten, sobald sich im 16. Jahrhundert die Nachrichtendistribution von der persönlichen, adressatenspezifischen Briefkorrespondenz entkoppelte. Mit dem Zeitungsschreiber oder »Novellanten« bildete sich zunächst in Italien, dann in ganz Europa ein eigener Berufsstand heraus, der die eingehenden Nachrichten wöchentlich zusammentrug, kompilierte, abschrieb und für einen festen Abonnent:innenkreis vervielfältigte. Die regelmäßige und dauerhafte Verbreitung dieser sogenannten »Avisen« hing mit dem Ausbau des Postwesens und einer stabilen Infrastruktur zusammen, die über feste Routen und institutionell 1597 mit der Gründung der Reichspost abgesichert wurde (Behringer 2003).

Als erste gedruckte periodische Medienangebote gelten die Messrelationen, die – zuerst 1583 in Köln bei Michael von Aitzing (um 1530–1598) als *Historica Relatio* – vom letzten Viertel des 16. Jahrhunderts bis 1805 erschienen und zwei- bis dreimal jährlich vor allem im Frühjahr und Herbst zu den Messeterminen in Frankfurt am Main und Leipzig zirkulierten. Messrelationen sind ungebundene Hefte und mit einem Umfang von zwei bis über 20 Druckbogen (16 bis 160 Quartseiten) meist deutlich länger als die nichtperiodischen Flugblätter und Flugschriften. Zudem enthalten sie weitaus mehr Nachrichten, die als mündliche, handgeschriebene oder bereits gedruckte Mitteilung gesammelt, ausgewählt, übersetzt und oft nach Ländern neu angeordnet wurden. Hierdurch erhielten die Messrelationen eine chronikalische Funktion und dienten als frühe historiographische Quelle. Nichtsdestoweniger hatten aktuelle Nachrichten durchaus einen Vorrang gegenüber älteren Meldungen, deren Nachreichung für die nächste Ausgabe versprochen wurde. Neben einem weiten Einzugsgebiet und einer verlässlichen und glaubhaften Berichterstattung gehörte diese Neuheit des Materials zu den wichtigsten verlegerischen Werbestrategien in der Konkurrenz der Messrelationen an unterschiedlichen Standorten im Alten Reich (Körber 2016).

Die pressehistorische Entwicklung und Professionalisierung des Nachrichtenwesens wird gern an der Verkürzung des Erscheinungsrhythmus festgemacht. In der Forschung steht darum das – eher seltene Beispiel – der *Rorschacher Monatsschrift* stellvertretend für den Übergang zwischen Messrelation und wöchentlicher Zeitung. Samuel Dilbaum (1530–1618) traf die inhaltlichen Selektionsentscheidungen, sortierte die Nachrichten nach Ländern und verlegte die zwölf Ausgaben von *Annvs Christi* 1597 in Augsburg, die sich als *Historische erzöhlung/ der fürnembsten Geschichten vnd handlungen* präsentieren. Gedruckt wurde diese erste Monatsschrift allerdings im Schweizer Ort Rorschach, offenbar um der Augsburger Zensur auszuweichen. Nach 1600 etablierten sich schließlich die ersten politischen Wochenzeitungen mit dem schnellen Götterboten Merkur als allegorischem Titelbild. Ergänzend zu den auf Aktualität setzenden Zeitungen wurden immer mehr sogenannte Zeitungsextrakte verbreitet, die das chaotisch auftretende Nachrichtenmaterial über einen längeren Zeitraum zu überblicken und systematisieren suchten und meist ebenso wie die Messrelationen eine Ordnung nach Ländern nutzten (Weber 1994; Würgler 2009; Körber 2009).

Die ›Geburt der Zeitung‹ fand (nach bisherigem Forschungsstand) im Herbst 1605 statt. Denn zu diesem Zeitpunkt richtete der Straßburger Buchhändler, Drucker und Zeitungsschreiber Johann Carolus (1575–1634) eine Supplikation an den Rat der Stadt und bat um Erlaubnis, die bisher nur postalisch eingehenden und von ihm handschriftlich kopierten »Avisen« selbst drucken zu dürfen. Damit steht das ›Geburtsdatum‹ der Zeitung fest, obwohl sich die ersten vier Jahrgänge der Straßburger *Relation* nicht erhalten haben. Mit dem erteilten Druckprivileg war der nunmehr wöchentliche Erscheinungstermin abhängig vom Eintreffen der Nachrichtenbriefe über das Netz der Reichspost. Typisch für Carolus und die frühen Wochenzeitungen war die unverzügliche Vervielfältigung der geschriebenen Nachrichten, die ohne weitere Zusätze und Kontrolle der Herausgeber gesammelt und publiziert wurden. Die inhaltliche Überprüfung der Meldungen hatte gegenüber dem Anspruch schneller Verbreitung und aktueller, auch schmuckloser Darstellung keine große Priorität. Zugleich lässt sich die Betonung einer unveränderten, unparteiischen Drucklegung als strategisches Argument verstehen, mit dem sich die Zeitungsproduzenten vor etwaigen Zensurmaßnahmen verwahren wollten. Außerdem ist es wahrscheinlich, dass sich Auflage und Absatz der gedruckten Nachrichten gegenüber der geringen Zahl von 15 bis 20 Abschriften erheblich steigerten (Weber 2005). In der Folge entstanden auch an anderen Orten – etwa in Frankfurt am Main, Berlin und Hamburg – sowie in West- und Südeuropa ähnliche Projekte. Vielbeachtet ist der Wolfenbütteler *Aviso*, der von Julius Adolph von Söhne (gest. 1616) am 15. Januar 1609 erstmals herausgegeben wurde, mindestens bis 1624 erschien und sich auf politische, diplomatische und militärische Inhalte aus dem Umfeld Herzog Friedrich Ulrichs von Braunschweig-Wolfenbüttel (1591–1634) konzentrierte. Im Gegensatz zur Straßburger *Relation* war die Aktualität der Nachrichten, die für die herzogliche Verwaltung vorgesehen sind und vorzugsweise aus Antwerpen, Köln, Prag, Wien, Rom und Venedig eingehen, jedoch nicht ganz so entscheidend.

Die erste Tageszeitung publizierte Thimotheus Ritzsch (1614–1678) in Leipzig, der bereits in den 1640er Jahren eine *Wöchentliche Zeitung* herausbrachte. Unter dem Titel *Einkommende Zeitungen*, der sich später mehrfach änderte, zirkulierten ab dem 1. Juli 1650 pro Woche sechs Ausgaben im

Umfang von jeweils vier Seiten. Bis zum Ende des 17. Jahrhunderts erschienen, so schätzt die Presseforschung, eine Zahl von 60 bis 80 deutschsprachigen Zeitungen mit einer durchschnittlichen Auflage von jeweils 350 bis 400 Exemplaren. Auffällig ist dabei, dass in den wichtigen urbanen Zentren meist mehrere Zeitungen verlegt wurden. Hamburg lag mit elf Blättern an der Spitze. Für das 18. Jahrhundert wird – trotz vieler Überlieferungslücken – eine immense Steigerung an Neugründungen verzeichnet (Schröder 1995; Stöber 2003; Würgler 2009).

Neben den Wochen- und Tageszeitungen bilden die »Gelehrten Journale« und Rezensionszeitschriften eine eigenständige Gattung. Diese Periodika, die im 17. und 18. Jahrhundert auch als »Ephemeriden« bezeichnet wurden und überdies in Konkurrenz zu den reihenförmigen Schreibkalendern traten (Herbst 2012), verhandeln akademische Fachgegenstände und Neuerscheinungen und trugen somit zur permanenten Aktualisierung und Ausweitung des Wissens bei. Mit dem französischen *Journal des sçavans* (1665–heute), das Denis de Sallo (1626–1669) gründete und als zwölfseitiges Heft wöchentlich herausgab, begann eine Reihe von langlebigen Journalen, die die Professionalisierung und Selbstbeobachtung des Wissenschaftsdiskurses vorantrieben. Kurz darauf folgten die *Philosophical Transactions* (1665–heute) der englischen Royal Society, das italienische *Giornale de letterati* (1668–1683), die in Leipzig verlegten lateinischen *Acta Eruditorum* (1682–1731) und zuletzt die in Dialogform abgefassten *Monats-Gespräche* (1688–1690) von Christian Thomasius (1655–1728), mit denen das Rezensionswesen in Deutschland begann und die mit den *Monatlichen Unterredungen* (1689–1698) des Thüringer Polyhistors Wilhelm Ernst Tentzel (1659–1707) schnell einen Nachahmer fanden. Später entstand auf dieser Grundlage mit der von Friedrich Nicolai (1733–1811) herausgegebenen *Allgemeinen deutschen Bibliothek* (1765–1806) das vielleicht ambitionierteste und langlebigste Zeitschriftenprojekt im Bereich des Rezensionswesens (Habel 2007; Schneider 1995).

Unter diesen Bedingungen stieg auch der Bedarf an solchen Periodika, die eine eher populärwissenschaftliche Vermittlungsleistung erbrachten. Der Hamburger Berufsschriftsteller, Historiograph und Kompilator Eberhard Werner Happel (1647–1690) kam diesem Neuigkeitsbedürfnis mit seinen passend betitelten *Relationes Curiosae* (1682–1690) nach, die über allerlei merkwürdige Phänomene und technische Innovationen berichten. Sie waren zuerst der Wochenzeitschrift *Relations-Courier* als Beilage hinzugefügt und später als gesonderte Jahreskumulationen erneut erfolgreich (Schock 2011). Dieser kritische Diskurs, den die »Gelehrten Journale« um und ab 1700 betreiben, konzipiert letztlich das Verhältnis zur eigenen Zeit neu. Das so erweiterte Verständnis von ›Gegenwart‹ lässt sich dreifach dimensionieren, und zwar hinsichtlich 1. der materiellen Kopräsenz der jeweils buch- bzw. journalförmig zusammengestellten Inhalte, 2. der Novitäten auf dem Buchmarkt und ihrer unmittelbaren Besprechung sowie 3. der nun ermöglichten wechselseitigen Beobachtung und Bewertung der Periodika untereinander und ihrer urteilenden Adressat:innen. Somit leiteten die Zeitungen und Journale nicht einfach abstrakt eine neue Epoche der Aufklärung ein, sondern sie entwickelten und vollzogen ganz konkrete aufklärerische, informierende und unterhaltende Praktiken, bei denen die jeweilige Leserschaft zur aktiven Teilnahme und Kritik aufgefordert war.

Gegen Ende des 17. Jahrhunderts provozierte der Erfolg der Periodika auch eine dezidiert akademisch-gelehrte Debatte über den Nutzen der unterschiedlichen Nachrichtenangebote. Im Zuge dessen wurde eine informierende Zeitungslektüre der politischen und wissenschaftlichen Handlungsträger meist befürwortet, eine bloße Unterhaltung der Privatpersonen jedoch abgelehnt. Zudem standen mangelnde Zuverlässigkeit, fehlender Wahrheitsanspruch und die Aufwertung vermeintlich marginaler Geschehnisse wiederholt in der Kritik. Die Zeitungen wurden dann als ›unzeitig‹ abgelehnt, wie etwa vom Theologen Johann Ludwig Hartmann (1640–1680). Mit Kaspar Stielers (1632–1707) Abhandlung *Zeitungs Lust und Nutz* (1695), der umfangreichsten Schrift in dieser Debatte, wandte sich die Argumentation dennoch positiv im Sinne einer verstandesmäßigen und prinzipiell standesunabhängigen Welterkennung (Pompe 2012; Wilke 2015).

Damit ist zugleich eine frühaufklärerische Programmatik umrissen, die im Übergang zum 18. Jahrhundert auch die Herausbildung der »Moralischen Wochenschriften« ermöglichte. Hierzu zählen die von Joseph Addison (1672–1719) und Richard Steele (1672–1729) herausgegebenen Zeitschriften *Tatler* (1709), *The Spectator* (1711) und *The Guardian* (1713). Sie beeinflussten mit ihren fingierten Verfasserfiguren den deutschen Moraljournalismus, wie er zuerst mit den beiden Hamburger Unternehmen *Der Vernünfftler* (1713/14) und *Der Patriot* (1724–1726) aufkam. Das Ziel der »Moralischen Wochenschriften« war eine distanzierte Beobachtung gesellschaftlicher Handlungsroutinen, um neue Verhaltensnormen durchzusetzen und einen *public spirit* zu schaffen (Martens 1968). Außerdem stehen die Moralischen Wochenschriften paradigmatisch für die Ausdifferenzierung periodischer Angebotsformen im 18. Jahrhundert, zu denen nach englischen und französischen Vorbildern im deutschsprachigen Raum ab 1722 auch das Intelligenzblatt gehört. Hierdurch begründete sich neben dem Nachrichten- auch das ökonomisch lukrative Anzeigenwesen. Die listenförmigen amtlichen, geschäftlichen und privaten Mitteilungen informieren für verschiedene Märkte stets über Angebot und Nachfrage. Bis zum Ende des Jahrhunderts entstanden mehr als 200 Intelligenzblätter, die die Aufmerksamkeit des Publikums auf eine unüberschaubare Fülle von Waren, Dienstleistungen, öffentlichen und persönlichen Ereignissen richteten (Böning 2002).

15.4 Analytische Zugänge

15.4.1 Prämissen

Für die Arbeit mit periodischen Medienangeboten gibt es – wie bei anderen historischen Materialien und Untersuchungsgegenständen auch – je nach Frage- und Problemstellung verschiedene analytische Zugänge. Es empfiehlt sich dennoch, im Umgang mit den Quellen drei grundlegende Prämissen zu berücksichtigen. Abschließend soll an zwei Beispielen schlaglichtartig aufgezeigt werden, wie sich diese drei Prämissen auf die Analyse des Materials auswirken können.

1. Historische Periodika, Zeitungen und Journale sind als Gebrauchstexte zu klassifizieren, die im Gegensatz etwa zu den Enzyklopädien und Lexika nicht in erster Linie dazu bestimmt waren, aufbewahrt, mehrfach gelesen oder gar für spätere Untersuchungen genutzt zu werden. Die Serialität der Nachrichten zielte ja gerade auf eine extensive, fortlaufende und weniger auf eine intensive, wiederholende Lektüre. Insofern trugen Periodika in der Frühen Neuzeit zur Herausbildung eines Neuigkeits- und Gegenwartsbewusstseins bei, mit dem die althergebrachte Überzeugung permanent gültiger und lediglich horizontal erweiterbarer Wissensbestände sukzessive abgelöst wurde von einer Vorstellung der Verzeitlichung und regelmäßigen Aktualisierung des Wissens (Meierhofer 2010). Die pressehistorische »Geburt der Zeitung« (Weber 2005) ging einher mit einer wissenshistorischen »Geburt der Gegenwart« (Landwehr 2014). Somit setzte das entstehende Nachrichtenwesen auch die traditionellen Wissenssysteme unter Druck und sorgte für eine Kritik an einer als weltfern, unpragmatisch und pedantisch verstandenen Gelehrtenkultur. In der Konkurrenz dazu lieferten die Periodika einen fortwährend neuesten Stand der Dinge, über den sie programmatisch aufklären wollten. Diese zeitlich begrenzte Gültigkeit und stete Veränderbarkeit des Wissens soll-

ten bei einer Analyse in jedem Fall mitbedacht werden. Nicht zu vernachlässigen ist dabei die Vielbezüglichkeit von Periodika. Mehrere Zeitungen können etwa ein politisches Ereignis ganz unterschiedlich darstellen und bewerten, sie können auf andere Berichte reagieren, ihnen widersprechen, sie bestätigen oder mit neuen Details anreichern. Eine praktische Schwierigkeit, die sich aus dem Gebrauchswert der Periodika ergibt, sind die vielen unvollständigen Jahrgänge, Einzelausgaben oder Beilagen. Symptomatisch dafür ist, dass die ersten vier Jahrgänge der Straßburger *Relation* als ältester Zeitung wohl nicht erhalten sind und bisher nur über Carolus' Supplikation an den Stadtrat rekonstruiert werden können.
2. Nichtsdestoweniger dienen Periodika schon früh als historiographische Materialgrundlage für chronikalische Projekte. Das bekannteste Beispiel im deutschsprachigen Raum ist sicherlich das von Matthäus Merian (1593–1660) initiierte und auf 21 Bände anwachsende *Theatrum Europaeum* (1633–1738). Diese Chronik stützte sich auf ›unparteiische‹, wertneutrale, aber ebenso sensationsreiche Berichte und Historien, die oft den frühen Zeitungen und Flugblättern entstammten und auf diesem textlichen ›europäischen Theater‹ noch einmal dargeboten wurden. Die Referenzen auf das Nachrichtenwesen interessieren die Geschichts-, Medien- und Literaturwissenschaft schon seit längerem, sind in ihrer Vielzahl aber nicht zu überblicken und bieten immer wieder Anlass zu neuen Fallstudien (Roßbach/Schock/Baum 2012). Die digitale Verfügbarkeit des Materials wird künftige Untersuchungen zur Vernetzung von Zeitungen und Chroniken weiter erleichtern, obwohl viele Datenbanken bisher nur unkommentierte und nicht durchsuchbare Retrodigitalisate bereitstellen. Nicht außer Acht zu lassen ist jedenfalls, dass periodisch verbreitete Meldungen und Geschehnisse schon zeitgenössisch einen archivalischen oder chronikalischen Wert erhalten konnten, indem sie der Nachwelt (Posterität) dienlich sein und damit das Ideal von der Geschichte als ›Lehrmeisterin des Lebens‹ (*historia magistra vitae*) erfüllen sollten.
3. Wenn es um die Vernetzung und um die Funktionalität von Periodika geht, dann ist deren Medialität und Materialität zu bedenken. Gerade am frühneuzeitlichen Nachrichtenwesen zeigt sich die langanhaltende Parallelität von handschriftlichen und gedruckten ebenso wie von periodischen und nichtperiodischen Quellen, die wiederum aufeinander Bezug nehmen, sich produktiv ergänzen oder argumentativ und inhaltlich widersprechen können. Aus einer stärker gattungs-, medien- und literaturhistorischen Perspektive gehören Zeitungen und Journale zur Gebrauchsliteratur bzw. sie besitzen eine je spezifische Gebrauchsfunktion, die sich etwa bei den soge-

nannten Paratexten (d. h. bei Titelblättern, Frontispizen, Widmungen oder Vorreden), beim Umfang der Ausgaben und einzelnen Berichte, bei der Papierqualität und beim Sprachgebrauch bemerkbar macht. Für eine möglichst detailgenaue Quellenanalyse sind diese Aspekte zu berücksichtigen. Mit Blick auf den strukturellen und argumentativen Aufbau von einzelnen Texten ist die frühneuzeitliche Nachrichtenprosa erkennbar an jenen Stilprinzipien und Zwecksetzungen orientiert, die schon die antike Schulrhetorik vorgibt. Die von Horaz entlehnte Formel des ›Nützens und Erfreuens‹ (*prodesse et delectare*) leitete sämtliche – literarische und nichtliterarische – Prosagattungen an, weil diese sich letztlich dem weitgefassten Konzept von *historia* zurechnen lassen konnten. Die Fülle und der Abwechslungsreichtum der kolportierten und kompilierten Nachrichten erzeugten dabei einerseits Unterhaltung beim zeitgenössischen Publikum (*variatio delectat*). Andererseits bieten sich zahlreiche Möglichkeiten für eine interdisziplinäre Erforschung zumal der frühneuzeitlichen Periodika, die noch keine systematische Trennung nach Wissensfeldern oder Fachgegenständen vornahmen, sondern diese Systematik überhaupt erst mitentwarfen und die Entstehung der Fachzeitschriften und Magazine beförderten. Deshalb sind Periodika nicht zuletzt für wissenschafts- und fachgeschichtliche, transnationale und regionalhistorische Forschungsfragen sowie für die Beleuchtung von langfristigen epochengeschichtlichen Transformationsprozessen dies- und jenseits der Sattelzeit überaus relevant.

15.4.2 Georg Greflingers *Nordischer Mercurius*

Das erste Analysebeispiel betrifft den von Georg Greflinger (um 1620–1677) in Hamburg herausgegebenen *Nordischen Mercurius* (überliefert 1664–1730), in dessen langer Erscheinungsdauer sowohl der Titel als auch der Publikationsrhythmus mehrfach variierten. Wie die meisten deutschsprachigen Zeitungen des 17. und frühen 18. Jahrhunderts sind die noch erhaltenen bzw. bisher aufgefundenen Ausgaben dieses Blattes als Digitalisat des Instituts für Deutsche Presseforschung über die Staats- und Universitätsbibliothek Bremen verfügbar (s. Kap. 15.6.4). Der *Nordische Mercurius* erschien im ersten Jahr wöchentlich, in den anderthalb Jahren darauf nur monatlich, bis 1672 und ab 1692 wiederum zweimal und in der Zwischenzeit gar viermal wöchentlich. Allein an dieser wechselhaften Periodizität lässt sich ermessen, dass eine Analyse historischer Zeitungen und Journale mit großen Textmengen und mit veränderbaren Produktionsbedingungen umzugehen hat. Eine

15 Periodika (Zeitungen und Journale)

Auseinandersetzung mit dem *Nordischen Mercurius* kann auf verschiedenen Ebenen ansetzen, etwa bei den Kriterien der Nachrichtenauswahl, bei dem Verhältnis von periodischen und chronikalischen Darstellungsfunktionen, bei den politischen, kaufmännischen und kulturellen Nutzungsinteressen, die das Publikum an eine Zeitung richtete, oder bei der innerstädtischen Konkurrenz zu anderen Medien, die in Hamburg als einem wichtigen urbanen Zentrum des 17. Jahrhunderts besonders intensiv war.

Wegen seiner formalen und inhaltlichen Aufmachung wurde dem Blatt vor allem von der Presseforschung wiederholt eine Sonderstellung zugesprochen. Auffällig ist die Vereinigung der Einzelausgaben zu Jahresbänden, die den funktionalen Übergang zwischen Zeitung und Chronik markieren und die zusätzlich zu den Berichten ein eigenes Titelblatt, eine Vorrede und mitunter Gelegenheits- oder Neujahrsgedichte mit klarem Anlassbezug erhalten. Mit diesen Paratexten wurde das meist politische Geschehen – etwa die langwierigen Konflikte zwischen dem Heiligen Römischen und dem Osmanischen Reich – literarisch kommentiert und eine zusätzliche Sinnebene eröffnet, mit der die Zeitung ihr Publikum gezielt adressierte. So erhielten die großen europäischen Nationen, die gleichermaßen Orte einzelner Geschehnisse und Bezugsraum der publizierten Meldungen sind, jeweils ein Gedicht, das die Entwicklungen des vergangenen Jahres resümierte und auf Kommendes hinauswies. Der Wechsel von der ungebundenen Nachrichtenprosa zum gebundenen, versförmigen Kommentar überführte das historisch Vorgefallene in einen anderen Sinnzusammenhang und sorgte in je unterschiedlichem Grad für deskriptive Einordnung, moralisierende Belehrung und unterhaltsame Abwechslung. Ein Abgleich zwischen den Paratexten und den einzelnen Nachrichten hat einen analytischen Mehrwert. Denn der *Nordische Mercurius* verfolgte mit der jährlichen Kommentierung des Geschehens einen politisch-historischen Bildungsauftrag und zählte auch Studierende und junge Gelehrte zu seinen Adressat:innen.

Zudem erläuterte Greflinger in den Vorreden die programmatische Ausrichtung seiner Zeitung und ihren jeweiligen Entwicklungsstand. Die allegorische Figur des Merkur, die kontinuierlich auf den Jahrestitelblättern und später auf jeder Ausgabe abgedruckt ist, diente hierbei als Markenkern und Gütekriterium einer schnellen Auswahl und Verbreitung. Passend dazu hält Merkur ein Spruchband mit dem Motto *sine mora*, ›ohne Verzug‹, in der Hand (s. Abb. 15.1). Eine solch komplexe Darstellungsstrategie zeigt, wie sehr sich die Akteure des frühneuzeitlichen Zeitungsmarkts auf etwaige Konkurrenz einstellen mussten. Mit abwechslungsreichen Themen und kurzen Publikationsabständen versuchten Herausgeber und Verleger, die Aufmerksamkeit des Publikums zu gewinnen. Die Aktualität der Meldungen betraf unter anderem und nachweislich den Kaufmannsstand, der im *Nordischen Mercurius* mit amtlichen Bekanntmachungen, Berichten über das neueste Handels- und Marktgeschehen und sogar Wetterberichten für die Seefahrt versorgt wurde (Böning 2002).

Abb. 15.1: Titelkupfer des Nordischen Mercurius von 1664.

15.4.3 Johann Gottfried Zenners *Novellen aus der gelehrten und curiösen Welt*

Das zweite Beispiel kommt aus dem Bereich der zeitgenössisch beliebten »Gelehrten Journale« und literaturkritischen Periodika, die im ausgehenden 17. Jahrhundert das Rezensionswesen etablieren (Jaumann 1995; Habel 2007). Im Anschluss an die bereits genannten Zeitschriften von Thomasius und Tentzel gründete der aus Altenburg stammende Hofmeister und Sekretär Johann Gottfried Zenner (1656–1721) mit den *Novellen aus der gelehrten und curiösen Welt* (1692–1697) eine weitere Monatsschrift, die sich auf die Diskussion von Neuerscheinungen verlegte, deren Jahresbände aber ebenso als chronikartiges Nachschlagewerk genutzt werden sollten. Eine rezeptionsgeschichtlich orientierte Analyse sollte diesen Unterschied zwischen einer periodischen und einer enzyklopädischen Lektüre mitbeachten. Fragt man hingegen nach den Produktions- und Selektionsmechanismen »Gelehrter Journale«, so lassen sich die rezensierten Neuerscheinungen etwa nach inhaltlichen Schwerpunkten, nach den Publikationsorten im In- und Ausland oder auch nach der konfessionellen Ausrichtung systematisieren. Eine aufklärerisch-kritische Metaperspektive lässt sich bei solchen »Gelehrten Journalen« herausarbeiten, die sich nicht auf Neuerscheinungen konzentrieren, sondern andere Rezensionsorgane besprechen und bewerten (Habel 2007).

Wie bei seinen Vorgängern ließ Zenner in seinem Periodikum eine fiktive Diskussionsrunde auftreten, die sich insgesamt aus zwei Dutzend weiblichen und männlichen Figuren zusammensetzt und unterschiedliche Alters-, Standes- und Berufsgruppen repräsentiert. Diese Runde ist eingebettet in einen erzählerischen Rahmen, der eine kohärente Lektüre der bis zu 200 Seiten umfassenden Monatshefte ermöglicht, und tritt in einen Meinungsaustausch über die neuesten Publikationen und Nachrichten. Die Gesprächsteilnehmer:innen bringen einen detaillierten und kontroversen Bewertungsprozess in Gang, den das Lesepublikum mitverfolgen und seinerseits beurteilen sollte, um die eigene Kritikfähigkeit (*iudicium*) zu schulen und um sich zu unterhalten. Der Doppelsinn von ›Unterhaltung‹ als Gespräch (*conversatio*) und Erfreuen (*delectatio*) tritt hier deutlich zutage. Dabei beziehen die Dialoge ihr Material auch aus den politisch, kulturell und wissenschaftlich informierten Zeitungsmeldungen, sodass journalistische und literaturkritische Medienangebote in ein gegenseitiges Beobachtungsverhältnis eintreten, das von den Figuren auch als solches identifiziert und thematisiert wird. Insofern steht

Zenners Zeitschrift exemplarisch für den hohen Grad der medialen Selbstreflexion, den die Periodika für die Gelehrten-, Wissenschafts- und Literaturgeschichte (*historia literaria*) im Übergang zur Aufklärung anstrebten.

15.5 Zusammenfassung

Mit den beiden Beispielen deutet sich an, welche Untersuchungsmöglichkeiten und Desiderate künftig noch für historische Zeitungen und Journale bestehen. Als immense Wissensspeicher bieten Periodika nach wie vor einen Fundus für geistes-, kultur- und sozialwissenschaftliche Fallstudien. Trotz zahlreicher wichtiger Arbeiten, die einzelne Periodika wie Nicolais *Allgemeine deutsche Bibliothek* oder zentrale Kommunikationsräume wie Hamburg erschließen, gibt es noch viele offene Fragen. Mithilfe der zunehmenden Digitalisierung der Quellen können beispielsweise die Bezugnahmen von Zeitungen untereinander sowie die Übernahme und Abweichung von Berichten in mehreren Blättern leichter rekonstruiert werden. Ein Phänomen, das insbesondere für Historiker:innen von Interesse ist, betrifft das Verhältnis von Periodika und Chroniken. Denn daran ist zu sehen, welche Wissensbestände für die kommende Geschichtsschreibung als archivtauglich und bewahrenswert gehalten wurden. Schließlich laden die frühen Zeitungen und Journale aber auch zu einer interdisziplinären Bearbeitung ein, sofern viele der periodisch verbreiteten Themen und Ereignisse auf historischen Routinen und heute komplex erscheinenden Praktiken beruhen. Daher entsteht eine genauere Analyse oft erst über die Bündelung von geschichtswissenschaftlichen mit medien-, buch-, verlags- und literaturhistorischen Kompetenzen.

15.6 Literatur

15.6.1 Einführungen und Überblickswerke

Bauer, Volker/Böning, Holger (Hrsg.): Die Entstehung des Zeitungswesens im 17. Jahrhundert. Ein neues Medium und seine Folgen für das Kommunikationssystem der Frühen Neuzeit, Bremen 2011.
Faulstich, Werner: Mediengeschichte von 1700 bis ins 3. Jahrtausend, Göttingen 2006.
Faulstich, Werner: Mediengeschichte von den Anfängen bis 1700, Göttingen 2006.
Lüthy, Katja: Die Zeitschrift. Zur Phänomenologie und Geschichte eines Mediums, Konstanz/München 2013.

Scheiding, Oliver/Fazli, Sabina (Hrsg.): Handbuch Zeitschriftenforschung, Bielefeld 2023.
Stöber, Rudolf: Deutsche Pressegeschichte. Von den Anfängen bis zur Gegenwart, 3. Aufl., Konstanz/München 2014.
Stöber, Rudolf: Mediengeschichte. Die Evolution »neuer« Medien von Gutenberg bis Gates. Eine Einführung, Bd. 1: Presse – Telekommunikation, Wiesbaden 2003.
Welke, Martin/Wilke, Jürgen (Hrsg.): 400 Jahre Zeitung. Die Entwicklung der Tagespresse im internationalen Kontext, Bremen 2008.
Wilke, Jürgen: Grundzüge der Medien- und Kommunikationsgeschichte, 2. Aufl., Köln/Weimar/Wien 2008.
Würgler, Andreas: Medien in der Frühen Neuzeit, München 2009.

15.6.2 Spezialliteratur

Bauer, Oswald: Zeitungen vor der Zeitung. Die Fuggerzeitungen (1568–1605) und das frühmoderne Nachrichtensystem, Berlin 2011.
Behringer, Wolfgang: Im Zeichen des Merkur. Reichspost und Kommunikationsrevolution in der Frühen Neuzeit, Göttingen 2003.
Berns, Jörg Jochen: Zeitung und Historia: Die historiographischen Konzepte der Zeitungstheoretiker des 17. Jahrhunderts, in: Daphnis 12/1 (1983), 87–110.
Böning, Holger: Welteroberung durch ein neues Publikum. Die deutsche Presse und der Weg zur Aufklärung. Hamburg und Altona als Beispiel, Bremen 2002.
Habel, Thomas: Gelehrte Journale und Zeitungen der Aufklärung. Zur Entstehung, Entwicklung und Erschließung deutschsprachiger Rezensionszeitschriften des 18. Jahrhunderts, Bremen 2007.
Herbst, Klaus-Dieter (Hrsg.): Astronomie – Literatur – Volksaufklärung. Der Schreibkalender der Frühen Neuzeit mit seinen Text- und Bildbeigaben, Bremen/Jena 2012.
Jaumann, Herbert: Critica. Untersuchungen zur Geschichte der Literaturkritik zwischen Quintilian und Thomasius, Leiden/New York/Köln 1995.
Körber, Esther-Beate: Messrelationen. Geschichte der deutsch- und lateinischsprachigen »messentlichen« Periodika von 1588 bis 1805, Bremen 2016.
Körber, Esther-Beate: Zeitungsextrakte. Aufgaben und Geschichte einer funktionellen Gruppe frühneuzeitlicher Publizistik, Bremen 2009.
Landwehr, Achim: Geburt der Gegenwart. Eine Geschichte der Zeit im 17. Jahrhundert, Frankfurt a. M. 2014.
Martens, Wolfgang: Die Botschaft der Tugend. Die Aufklärung im Spiegel der deutschen Moralischen Wochenschriften, Stuttgart 1968.
Meierhofer, Christian: Alles neu unter der Sonne. Das Sammelschrifttum der Frühen Neuzeit und die Entstehung der Nachricht, Würzburg 2010.
Pompe, Hedwig: Famas Medium. Zur Theorie der Zeitung in Deutschland zwischen dem 17. und dem mittleren 19. Jahrhundert, Berlin/Boston 2012.
Roßbach, Nikola/Schock, Flemming/Baum, Constanze (Hrsg.): Das Theatrum Europaeum. Wissensarchitektur einer Jahrhundertchronik, Wolfenbüttel 2012, http://diglib.hab.de/ebooks/ed000081/start.htm.

Schneider, Ute: Friedrich Nicolais Allgemeine Deutsche Bibliothek als Integrationsmedium der Gelehrtenrepublik, Wiesbaden 1995.
Schock, Flemming: Die Text-Kunstkammer. Populäre Wissenssammlungen des Barock am Beispiel der »Relationes Curiosae« von E. W. Happel, Köln/Weimar/Wien 2011.
Schröder, Thomas: Die ersten Zeitungen. Textgestaltung und Nachrichtenauswahl, Tübingen 1995.
Weber, Johannes: Götter-Both Mercurius. Die Urgeschichte der politischen Zeitschrift in Deutschland, Bremen 1994.
Weber, Johannes: Straßburg 1605. Die Geburt der Zeitung, in: Jahrbuch für Kommunikationsgeschichte 7 (2005), 3–26.

15.6.3 Quellen (Nachdrucke)

Dilbaum, Samuel: Annvs Christi, ND d. Aufl. 1597, Nendeln 1977.
Stieler, Kaspar: Zeitungs Lust und Nutz, ND d. Originalausg. v. 1695, hrsg. v. Gert Hagelweide, Bremen 1969.
Wilke, Jürgen (Hrsg.): Die frühesten Schriften für und wider die Zeitung, Baden-Baden 2015.

15.6.4 Digitale Hilfsmittel

Aviso Relation oder Zeitung 1609 (Niedersächsische LB) – http://digitale-sammlungen.gwlb.de/index.php?id=6&tx_dlf%5Bid%5D=26058&tx_dlf%5Bpage%5D=1 [7.6.2024].
Die Fuggerzeitungen (Österreichische Nationalbibliothek) – https://fuggerzeitungen.univie.ac.at [7.6.2024].
Gelehrte Journale und Zeitungen als Netzwerke des Wissens im Zeitalter der Aufklärung (Akademie der Wissenschaften zu Göttingen) – https://adw-goe.de/gjz18 [7.6.2024].
Journal des sçavans (Bibliothèque nationale de France) – https://gallica.bnf.fr/ark:/12148/cb343488023/date [7.6.2024].
Philosophical Transactions (Royal Society) – https://royalsocietypublishing.org/journal/rstl [7.6.2024].
Relation: Aller Fuernemmen und gedenckwürdigen Historien (UB Heidelberg) – https://digi.ub.uni-heidelberg.de/diglit/relation1609 [7.6.2024].
Digitalisat des ersten erhaltenen Jahrgangs der Straßburger Relation (1609).
Theatrum Europaeum – https://de.wikisource.org/wiki/Theatrum_Europaeum [7.6.2024].
Digitalisate der Bibliotheken Augsburg, München und Wolfenbüttel.
Zeitschriften der Aufklärung (UB Bielefeld) – http://ds.ub.uni-bielefeld.de/viewer/collections/zeitschriftenderaufklaerung [7.6.2024].
Zeitungen des 17. Jahrhunderts (SuUB Bremen) – https://brema.suub.uni-bremen.de/zeitungen17 [7.6.2024].

16 Lexika und Enzyklopädien

Jan Simon Karstens

Was wäre, wenn man das Wissen der Welt in einem einzigen Buch – oder einer Buchreihe – zusammenstellen würde? Man würde darin alles finden, was notwendig ist, um gebildete Konversation zu betreiben oder sich über ein neues Thema zu informieren, seien es antike Philosophen, große Königinnen, technische Erfindungen, die Länder und Städte der Erde oder aber fundamentale Prinzipien, wie die Frage was Gerechtigkeit ist oder welche Bedeutung Religion in verschiedenen Gesellschaften hat.

Eine nützliche und wertvolle Auswahl des vorhandenen Wissens zu treffen und sie wahrheitsgetreu und systematisch an einem einzigen Ort zu versammeln, ist das Versprechen der Enzyklopädien – eine Idee, die bis in die Antike zurückreicht.

16.1 Definition und Eigenschaften

Lexika und Enzyklopädien sind im neuzeitlichen Sprachgebrauch lange Zeit nicht klar voneinander abgegrenzt. Beide haben den Anspruch komplexes Wissen zu sammeln und für ein breites Publikum verständlich aufzubereiten. Dies konnte Allgemeinwissen oder aber ein bestimmtes Fachgebiet umfassen. Tendenziell bieten Lexika dabei eher kürzere Artikel und sind für rasches Nachschlagen konzipiert, während Enzyklopädien eher ausführliche Darstellungen enthalten und eine sorgfältige Lektüre erfordern. Doch diese Abgrenzung ist keineswegs immer trennscharf gewesen. Erst im 19. Jahrhundert positionierten deutsche Verleger ihre Lexika auf einem breiten Buchmarkt als leicht zugängliche Werke in bewusster Abgrenzung zu Enzyklopädien, die für Fachleute gedacht sein sollten.

Der gemeinsame Ursprung aller dieser Werke liegt in Lehrbüchern oder Einführungen in akademische Wissensgebiete, die es seit der Antike gab und die im Humanismus wiederentdeckt und danach weitergeführt wurden. Schon in der Antike selbst war kompilatorisches Arbeiten üblich, also das Zusammenfügen von Wissensbeständen und Textbausteinen aus unterschiedlichen Vorlagen, um ein neues Gesamtwerk zu erstellen. Nachschlagewerke konnten thematisch oder alphabetisch geordnet sein, je nachdem welche Nutzung vorgesehen war. Alphabetisch geordnete Werke ermöglichten schnelles Nachschlagen, thematische hingegen die vertiefte Durchdringung von Wissensgebieten. Im Laufe des 18. Jahrhunderts setzte sich die alphabetische Ordnung weitgehend durch, wobei Verweise zwischen den Artikeln oder Überblicksartikel zu bestimmten Wissensgebieten geleichzeitig ermöglichten, auch thematische Strukturen einzuarbeiten.

Die einzelnen Einträge sind jeweils unter einem in seiner Grundform normierten Wort vermerkt, dem Lemma (pl. Lemmata). Alle Verweise beziehen sich daher immer auf die exakten Lemmata, mit denen andere Artikel beginnen. In dieser Hinsicht sind Lexika und Enzyklopädien ebenso wie Wörterbücher organisiert. Da sie aber keine Informationen zur Wortgeschichte und Grammatik bieten, sondern Erläuterungen zum Begriffsinhalt, werden sie auch als Sach- oder Realwörterbuch/-lexikon/-enzyklopädie bezeichnet.

Für das Erstellen eines Lexikons ist die Auswahl der Lemmata ein entscheidender Schritt, da damit die Reihenfolge der Artikel und die Möglichkeit für Verweise im Gesamtwerk festgelegt wird. Zusätzliche Lemmata werden daher nicht einfach in das laufende Werk aufgenommen, sondern in Form von Ergänzungsbänden, sogenannten Supplementen.

Im Laufe der Frühen Neuzeit waren zunächst Nachschlagewerke zu unterschiedlichen akademischen Disziplinen verbreitet, sowie Zitat- und Biographiesammlungen. Außerdem gab es Weltbeschreibungen mit alphabetischer oder räumlicher Ordnung. Gegen Ende des 17. Jahrhunderts kamen dann in England und Frankreich erste Kompilationen auf, die Geschichte, Biographien und Weltbeschreibungen zusammenführten und nach Regionen, Epochen oder bestimmten Themen ordneten. Sie boten den Grundstein für erste sogenannte Konversationslexika, welche im Zeitalter der Aufklärung versprachen, die Grundlage für gebildete Gespräche zu liefern. Dafür waren ein starker Gegenwartsbezug und eine Mischung von Geschichte, Politik, Erdkunde, Philosophie und Literatur typisch.

In Abgrenzung zu diesen Werken erschienen im frühen 18. Jahrhundert vermehrt *Dictionaires des artes et sciences*, die naturwissenschaftliche Themen sowie Mechanik und technische Innovationen ins Zentrum stellten. Daher bestanden im 18. Jahrhundert zwei enzyklopädische Traditionen nebeneinander. Das berühmteste Werk dieser Zeit ist sicherlich die immens

16 Lexika und Enzyklopädien

erfolgreiche *Encyclopédie* der französischen Aufklärer Denis Diderot (1713–1784) und Jean-Baptiste le Rond d'Alembert (1717–1783), die tendenziell eher der naturwissenschaftlich-technischen Tradition folgte, aber auch andere Wissensgebiete, wie insbesondere Philosophie, behandelte. Gegen die nicht immer strenge, offizielle Trennung positionierten sich im Laufe des Jahrhunderts Herausgeber, die ihre Werke als »Universal« oder »Allgemeine« Lexika oder Enzyklopädie anpriesen, und Wissen aus allen Themenbereichen versprachen. Einige ihrer Werke nahmen deswegen einen bis dahin unvorstellbaren Umfang an und hatten entsprechend geringe Verbreitung.

Das 19. Jahrhundert war hingegen von im Umfang begrenzten Konversations-Lexika geprägt, die ein breites bildungsbürgerliches Publikum ansprachen. Hier war Deutschland der wichtigste Markt, auf dem mehrere Anbieter konkurrierten. Diese Werke versprachen, alle Informationen zu enthalten, die für gebildete Gespräche, politische Partizipation sowie für die bürgerliche Erziehung der Kinder notwendig waren. Dabei standen Geschichte, Biographien, Mythologie, Religion, Erdkunde, Musik und Literatur zunächst im Fokus. Diese Themen wurden aber schrittweise um naturwissenschaftliche Lemmata erweitert, sodass die Lexika damit warben, das gesamte in der bürgerlichen Gesellschaft relevante Wissen zu enthalten. Die Artikel dieser Lexika waren im Vergleich zu den Werken des 18. Jahrhunderts generell eher kurz. Der Umfang der Lexika pendelte sich zwischen 15 und 25 Bänden ein. Erfolgreiche Werke erschienen alle 5 oder 10 Jahre in überarbeiteter Form und wurden zu einer Massenware und einem bürgerlichen Statussymbol. Die in ihnen kanonisierten Wissensbeständen bildeten gewissermaßen ein Fundament für die nationale und konfessionelle Identitätsbildung. Stilistisch verfestigte sich im 19. Jahrhundert ein schon vorher aufkommender ›enzyklopädischer‹ Sprachstil, der davon geprägt war, dass der Autor dabei mit seinen Intentionen und Ansichten unsichtbar blieb und dem Anschein nach hinter die von ihm neutral präsentierte Sachinformation zurücktrat.

Die historische Forschung zu historischen Enzyklopädien und Lexika hat sich lange Zeit auf Fallstudien zu den bekanntesten Nachschlagewerken konzentriert, wozu vor allem Ephraim Chambers *Cyclopaedia* und die *Encyclopédie* von Diderot und D'Alembert gehörten. Seit Mitte der 1990er Jahren erscheinen aber vermehrt Studien, die anhand von einzelnen Werken, aber auch vergleichend nach übergreifenden Aspekten fragen. Hierzu gehört insbesondere: Die Techniken des Schreibens und Wissenssammelns sowie die Ordnung des Wissens und seine Präsentation für unterschiedliche Zielgruppen; Akteursbeziehungen und Formen der Zusammenarbeit zwischen Autoren und Autorinnen sowie Herausgebern; die Bedeutung des illegalen Nachdrucks und die eigentliche Verbreitung und Reichweite der verschiedenen Werke; die unterschiedlichen Anwendungsmöglichkeiten und damit auch unterschiedliche Wirkung der Nachschlagewerke als medizinische Handbücher, Reiseführer, Instrument zur Selbstdarstellung, Mittel zur Beförderung der Aufklärung, Statussymbol, Mittel zur Erschaffung nationaler und klassenspezifischer Identitäten und natürlich als kommerzielles Produkt auf einem umkämpften Buchmarkt mit seiner zunehmenden Ausdifferenzierung im Laufe der Frühen Neuzeit.

16.2 Analytische Zugänge

Für die Arbeit mit Lexika und Enzyklopädien sind einige Aspekte zu beachten:

1. Diese Werke erwecken durch ihre sprachliche Gestaltung meist den Eindruck, neutral zu sein – doch dieser Anschein trügt. Sie sind immer mit bestimmten Absichten und für bestimmte Zielgruppen entstanden. Für die Neuzeit sind dies in der Regel europäische Männer, seltener Frauen aus gebildeten und vermögenden Schichten. Es fehlen daher außereuropäische oder zeitgenössisch als weiblich verstandene Perspektiven und Wissensbestände. Informationen über Handwerk oder Leben einfacher Leute können zwar enthalten sein, werden aber aus einer Außenperspektive beschrieben.
2. Der Verfasser kann oft nicht eindeutig benannt werden. Es kann sich um den Herausgeber, einen Autor aus einem Redaktionsteam oder um jemand Außenstehenden handeln, dessen Text zitiert oder häufig auch ohne Kennzeichnung plagiiert worden ist. Aus diesem Grund kann ein Lexikon als Gesamtwerk erhebliche Widersprüche und stilistische Brüche aufweisen.
3. Die einzelnen Artikel sind als Teile eines Gesamtwerkes angelegt. Das bedeutet, dass Informationen auf mehrere Beiträge verteilt sind und durch Verweise zusammengeführt werden müssen oder das übergreifende, ausführliche Artikel Grundlagen erläutern, die Spezialartikel dann vertiefen. Da Enzyklopädien auch auf unterschiedlichen Vorlagen basieren können, die zusammengefügt und neu kombiniert worden sind,

kann wird die vollständige Analyse eines Wissensbereichs zu einer komplexen Aufgabe werden, die intensive Recherche im Werk erfordert. Unter Beachtung dieser Charakteristika bieten Nachschlagewerke drei niedrigschwellige Möglichkeiten zur historischen Quellenarbeit, die schon für Seminararbeiten genutzt werden können:

Zum einen lässt sich ein einzelner Artikel als Momentaufnahme oder Kondensat des jeweiligen historischen Wissensstandes analysieren. Auch etablierte Historikerinnen und Historiker nutzen diesen Zugang bei Vorträgen oder dem Einstieg in neue Projekte. Dies kann die Ebene der im Artikel vorhandenen oder fehlenden Sachinformationen betreffen oder aber geistesgeschichtliche Aspekte, die hinter der Auswahl und Präsentation des Wissens erkennbar sind. Dieser Zugang kann natürlich nicht nur für Texte, sondern auch für Illustrationen verwendet werden. Zu beachten bleibt, dass diese Methode bei sehr kurzen Artikeln eher für eine Einordnung eines Themas als für eine ausführliche Analyse geeignet ist. Für eine Untersuchung sind daher längere Artikel zu empfehlen oder die Analyse zweier Artikel eines Lexikons, die beispielsweise Gegensätze darstellen, wie Reichtum und Armut, Krieg und Frieden, Mann und Frau oder Alt und Jung.

Zum anderen können mehrere Lexika verglichen werden. Dieser Ansatz umfasst sowohl synchrone wie auch diachrone Vergleiche. Ein synchroner Vergleich betrachtet annähernd gleichzeitig erschienene Lexika, sei es aus verschiedenen Ländern oder von verschiedenen Anbietern. Wie bewerten beispielsweise französische und deutsche Lexika um 1870 die historische Persönlichkeit Napoleons? In einem diachronen Vergleich können hingegen Veränderungen oder Kontinuitäten über längere Zeiträume verfolgt werden. Dafür bieten sich verschiedene Ausgaben desselben Lexikons an. Wie wurde beispielsweise vor und nach dem Jahr 1848 der Begriff Revolution im *Brockhaus* definiert? Wie veränderte sich in der *Britannica* der Artikel über Indien im Laufe des 19. Jahrhunderts?

Eine letzte Variante ist die Erarbeitung der Verflechtung der Artikel. Hier wird untersucht, welche Artikel auf welche Weise mit anderen verbunden sind und wie sich komplexe Wissensbestände im Gesamtwerk verteilen. Hierbei werden zum Teil ganz eigene Deutungen möglich. Berühmt ist das Beispiel, dass in der *Encyclopédie* von Diderot und D'Alembert in dem Artikel über Kannibalismus auf den Artikel über das kirchliche Abendmahl verwiesen wird – eine versteckte Kritik an den Inhalten einer damals heiligen Zeremonie.

16.3 Auswahl historischer Lexika und Enzyklopädien

Für die Nutzung der Beispiele ist folgendes zu beachten: Retrodigitalisierungen sind exakte digitale Kopien des gedruckten Buches. Der Text liegt im originalen Schriftbild ohne Kommentare vor, ist nur bedingt digital durchsuchbar und die Verweise zwischen den Artikeln sind nicht als Links angelegt. Digitale Editionen bieten hingegen sehr viel mehr: Mindestens eine Übertragung in ein modernes Schriftbild, Durchsuchbarkeit und ein Zugriff über eine alphabetische Liste oder Stichwörter. Meist sind Verweise als aktive Links angelegt. Einige digitale Editionen bieten außerdem Hintergrundinformationen, beispielsweise zu den Vorlagen des Werkes oder zu Unterschieden zwischen den Auflagen.

16.3.1 Das *Frauenzimmer-Lexicon* (1715)

Der Leipziger Jurist und Schriftsteller Gottlieb Corvinus veröffentlichte im Jahr 1715 unter dem Künstlernamen Amaranthes ein mehr als 1000 Seiten umfassendes Lexikon für ein weibliches Publikum. Er versprach auf dem Titelblatt Wissen, das alle Bedürfnisse seiner Leserinnen zufriedenstellen werde. Schon hieran zeigt sich, dass dieses Werkes tiefe Einblicke in die damalige Vorstellung davon eröffnet, welche Rolle Frauen in der Gesellschaft zukam und was weibliche Lebenswelten und Tugenden auszeichnete.

Dazu passend verspricht der Autor Informationen über Heldinnen, gelehrte Frauen und Märtyrerinnen, die allen Frauen als Vorbilder dienen könnten, aber auch über Hexen und Ketzerinnen, deren Lebenswege abschrecken sollten. Weiterhin bietet das Buch eine Übersicht über Ämter und Funktionen von Frauen in Kirche und Gesellschaft sowie bei Feierlichkeiten und Zeremonien. Ein weiterer Themenblock belegt, dass sich das Buch an Frauen aus vermögenden Familien wandte. Es geht um Mode, Juwelen und Kosmetik. Zusammen mit weiblicher Gesundheit bedient das Werk damit Themen, die sich noch jahrhundertelang in Medien für Frauen finden. Der dritte Themenbereich, den das Titelblatt ankündigt, ist die Führung eines bürgerlichen Haushaltes. Es geht um Gesinde, Haushaltsgegenstände sowie Speisen und speziell die Aufgaben einer Gastgeberin. Für letzteres finden sich Listen mit Menüfolgen, Platzordnungen mit Tischplänen und ähnliche praktische Informationen. Insgesamt ist dieses Lexikon eine faszinierende Quelle nicht nur zur Geschlechtergeschichte, sondern auch zur Alltagsgeschichte in bürgerlichen Haushalten. Außerdem lassen sich tiefergehende Vorstellungen von der Geschlechterordnung analysieren.

Das Lexikon ist alphabetisch geordnet, wobei Tischpläne und Menüfolgen als Anhang am Ende stehen. Die Artikel sind meist kurz und nur selten durch Verweise verknüpft. Das Frauenzimmer-Lexikon ist als Retrodigitalisat verfügbar (s. Kap. 16.4.2).

16.3.2 Cyclopaedia: or, An universal dictionary of arts and sciences 1728

Ephraim Chambers 1728 in zwei Bänden erschienenes Nachschlagewerk fokussiert – wie der Titel nahelegt – Inhalte aus dem Bereich der Technik und Naturwissenschaften, wenn auch nicht exklusiv. Die Einleitung unterscheidet 47 Wissensfelder, denen die einzelnen Artikel zugeordnet sind. Damit kombiniert Chambers neben dem Alphabet und einem System von Querverweisen insgesamt drei Methoden, um den Inhalt zu ordnen. Die *Cyclopedia* bietet vor allem Informationen über technische Themenbereiche wie Anatomie, Astronomie, Optik und Architektur mit einem Fokus auf Mechanik und Methoden der Messung und Beobachtung; hinzu kommen Wissensfelder wie Botanik, Anatomie, Pharmazie und Geographie. Neben diesen heute naturwissenschaftlichen Themen nimmt Chambers aber auch Recht, Theologie und Politik auf, sodass beispielsweise Amtsbezeichnungen nachgeschlagen werden können. Die *Cyclopaedia* erlebte sieben Neuauflagen inklusive zwei Supplementbänden, die 1753 erschienen, wobei die Inhalte im Bereich der Staatskunde, Wirtschaft und Botanik zunahmen.

Als digitale Versionen sind erhältlich:

- Ein Digitalisat der Erstauflage von 1728 auf der Plattform *Search Library*. Diese Ausgabe bietet eine Artikelliste für direkten Zugriff, zeigt die jeweiligen Artikel aber als Retrodigitalisate an (s. Kap. 16.4.2).
- Von der vierten Auflage von 1741 liegt hingegen eine digitale Edition vor. Diese Version kann im Volltext durchsucht werden und zeigt die Artikel in modernem Schriftbild ohne Kommentare oder auch als Retrodigitalisate an (s. Kap. 16.4.2).
- Deutlich erweitert war die sechste Auflage von 1750, die erheblich mehr geistes- und kulturwissenschaftlichen Inhalt bietet. Hiervon ist aber nur ein Retrodigitalisat verfügbar (s. Kap. 16.4.2).

16.3.3 Das *Grosse vollständige Universal-Lexicon Aller Wissenschafften und Künste* (Leipzig 1731–1754)

Das nach seinem Verleger Johann Heinrich Zedler auch ›der Zedler‹ genannte Nachschlagewerk ist das erste seiner Art, das nicht von einem einzelnen Gelehrten, sondern einem Autorenteam erstellt worden ist. Dies erklärt auch, wie es möglich war, ein Werk von so immensen Umfang überhaupt zu erstellen. Zunächst von Zedler auf 12 Bände angelegt, wuchs das Werk im Laufe der Zeit auf 64 reguläre und 4 Supplementbände an. Darin befanden sich rund 284 000 Artikel und 276 000 Verweise. Damit war es das umfassendste, im 18. Jahrhundert abgeschlossene Lexikon. Der Kreis der Verfasser ist anonym geblieben und bis heute nur zum Teil entschlüsselt. Zedler selbst nannte die Mitwirkenden seine ›Musen‹. Die Beiträge dieser ›Musen‹ waren allerdings in hohem Maße Übernahmen aus älteren Nachschlagewerken, meist Spezialexika.

Schon auf dem Titelblatt der ersten Ausgabe versprachen Zedler und der damalige Herausgeber Jacob Franckenstein der Kundschaft auf der Leipziger Buchmesse das gesamte, relevante Wissen ihrer Zeit. An erster Stelle nannten sie dabei die Beschreibung des Erdkreises, was nicht nur gängiges akademisches Wissen über Geologie umfasste, sondern Informationen über zahlreiche Städte und Länder. An zweiter Stelle folgen auf dem Deckblatt die Lebensläufe berühmter Persönlichkeiten aus der Geschichte, wie Kaiser, Könige aber auch Kardinäle, Propheten, Künstler und Gelehrte. Noch weitläufiger erscheint der Themenbereich der Staats-, Kriegs-, Rechts-, Policey- und Haushaltsgegenstände, die Zedlers Werk zu behandeln verspricht. Gerade die Ortsartikel und einige Artikel über berühmte Persönlichkeiten sind zum Teil sehr umfangreich, so umfasst der Artikel zu Wien mehr als 130 Spalten.

Mit Band 18 führte der neue Herausgeber Carl Günther Ludovici Veränderungen ein. Er nahm Biographien lebender Personen auf und machte im Laufe der Zeit Biographien generell zur umfangreichsten Artikelgruppe. Dies umfasst auch Angaben zur Genealogie und Ahnentafeln sowie die Möglichkeit für Leser, Artikel einzureichen. Darüber hinaus weitete Ludovici das Verweissystem aus und vernetzte die Artikel stärker miteinander. Die Artikel im Zedler lassen sich in zwei Gruppen einteilen. Die einen sind sehr kurz und bieten nur wenige Basisinformationen, die anderen sind so ausführlich, dass eine rasche Lektüre im Sinne eines Nachschlagens von Wissen nicht möglich ist. Zedlers Lexikon wurde entsprechend nie ein Massenprodukt im modernen Sinne, war aber für seine Zeit auch aufgrund seiner modernen sprachlichen Gestaltung recht weit verbreitet.

Vom ›Zedler‹ gibt es eine digitale Edition, in der alle Artikel als Retrodigitalisate gelesen werden können. Die Suchfunktion umfasst Artikeltitel, Verweisgruppen oder 13 von den modernen Herausgebern angelegten Kategorien mit zusätzlichen Unterkategorien, zu denen die gängigen Naturwissenschaften der Zeit aber auch Biographien, Recht, Philosophie und Kunst gehören. Die Artikel sind nicht im Volltext durchsuchbar und liegen nicht in modernem Schriftbild vor (s. Kap. 16.4.2).

Zusätzlich zu dieser digitalen Ausgabe bietet die Seite »Zedleriana« eine Reihe kurzer Informationen zum Herausgeber, seinem Werk und ausgewählten Inhalten (s. Kap. 16.4.2).

16.3.4 Encyclopédie, ou Dictionnaire raisonné des Sciences, des Arts et des Métiers 1751–1780

Die französische *Encyclopédie*, herausgegeben vom Philosophen und Aufklärer Denis Diderot und dem Marquis d'Alembert ist zweifellos das berühmteste Werk seiner Art und wird auch schlicht als ›die Enzyklopädie‹ bezeichnet. Diesen Status erreichte es dadurch, dass die Verfasser offen für ihr Verständnis von Wissenschaft und Bildung eintraten und sich gegen Dogmen und den Einfluss der Kirche positionierten. Diese Grundhaltung zeigt sich am Beginn des Werkes in einem Organigramm des Wissens in Form eines Baumes. Darin bildet die Vernunft (*raison*) den Stamm, von dem aus die Metaphysik (die Kunde von den gestaltlosen und nicht messbaren Dingen) einen Zweig bildet. Weiter auf dem Zweig folgt ein Ast für das Wissen des Menschen über Gott und erst dahinter die Theologie. Damit ist das Wissen über Gott und die Lehren der Kirche nicht mehr Ursprung und Kern der menschlichen Erkenntnis, sondern eine Unterabteilung. Grund hierfür war, dass die *Encyclopédie* – ganz der Tradition der Aufklärung entsprechend – als Beitrag für die Verbesserung und Weiterentwicklung der Menschheit durch Philosophie und Vernunft konzipiert war.

Aufgrund dieser Ausrichtung war die *Encyclopédie* in ihrer Zeit berühmt. Reaktionäre Kräfte forderten mehrfach ihr Verbot und setzten sich zeitweise auch durch. Dennoch war sie ein erheblicher kommerzieller Erfolg und fand nicht nur ein breites Publikum unter den Männern und Frauen der europäischen Aufklärung, sondern auch berühmte Unterstützerinnen und Unterstützer. Hierzu gehörte beispielsweise Madame de Pompadour, die

Mätresse Königs Ludwig XV., die sich sogar bei der Lektüre der *Encyclopédie* malen ließ.

Geschrieben wurde das Werk von einer Gruppe von Autoren, den sogenannten Enzyklopädisten, die zum Teil offen mit ihrem Namen zeichneten. Heute sind 144 von ihnen bekannt, darunter Hochadelige ebenso wie Handwerker, wobei Ärzte, Beamte und Hochschullehrer die größte Gruppe bildeten. Zu den bekanntesten gehören Voltaire, Montesquieu und Rousseau. Ihr gemeinsames Werk umfasst 17 Text- und 11 Bildbände. Zwischen 1766 und 1780 kamen unter einem anderen Herausgeber drei Textsupplemente, ein Bildband und ein Register hinzu, mit insgesamt mehr als 70 000 Artikeln.

Die einzelnen Artikel sind zum Teil sehr umfangreich und bieten Überblicke über komplexe Wissensgebiete, die durch ein Verweissystem miteinander verbunden sind. Thematisch fokussiert das Werk laut seinem Titel die Naturwissenschaften (Medizin, Botanik, Zoologie usw.), Handwerke und Künste. Zu den Künsten gehört dabei insbesondere die Philosophie der Aufklärung, die auch Staats- und Wirtschaftslehre umfasste. Der Anspruch der Aufklärung, nützliches Wissen zu bieten, findet Ausdruck in umfangreichen Texten und Bildtafeln zu technischen Geräten und der Arbeitsweise unterschiedlicher Handwerke.

Aufgrund des Erfolgs und der großen Verbreitung des Werkes lassen sich viele Retrodigitalisierungen finden. Eine digitale Edition hingegen erstellte die französische Akademie der Wissenschaften (s. Kap. 16.4.2). In englischer Sprache gibt es hingegen lediglich eine unvollständige, aber bereits nutzbare digitale Edition (s. Kap. 16.4.2).

In deutscher Sprache liegen keine digitalen Ausgaben vor. In gedruckter Form sind aber zahlreiche deutsche Übersetzungen der programmatischen Ankündigung des Werkes durch Denis Diderot sowie Auszüge erhältlich.

16.3.5 Oeconomische Encyclopädie, oder allgemeines System der Land- Haus- und Staats-Wirthschaft in alphabetischer Ordnung (1773–1858)

›Umfangreich‹ und ›ausführlich‹ sind zwei Adjektive, die das Werk von Johann Georg Krünitz gut beschreiben. Der Arzt und Naturphilosoph begann seine Enzyklopädie 1773, erlebte aber deren Fertigstellung selbst nicht mehr. Nach Angaben seines Nachfolgers starb er 1796 bei der Arbeit am 73. Band, während er den Artikel »Leiche« verfasst habe. Das Gesamtwerk war nach 85 Jahren mit 242 Bänden à 600–900 Seiten und mehr als

9000 Illustrationen abgeschlossen. Ursprünglich als eine Kompilation und Übersetzung französischer Vorlagen geplant, war Krünitz' Werk zu einer wesentlich umfangreicheren Enzyklopädie gewachsen, für deren Lemmasystem er sich am Vorbild des ›Zedler‹ orientierte.

Auffällig ist der sehr heterogene Umfang der Artikel. Einige Einträge nehmen einen ganzen Band ein, wie der Artikel ›Münzen‹ den Band 95 und ›Mühlen‹ den Band 97, während dagegen der Band 8 mehr als 1800 kurze Lemmata enthält. Hieran zeigt sich, dass sich die Einträge im ›Krünitz‹ für sehr unterschiedliche analytische Zugänge nutzen lassen.

Inhaltlich blieb das Werk auf wirtschaftlich-technische Aspekte im breiteren Sinne fokussiert und schloss Handwerk und Landwirtschaft mit zugehörigen Tätigkeiten und Geräten ein. Zeitweise versprach der Titel auch noch Kunst- und Naturgeschichte, worunter Botanik und Zoologie fielen, und zuletzt Geographie.

Trotz des eher akademischen Anspruchs bietet das Werk auch zahlreiche Einblicke in die Alltagsgeschichte. So finden sich im ersten Band nicht nur zoologische Angaben zum Aal als Tierart, sondern auch viele Einträge zu seiner Zubereitung wie dem Aalsieden, -räuchern, -kochen, -marinieren, -füllen, -backen, -braten sowie der Zubereitung von Aal-Torten und Aal-Suppen. Dazu kommen Artikel über den Aalfang und dafür genutzte Gerätschaften. Am anderen Ende des Alphabets stehen hingegen mehr als 80 Lemmata, die mit Zucker beginnen.

Eine digitale Edition des ›Krünitz‹ bietet die Seite der Universität Trier (s. Kap. 16.4.2). Hier kann über eine Volltextsuche, ein Band- wie auch Gesamtverzeichnis oder simples Blättern auf die Inhalte zugegriffen werden. Die Artikel stehen sowohl in modernem Schriftbild wie auch als Faksimile zur Verfügung, wobei Verweisen als Links nachgegangen werden kann. Die Edition bietet auch Hintergrundinformationen zu den Autoren und der Entstehungsgeschichte.

16.3.6 *Encyclopædia Britannica*

›Die Britannica‹ ist eine der erfolgreichsten und langlebigsten Enzyklopädien der Geschichte. Sie wird heute noch in digitaler Form fortgesetzt und vor allem in der anglo-amerikanischen Welt als ein zuverlässiges Nachschlagewerk geschätzt.

Ihre Entstehung geht auf die schottische Aufklärung zurück, wo sie 1768 als eine zunächst dreibändige Reaktion auf die französische *Encyclopédie* ihren Ursprung nahm. Allerdings setzte der erste Herausgeber William Smellie bewusst eher auf eine politisch und sozial neutrale bis konservative Grundhaltung der Beiträge. Das Werk wuchs bis 1797 in seiner dritten Auflage auf 18 Bände mit über 500 Abbildungen an, die von knapp zwei Dutzend ausgewiesenen Experten erstellt wurden. Ursprünglich mit einem Schwerpunkt auf Naturwissenschaften und Wirtschaft waren nun Biographien und Geschichte hinzugekommen.

Wie bei den deutschen Enzyklopädien waren auch in diesen frühen Auflagen einzelne Artikel sehr umfangreich, da sie ganze Wissensfelder abdeckten. So zu ›Medizin‹ mit über 300 Seiten oder ›Schottland‹ mit mehr als 80 Seiten, auf denen Landeskunde und Geschichte zusammenliefen.

Im Laufe des 19. Jahrhunderts pendelte sich der Umfang der steten Neuauflagen bei zunächst 20, dann 24 Bänden ein. Dabei blieb es üblich, Wissensgebiete in umfangreichen Artikeln zusammenzuführen, die dann Untereinträge aufwiesen. Die *Britannica* erwarb sich in dieser Zeit einen guten Ruf und zog prominente Forscher als Autoren an. Als Meilenstein lexikalischer Arbeitens gilt die neunte Auflage von 1875–1889, die nicht nur vorhandenes Wissen zusammenfassen, sondern den neuesten Forschungsstand abbilden sollte. Dies umfasste die Publikation von damals neuen Erkenntnissen, beispielsweise im Bereich der Archäologie oder alten Sprachen.

Ihre stetige Aktualisierung macht die *Britannica* zu einem hervorragenden Gegenstand für diachrone Vergleiche. Die erste bis zehnte Auflage stehen bei der Schottischen Nationalbibliothek als Retrodigitalisate zur Verfügung (s. Kap. 16.4.2).

16.3.7 *Damen-Konversationslexikon* (1834–1838)

Der Titel dieses zehnbändigen Werkes gibt bereits an, dass der Herausgeber Carl Herloßon keine wissenschaftliche Enzyklopädie erstellen wollte. Sein Ziel war vielmehr, Frauen aus bürgerlichen Haushalten ein Nachschlagewerk zu bieten, das auf gebildete Konversation vorbereitete und zugleich zur Lektüre von lehrreichen Biographien, Geschichten oder Ortsbeschreibungen einlud. Zusätzlich sollten Abbildungen berühmter Frauen die Zielgruppe ansprechen.

Die Ausrichtung des Lexikons prägte auch wesentlich den Inhalt und die Präsentation der mehr als 7000 Artikel. Technik und Naturwissenschaften spielen eine vergleichsweise untergeordnete Rolle – auch wenn zahlreiche Ortsbeschreibungen enthalten sind – und werden ausdrücklich damit beworben, dass sie anschaulich und erzählend statt technisch-abstrakt aufbereitet seien. Auch Geschichte wird nicht als Wissensbestand, sondern in Form romantischer Erzählungen vermittelt. Einen großen Teil des Werkes nehmen Biographien ein, die im Vorwort angekündigt werden: »Frauen aller Zeiten und aller Nationen, gefeiert wegen ihrer Schönheit oder glänzenden Eigenschaften, wegen ihrer Tugenden oder ihrer Kenntnisse, Fürstinnen, Künstlerinnen, Schriftstellerinnen, Heilige etc.« Hinzu kommen Artikel über Luxuswaren, Musik, Speisen, Haushaltsführung, Kunst und Mode. Insgesamt ist dieses Lexikon eine wichtige Quelle der Familien-, Alltags-, Kultur- und Geschlechtergeschichte. Außerdem ist es vermutlich das erste Werk, an dem Frauen unter den anonymen Autor:innen waren (Schaser 2006). Eine digitale Edition in modernem Schriftbild mit aktiven Links bietet Zeno.org (s. Kap. 16.4.2).

16.3.8 ›Der Brockhaus‹/›Der Meyer‹/›Der Herder‹ – Lexika des 19. Jahrhunderts

Im 19. Jahrhundert konkurrierten auf dem deutschen Buchmarkt mehrere große Lexika um das bürgerliche Lesepublikum. An dieser Stelle werden drei von ihnen vorgestellt, die alle nach ihren Herausgebern benannt waren.

›Der Brockhaus‹

Dieses Werk war das erfolgreichste seiner Art und erlebte allein im 19. Jahrhundert 14 Auflagen. Eine tabellarische Übersicht über die Ausgaben, die insbesondere angesichts mehrfacher Titelwechsel hilfreich ist, findet sich online (s. Kap. 16.4.2). Die Ursprünge des Brockhaus lagen in der Übernahme der Rechte an einem unvollendeten Lexikonprojekt durch Friedrich Arnold Brockhaus im Jahr 1808. Er stellte das Projekt fertig und gab Ergänzungsbände mit aktuellen Informationen in Auftrag. Das Gesamtwerk erschien unter dem programmatischen Titel *Conversations-Lexikon (kurzgefaßtes Handwörterbuch für die in der gesellschaftlichen Unterhaltung aus den Wissenschaften und Künsten vorkommenden Gegenstände mit beständiger Rücksicht auf die Ereignisse der älteren und neueren Zeit)*. Die zweite, aktualisierte Auflage erschien ab 1812 und wurde ein finanzieller Erfolg, den den Anstoß für zahlreiche weitere Ausgaben bot. Teilweise waren die Einzelbände schon vor Abschluss eines Werkes vergriffen, sodass Auflagen einander zeitlich überlappten. Neue Drucktechniken erhöhten die Auflagen und Absatzzahlen weiter. Um 1849 waren bereits mehr als 150 000 Ausgaben verkauft. Ab der fünften Auflage überließ Brockhaus die Überarbeitung und die Erstellung neuer Artikel einer Gruppe von Experten und benannte das Werk in *Allgemeine Real-Encyclopädie für die gebildeten Stände* um. Zum Hauptwerk kamen weitere Nachschlagewerke wie ein *Bilder-Conversations-Lexikon* (1837) und ab 1849 ein ergänzender Bildband zur Hauptenzyklopädie. Das Lexikon erschien seit 1882 offiziell unter dem Namen *Brockhaus* bis ins Jahr 2006.

Die erste Auflage von 1809–1811 ist als digitale Edition mit aktiven Links und modernem Schriftbild bei Zeno.org frei verfügbar (s. Kap. 16.4.2). Hier findet sich auch eine digitale Edition des *Bilder Conversations-Lexikons* von 1837–41 (s. Kap. 16.4.2).

›Der Meyer‹

Der Herausgeber Joseph Meyer startete sein Projekt im Jahr 1840 als das *Große Conversations-Lexicon für die gebildeten Stände*. Auf zunächst 46 Bände folgten ab 1853 6 Ergänzungsbände, die jedoch preislich nur für wenige erschwinglich waren. Bereits diese Auflage verfügte über zahlreiche Abbildungen. Ab der zweiten Auflage 1857–61 folgte eine Umbenennung in *Meyers Konversations-Lexikon* und eine Neuorientierung. Der Umfang für diese Auflage wurde deutlich reduziert, um ein breiteres Publikum anzusprechen, und der Vertrieb erfolgte mit neuen Methoden zum Teil auch jenseits des etablierten Buchhandels. In der Verlagsgeschichte wird daher die Zahl der Auflagen erst ab hier gezählt und die erste Ausgabe als Urfassung davon ausgenommen. Bis zum Ende des Jahrhunderts folgten vier weitere Auflagen, deren Umfang von 15 auf 17 Bände jeweils zuzüglich Supplementen anwuchs. Der Verlag gab neben der Hauptversion außerdem noch ein *Handlexikon* und ein *Kleines Conversations-Lexikon* heraus und war bis in die 1980er Jahre auf dem Buchmarkt präsent.

Die sogenannte nullte Auflage oder der Ur-Meyer in 52 Bänden steht als Retrodigitalisat vollständig online zur Verfügung (s. Kap. 16.4.2). Am selben Ort finden sich auch die folgende erste bis dritte Auflage als Retrodigitalisate.

›Der Herder‹

Unter den bekannten Lexika nimmt *Herders Conversations-Lexikon* eine Sonderstellung ein, da es 1854 von vornherein mit einer politischen Zielsetzung konzipiert worden ist. Es sollte eine Alternative zu den bestehenden Lexika bieten, in dem es sich an den Idealen des im 19. Jahrhundert politisch organisierten und aktiven Katholizismus orientierte. Dieses Ziel macht ›den Herder‹ zu einer wichtigen Quelle der Mentalitäts- und Geistesgeschichte. Weitere Auflagen erschienen bis in die Mitte des 20. Jahrhunderts.

Eine digitale Edition der ersten Auflage mit aktiven Links in modernem Schriftbild ist auf zeno.org online zu finden (s. Kap. 16.4.2).

16.4 Literatur

16.4.1 Einführungen

Estermann, Monika: Enzyklopädien und Lexika, in: Halbey, Hans Adolf (Hrsg.), Museum der Bücher, Dortmund 1986, 316–353.

Eybl, Franz M. (Hrsg.): Enzyklopädien der Frühen Neuzeit. Beiträge zu ihrer Erforschung, Tübingen 1995.

Gierl, Martin: Enzyklopädie, in: Enzyklopädie der Neuzeit Online, 2019, http://dx.doi.org/10.1163/2352-0248_edn_COM_258737.

Gierl, Martin: Kompilation und die Produktion von Wissen im 18. Jh., in: Mulsow, Martin/Zedelmaier, Helmut (Hrsg.), Die Praktiken der Gelehrsamkeit in der Frühen Neuzeit, Tübingen 2001, 63–94.

Haß, Ulrike (Hrsg.): Große Lexika und Wörterbücher Europas. Europäische Enzyklopädien und Wörterbücher in historischen Porträts, Berlin/Boston 2012.

Kafker, Frank (Hrsg.): Notable Encyclopedias of the Late Eighteenth Century, Oxford 1994.

Rosenke, Stephan: Universallexikon, in: Enzyklopädie der Neuzeit Online, 2019, http://dx.doi.org/10.1163/2352-0248_edn_COM_369834.

Schaser, Angelika: Rezension zu: Herloßsohn, Carl (Hrsg.): Damen Conversations Lexikon. Neusatz und Faksimile. Berlin 2005, in: H-Soz-Kult, 25.4.2006, www.hsozkult.de/publicationreview/id/reb-7409.

Schneider, Ulrich Johannes (Hrsg.): Seine Welt wissen. Enzyklopädien in der Frühen Neuzeit, Darmstadt 2006.

Schneider, Ulrich Johannes: Die Erfindung des allgemeinen Wissens. Enzyklopädisches Schreiben im Zeitalter der Aufklärung, Berlin 2013.

Spree, Ulrike: Das Streben nach Wissen. Eine vergleichende Gattungsgeschichte der populären Enzyklopädie in Deutschland und Großbritannien im 19. Jahrhundert, Tübingen 2000.

Stammen, Theo/Weber, Wolfgang E. J. (Hrsg.): Wissenssicherung, Wissensordnung und Wissensverarbeitung. Das europäische Modell der Enzyklopädien, Berlin 2004.

Tomkowiak, Ingrid (Hrsg.): Populäre Enzyklopädien. Von der Auswahl, Ordnung und Vermittlung des Wissens, Zürich 2002.

16.4.2 Digitale Editionen

Corvinus, Gottlieb: Nutzbares, galantes und curiöses Frauenzimmer-Lexicon, 1715 http://diglib.hab.de/drucke/ae-12/start.htm [10.6.2024].

Chambers, Ephraim: Cyclopedia, or, An universal dictionary of arts and sciences, 1728.
    1. Aufl. auf Search Library – https://search.library.wisc.edu/digital/A4C5AV6Q7LZ5DY8E [10.6.2024].
    4. Aufl. – https://artflsrv04.uchicago.edu/philologic4.7/chambers_new [10.6.2024].
    6. Aufl. – https://onlinebooks.library.upenn.edu/webbin/book/lookupid?key=olbp78076 [10.6.2024].

Zedler, Johann Heinrich: Grosses vollständiges Universal-Lexicon aller Wissenschaften und Künste, 1731–1754.
    Zusatzinformationen – https://www.zedleriana.de [10.6.2024].
    Digitale Edition – https://www.zedler-lexikon.de/index.html?c=zedlerinfo&l=de [10.6.2024].

Diderot, Denis u. d'Alembert, Jean Baptiste le Rond: Encyclopédie, ou Dictionnaire raisonné des Sciences, des Arts et des Métiers, 1751–1780.
    Digitale Edition der französischen Akademie der Wissenschaften – http://enccre.academie-sciences.fr/encyclopedie [10.6.2024].
    Edition in englischer Sprache – https://quod.lib.umich.edu/d/did/title/A.html [10.6.2024].

Krünitz, Johann Georg: Oeconomische Encyclopädie, oder allgemeines System der Land- Haus- und Staats-Wirthschaft in alphabetischer Ordnung, 1773–1858 – https://www.kruenitz1.uni-trier.de/background/entries.htm [10.6.2024].

Britannica – https://digital.nls.uk/encyclopaedia-britannica/archive [10.6.2024].

Herloßson, Carl: Damen-Konversationslexikon, 1834–1838 – http://www.zeno.org/DamenConvLex-1834 [10.6.2024].

Brockhaus
    Übersicht über die Ausgaben und Umbenennungen – https://www.brockhaus-auflagen.de [10.6.2024].
    Conversations-Lexikon oder kurzgefaßtes Handwörterbuch, 1809–1811. http://www.zeno.org/Brockhaus-1809 [10.6.2024].
    Bilder Conversations-Lexikon – http://www.zeno.org/Brockhaus-1837 [10.6.2024].

Meyers
    Ur-Auflage Das große Conversations-Lexicon für die gebildeten Stände, 1840–1852 https://www.deutsche-digitale-bibliothek.de
    4. Auflage, 1885–1892 – https://www.retrobibliothek.de/retrobib/stoebern.html?werkid=100149 [10.6.2024]. *Dieses Angebot bietet Zusatzinformationen und Register.*

Herders Conversations-Lexikon, 1854–1857 – http://www.zeno.org/Herder-1854 [10.6.2024].

Konversations-Lexikon – https://www.konversations-lexikon.de [10.6.2024].
    Historischer Überblick und Übersicht zu den Auflagen von ›Brockhaus‹ und ›Meyer‹ von Günther Könke.

17 Flugpublizistik

Daniel Bellingradt

Fliegende Blätter beeinflussen und prägen Geschichte in Europa seit rund 600 Jahren. Diese bedruckten papiernen Artefakte sind wichtige historische Quellen, die über die Kommunikation in der Vergangenheit Aufschluss geben, weil sie charakteristische Bestandteile der medialen Alltagskultur und Politiksphären waren. Da in fliegenden Blättern in Text und Bild die beobachtete oder imaginierte Lebenswelt der Zeitgenossen verarbeitet wurde, bieten sie für die Historiographie wertvolle Einblicke in die kulturelle Erschaffung von Informations-, Orientierungs- und Deutungsangeboten sowie der Nachfrage nach diesen.

17.1 Definition und Eigenschaften

Die Gesamtheit der ›fliegenden Blätter‹ in allen Variationen wird als ›Flugpublizistik‹ bezeichnet. Ein Flugdruck – so die Singularform – ist ungebunden, d. h. ursprünglich ohne Einband hergestellt, verfügt über tendenziell geringen Blattumfang und wurde anlassgebunden (›ereignisabhängig‹) selbstständig publiziert. Die Kennzeichnung bestimmter Publikationen als »fliegend« ist bereits Mitte des 16. Jahrhunderts im deutschsprachigen Raum Europas geläufig und knüpft an bereits in der Antike geläufige metaphorische Anspielungen auf eine schnelle Nachrichtenverbreitung: Sowohl der griechische Götterbote Hermes als auch der römische Mercurius trugen bekanntlich Flügelschuhe. In der Metapher des Fliegens spiegelt sich der geringe Umfang, die relative Schnelligkeit und Kostengünstigkeit der Herstellung und die potentiellen kommunikativen Auswirkungen von Flugdrucken innerhalb des Medienverbundes wider. Diese Kleindrucke umfassten typischerweise selten mehr als vier Druckbögen – also je nach Format 4 Blatt Folio (2°), 16 Blatt Quart (4°) oder 32 Blatt Oktav (8°). Es ist kein Zufall, dass die ersten Referenzen an eine »fliegende« Verbreitung dieser Drucke just in jener Phase auftraten, in der sich in Europa das Post-, Boten-

und Nachrichtenwesen ausdifferenzierte, was zu einer neuen Raum- und Zeitwahrnehmung beitrug. In England beispielsweise wurden um 1600 erstmals »flying news« (»onely flying Report«) aktenkundig, und im 18. Jahrhundert erwähnt Gotthold Ephraim Lessing in seinen Briefen an Johann Gottfried Herder mehrfach »fliegende Blätter«. Die beiden deutschsprachigen Begriffsprägungen »Flugblatt« und »Flugschrift« entstammen von Christian F. D. Schubart, der diese im Jahr 1787 analog zum französischen *feuille volante* bzw. lateinischen *folium volans* prägte. Der Dachbegriff ›Flugpublizistik‹ umfasst die Vielzahl an international und fachwissenschaftlich vorhandenen Teildefinitionen zu nicht-periodischen und ›kleinen‹ Publikationen des sogenannten Tagesschrifttums (Schottenloher 1922), die u. a. von »Pamphlet«, »Neue Zeitung«, »Einblattdruck«, »chapbooks« bis »Ephemera« reichen, ohne auf das Inhaltskriterium oder eine Genre-Zugehörigkeit zu setzen.

Eine fliegende Publikation kann inhaltlich alles sein: von der Leichenpredigt bis zum Notendruck, vom Gedicht bis zum politischen Lied, vom amtlichen Edikt bzw. Mandat bis zum didaktischen Bilderbogen, vom Theaterzettel bis zum einseitigen Wandkalender, vom Widerstands-Manifest bis zum künstlerischen Statement, vom propagandistischen Kriegsflugblatt bis zum Werbeflyer einer Getränkefirma. Alle Varianten der Flugpublizistik, die z. B. vom einblattrigen, bildtragenden Flugblatt bis zur mehrblättrigen, textbasierten Flugschrift reichen können, sind Gelegenheitspublikationen (Akzidenzien), die ›im Druck‹ erscheinen und auf eine öffentliche Wahrnehmung abzielen. Als akzidentielle Druckwaren sind sie, anders als periodisch-serielle Publikationen wie Zeitungen oder Zeitschriften, auf eine bestimmte Kommunikationssituation hin thematisch ausgerichtet und suchen dort nach sozialer sowie medialer Aufmerksamkeit und kommunikativer Resonanz. Zu jeder Zeit wurde und ist ein Flugdruck immer auch als Impuls zum Weitererzählen und Weitergeben gedacht: Die Informations-, Deutungs- und Orientierungsinhalte von Flugpublizistik zielten sowohl auf Lesekundige (*literati*) als auch -unkundige (*illiterati*), zugleich auf stille Lektüre und lautes Vorlesen vor Hörer:innen-Gruppen (Kollektivrezeption), und somit immer auf eine breite Medienwirkung, die sich im Anschluss an eine oft mehrstufige Rezeption einstellte.

Ähnlich wie andere papierne Artefakte schrift- und bildorientierter Kommunikation, die mittels einer Drucktechnik hergestellt wurden, so entsteht auch Flugpublizistik in der Regel aus drei, teils untrennbar miteinander verbundenen bzw. in Wechselwirkung stehenden Motivationsebenen: nämlich erstens als autonome Autor:innen-Meinung, auch wenn teilweise anonym, orthonym, fingiert oder pseudonym publiziert wird; zweitens als Auftragstitel, der von einzelnen oder mehreren Initiator:innen ideell und finanziell befördert wird und drittens als wirtschaftliches Produkt, dessen Herstellung immer der Vorfinanzierung unterlag, egal ob der Druck danach verkauft oder kostenlos angeboten werden sollte. Deshalb sind bei einer historiografischen Nutzung von Flugdrucken multiperspektivische Blickwinkel vonnöten. Diese sollten – unter Berücksichtigung der jeweiligen kulturellen Konstellation und der regionalen Eigenheiten von Öffentlichkeitsstrukturen und Publikationsbedingungen – gleichzeitig auf alle beteiligten Initiator:innen, Kommunikator:innen, Adressat:innen und Rezipient:innen achten, um die organisatorisch, materiell und ideell an einer Flugdruck-Publikation Beteiligten systematisch miteinbeziehen zu können.

17.2 Historische Entwicklung

Die eigentliche Geschichte der fliegenden Blätter in Europa beginnt in der Neuzeit. Trotz vereinzelter handschriftlicher und gedruckter Flugzettel-Nutzungen seit der Antike ist die kulturelle Nutzungsphase von Flugpublizistik maßgeblich an die Verfügbarkeit sowie den vermehrten Nutzen von Papier und effizienteren Drucktechniken seit etwa dem Jahr 1400 gebunden. Neben innovativen Tiefdruckverfahren für Bilddarstellungen wie Holzschnitt, Kupferstich und Metallschnitt, die allesamt während der ersten Jahrzehnte des 15. Jahrhunderts erfunden worden sind, gab es seit der Mitte des 15. Jahrhunderts auch ein neues Hochdruckverfahren für Textdarstellungen: nämlich die mit Johannes Gutenberg verbundene typografische Handdruckkunst, die als freies, d. h. zunftungebundenes Gewerbe in Europa rasch Verbreitung fand. Während der sogenannten Handdruckzeit (vom frühen 15. bis zum 19. Jahrhundert) standen folglich für die Herstellung von bild- und textbasierten Flugdrucken prinzipiell effiziente, schnelle und relativ preiswerte Drucktechnik-Verfahren zur kulturellen Nutzung von Publikationen bereit. Bei einblättrigen und einseitig bedruckten Flugblättern mit Bildanteilen war, nach einer xylografischen Frühphase (Holzschnitt), in der Bild und Text auf demselben Holzblock gefertigt wurden, im Normalfall sowohl ein Hochdruck- als auch ein Tiefdruck-Verfahren für die Text- und Bild-Anteile nötig. Bei mehrblättrigen Flugschriften mit charakteristischer Textbasiertheit und nur vereinzelten Grafikelementen wie Titelkupfer war im Regelfall nur ein Hochdruckverfahren notwendig.

Für jede Herstellungstechnik galt jedoch die Vorfinanzierung, denn prinzipiell ist jede Druckware ein Gewerbeprodukt. Besonders in den vormodernen Jahrhunderten waren Drucke kapitalintensive und marktzugewandte Produkte, die sich zumeist erst nach Monaten oder Jahren amortisierten. Für die vorfinanzierenden Druckerverleger waren die ›kleinen‹ Flugdrucke eine gern genutzte wirtschaftliche Gelegenheit, die mit wenig organisatorischem und materiellen Zusatzaufwand in einen ohnehin laufenden *work flow* einer Druckerei mit selten voll ausgelasteten Druckpressen einfach zu integrieren waren. Was diese Arbeitspraktik, die die Forschung als »jobbing printing« bezeichnet, zusätzlich motivierte, war die Situationsbezogenheit der Flugdrucke. Im Gegensatz zur traditionellen Buchdruckware waren situativ relevante Druckwaren einfacher an Käuferschichten zu vermitteln, vor allem auch, weil die Aussicht auf raschen Weiterverkauf an ortsunabhängige Kolporteure (Hausierer) und Straßensänger bestand. Viele fliegenden Blätter erreichten über diesen Weg auch Leser:innen fernab der urbanen Lebenswelten – in ländlichen Gebieten. Bis ins frühe 19. Jahrhundert hinein stellten die ›fliegenden Blätter‹ in der Regel ein für die Drucker und Verleger lukratives Verkaufsgut dar, welches lediglich in Ausnahme- oder Konfliktsituationen zu opportunen Zwecken auch kostenlos verteilt wurde.

Insbesondere in den zahlreichen gesellschaftlichen, konfessionellen und militärischen Konflikten des 16., 17. und 18. Jahrhunderts in Europa, u. a. während der Reformationen im 16. Jahrhundert, während des Dreißigjährigen Kriegs von 1618–1648 oder während der Französischen Revolution 1789/90, wurden erhebliche Mengen an Flugdrucken in den immer zahlreicher werdenden Druckereien hergestellt und angeboten. Insgesamt sind die größeren und kleineren europäischen Konflikte der Epoche deshalb auch immer Medienereignisse mit hohem Flugpublizistik-Einsatz und -Aufkommen. Eindrücklich sind die Auflagenzahlen und Exemplarnachweise beispielsweise für den deutschsprachigen »Flugschriftenboom« (Köhler 1986, 250) einiger Reformationsjahre: Allein für die Jahre 1520 bis 1526 sind ca. 11 000 unterschiedliche Titel in Erst- und Neuauflagen ermittelt worden, die eine Gesamtauflage von geschätzten elf Millionen Exemplaren ausmachte. Mehr als die Hälfte dieser Flugschriften umfasste nicht mehr als 4 Blatt im Quartformat – also einen Papierbogen. In größeren Städten mit mehreren Druckereien und genügend innenpolitischem Streit, wie etwa im frühneuzeitlichen Hamburg, wurden regelrechte Flugdruck-Duelle mit einer fliegenden Publizität von bis zu 200 000 Exemplaren binnen weniger Jahre ausgetragen.

Prinzipiell machte Flugpublizistik immer dann hohe Auflagen, sobald Dissens, unterschiedliche Interpretationen zu bestimmten Beobachtungen, ein wirtschaftliches Kalkül oder ein besonderer publizistischer Mitteilungsdrang spürbar war. Flugdrucke waren vor allem ein wesentliches mediales Merkmal der ersten Jahrhunderte der von Marshall McLuhan sogenannten »Gutenberg-Galaxis«, und die fliegenden Drucke der Frühen Neuzeit ermöglichten sowohl eine neue rezipierende und in Bild und Text formulierte Weltbeobachtung für breite Publikumsschichten wie auch eine mediale Form der gesellschaftlichen Mitsprache für eine erweiterte Bevölkerungsschicht. Flugdrucke konnten als stilisierte und echte Stimmen zu jeder Zeit ein Debattenbeitrag oder Gedankenimpuls in einem multimedialen Medienverbund sein. Besonders sorgten politische Ambitionen und Dynamiken stetig für neue Flugpublizistik. Nicht nur die obrigkeitlichen und offiziösen Verlautbarungen der unterschiedlichen Konfliktparteien oder Privatpersonen wurden nun vermehrt und in steigenden Auflagen als Flugdrucke publiziert, sondern auch die Gegenstimmen, die argumentierend und kommentierend sowohl die Positionen als auch deren Publizität debattierten. Indem die textlastige Flugschrift ein opportunes Mittel der geistigen Auseinandersetzung, kommentierenden Weltbeobachtung und sozialen Positionierung wurde, bürgerten sich zugleich die Bezeichnungen »Streitschriften«, »Pasquillen« oder »Schmähschriften« ein.

Ein wesentlicher Effekt der fliegenden Publizität und ihrer ›streitsuchenden‹ Akteure mit Kommentar-Haltung war eine neue Form der Medialität zu konkurrierenden Deutungsmustern: Die Grenzen militärischen und politischen Wissens, die man in den »subjektlosen« unkommentierenden frühen Periodika und generell innerhalb des restlichen gedruckten Medienspektrums der Epoche bis ins späte 18. Jahrhundert nicht findet, wurden geweitet und allmählich gesprengt. In diesem fliegenden und landessprachlich formulierten Weltkommentar in schier endlosen Antwort- und Kommentarschleifen zeigt sich ein neuzeitlich-neuartiges Öffentlichkeitsverständnis. Flugschriften dienten seit dem 17. Jahrhundert zunehmend auch als papierne Gegenwartsbeschleuniger, die wie »Impulse im medialen Resonanzraum« wirkten und »Räsonierforen« zu zumeist lokalen oder regionalen Themen schufen (Bellingradt 2011, 369 ff.), die in den Periodika der Zeit nicht ausreichend oder gar nicht veröffentlicht wurden. Flugschriften-Duelle zu unzähligen lokalen und privaten Themenfeldern sowie zur hohen Politik gehörten zum frühneuzeitlichen Medienalltag dazu und diese (oft invektive, also schmähende) Publizität führte mentalitätshistorisch zu bedeutsamen Sinnbildungsprozessen bei den beobachtenden Zeitgenossen. Nicht zuletzt wurden in der anhaltenden fliegenden Publizität von Pro- und Kontra Argumenten plurale Politik- und Kulturauffassungen geschärft und trainiert. Da sich an eine Veröffentlichung einer fliegenden Publikation zumeist mündliche, handschriftliche und gedruckte Reaktionen einstellten, war Flugpublizistik an der Verfestigung und Entstehung von einem mehrstimmigen Meinungsklima entscheidend mit beteiligt. Dieses Meinungsklima beförderte wiederum kulturkonstitutiv eine pluralisierte Weltsicht sowie politische Relevanz von öffentlichen Vorgängen. Die publizierte ›fliegende‹ Lebenswelt- und Weltbeobachtung trug mentalitätshistorisch zur Etablierung von und Gewöhnung an öffentliche Machtdynamiken und die Macht von Öffentlichkeiten bei. In diesem epochelangen Prozess wurde das bildtragende Flugblatt mit Politikbezug allmählich eine seltenere Erscheinung im Medienverbund – die Drucke wurden textbasierter. Publizierte Bildargumente gab es zwar weiterhin, aber innerhalb eines sich verändernden Nachrichtenwesens mit immer mehr verstetigter Detailfülle kamen den Text- und Bildangeboten in Flugblättern keine Alleinstellungsmerkmale mehr zu.

Auch nach der frühneuzeitlichen Handdruckzeit, als seit dem frühen 19. Jahrhundert neue Herstellungstechniken (wie das Flachdruckverfahren der Lithographie), neue Druckmaschinen und auch neues industrielles Papier massenhaft zum Einsatz kamen, blieb Flugpublizistik ein typisches mediales Merkmal des europäischen Alltags. Die Industrialisierung des Druckgewerbes loste abermals eine neue Bilderflut in periodisch-seriellen Magazinen, Illustrierten und Zeitschriften aus, die zusammen mit den ›lebenden Bildern‹ der Kinematographie um 1900 die Bildrezeptionsgewohnheiten auch in Europa neu justierten. Bildtragende Flugdrucke wurde also weiterhin produziert, gekauft und konsumiert: Auf bestimmte Kommunikationssituationen zugespitzte satirische »Carricaturen« zu den politischen Vorgängen Europas und generell didaktische »Bilderbogen«, oftmals von Kinder- und Frauenhänden nachkoloriert und auf sehr preiswertem Papier in tausender Auflage hergestellt, erfreuten sich im 19. Jahrhundert einer europaweiten Beliebtheit. Diese in regelrechten Bilderbogenfabriken hergestellten (lithographierten) Einblattdrucke boten comicähnliche Einzelbilder und Bildgeschichten mit sehr geringem Textanteil – teilweise nur ein Satz – und sind oft auch parallel in illustrierten Zeitschriften in verkleinerter Darstellung zu finden. Mit der einblättrigen Lithographie von 1866/1871 mit dem Titel *Le Grand Ôgre Allemand*, auf der der preußische König Wilhelm I. als menschenfressender Riese mit Siebenmeilenstiefeln und gezücktem Schwert dargestellt ist (s. Abb. 17.1), spielte der auf Bilderbogen spezialisierte französische Verlag Imagerie d'Épinal auf die französische Kritik am preußischen Expensionsstreben innerhalb Europas an. Der Flug-

17 Flugpublizistik 277

Abb. 17.1: Lithographie mit dem Titel *Le Grand Ôgre Allemand*, 1866/1871.

druck verarbeitete und kommentierte die politisch-militärische (Kommunikations-)Situation der preußischen Einigungskriege dieser Zeit aus nicht deutscher Sicht – und adressierte damit breite kaufende Öffentlichkeiten. Zwar erfreuten sich die einblättrigen Bilderbogen mit politisch-satirischen und aktualitätsbestimmten Komponenten einer großen Beliebtheit beim europäischen Kaufpublikum und auch das lange 19. Jahrhundert brachte viele textbasierte »Streitschriften« in der publizistischen Weltverarbeitung als gedruckte Kaufangebote hervor. Jedoch ist der Trend im 19. und 20. Jahrhundert zum kostenlosen Verbreiten von fliegender Massenware – zu Propaganda- und Werbezwecken sowie zu Mobilisierungs- und Orientierungszwecken – deutlich zu erkennen.

Wie auch schon in den vergangenen Jahrhunderten in militärischen und gesellschaftlichen Krisen- und Konfliktzeiten schnellte die Produktion von bebilderten fliegenden Blättern, aber auch von textlastigen Flugdrucken regelmäßig steil in die Höhe. Die größeren europäischen Konflikte blieben bis zum 21. Jahrhundert auch publizistische Feldzüge in regelrechten Medienkriegen: Flugdrucke sind zur Meinungsbeeinflussung und zum Kommentar des Geschehens beispielsweise bei den revolutionären Ereignissen 1848/49 auf deutschem Boden ebenso präsent im Medienverbund wie während der Weltkriege des 20. Jahrhunderts.

In der Organisierung und Sichtbarmachung von Widerstand, als Protestzettel und Aufrufe beispielsweise, werden fliegende Blätter auch aktuell noch als papierne Gegenwartsbeschleuniger und mediale Impulse für eine öffentliche Veränderung der Zustände eingesetzt und wahrgenommen. Flugdrucke haben heute wie damals eine starke Wirkung auf soziale und mediale Dynamiken, weswegen diese Quellen für die historische Forschung überaus aussagekräftig sind.

17.3 Forschungsperspektiven und analytische Zugänge

Als Historiker:in findet man Flugpublizistik nicht nur in digitalen Datenbanken oder spezialisierten Editionen, sondern vielmehr begegnen einem Flugdrucke relativ häufig an ungewohnten und gewohnten Orten. Seit der Frühen Neuzeit wurden vor allem Flugschriften- und Flugblattbestände thematisch oder chronologisch in Archiven und Bibliotheken wortwörtlich in ›Sammelbänden‹ zusammengebundenen und damit neuorganisiert. Bei dieser materiellen Überführung in ein neues Buchformat sind viele Titel in Umfang und Originalformat nach Belieben in partielle Versatzstücke zurechtgestutzt worden. Einzelne Exemplare finden sich beispielsweise in Enzyklopädien der Frühen Neuzeit, in Ediktsammlungen moderner Archive, in umfangreichen Faksimile-Editionsprojekten oder am häufigsten als verkleinerte Abbildungen im Anhang von Forschungsstudien. Teilweise ordneten oder arrangierten auch schon die Drucker oder Verleger seit dem 16. Jahrhundert thematisch zusammenhängende Titel zu neuen eigenständigen Publikationen, die dann zum Verkauf angeboten wurden. Oftmals erleben es Historiker:innen als ›Archivglück‹, wenn thematisch passende oder zuvor unbekannte Flugdrucke in Archivkonvoluten unerwartet neben anderen papiernen Quellen auftauchen. Einen guten Eindruck zur Überlieferung von bedruckten Papierartefakten und deren Lücken bietet sich für Historiker:innen des 21. Jahrhunderts im eigenen Alltag, wenn ein Großteil der fliegenden Massenware der jüngeren Vergangenheit, jene kostenlosen Flyer, Kleindrucke und Werbewurfsendungen von Parteien, Firmen oder Interessensgruppen, zeitnah in Mülleimern landen. Auch wenn das papierne Überangebot zeitgenössisch stört, so erinnern auch diese kostenlosen Flyer Historiker:innen an die Fragilität und Unwahrscheinlichkeit einer vollständigen Überlieferung von historischen Quellen und Publikationsartefakten: Kleindrucke gehörten und gehören nämlich in der Regel zur ersten entsorgten Geschichte. Selbst wenn es als sammlungswürdig eingestuft wurde, ist und war loses Papier stets ein besonders verschleißgefährdetes Überlieferungsmaterial. Berücksichtigt die Geschichtsschreibung diese für die spezifische Kommunikationssituation konzipierten Quellen systematisch, eröffnen sich wertvolle, weil komplementierende Eindrücke von der Reichhaltigkeit der medialen Äußerungen eines vergangenen Momentes.

Für historische Forschungen sind Flugdrucke aus mehreren Gründen relevant, wobei der breitere Zugang zum zeitgenössischen Medienverbund den höchsten Stellenwert hat. Ein multiperspektivischer Blick auf eine vergangene Kommunikationssituation und den sie rahmenden Kommunikationsprozess erfordert eine umsichtige mediale Momenterfassung. Diese Momenterfassung der *situativ* und *historiographisch* wahrnehmbaren medialen Formen kommunikativen Verhaltens lässt sich als ›Einfrieren‹ einer zu analysierenden Situation bzw. des zeitgenössischen Medienverbundes verstehen. Da zum Konzept des Medienverbunds die mediale Vielfalt eines Kommunikationsprozesses in Gänze verstanden wird, gehören Flugdrucke als Teil des gedruckten Medienspektrums mit Öffentlichkeitsadressat verpflichtend zur betrachteten historischen Medialität dazu. So sind beispielsweise Fragen zur Anschlusskommunikation zu zuvor beobachteten kommunikativen Vorgängen nur umfassend zu beantworten, wenn – neben anderen möglichen Quellen wie Zeitungen, Buchpublikationen oder Briefen – auch die fliegenden Blätter einer Kommunikationssituation berücksichtigt werden. Für die historische Analyse ist es bedeutsam zu wissen, ob der ausgewählte Flugdruck auf eine andere mediale Mitteilung der Zeit – oft sogar auf einen anderen vorab publizierten Flugdruck reagierte bzw. von diesem anderen Druck inspiriert war. Bei Flugdrucken sind solche Verweise und Spuren sowohl im Text- als auch im Bildanteil zu finden.

Abb. 17.2: *Ein Nagelnewe grosse auffschneid Geyge* (1632).

So stand das Flugblatt aus dem Jahr 1632 mit einer gut sichtbaren Geige als Blickfang im Bildteil, in dem es um Kritik am Nachrichtenwesen während des Dreißigjährigen Kriegs ging (s. Abb. 17.2), in einer Echo-Reihe von mindestens fünf anderen sehr ähnlichen, vorab und danach publizierten Flugblättern. Dies ist ein wichtiger erster Befund, um der Bedeutung und Popularität des Themas und des Druckinhaltes gerecht zu werden. Alle ›Geigen-Drucke‹ nutzen prominent die medial wahrnehmbaren Klänge des Musikinstrumentes als – für breite Rezipient:innenschichten leicht verständliche – Kritik an einer verwirrenden multimedialen Anschlusskommunikation von publizierten Nachrichtenangeboten während der Jahre 1630–1632. Das generelle Thema (Nachrichtenkritik) sowie die symbolisierte Umsetzung im Druck (Geige) waren also wohl populär und zeitgenössisch verständlich (De-Codierung der Bild- und Textargumente). Das Flugblatt wurde an verschiedenen Orten von verschiedenen Druckereien des Reiches hergestellt und war vermutlich ein lukratives Geschäft. Frühneuzeitliche Flugdrucke und ihre kommunikativen Resonanz-Dynamiken verhelfen so zum Verständnis von bestimmten ›eingefrorenen‹ Momenten einer Geschichtsphase bzw. von der Bedeutung dieser medialen Situation innerhalb eines längeren Kommunikationsprozesses. In frühneuzeitlichen Flugdrucken lassen sich die medialen Recycling- und Kompilationsprozesse der medialen Weltbeobachtung der Zeitgenossen auf relativ einfache Art und Weise sichtbar machen. Denn die textlichen und bildlichen Komponenten von historischen Nachrichten- und Überlieferungsströmen werden in einer sogenannten Medienverbundanalyse, die sowohl akzidentielle Flugpublizistik als auch periodisch-serielle Publizistik und weitere buchförmige Wissensmedien umfasst, als reagierende oder adaptierende, variierende und identische Übernahmen und Weitergaben erkenn- und benennbar. Insbesondere Flugdrucke, mit denen publizierte Konflikte ausgetragen wurden, bieten Historiker:innen einen Zugang zur Diskurs-, Medien- und Ereignisebene einer Streitphase. »Streitschriften« dokumentieren so auch das Wechselspiel eines zeitgenössischen Argumenten-Austauschs.

Flugschriften wie der pseudonym von Carsten Thode im Jahr 1703 publizierte Flugdruck (s. Abb. 17.3), der im Titel schon als beleidigte Reaktion auf eine vorab publizierte andere Flugschrift zu erkennen ist, sind Belege einer typischen Actio-Reactio-Dynamik von publizierten Streitduellen der Frühen Neuzeit. Die beantwortete Flugschrift nennt Carsten Thode im eigenen Titel eine *Schmäh=Charteque*, auf die er nun mit seiner neuen fliegenden Publikation reagiere und damit den »unverschämten und verlogenen« Autor des anderen Flugdruckes auspeitsche und maßregele. Und da im heuristischen

Abb. 17.3: Carsten Thode: *Flagellum Honoris, Oder Eilfertige Ehren=Rettung/Gegen der schandlosen abermahligen Schmäh=CHARTEQUE Des unverschämten und verlogenen Autors, Des Schul=füchsischen Gaucklers/Wie auch der sogenannten Ausgepfiffenen Ehre/Welcher zur wohl=verdienten Straffe tapfer gestriegelt und gepeitschet wird*, 1703.

Modell des Medienverbunds die Frage nach den Beziehungsmustern einzelner medialer Äußerungen integriert ist, können Historiker:innen je nach Quellenlage und Fragestellung prinzipiell jede (multimediale) Form von Kommunikationsakten in der eigenen Analyse berücksichtigen. Nicht nur, aber besonders in Liedflugblättern und Liedflugschriften dokumentieren sich vergangene Mündlichkeit und Hinweise auf Intermedialität. Vielmehr sind die Bild- und Textanteile aus Flugdrucken voller Hinweise und Belege auf beobachtete mediale Äußerungen von anderen – samt der dazugehörigen Einordnungen und Bewertungen. Es werden u. a. mündlich kursierende Gerüchte erwähnt, andere Publikationen genannt, private Briefkorrespondenzen ausgebreitet, und in den Bildanteilen finden sich komplexe visuelle Deutungsangebote zur jeweiligen Kommunikationssituation. Da Flugdrucke im Vergleich zur periodischen Publizistik häufig abweichende Meinungen veröffentlichten, die in den regelmäßig erscheinenden Periodika der Zeit nicht erscheinen (durften), finden sich in diesen Quellen häufig marginalisierte oder divergente Meinungen einer bestimmten Zeitphase.

Ein wesentlicher Grund für ein hohes Aufkommen von Flugdrucken ist die relativ schwere Regulationsmöglichkeit. In der Essenz sind die ›fliegenden‹ Aspekte dieser Kleindrucke – Herstellungs- und Vertriebsgeschwindigkeit; wirtschaftliche und rezipierende Popularität – über die Jahrhunderte nur möglich, weil eine effektive Zensur von Flugpublizistik nahezu unmöglich war und immer noch ist. Die ungebundenen Flugdrucke waren in der Frühen Neuzeit zumeist ohne Impressum, d. h. ohne Angaben zu den an der ideellen und materiellen Herstellung Beteiligten, unterliefen so häufig Zensurbemühungen seitens der Obrigkeiten und bewegten sich außerhalb urheberrechtlicher Kontexte. Die Marktorientierung der Händler sorgte zudem für eine Verbreitung der Verkaufsware, die teilweise geschmuggelt oder über klandestine Kanäle transportiert wurde. Es ist diese geheime und anonyme bzw. pseudonyme Publizierungsmöglichkeit, die während der Frühen Neuzeit tausendfach erfolgreich erprobt werden konnte. Auch die relativ einfach zu entfachende Aufmerksamkeit für die eigene Ansicht ließ den Einsatz von kostenlos verteilter Flugpublizistik für viele Akteur:innen sinnvoll erscheinen, selbst in den gesellschaftspolitisch bewegten Zeiten des 19. Jahrhunderts, wie etwa den revolutionären Vorgängen der Jahre 1848/49. Vor- und nachträgliche Zensurmaßnahmen gegen Flugpublizistik waren und sind äußerst selten sowie schwierig umzusetzen.

Während die Erforschung einzelner Segmente der europäischen Flugpublizistik vom 15. bis 19. Jahrhundert zu katalogisierenden Erträgen und auswertenden Studien geführt hat, fehlt für die jüngere Zeit, von punktuellen Ausnahmen abgesehen, größtenteils selbst die bibliographische Wahrnehmung und normierte Integration dieser vielschichtigen Quellen in Forschungsdatenbanken. Da Flugpublizistik einen elementaren Teil der überlieferten Überreste von Europas schrift- und bildorientierter Kommunikation der Vergangenheit darstellt, gilt es inzwischen als überholt, auf jene kleinen, dünnen und oft auch bibliothekarisch als irrelevant eingeschätzten Artefakte der Schrift- und Bildkultur herabzublicken. Ein wichtiges Argument in dieser Neujustierung der Quellenwert-Einschätzungen ist die gereifte Überzeugung, dass jene fliegenden Blätter für die historische Rekonstruktion und historiografische Deutung von vergangenen Kommunikationssituationen und deren Medialität enorm wichtig sind. Den laufenden Bemühungen zur Sammlungsintegrierung von *printed ephemera* bzw. *Vieux Papier* in Repositorien zur Druckpublizistik kommt hierbei eine wichtige Funktion zu. Die Gegenwart der Flugpublizistik-Forschungen hängt von der Leistungsfähigkeit und Erfassungstiefe von spezialisierten Datenbanken (wie dem USTC; oder der *Heritage of the printed book database* von CERL) sowie den Nationalbibliographie-Projekten in Europa ab. Daher sind Quellenerschließung und -berücksichtigung, bibliografische Aufnahmen und in Katalogen kostenfrei-zugängliche Normnachweise mit einheitlichem Verschlagwortungs-Vokabular wichtig für die vollständige Wahrnehmung und Erforschung. Für die historische Forschung ist es wichtig, die laufenden Bemühungen um eine fortschreitende semantische Vernetzung von *Linked Open Data*, also von frei verfügbaren und im Internet eindeutig identifizier- und adressierbarer Daten, auf nationaler und europäischer Ebene aufmerksam zu verfolgen und aktiv das Werden der vernetzten Datenwelten mit digitaler Expertise zu begleiten. Dass in naher Zukunft eine systematische Integration von bisher in der Erfassung und digitalen Einbettung ausgeschlossenen Flugdruck-Varianten sowie unberücksichtigter Titel und Exemplare (aus der Fülle an bisher nicht eingebunden Einzelbibliotheken und Archiven sowie digitalen Sonderkatalogen) zu erwarten ist, scheint bei allen Koordinierungsschwierigkeiten solcher Großprojekte dennoch realistisch. Die dann womöglich anstellbaren europäisch bis global vergleichenden Forschungen werden Flugpublizistik zu einem noch entdeckungsreicheren Quellenbestand für die Historiographie machen, als sie es ohnehin jetzt schon ist. Dies könnten Forschungsprojekte z. B. zu Genreinternen inhaltlichen Auffälligkeiten, zu Layout-Konventionen, zu bildlichen sowie textlichen Darstellungstrends, zur Häufigkeit und Exemplarität bestimmter Varianten innerhalb des jeweiligen Medienverbundes oder zur Feststellung von sogenannten *high-loss genres* und *low-loss genres* innerhalb der Überlieferung sein. Bereits *eine* umfassende nationalbibliografische Datenbank für alle periodisch-seriellen und akzidentiellen Publikationen aus den deutschsprachigen Regionen Europas – als Weiterentwicklung der gegenwärtigen, nach Jahrhunderten sortierten Druckverzeichnisse (VD-Repositorien: VD16, VD16 und VD18, siehe Kap. 17.4.3) – wäre eine enorme Etappenleistung auf dem Weg hin zu einer zukünftigen europäischen Meta-

Verbunddatenbank mit einheitlichen Forschungsdatennormierungen zum – in den Worten des *Consortium of European Research Libraries* (CERL) formuliert – »written heritage of Europe«.

17.4 Literatur

17.4.1 Überblickswerke und Spezialliteratur

Achten, Udo (Hrsg.): An alle! Lesen! Weitergeben! Flugblätter der Arbeiterbewegung von 1848–1933, Bonn 1983.

Auringer, Julian Peter Friedrich: Der sequenzielle Bilderbogen des 19. Jahrhunderts, Diss. Hannover 2019.

Bellingradt, Daniel: Flugpublizistik und Öffentlichkeit um 1700. Dynamiken, Akteure und Strukturen im urbanen Raum des Alten Reiches, Stuttgart 2011.

Buchbender, Ortwin/Schuh, Horst (Hrsg.): Heil Beil! Flugblattpropaganda im Zweiten Weltkrieg, Stuttgart 1974.

Caemmerer, Christiane/Jungmayr, Jörg/Overgaauw, Eef (Hrsg.): Flugblätter von der frühen Neuzeit bis zur Gegenwart als kulturhistorische Quellen und bibliothekarische Sondermaterialien. Frankfurt a. M. 2010.

Cilleßen, Wolfgang/Reichardt, Rolf: Medium Revolutionsgraphik, in: Reichardt, Rolf (Hrsg.), Lexikon der Revolutions-Ikonographie in der europäischen Druckgrafik (1789–1889), Bd. 1, Münster 2017, 9–145.

Debbagi Baranova, Tatiana: À coups de libelles. Une culture politique au temps des guerres de Religion (1562–1598), Genf 2012.

Deen, Femke/Reinders, Michel/Onnekink, David (Hrsg.): Pamphlets and Politics in the Dutch Republic, Leiden 2010

Dettmer, Herrmann: Bilderwelten der kleinen Leute. Bilderbogen des 18. und 19. Jahrhunderts, Münster 1975.

Fumerton, Patricia/Guerrini, Anita (Hrsg.): Ballads and Broadsides in Britain, 1500–1800, Farnham/Burlington 2010.

Harms, Wolfgang/Schilling, Michael: Das illustrierte Flugblatt der frühen Neuzeit. Traditionen – Wirkungen – Kontexte, Stuttgart 2008.

Herding, Klaus/Reichardt, Rolf (Hrsg.): Die Bildpublizistik der Französischen Revolution, Frankfurt a. M. 1989.

Koch, Christian: Giftpfeile über der Front. Flugschriftenpropaganda im und nach dem Ersten Weltkrieg, Essen 2015.

Köhler, Hans-Joachim (Hrsg.): Flugschriften als Massenmedium der Reformationszeit, Stuttgart 1981.

Lecuppre-Desjardin, Élodie: Des portes qui parlent. Placards, feuilles volantes et communication politique dans les villes des Pays-Bas à la fin du Moyen Âge, in: Bibliothèque de l'École des Chartes 168 (2010) 1, 151–172.

Pettegree, Andrew (Hrsg.): Broadsheets. Single-Sheet Publishing in the First Age of Print, Leiden/Boston 2017.

Raymond, Joad: Pamphlets and Pamphleteering in Early Modern Britain, Cambridge 2003.

Sawrey, Jeffrey: Printed Poison. Pamphlet Propaganda, Faction Politics, and the Public Sphere in Seventeenth Century France, Berkeley/Oxford 1990.

Schottenloher, Karl: Flugblatt und Zeitung. Ein Wegweiser durch das gedruckte Tagesschrifttum, neu hrsg. v. Johannes Binkowski, München 1985.

17.4.2 Exemplarische Kataloge

Brückner, Wolfgang: Populäre Druckgraphik Europas. Deutschland. Vom 15. bis zum 20. Jahrhundert, 2. Aufl., München 1975.

Deutsches Historisches Museum (Hrsg.): Gier nach neuen Bildern. Flugblatt, Bilderbogen, Comicstrip. Theiss Verlag, Darmstadt 2017.

Düsel, Hans Heinrich: Die sowjetische Flugblattpropaganda gegen Deutschland im Zweiten Weltkrieg, Leipzig 1998–2004.

Kirchner, Klaus (Hrsg.): Flugblattpropaganda im 1. Weltkrieg, 2 Bde., Erlangen 1985–1992.

Kirchner, Klaus (Hrsg.): Flugblattpropaganda im 2. Weltkrieg, 21 Bde., Erlangen 1974–2009.

Eisermann, Falk: Verzeichnis der typographischen Einblattdrucke des 15. Jahrhunderts im Heiligen Römischen Reich Deutscher Nation, 3 Bde., Wiesbaden 2004.

Harms, Wolfgang (Hrsg.): Deutsche illustrierte Flugblätter des 16. und 17. Jahrhunderts, 9 Bde., Tübingen 1985–2018.

Paas, John Roger: The German Political Broadsheet 1600–1700, 14 Bde., Wiesbaden 1985–2017.

17.4.3 Digitale Hilfsmittel

CERL (Consortium of European Research Libraries) – https://www.cerl.org/resources/cerl_thesaurus/main [10.6.2024].

USTC (Universal Short Title Catalogue) – https://ustc.ac.uk [10.6.2024].

VD16 (Verzeichnis der im deutschen Sprachraum erschienenen Drucke des 16. Jahrhunderts) – https://www.bsb-muenchen.de/sammlungen/historische-drucke/recherche/vd-16 [10.6.2024].

VD 17 (Verzeichnis der im deutschen Sprachraum erschienenen Drucke des 17. Jahrhunderts) – http://www.vd17.de [10.6.2024].

VD18 (Verzeichnis der im deutschen Sprachraum erschienenen Drucke des 18. Jahrhunderts) – http://vd18.de [10.6.2024].

EBBA (English Broadside Ballad Archive) – https://ebba.english.ucsb.edu [10.6.2024].

Einblattdrucke der BSB München – https://www.bsb-muenchen.de/sammlungen/historische-drucke/bestaende/einblattdrucke-und-einblattdruck-kalender [10.6.2024].
1848 – Flugschriften im Netz – https://sammlungen.ub.uni-frankfurt.de/1848 [10.6.2024].
Flugblattpropaganda im 2. Weltkrieg – https://www.wlb-stuttgart.de/?id=3041 [10.6.2024].
French pamphlets – https://www.newberry.org/collection/research-guide/french-pamphlets [10.6.2024].
French political pamphlets – https://lib.byu.edu/collections/french-political-pamphlets/about [10.6.2024].

III. Anhang

Verzeichnis der Autorinnen und Autoren

Daniel Bellingradt – Studium der Geschichtswissenschaft, Anglistik, Publizistik- und Kommunikationswissenschaft an der FU und HU Berlin sowie am University College Dublin; Promotion an der FU Berlin 2010 im Fach Publizistik- und Kommunikationswissenschaft; 2014–2022 Juniorprofessur für Buchwissenschaft insb. Historische Kommunikationsforschung in Erlangen, 2015–2016 Lehrstuhlvertretung an der Universität Mainz; Venia Legendi für Buchwissenschaft 2021 in Erlangen und Lehrstuhlvertretung für die Geschichte der Frühen Neuzeit an der LMU München; seit 2022 Gastprofessor an der Universität Augsburg.

Simon Dagenais – Studium der Geschichtswissenschaft an der Université du Québec à Montréal; 2016 Promotion im Fach Neuere Geschichte in Montreal und Québec; 2015–2017 Postdocstipendiat am Interdisziplinären Zentrum für die Erforschung der Europäischen Aufklärung an der Universität Halle-Wittenberg; 2017–2019 Postdocstipendium und Lehrauftrag am EUI in Florenz; seit 2021 wissenschaftlicher Mitarbeiter im ERC-Projekt PAPA: »Pamphlets and Patrons: How Courtiers Shaped the Public Sphere in Ancien Régime France« an der Universität Trier.

Martin Grandjean – Studium der Geschichte und Philosophie an der Universität Lausanne; ebenda 2015–2018 Research Assistant und 2018 Promotion im Fach Geschichte; 2018–2020 Junior Lecturer an der Universität Lausanne, dann 2020–2022 Gastwissenschaftler an der Aalborg Universität Kopenhagen und der Universität Luxemburg; Seit 2022 Junior Lecturer an der Universität Lausanne für Geschichte und zugleich an der *École Polytechnique Fédérale de Lausanne* für Digital Humanities.

Katrin Heil – studierte Geschichte, Historische Hilfswissenschaften/Archivwissenschaften und Klassische Archäologie an der Universität Leipzig. Seit 2001 im Sächsischen Staatsarchiv tätig und seit November 2018 im Staatsarchiv Leipzig Referentin im Referat 33 »Deutsche Zentralstelle für Genealogie/Sonderbestände«. Ihre beruflichen Schwerpunkte liegen auf dem Gebiet der Genealogie, der Nachlässe, der Vereine und Wirtschaftsbestände.

Thomas Horst – Studium der Geschichte und Ethnologie an der LMU München und der Universität Wien; 2005–2013 wissenschaftlicher Mitarbeiter am Lehrstuhl für Kartographie und Topographie der Universität der Bundeswehr in München; 2008 Promotion an der LMU; 2013–2023 Postdoktorand an der Universität Lissabon, zugleich Lehrbeauftragter an der LMU München (seit 2009) sowie an der Universität der Bundeswehr ebenda (seit 2014). Co-Initiator des akademischen Netzwerkes PORT-AL-HIST, *contributing special editor* bei der Wissenschaftszeitschrift *Isis Current Bibliography* (seit 2018), Herausgeber der Rezensionen in der internationalen Fachzeitschrift *Imago Mundi* (seit 2017) sowie Mitglied des erweiterten Vorstands der Coronelli-Gesellschaft für Globenkunde (Wien); seit Mai 2023 Kartenbibliothekar in der Abteilung Karten und Bilder in der Bayerischen Staatsbibliothek.

Jan Simon Karstens – Studium der Geschichts- und Politikwissenschaft in Trier 1999–2004; Promotion im Fach Neuere Geschichte ebenda 2008; 2008–2012 Mitarbeiter im Sonderforschungsbereich 600 »Fremdheit und Armut«, Teilprojekt »Fremde Herrscher – Fremdes Volk«; 2013–2020 Akademischer Rat a. Z. an der Professur für Neuere Geschichte (Frühe Neuzeit) in Trier; zugleich seit 2015 Lehrbeauftragter an der Archivschule Marburg; Habilitation in Trier 2019 im Fach Neuere Geschichte und ebenda seit 2021 Vertretung der Professur für Geschichte der Frühen Neuzeit.

Heinrich Lang – Studium an der Universität Bonn; 2005 bis 2016 wissenschaftlicher Mitarbeiter am Lehrstuhl für Neuere Geschichte an der Universität Bamberg, 2005 Promotion und 2016 Habilitation ebenda im Fach Neuere Geschichte; von 2019–2022 in Leipzig Leiter des DFG Projektes »Investments and Practices of Refinance in Crises. Accountability of Commerce and Banking Companies and of Capitalist Rentiers in Florence and Augsburg in the 16th Century«; Gastprofessur in Wien 2021–2022, seit 2023 Durchführung des Forschungsprojekts »Genoese and Florentine merchant bankers in the Maghreb and the Levant« am Max-Weber Kolleg der Universität Erfurt.

Ursula Lehmkuhl – Studium der Geschichte, Romanistik und Vergleichenden Literaturwissenschaft an der Universität Siegen und der Universität Bochum; 1986–1993 wissenschaftliche Mitarbeiterin in Bochum und Bremen;

Promotion an der Universität Bochum im Fach Neuere Geschichte 1990, ebenda 1993–1998 wissenschaftliche Assistentin am Lehrstuhl für Internationale Politik; Habilitation im Fach Politikwissenschaft in Bochum 1997; 1999 Professorin für Nordamerikanische Geschichte an der Universität Erfurt; 2002 Professorin für Neuere Geschichte mit dem Schwerpunkt Geschichte Nordamerikas am John-F.-Kennedy-Institut der FU Berlin; seit 2010 Professorin für Internationale Geschichte an der Universität Trier.

Florian Lehrmann – Studium für das Lehramt an Gymnasien für Geschichte und Deutsch an der Universität München, zugleich Studium der Neueren und Neuesten Geschichte, Mittelalterlichen Geschichte und Neueren Deutschen Literatur 2004–2011; Promotion im Fach Mittelalterliche und Neuere Geschichte an der Universität Bonn 2016; 2016–2017 am Bayerischen Hauptstaatsarchiv (München), 2018 am Bundesarchiv (Koblenz) und 2018–2019 am Landesarchiv Baden-Württemberg (Stuttgart); 2019–2021 Archivreferendar im Hessischen Landesarchiv (Marburg), anschließend wissenschaftlicher Mitarbeiter ebenda; seit 2021 Archivrat/Archivoberrat und Dozent an der Archivschule Marburg.

Robert Meier – 1987–1993 Studium an den Universitäten in Göttingen und Köln, 1997–1999 Archivreferendariat beim Land Nordrhein-Westfalen und zugleich Promotion im Fach Neuere Geschichte in Köln 1998; Mitarbeiter am Landesarchiv Baden-Württemberg, Abt. Staatsarchiv Wertheim 1999–2017; zugleich seit 2007 Lehrbeauftragter an der Universität Würzburg; seit 2017 Dozent an der Archivschule Marburg und Koordinator der geschichtswissenschaftlichen Fächer.

Christian Meierhofer – Studium der Kommunikationswissenschaft, Deutschen Philologie und Englischen Philologie an der Universität Münster; 2006–2009 Doktorand und Lehrbeauftragter an der Universität Bremen, ebenda Promotion 2009; 2010–2018 Akademischer Rat a. Z. und wissenschaftlicher Mitarbeiter an der Universität Bonn; Habilitation ebenda 2017 im Fach Neuere deutsche Literaturwissenschaft und Allgemeine Literaturwissenschaft; seit 2018 Heisenberg-Stelle an der Universität Bonn, pausiert für Lehrstuhlvertretungen und Gastprofessuren in Mainz, Karlsruhe und Wien.

Anett Müller – Nach dem Studium der Geschichte, Historischen Hilfswissenschaften/Archivwissenschaft und Kulturwissenschaft an der Universität Leipzig war Anett Müller von 1994 bis 2021 als Bestandsreferentin im

Stadtarchiv Leipzig tätig. 2004 Promotion an der Universität Leipzig. Seit 2021 Leitung des Referats 33 »Deutsche Zentralstelle für Genealogie/Sonderbestände« im Sächsischen Staatsarchiv.

Magnus Ressel – Studium der Kulturwissenschaften und Betriebswirtschaftslehre an der Universität des Saarlandes; 2008–2009 wissenschaftlicher Mitarbeiter im SFB 573 »Pluralisierung und Autorität in der Frühen Neuzeit«; 2009–2012 wissenschaftlicher Mitarbeiter am DFG-Projekt »Risikozähmung und obrigkeitliche Fürsorge« an der Universität Bochum, währenddessen Promotion 2011 ebenda und an der Universität Paris I (Sorbonne); 2013–2019 Akademischer Rat a. Z an der Universität Frankfurt a. M. und Habilitation im Fach Neuere Geschichte ebenda 2017; Forschungsstipendiat der Gerda-Henkel-Stiftung 2019–2022; Vertretung der Professur für Geschichte der Frühen Neuzeit an der Universität Bremen 2023–2024.

Matthias Rogg – Offiziersausbildung in der Bundeswehr, 1989–1993 Studium der Neueren und Neuesten Geschichte, Kunstgeschichte sowie Mittleren Geschichte in Freiburg; 1994–1998 Mitarbeit an der Einrichtung des Museums zur Geschichte des Dreißigjährigen Krieges in Wittstock/Dosse; 1998 Promotion in Freiburg; 1998–2008 verschiedene Tätigkeiten in der Offiziersausbildung, im Militärgeschichtlichen Forschungsamt und im Bundesministerium der Verteidigung; 2008 Habilitation an der Universität Potsdam; 2010–2017 Direktor des Militärhistorischen Museums der Bundeswehr in Dresden, seit 2013 Professor für Neuere und Neueste Geschichte an der Universität der Bundeswehr in Hamburg; 2018–2021 Direktor Strategische Studien und Forschung an der Führungsakademie der Bundeswehr sowie Gründungsvorstand des *German Institute for Defence and Strategic Studies* (GIDS) in Hamburg; seit 2023 Lehrtätigkeit am *US Army War College* in Carlisle.

Werner Scheltjens – Studium Osteuropäischer Sprachen und Kulturen an der Universität Leuven, Staatlichen Universität St. Petersburg und Kasan; 2002–2004 wissenschaftlicher Mitarbeiter am *Netherlands-Russian Archive Centre* (NRAC)/*Institute for North and East European Studies* (INOS) der Universität Groningen; 2004–2008 Doktorand am *Groningen Research Institute for the Study of Culture*, 2009 Promotion an der Universität Groningen; 2008–2010 wissenschaftlicher Mitarbeiter an der *École normale supérieure de Lyon*; 2010–2013 Postdoctoral Fellow im NWO-Projekt »The Ascent of the Frisians« an der Universität Groningen; 2013–2019 Akademischer Assistent am Lehrstuhl für Sozial- und Wirtschaftsgeschichte der Universität Leipzig, ebenda 2020 Habilitation in Sozial- und Wirtschaftsgeschichte sowie Osteuropäischer Geschichte; seit 2021 Professor für Digitale Geschichtswissenschaft an der Universität Bamberg.

Sebastian Steinbach – Studium der Mittelalterlichen Geschichte, Älteren deutschen Literatur sowie Soziologie an der HU Berlin; 2006 Promotion im Fach Mittelalterliche Geschichte an der Universität Paderborn; 2015 Habilitation an der Universität Osnabrück im Fach Mittelalterliche Geschichte; 2016–2018 wissenschaftlicher Mitarbeiter in der Abteilung Wirtschafts- und Sozialgeschichte der Universität Osnabrück; Lehrstuhlvertretungen in Heidelberg und Münster; 2019–2021 Kurator des Münzkabinetts am Landesmuseum Hannover und Landesnumismatiker für Niedersachsen; seit 2021 Leiter des Museums Abtei Liesborn, zugleich Privatdozent und Lehrbeauftragter in Münster, Göttingen und Osnabrück.

Karsten Uhde – Studium der Geschichte und Germanistik an der Universität Bochum; Promotion ebenda 1991; Archivreferendariat in Nordrhein-Westfalen (Münster) 1993–1995; Archivrat/Archivoberrat und Dozent an der Archivschule Marburg 1995–2014, dort Koordinator für die Historischen Hilfswissenschaften (bis 2017); seit 2014 Studienleiter der Archivschule Marburg.

Rita Voltmer – Studium der Geschichtswissenschaft und Germanistik in Trier; wissenschaftliche Mitarbeiterin im Sonderforschungsbereich 235 »Zwischen Maas und Rhein« 1995–1997; Promotion in Trier 1998; seit 2004 im Fach Geschichtliche Landeskunde an der Universität Trier als wissenschaftliche Angestellte (Lehrkraft für besondere Aufgaben) und wissenschaftliche Mitarbeiterin mit eigenen Forschungsprojekten tätig; Habilitation in Trier 2019 und ebenda Ernennung zur außerplanmäßigen Professorin 2024.

Abbildungsverzeichnis

Abb. 2.1:	Hessisches Staatsarchiv Marburg.
Abb. 3.1a–b:	Hessisches Staatsarchiv Marburg.
Abb. 7.1:	Kunstmuseum Basel, Inv.-Nr. X.2255, Bilddaten gemeinfrei.
Abb. 7.2:	Militärhistorisches Museum der Bundeswehr (MHM) BBAQ7594, Foto: MHM/Katrin Poel, Text: Gerhard Bauer.
Abb. 8.1:	LWL-Museum für Kunst und Kultur, Westfälisches Landesmuseum, Münster/Münzkabinett, Inv.Nr. 25964 Mz, Foto: Sabine Ahlbrand-Dornseif.
Abb. 8.2:	LWL-Museum für Kunst und Kultur, Westfälisches Landesmuseum, Münster/Münzkabinett, Inv.Nr. C-24221 LM, Foto: Sabine Ahlbrand-Dornseif.
Abb. 8.3:	Niedersächsisches Landesmuseum Hannover – Das Welten-Museum, Münzkabinett, Inv.-Nr. 04:037:048, Foto: Sebastian Steinbach.
Abb. 8.4:	LWL-Museum für Kunst und Kultur, Westfälisches Landesmuseum, Münster/Münzkabinett, Inv.Nr. 45658 Mz, Foto: Sabine Ahlbrand-Dornseif.
Abb. 8.5:	LWL-Museum für Kunst und Kultur, Westfälisches Landesmuseum, Münster/Münzkabinett, Inv.Nr. 19216 Mz, Foto: Sabine Ahlbrand-Dornseif.
Abb. 9.1:	Grafik: Martin Grandjean.
Abb. 9.2:	Grafik: Martin Grandjean.
Abb. 11.1:	Screenshot des Programms *Stylo*.
Abb. 11.2:	Screenshot des Programms *Stylo*.
Abb. 11.3:	Screenshot des Programms *Stylo*.
Abb. 15.1:	Staats- und Universitätsbibliothek Bremen, https://nbn-resolving.org/urn:nbn:de:gbv:46:1-2683, PDM 1.0-Lizenz.
Abb. 17.1:	Deutsches Historisches Museum, 1988/1654.
Abb. 17.2:	Kunstmuseum Moritzburg Halle (Saale), MOIIF00147, Kulturstiftung Sachsen-Anhalt.

Abb. 17.3: SUB Göttingen, 8 TH POLEM 148/5 (49), https://gdz.sub.uni-goettingen.de/id/PPN724283315?tify=%7B%22view%22%3A%22info%22%7D [11.6.2024].

Index

Sachregister

Abkürzungen 35, 37, 40, 84, 86, 93
Adel 159–160, 162, 166, 210
Ahnenforschung 158, 161
Ahnentafel 161, 262
Akademien 96, 218, 264
Akte 21, 24–25, 46–47, 49–51, 56, 59, 79, 93, 163, 168, 211, 221–222, 224, 226, 229–230, 232, 235
Aktenkunde 44–49, 55, 57, 67
Alltagsgeschichte/Alltagskultur 107, 109, 125, 128, 198, 238, 261, 265, 271
Alphabetisierung 16, 20
Alter Stil (in der Aktenkunde) 52, 54
Amtsbuch 40, 44
Annunciationsstil 88
Anrede 35–36, 48
Antiqua 29–30, 34–36
Archiv 23–25, 28–29, 38, 43, 46, 70, 125, 151, 162, 164–165, 167, 180, 204–205, 215, 217, 235, 241, 279
Archivalie 38, 109, 163
Archivierung (Ordnungssysteme) 13, 20, 24, 56, 200, 204–205, 224
Aszendenz 161
Atlas 73, 77–78, 82–83
Aufklärung 70, 77, 166, 207, 245, 252, 254, 256, 258, 263–265
Aufriss 68
Auswandererbriefe 196, 198–199, 205, 208
Avisen 239, 242–243
Banknoten 128
Bastarda (Schriftart) 31, 34

Behörde 24–25, 46–48, 50–54, 56–59, 66, 99, 143, 164, 168, 171, 200, 212, 224
Bildquellen 108, 110, 114, 121, 259, 265
Biographie 160, 166, 225, 256–257, 262–263, 266–267
Bittschrift 226, 235
Brief 13, 15–18, 20–21, 24–25, 46, 49, 58, 144, 149, 151–152, 188, 195–206
Buch 7, 70, 86, 165, 170, 178, 213, 255, 260
Buchdruck 20, 75, 101, 126, 238–239
Buchführung 214
Buchhaltung 214
Buchmarkt 245, 255, 258, 267–268
Bürgertum 160, 169
Chronik 18, 114, 240, 247, 249, 252
Chronistik/Chronologie 69, 84–86, 90
Chronogramm 131
Datenbank 73, 81, 103, 144, 146, 161–162, 166, 170–171, 174, 213, 216, 247, 278, 284
Datierung 85–86, 90–91, 93, 108, 129–131
Deszendenz 161
Digital Humanities 159, 174, 190
Digitalisierung(sprojekte) 24, 39, 75, 159, 174, 195, 204–205, 252
Diplomatik 15, 44–45, 48
Drucker 243, 274, 279
Druckschriften 13, 34–35, 40, 166–167

Index 299

Edition, digitale 25, 261, 263–265, 267–269
Ego-Dokument 21, 29, 234
Eichwesen 99
Einblattdruck 239, 272, 276, 287
Enzyklopädie 21, 23, 101–103, 246, 255–258, 260, 263–266, 278
Epochengrenze 16
Erzählforschung (Narratologie) 221, 227, 232
Fahne
  siehe Flaggenkunde (Vexillologie)
Faksimile 78–79, 82, 265, 279
Fälschung 26, 50, 129, 177, 230
Familienforschung 158, 160, 173
Feldpost 199, 208
Flaggenkunde (Vexillologie) 70, 108, 121
Flugpublizistik (Flugschrift, Flugblatt) 15, 20–21, 187–189, 239, 242, 247, 271–281, 283–284
Geld 126
Gelehrte Journale (Ephemeriden) 244, 254
#i#Gender History#/i#
Genealogie 69, 146, 158–161, 164, 169–171, 262
Geographie 68–71, 75, 261, 265
Gericht 57, 74, 222–223, 225–232, 234–235, 237
Gerichtsakte 13, 15, 168, 221, 226, 230, 233, 237
Gerichtsbücher 164, 168
Gerichtsverfahren 227–228, 230–231
Geschäftsgang 35, 59, 64
Geschlechtergeschichte 198, 201, 213, 221, 233, 260, 267
Glaubwürdigkeit (Quellen) 19
Handelsgesellschaften 20, 141, 211
Handelsrouten/Handelswege 203, 211
Handschriften 14, 28–30, 35, 40, 107
Heraldik 15, 70, 108, 160–161
Herrschaftsrepräsentation 125
Heuristik (Quellenrecherche) 22–23

Hexenverfolgung 221–223, 225–227, 229, 231, 235, 237, 260
Identität 107, 121, 228, 232, 258
Illustrationen
  siehe Bildquellen
Implex 162
Intelligenzblatt 245
Interzept 56
Jahreswechsel 87–89
Justiz
Kalender 84, 86, 88, 90–94
– gregorianischer Kalender 89, 91
– julianischer Kalender 85, 89, 91
Kalenderreform 87, 89, 91
Kalender
– Revolutionskalender 86, 92–93
Kanzlei/Kanzlist 30–34, 36, 48, 59, 63–65, 87, 94
Karten 18–19, 68, 70, 72–79, 82–83, 143–144, 146, 175
– Altkarten 68–72, 78–79, 81
– Augenscheinkarten 72, 74, 79, 82
– Länderkarten 75, 79
Kartenprojektion 69, 77
Karten
– Seekarten 72–74, 79, 82
– Straßenkarten 76
Kartographie 68–72, 74, 76–78, 81, 83
Kipper- und Wipperzeit 132, 135
Kirchenbücher (Tauf-, Trau-, Bestattungsbücher) 163–164, 169–171
Kleiderordnungen 110
Kleidung 107, 109–113, 115, 117, 119, 128
Kleingeld/Kleinmünzen 135–137
Kliometrie 210
Kommunikationswesen 8, 16, 44, 51, 72, 90–91, 107, 141, 149, 195, 198–200, 211, 226, 233, 241, 271–272, 276, 279, 281, 283–284
Konnektivität (Netzwerkanalyse) 149–150
Kontraktion 35, 37
Konzept (Schriftstück) 33, 35, 55–57, 59–60, 63, 65, 225

Korrespondenznetzwerk 144, 200
Kulturgeschichte 26, 70, 159
Kunstgeschichte 18, 127
Kupferstich 70, 76, 273
Leichenpredigt 166, 272
Lemma 256–257, 265
Lexikon 16, 72, 101, 160, 246, 255–262, 266–268
Ligaturen 32, 40
Literaturwissenschaft 174, 247
Manuskript 162, 175
Marken 126–127
Maßsystem 97, 101
Matrikel 166, 170
Medaille 117, 125–127, 131
Mediävistik 15, 215
Meldewesen 165
Memorialschriftgut 47
Messrelationen 241–242
Meter/Metrisches System 96–97, 102, 133
Metrologie 96–104, 126
Militärwesen 115
Mode 107–108, 110–112, 114, 260, 267
Münzbeschreibung 126, 131
Münzen 18–19, 98, 125–126, 128–133, 135–137, 265
Münzverträge 134, 136–138
Münzwesen 135–137
Musteralphabet 38–39
Nachlass 79, 83, 167, 215
Nachschlagewerk 101–103, 160, 251, 256, 258–259, 261–262, 265–266, 268
Naturwissenschaft 68–69, 96, 98, 257, 261, 263–264, 266
Nautik 73–74
Netzwerkanalyse 26, 141–144, 146–147, 149–155, 159, 196
Netzwerk, genealogisches 141–147, 151–152, 154, 165, 210
Neuer Stil (Aktenkunde) 50–51, 54–55
Neugotisch-deutsche Schrift (Fraktur, Kanzlei, Kurrent) 30–34
Notar 212–213, 229–230
Notariatsakten 209–211, 213, 215, 217

Notariatsinstrument 211–212
Öffentlichkeit 46–47, 108, 110, 160, 203, 224, 276–277
Paläographie 29, 39–40, 175
Pamphlet 187, 189, 272
Papiergeld 128–129
Periodika 15–16, 21, 160, 238, 241, 244–247, 251–252, 275, 283
Personenstandsregister 163, 165, 172
Phaleristik (Ordenskunde) 108
Plagiat 104, 177
Portolankarten
 siehe Karten, Seekarten
Postwesen 16, 20, 238, 242
Propaganda 125, 278
Protokoll(ieren) 53, 58, 60, 64, 221, 227, 229, 232, 234
Prozessordnung 223
Quellenkritik 25–27, 213
Quellensammlung 24, 204
Quellenwert 195, 204–205, 284
Rechnungsbuch 209, 211, 214, 217–218
Rechtsgeschichte 125, 215, 221
Rechtswesen 210, 222–223, 225–226, 229, 231–232, 234
Reformation 20, 110, 125, 163, 166
Reichshofrat 87, 226, 232
Reichskammergericht 74, 87, 217, 226–227, 232
Reinschrift (Ausfertigung) 48, 55–56, 59, 63, 65–66, 226–227
Reiseberichte 202
Relief 68
Reskript 52–53
Retrodigitalisat 247, 261, 263, 266, 268
Rutter (Routenhandbuch) 74, 82
Sachquelle 18–19
Schmähschrift 114, 275
Schreiber 30, 33, 64, 94, 221, 228–230
Schreibgerät 16, 30
Seefahrt 250
Sekretariat/Sekretär 63–65, 251
Simulation 175
Sozialgeschichte 26, 122, 159, 209–210, 213, 215

Soziogramm 145
Soziolinguistik 199, 230
Sphragistik 15
Stilometrie 174, 176–179, 182, 184, 190–191
Strafprozess
siehe Gerichtsverfahren
Supplik 52–53, 60, 225
Suspension 35
Tagebuch 16, 21, 146, 199, 202, 208
Taler 131, 133–138
Texterkennung, digitale 39–40, 43, 175, 179, 187–188
Theologie 114, 200, 230, 245, 261, 263
Tracht
siehe Mode
Tradition 7, 15, 18, 25, 84–85, 201, 213, 256, 263
Transkribus (Software) 40, 43, 175
Transkription 26, 38–40, 43, 175, 179–180, 205
Überrest 18, 25, 283
Uniform 108–112, 117–119, 121–122
Unternehmen (Konzern) 13, 20, 127, 203, 214, 216, 245
Urkunde 21, 34, 44, 46–47, 49, 212–213
Verein 158, 160–161, 168
Verkehrsnetze 143
Verleger 77, 249, 255, 262, 274, 279

Vertrag 89, 113, 134, 152, 179, 197
Verwaltung 16, 20, 44, 46–47, 49, 51, 53, 67, 74, 243
Verwaltungsschriftgut 13, 18, 21, 29, 44–46, 50, 101, 151
Verwandtschaft 158, 183, 224
Volkskunde 233
Volkssprache 229
Wappen 78, 131, 160
Weltbeschreibung 256
W-Fragen 25–26
Wirtschaftsgeschichte 21, 97, 126, 159, 209, 214–215
Wirtschaftslehre/
Wirtschaftswissenschaft 264
Wissenschaftsgeschichte 44, 69, 72, 125
Wissenstransfer 201
Wörterbuch 23, 256
Zeitgeschichte 7–8, 15
Zeitordnung 84, 86, 92
Zeitschrift 16, 20, 71, 203, 240, 245, 251–252, 272, 276
Zeitung 92, 203, 238–243, 245–249, 252, 254, 272, 279
Zensur 200, 242, 283
Zoll/Zollregister/Zollbücher 143, 209–210, 212, 214, 216–218, 220
Zugehörigkeitsnetzwerk 143

Personenregister

Adler, Ken 96
Aitzing, Michael von 242
Alberti, Hans-Joachim von 102
Anich, Peter 78, 83
Apian, Philipp 76, 82
Bagrow, Leo 71
Blaeu, Janszoon 77
Bleckwenn, Hans 110–111
Brandt, Ahasver von 7–9, 14, 69
Braudel, Fernand 214
Braun, Georg 76

Brockhaus, Friedrich Arnold 259, 267, 270
Burrows, John Frederick 178, 185
Büsching, Anton Friedrich 71
Carolus, Johann 243, 247
Chambers, Ephraim 257, 261, 270
Chaunu, Pierre 214
Coronelli, Vincenzo 70
Corvinus, Gottlieb 260, 270
Datini, Francesco di Marco 214–215
Derrida, Jacques 72

Diderot, Denis 257, 259, 263–264, 270
Dilbaum, Samuel 242
Dourado, Fernão Vaz 73, 82
Doursther, Horace 102
Dovifats, Emil 240
Droysen, Gustav 13, 18, 23
Dülfer, Kurt 45
Firmian, Leopold Anton von 169
Foucault, Michel 72
Franckenstein, Jacob 262
Fried, Johannes 234
Gatterer, Johann Christoph 160
Gough, Richard 71
Goëzman de Thurn, Louis-Valentin 188–189
Graumann, Johann Philipp 137
Greflinger, Georg 248–249
Grotefend, Hermann 85, 87, 89, 93–94
Gutenberg, Johannes 273, 275
Gyllenbok, Jan 100, 103
Hamilton, Alexander 177
Happel, Eberhard Werner 244
Harley, John Brian 72
Hartmann, Johann Ludwig 245
Hass, Martin 44
Hauber, Eberhard David von 71
Henfenfeld, Paul Pfinzing von 77
Herder, Johann Gottfried 267–270, 272
Herloßson, Carl 266, 270
Hocquet, Jean-Claude 99, 102
Hogenberg, Franz 76
Holford-Strevens, Leofranc 86
Homann, Johann Baptist 77
Hondius, Jodocus 77
Hueber, Blasius 78, 83
Jay, John 177
Kellenbenz, Hermann 215
Kelly, Patrick 102
Kloosterhuis, Jürgen 45, 52, 57, 111
Koenig, Otto 111
Koselleck, Reinhart 16
Krünitz, Johann Georg 264–265, 270
Kula, Witold 98
Kunstmann, Friedrich 71, 79, 83
Ludovici, Carl Günther 262

Lutosławski, Wincenty 177
Madison, James 177
Maupeou, René Nicolas de 187, 189
McLuhan, Marshall 275
Meissner, Otto 45
Melis, Federigo 214
Mercator, Gerhard 77, 83
Merta, Klaus-Peter 110–111, 121
Meyer, Joseph 65, 98, 267–268, 270
Münster, Sebastian 76, 136
Nelkenbrecher, Johann Christian 102
Nicolai, Friedrich 244
Noback, Friedrich 102
Penndorf, Balduin 213
Peragallo, Edward 214
Pisani, Ottavio 77, 83
Plettenberg, Friedrich Christian von 136
Ptolemäus, Claudius 75
Reichenbach, Ulman Stromer von 160
Ribeiro, Diogo 73, 82
Ritter, Carl 71
Ritzsch, Thimotheus 243
Roper, Lyndal 233
Rousseau, Jean-Jacques 264
Sallo, Denis de 244
Scalinger, Joseph Justus 90
Schmid, Gerhard 45
Schubart, Christian F. D. 272
Seutter, Matthäus 77
Smellie, William 266
Sombart, Werner 214
Steele, Richard 245
Stielers, Kaspar 245
Stradonitz, Stephan Kekule von 161
Thode, Carsten 281–282
Thomasius, Christian 244, 251
Uhlhorn, Diedrich 133
Vagaundy, Didier Robert de 71
Valla, Lorenzo 177
Voltaire (Arouet, François-Marie) 264
Waldseemüller, Martin 76, 82
Wallace, David Lee 177
Witthöft, Harald 98–102
Woodward, David 72

Index

Yamey, Basil 214
Zedler, Johann Heinrich 262–263, 265, 270

Zenner, Gottfried 251
Zupko, Ronald E. 98–99, 101–102